ARCHIVES HISTORIQUES

DU POITOU

XI

POITIERS
IMPRIMERIE OUDIN
4, RUE DE L'ÉPERON, 4
1881

SOCIÉTÉ
DES
ARCHIVES HISTORIQUES
DU POITOU

LISTE GÉNÉRALE

DES MEMBRES

DE LA SOCIÉTÉ DES ARCHIVES HISTORIQUES DU POITOU

ANNÉE 1881.

Membres titulaires :

MM.

ARNAULDET (TH.), bibliothécaire de la ville, à Niort.
BARBAUD, archiviste de la Vendée, à la Roche-sur-Yon.
BARTHÉLEMY (A. de), membre du Comité des travaux historiques, à Paris.
BEAUCHET-FILLEAU, correspondant du Ministère de l'instruction publique, à Chef-Boutonne.
BEAUDET (A.), docteur en médecine, à Saint-Maixent.
BRICAULD DE VERNEUIL, attaché aux Archives de la Vienne, à Poitiers.
BRIQUET (Apollin), homme de lettres, à Chasseneuil (Vienne).
CHAMARD (Dom), religieux bénédictin, à Ligugé.
CHASTEIGNER (Cte A. DE), membre de plusieurs Sociétés savantes, à Ingrandes (Vienne).
CLERVAUX (Cte DE), membre de plusieurs Sociétés savantes, à Saintes.
DELISLE (L.), membre de l'Institut, à Paris.
DESAIVRE, docteur en médecine, à Niort.
FAVRE (L.), à Niort.
FILLON (Benjamin), à Saint-Cyr-en-Talmondais (Vendée).

MM.

Frappier (P.), ancien secrétaire de la Société de Statistique des Deux-Sèvres, à Niort.
Gouget, archiviste de la Gironde, à Bordeaux.
Ledain, membre de l'Institut des provinces, à Poitiers.
Lelong, archiviste-paléographe, à Angers.
Lièvre, pasteur, président du Consistoire, à Angoulême.
Marque (G. de la), à la Baron (Vienne).
Ménard, ancien proviseur, à Poitiers.
Ménardière (de la), professeur à la Faculté de Droit, à Poitiers.
Montaiglon (A. de), professeur à l'Ecole des Chartes, à Paris.
Musset (G.), bibliothécaire de la ville, à la Rochelle.
Palustre (Léon), directeur de la Société française d'archéologie, à Tours.
Port (C.), archiviste de Maine-et-Loire, à Angers.
Rédet, ancien archiviste de la Vienne, à Poitiers.
Richard (A.), archiviste de la Vienne, à Poitiers.
Richemond (L. de), archiviste de la Charente-Inférieure, à la Rochelle.
Rochebrochard (L. de la), membre de la Société de Statistique des Deux-Sèvres, à Niort.
Tourette (L. de la), docteur en médecine, à Loudun.

Membres honoraires :

MM.

Babinet de Rencogne, à Angoulême.
Bardonnet (A.), membre de plusieurs Sociétés savantes, à Niort.
Bouralière (A. de la), secrétaire de la Société des Antiquaires de l'Ouest, à Poitiers.
Boutetière (Cte de la), membre de la Société des Antiquaires de l'Ouest, à Chantonnay (Vendée).
Cars (Duc des), à la Roche-de-Bran (Vienne).
Clisson (l'abbé de), à Poitiers.
Corbière (Mis de la), à Poitiers.

MM.

DESMIER DE CHENON (Mis), à Domezac (Charente).
DUBEUGNON, professeur à la Faculté de Droit, à Poitiers.
FERAND, ancien ingénieur en chef du département de la Vienne, à Poitiers.
GUÉRIN (P.), archiviste aux Archives Nationales, à Paris.
GUIGNARD, docteur en médecine, à Poitiers.
HORRIC DU FRAISNAUD DE LA MOTTE, à Goursac (Charente).
LECOINTRE-DUPONT père, membre de plusieurs Sociétés savantes, à Poitiers.
ORFEUILLE (Cte R. D'), membre de la Société des Antiquaires de l'Ouest, à Versailles.
OUDIN, avocat, à Poitiers.
ROCHEJAQUELEIN (Mis DE LA), ancien député des Deux-Sèvres, à Clisson (Deux-Sèvres).
ROCHETHULON (Mis DE LA), ancien député de la Vienne, à Beaudiment (Vienne).
ROMANS (Bon Fernand DE), à la Planche d'Andillé (Vienne).
TRANCHANT (Charles), ancien conseiller d'État, ancien conseiller général de la Vienne, à Paris.
TRIBERT (G.), ancien conseiller général de la Vienne, à Marçay (Vienne).
TRIBERT (L.), sénateur, à Champdeniers.

Bureau :

MM.

RÉDET, président.
RICHARD, secrétaire.
LEDAIN, trésorier.
BARDONNET, membre du Comité.
BOUTETIÈRE (DE LA), id.
MÉNARDIÈRE (DE LA), id.
LECOINTRE-DUPONT, id.

RÈGLEMENT

DE LA SOCIÉTÉ DES ARCHIVES HISTORIQUES DU POITOU

ADOPTÉ A LA SÉANCE DU 18 AVRIL 1872.

I.

Il est établi à Poitiers une Association, sous le nom de *Société des Archives historiques du Poitou.*

II.

Cette Société a pour but la publication de textes inédits, relatifs à l'histoire de la province, de ses villes, de ses établissements, de ses notabilités.

III.

Elle compte 60 membres divisés en membres titulaires et membres honoraires, par égale portion.

IV.

Les membres titulaires sont tenus de fournir dans un délai de trois ans, à partir du jour de leur entrée dans la Société, un travail de nature à être inséré dans ses publications; sinon, ils seront considérés comme membres honoraires et devront en acquitter les charges. Ils versent une cotisation annuelle de 15 francs.

V.

Les membres honoraires, dont le concours actif n'est pas obligatoire, versent une cotisation annuelle de 25 francs.

VI.

Le siège de la Société est fixé aux Archives du département de la Vienne.

VII.

La Société se réunit quatre fois par an, le 3ᵉ jeudi des mois de janvier, avril, juillet et novembre, et décide de toutes les questions qui lui sont soumises.

VIII.

Le bureau de la Société, qui est en même temps le Comité de publication, est nommé à la séance de novembre. Il se compose d'un président, d'un secrétaire, d'un trésorier et de quatre membres.

IX.

Le président représente la Société dans ses relations extérieures, convoque et préside les réunions, reçoit la correspondance et détermine la part de travail qui peut incomber à chacun des membres du Comité.

X.

Le bureau revise les textes communiqués par les membres ou par des personnes étrangères, propose à la Société ceux qui lui paraissent dignes d'être publiés, voit les dernières épreuves et donne le bon à tirer, enfin procède à la confection des tables, ou désigne, sur la demande qui lui en serait faite, un membre de la Société pour se charger de ce soin.

XI.

La Société publie chaque année un ou deux volumes grand in-8°, d'environ 25 feuilles d'impression.

XII.

Le volume est tiré à 150 exemplaires numérotés sur papier de choix, qui sont destinés à la vente, et à un certain nombre d'exemplaires sur papier de luxe, dont l'emploi est déterminé ci-après.

XIII.

Chaque membre a droit à un exemplaire des publications de la Société sur papier vergé, à bras ; cet exemplaire portera dans un cartouche le nom imprimé du sociétaire. L'auteur d'un travail égal au moins à cinq feuilles d'impression, inséré dans le volume, recevra un second exemplaire, ainsi que les membres du bureau et celui qui aura été chargé de la confection des tables.

XIV.

Le tirage à part des travaux édités par la Société ne peut être autorisé que jusqu'à concurrence de cinq exemplaires.

XV.

Le but de celle-ci étant uniquement la publication de textes inédits, ceux-ci ne pourront être accompagnés que d'une notice explicative du document, indiquant sa provenance, son objet, et les causes qui lui lui ont mérité d'être publié.

XVI.

Chaque volume est précédé d'un extrait de la décision de la Société qui autorise sa publication, et est terminé par une table alphabétique de tous les noms de personnes et de lieux cités dans le volume, et, s'il y a lieu, par une table des matières.

XVII.

Les membres de la Compagnie sont invités à recueillir tous renseignements relatifs à l'histoire de nos Archives locales, à leurs inventaires, à la dispersion des documents manuscrits. Ces notes, si la situation budgétaire le permet, serviraient à la confection d'un Annuaire qui relaterait en même temps les actes de la Société et en mettrait ainsi les membres en communion plus intime.

XVIII.

A partir de la constitution définitive de la Société, nul ne sera admis à en faire partie que sur la présentation écrite et signée par trois membres. Le vote aura lieu au scrutin secret dans la séance qui suivra celle de la présentation, et il faudra, pour être élu, avoir réuni les trois quarts des suffrages des membres assistants à la séance.

XIX.

Le présent règlement ne pourra être modifié que de l'assentiment des deux tiers des membres présents à la séance dont la lettre de convocation énoncera les points qui seront soumis à une nouvelle discussion. Toute demande de modification du règlement devra être faite par écrit et signée de trois membres.

RECUEIL DES DOCUMENTS

CONCERNANT

LE POITOU

CONTENUS

DANS LES REGISTRES DE LA CHANCELLERIE DE FRANCE

PUBLIÉS PAR

Paul GUÉRIN

ARCHIVISTE AUX ARCHIVES NATIONALES

I

(1302-1333)

AVANT-PROPOS

Il n'est peut-être point de source historique qui ait été aussi fréquemment mise à contribution que les registres du Trésor des Chartes. Et cependant, après avoir fourni, depuis près de trois cents ans qu'elle est accessible aux érudits, la part la plus considérable et la plus intéressante de nos grands recueils de documents, le fonds même de tous les travaux importants sur l'histoire de France, cette collection incomparable, loin d'être épuisée, continue d'offrir aux travailleurs une abondance de ressources nouvelles. On peut dire qu'elle sera pendant longtemps encore l'une des mines les plus riches de nos archives. A moins d'en avoir compulsé chaque volume feuillet à feuillet, pièce à pièce, il est difficile de se faire une idée de la quantité de renseignements inédits qu'elle tient encore en réserve pour l'étude des institutions et des mœurs, pour l'histoire des provinces, les monographies locales, les biographies et les généalogies. C'est surtout en ce qui touche le XIVe siècle que ce dépouillement est fécond. Plus tard, parmi les actes émanés de la chancellerie royale, on ne tint plus guère registre que des lettres de rémission, de grâces ou de dons accordés aux particuliers, des confirmations de privilèges pour les villes, des lettres d'amortissement et de sauvegarde en faveur des communautés religieuses. Mais pour l'époque qui nous occupe actuellement, à côté de cette catégorie de documents secondaires, dont nous nous garderons bien toutefois de déprécier la valeur, on trouve des actes d'une portée plus haute, tels que les ordonnances royales, les contrats passés entre la France et les pays étrangers, entre le roi et les grands feudataires, les traités de paix, les pouvoirs donnés aux diplomates, les mandements adressés aux baillis et aux sénéchaux qui fournissent des notions précieuses sur l'administration des provinces, les nominations des lieutenants du roi, investis temporairement d'une autorité militaire et civile plus ou moins étendue, les instructions remises aux commissaires enquêteurs et réformateurs et les lettres confirmatives de leurs opérations, sans parler des conventions matrimoniales, des testaments et d'une multitude d'actes destinés à régler surtout des intérêts privés, dont l'énumération serait longue.

Dans cet ensemble, le Poitou ne tient pas, peut-être, une place aussi considérable que d'autres provinces, auxquelles leur position géographique ou les grands événements politiques et militaires dont elles ont été le théâtre ont imposé un rôle historique capital, comme la Normandie, la Guyenne et le Languedoc par exemple. Cette observation s'applique particulièrement à la période qu'embrasse le présent volume, c'est-à-dire aux trente premières années du XIVe siècle ; elle ne porte point sur l'époque des guerres contre les Anglais que nous n'avons pas encore abordée. D'ailleurs, pour ce premier tiers de siècle même, les extraits des registres de la Grande Chancellerie relatifs à l'histoire du Poitou sont nombreux, et l'on verra qu'ils sont loin d'être dépourvus de valeur ; ils atteignent le chiffre d'environ deux cents pièces, presque toutes inédites. Les quelques actes relatifs à des abbayes poitevines qui ont été imprimés dans la collection des Ordonnances des rois de France ou dans d'autres ouvrages spéciaux ont cependant trouvé place dans ce volume. Leur nombre restreint et le désir de former un recueil aussi complet que possible sont les deux motifs qui nous ont décidé à les rééditer.

En parcourant les 182 lettres royaux dont se compose notre publication, on est frappé tout d'abord de leur extrême variété ; elles touchent tour à tour aux intérêts les plus divers et fournissent un grand nombre de renseignements nouveaux sur les institutions du pays, sur l'histoire des villes et des communautés religieuses, l'état des personnes et des terres. Nous allons étudier sommairement celles qui concernent la situation politique ou l'administration, et essayer d'en coordonner les éléments principaux. Elles ne forment certainement pas la série la plus nombreuse, mais l'intérêt historique qui s'y attache compense suffisamment ce qui leur manque du côté de l'importance matérielle.

I

Depuis la mort d'Alfonse, frère de saint Louis (21 août 1271), le Poitou, réuni au domaine de la couronne, formait une des grandes circonscriptions administratives du royaume et était gouverné par un sénéchal. On connaît l'étendue du pouvoir dont étaient investis au XIIIe siècle et au commencement du XIVe les baillis et les sénéchaux. Représentant le roi, ils rendaient la justice en son nom, commandaient ses hommes d'armes, administraient ses finances et s'occupaient de tous les détails du gouvernement. Des officiers dépositaires d'une pareille autorité pouvaient être tentés d'usurper la souveraineté. Ce fut pour obvier à ce danger que les ordonnances royales[1] prescrivirent de choisir toujours les sénéchaux parmi les étrangers au pays, et leur firent défense d'acquérir des propriétés dans le ressort de la province qu'ils administraient[2]. Il leur était même interdit de s'y marier et d'y marier leurs enfants. A l'expiration de leurs fonctions, afin de répondre aux accusations qui pouvaient être portées contre eux, il leur était enjoint de ne quitter le pays qu'au bout de quarante jours. Ils ne devaient d'ailleurs rester à la tête d'un même gouvernement que pendant un espace de temps assez court.

Cependant le premier sénéchal de Poitou que nous rencontrons au XIVe siècle, Pierre de *Villeblouain*, paraît avoir conservé ses fonctions pendant environ quatorze ans, ce qui était une durée ex-

---

[1]. Une ordonnance de saint Louis, de l'an 1256, entre dans le détail le plus minutieux des engagements que les baillis et sénéchaux devaient prendre sous serment en entrant en charge. *Ordonnances des rois de France*, t. I, p. 77-81. Celle de Philippe le Bel, en date du 23 mars 1302, en reproduit les articles essentiels, *ibid.*, p. 354-368.

[2]. Cette disposition s'appliquait également aux officiers d'un ordre inférieur; mais en ce qui concernait ceux-ci, elle n'était pas observée avec une rigueur absolue. Nous en avons un exemple dans ce volume même, n° LXXIX, par la faveur accordée à Pierre Prévôt de Germont, sur la recommandation d'Hugues de la Celle, de conserver les biens qu'il avait acquis illégalement dans le ressort de la châtellenie de Lusignan, du temps qu'il en était sénéchal.

ceptionnelle pour l'époque. Successeur de Jean de *Saint-Denis,* vers 1299, il exerçait encore l'office de sénéchal au commencement de l'année 1313. C'est à lui que furent adressés les mandements relatifs aux mesures nécessitées par les guerres de Flandres, que l'on trouvera au début de ce volume. En 1314, le nom de Pierre de Villeblouain se trouve sur les listes de conseillers au Parlement, et ce fait peut être considéré comme la preuve qu'il avait quitté le gouvernement du Poitou, car il était alors établi que les baillis et sénéchaux en exercice ne pouvaient entrer dans les conseils du roi [1]. D'un autre côté, il est probable, comme nous l'exposons un peu plus loin, que Philippe de France, qui portait le titre de comte de Poitiers depuis le mois de décembre 1311, n'avait pas encore pris possession de son apanage, et que, durant la période comprise entre l'année 1313 et le milieu de 1315, le Poitou continua d'être administré au nom du roi; il ne dût y avoir d'interruption dans la succession des officiers royaux préposés au gouvernement de la province que pendant quinze mois environ, c'est-à-dire depuis le mois de juillet ou d'août 1315 jusqu'en novembre 1316, date de l'avènement au trône de Philippe le Long.

Ni les documents que nous avons recueillis, ni ceux que nous avons pu consulter par ailleurs, ne nous font connaître le nom du successeur immédiat de Pierre de Villeblouain. Nous n'y avons pas trouvé non plus la preuve qu'il y eut un sénéchal nommé par le comte de Poitiers, et cette opinion, malgré sa vraisemblance, n'a pu être étayée d'aucun fait positif. Philippe V, une fois monté sur le trône, déclara réuni à la couronne le domaine qu'il possédait avant d'être roi et lui restitua son régime administratif d'autrefois. Le Poitou redevint alors sénéchaussée royale et le bailliage de Limousin lui fut adjoint, comme cela avait eu lieu antérieurement [2]. Jean d'*Orouer* était sénéchal de Poitou en 1317 [3], et il y a beaucoup d'apparence qu'il en exerçait les fonctions depuis le rétablissement de la sénéchaussée, peut-être même pendant le temps que Philippe tint le

---

1. Ordonnance du 23 mars 1302, citée plus haut, confirmée par le roi Jean en octobre 1351. (*Ordonnances,* t. II, p. 456.)
2. Lettres du 21 déc. 1316 publiées dans les *Ordonnances,* t. XI, p. 444. Sous Philippe le Bel, Pierre de Villeblouain prenait le plus souvent le titre de sénéchal de Poitou et de Limousin.
3. Acte du 10 décembre 1317 (n° LXXXII).

comté en apanage. Il eut pour successeur Regnault *Clignet*, chevalier, dont le nom ne figure qu'une fois dans ce recueil, à la date du 11 juin 1320[1], et qui ne posséda sans doute cette charge que très peu de temps. Pierre *Raymond de Rabasteins* en était revêtu dès le 15 septembre 1322, et, dans un acte du 10 juin 1325, il figure encore avec le titre de sénéchal. Il fut remplacé, entre le 3 octobre et le 13 novembre de cette même année, par Renaud de *Banchevillier*, qui auparavant avait été bailli de Touraine [2]. Celui-ci occupa son nouveau poste pendant trois ou quatre ans seulement. Puis Pierre *Raymond de Rabasteins* fut replacé à la tête de l'administration du Poitou ; l'acte le plus ancien constatant cette réintégration est du 12 février 1330 (n. s.). Dans l'intervalle il avait été gouverneur de Navarre. Son mandat renouvelé n'eut pas une longue durée, car il devint sénéchal d'Agenais vers 1333. Son successeur en Poitou fut Jourdain de *Loubert*, que nous retrouverons exerçant encore l'office de sénéchal le 24 mars 1340. Les actes enregistrés au Trésor des Chartes nous permettent donc de constater que pendant cette courte période sept mandataires royaux au moins se succédèrent dans le gouvernement du Poitou. Cette liste, toute sèche qu'elle soit, ne manque pas d'intérêt ; elle est plus complète et offre une exactitude chronologique plus grande que les nomenclatures publiées jusqu'à ce jour. D'autre part on trouvera dans les notes placées au bas des pages quelques renseignements plus explicites sur les personnages qui ont occupé ces hautes fontions ; il n'était pas utile de les reproduire ici.

II

Personne n'ignore que le Poitou, ancien domaine du frère de saint Louis, fut de nouveau détaché de la couronne et donné en apanage au second fils de Philippe le Bel. On est peut-être moins bien fixé touchant le temps que dura l'administration de ce prince et l'étendue du territoire qui lui fut assigné. Parmi les documents

---

1. Voir p. 231, note.
2. Cf. les notes des p. 245 et 308.

que nous mettons au jour il en est qui peuvent jeter quelque lumière sur cette double question. Nous les examinerons brièvement. Les lettres patentes qui attribuaient le Poitou à Philippe de France sont du mois de décembre 1311. Mais le titre seul de comte de Poitiers lui fut alors conféré. Des actes postérieurs à cette date démontrent clairement que rien ne fut changé à cette époque dans la constitution du pays, et nous avons vu que Pierre de Villeblouain continua d'y exercer l'autorité au nom du roi. Philippe d'ailleurs, né vers 1293, était encore bien jeune pour entrer immédiatement en possession de son apanage ; il ne paraît même pas en avoir eu la jouissance effective du vivant de son père. Le domaine que Philippe le Bel destinait à son fils puîné devait produire un revenu annuel de vingt mille livres. Or des lettres de juin 1314 décident qu'il sera attribué au comte de Poitiers une rente de 3,600 livres due au roi par la comtesse d'Artois, et que le trésor lui paiera chaque année 16,400 livres *en attendant que ces sommes lui soient assignées sur des terres*. De ce texte formel on ne peut conclure autre chose sinon que la création d'un apanage pour le prince Philippe était encore à l'état de projet. D'un autre acte en date du 27 décembre 1315, où il est parlé d'un partage fait par Louis le Hutin avec ses frères[1], il est permis d'inférer que Philippe ne fut pas mis en possession de ses domaines avant l'avènement de ce prince. Les lettres d'érection du Poitou en comté-pairie sont du 15 août 1315. Ce fut, selon toute apparence, un peu avant cette date que le partage en question eut lieu et que le comte de Poitiers, maître enfin de son fief, put commencer à lui donner une organisation indépendante. Par suite on est fondé à dire que le Poitou, ou plutôt la partie du Poitou qui échut au second fils de Philippe le Bel, ne demeura que quinze mois environ sous ce régime particulier, puisque l'accession de ce prince au trône la fit rentrer dans le droit commun.

En ce qui touche les limites du nouveau comté de Poitiers, ce serait une erreur de se les figurer telles qu'elles furent du temps d'Alfonse. S'il y aurait témérité, en l'absence de l'acte de partage signalé plus haut, à vouloir les déterminer d'une façon précise, on peut,

---

1. Cette mention se trouve dans une donation faite à l'abbaye de la Grâce-Dieu. Voir le n° LIV, p. 140. Nous n'avons pas trouvé d'autre trace de ce partage, et malheureusement sa date exacte ne nous est point connue.

du moins, établir que le domaine de Philippe le Long en Poitou fut beaucoup plus restreint qu'on ne serait porté à le croire. Lorsque Philippe le Bel, par ses lettres de décembre 1311, attribua en principe cette province à son second fils, loin de lui en garantir l'intégralité, il se réserva au contraire la faculté d'en retenir un certain nombre de terres et de châtellenies, et de fixer ultérieurement l'étendue du territoire que ce prince tiendrait en fief de la couronne. Cette restriction fut certainement maintenue par Louis le Hutin. Dreux de Mello possédait du chef de sa mère, Eustache de Lusignan, dame de Sainte-Hermine, des fiefs importants en Poitou. En juin 1315, le roi déclara que ces terres ne feraient plus partie désormais du ressort de la sénéchaussée, et les lettres[1] qui font foi de cette décision nous autorisent à considérer comme exclus de l'apanage de Philippe, Château-Larcher, Prahec, Cherveux, Sanxay, la Mothe-Saint-Héraye, Châteauneuf et Jarnac, ainsi que la châtellenie de Lusignan.

Beaucoup d'autres territoires furent évidemment réservés ; autrement on ne s'expliquerait pas la faiblesse du revenu que Philippe le Long tirait de son domaine de Poitou. Nous publions l'ordonnance de l'hôtel du comte de Poitiers et de celui de sa femme, Jeanne de Bourgogne ; elle porte la date du 24 novembre 1315[2]. Ce document capital nous a conservé les noms des officiers de la cour du comte et le règlement minutieux du service qu'ils devaient faire auprès de sa personne ; mais, ce qui en augmente encore le prix, ce sont les renseignements que l'on y trouve sur les revenus de ce prince et sur les domaines qu'il possédait alors dans diverses parties du royaume. En voici le relevé sommaire. Sur douze mille livrées de terre qu'il devait avoir en Poitou et en Limousin, sept mille seulement lui avaient été assignées ; il en tenait également en Champagne quatre mille sur six, quatorze mille dans le comté de Bourges, et deux mille sur cinq en Bourgogne. Cet état résume très vraisemblablement l'acte de partage dont nous regrettons la perte. Ainsi le territoire poitevin, entrant pour une part si faible dans l'apanage accordé à Philippe, ne pouvait être que très circonscrit, car il est bien évident que le revenu de toute la province, comprise dans les

---

1. Elles sont publiées sous le n° L. Voir aussi la note 3, p. 112.
2. N° LIII, p. 116-139.

limites ordinaires, eût dépassé considérablement ce chiffre de sept mille livres. Et encore doit-on remarquer que, pour avoir la somme exacte des revenus de Poitou, il faudrait déduire des sept mille livres les rentes provenant des terres de Saintonge et de Limousin.

S'il est difficile de déterminer le territoire qui, en dehors de la châtellenie de Poitiers et de celle de Benon, comme on le verra plus loin, forma alors le comté de Poitiers, il ne l'est pas moins de se faire une idée nette du gouvernement de Philippe de France et des modifications qu'il dut apporter dans l'état constitutif du pays. Ce prince avait une chancellerie particulière, à la tête de laquelle était placé Pierre d'Arrablay [1], mais dont les actes ne nous sont point parvenus. D'autre part, les registres du Trésor des Chartes étant réservés aux lettres émanant de l'autorité royale, on conçoit aisément qu'ils ne contiennent rien ou presque rien des actes administratifs du comte de Poitiers. Nous y avons recueilli seulement deux pièces qui nous fournissent quelques renseignements sur cette période. La première, du mois de décembre 1315, nous apprend que Guillaume de Maumont, chevalier, céda à Philippe de Poitiers une terre, qui n'est pas autrement désignée, et reçut en dédommagement la seigneurie de Tonnay-Boutonne [2]. L'autre, plus importante, a été signalée précédemment. Ce sont les lettres données par Philippe le Long en qualité de comte de Poitiers, et portant confirmation d'un contrat passé par Guyart le Vicomte, son maître des forêts en Poitou et en Saintonge, et Etienne Piolart, son procureur, avec les moines de la Grâce-Dieu. En échange d'une rente de quarante livres qu'ils tenaient de la générosité d'Alfonse de Poitiers, ces religieux sont mis en possession d'un certain nombre d'essarts dans la forêt de Benon et d'un droit de justice. Il est déclaré dans cet acte que « *la chastelanie de Benon ensembleement ou la contée avoit esté ballie et assise* » à Philippe « *en son partage de monseigneur Loys, roi de France et de Navarre, son frère* ». Nous voyons également par ce texte que des officiers délégués en Poitou exerçaient la justice et administraient le domaine au nom du comte.

---

1. Voir p. 140 et la note.
2. Ces lettres sont publiées dans un vidimus de 1323 (n° C).

S'il s'installa lui-même avec sa cour à Poitiers, ce ne fut que pour peu de temps. A la date des lettres dont on vient de lire le sommaire, il était à Paris. La mort prématurée de son frère l'avait appelé à la régence d'abord, en attendant la naissance de l'enfant que la reine portait dans son sein, et bientôt après à la couronne, le fils de Louis le Hutin n'ayant vécu que quelques jours. Un des premiers soin de Philippe le Long fut d'envoyer des commissaires en Poitou pour y réformer la justice et veiller au maintien des libertés et des privilèges qui avaient été concédés au pays par ses prédécesseurs. Il chargea de cette mission Raymond de Châteauneuf, abbé de Charroux, Amaury de Craon et Guy de Bauçay [1].

III

Ce n'était pas du reste la première fois que le Poitou recevait une semblable visite. Le règne de Philippe le Bel fut signalé par de fréquents envois de commissaires extraordinaires dans tous les bailliages et sénéchaussées du royaume [2]. Tantôt ils étaient chargés d'une mission toute spéciale et temporaire, tantôt ils se présentaient revêtus de pouvoirs très étendus, parfois exorbitants et nécessitant un long séjour dans le pays. Les missions données en 1309 à Hugues de la Celle, et, en 1325, à Rambaud de Réchignevoisin, doivent être rangées dans la seconde catégorie. Elles sont de la plus haute importance pour l'histoire de notre province et méritent d'être exposées avec quelque détail.

Hugues de la Celle était l'un des principaux conseillers de Philippe le Bel; il avait rempli, à plusieurs reprises, des missions diplomatiques. L'année précédente, particulièrement, il avait été accrédité comme ambassadeur auprès des principaux princes d'Allemagne pour les engager à favoriser l'élection à l'empire de Charles de Valois, frère du roi. Ses fonctions de gouverneur des comtés de

---

1. Par lettres données à Paris le 16 janvier 1317 (n. s.), n° LVII.
2. M. Boutaric s'est étendu assez longuement sur l'institution des commissaires enquêteurs sous Philippe le Bel et sur les abus dont ils se rendirent souvent coupables. *La France sous Philippe le Bel*, p. 174-178.

la Marche et d'Angoulême et de la châtellenie de Lusignan[1], dont il avait été revêtu aussitôt après la mort de Guy de Lusignan, dans le but de prendre possession de l'héritage de ce prince au nom de Philippe, d'y organiser l'administration et d'y introduire des officiers royaux, nécessitaient sa présence en Poitou ou dans le voisinage. Cette circonstance, jointe à ses qualités reconnues d'administrateur et à la faveur dont il ne cessa de jouir auprès du roi, ne fut sans doute pas étrangère au choix fait de sa personne pour remplir un mandat de longue durée dans les sénéchaussées de Poitou et de Saintonge. Pendant plus de quatre ans, il exerça dans ces provinces une autorité presque souveraine. La part prépondérante qu'il eut dans le gouvernement et les traces profondes qu'il laissa de son passage l'ont fait ranger par plusieurs auteurs parmi les sénéchaux de Poitou. Mais c'est une opinion qui ne repose sur aucun fondement solide, et qui n'a eu d'autre origine qu'une interprétation défectueuse des textes. Plusieurs mandements sont adressés « *Hugoni de Cella militi et senescallo Pictavensi* », que l'on a traduit à tort par Hugues de la Celle, chevalier et sénéchal de Poitou, tandis qu'il fallait lire : à Hugues de la Celle, chevalier, et au sénéchal de Poitou. Mais s'il ne posséda jamais ce titre, il n'en est pas moins vrai que son pouvoir fut égal et dans plusieurs cas supérieur à celui du sénéchal. Pour le temps qu'il demeura en Poitou, les actes émanés de lui enregistrés à la grande chancellerie sont beaucoup plus nombreux que ceux de Pierre de Villeblouain.

Ses lettres de commission portent la date du 7 juillet 1309[2]. Elles présentent un tableau fort sombre de l'état du Poitou à cette époque. Les meurtres et les attaques à main armée y étaient fréquents. Des nobles aussi bien que des roturiers, coupables des plus graves excès, demeuraient impunis; les prévôts, sergents et autres officiers royaux, se couvrant de leur mandat, commettaient toute sorte d'exactions, d'extorsions et de dénis de justice, pressurant les sujets du roi, s'appropriant les revenus, usurpant les droits régaliens ou les vendant à leur profit aux ecclésiastiques et aux séculiers. Cette situation, loin de tendre à s'améliorer, ne faisait que s'aggraver de jour en jour. Pour remédier à tous ces abus, Philippe

---

1. Voy. la note de la p. 40.
2. N° XXXIV.

le Bel déléguait plein pouvoir à Hugues de la Celle et lui prescrivait d'agir contre les coupables sans se préoccuper des voies ordinaires de la procédure, *absque strepitu judiciario et figura judicii*, de remettre en la main du roi tout ce qui avait pu être détourné ou aliéné de ses droits, d'infliger des amendes aux officiers prévaricateurs, de les forcer à restitution, de les destituer et de procéder en tout, de sa propre autorité, dans l'intérêt des parties lésées, sauf pour les cas exceptionnels qui nécessiteraient l'avis du conseil royal ou le recours au Parlement. Ordre était donné à tous sénéchaux et autres officiers de justice de l'aider et de lui obéir.

Une autre commission spéciale datée du 8 juillet 1309 (n° XXXIII) donnait pouvoir à Hugues de la Celle de rechercher en outre les corporations religieuses qui s'étaient rendues acquéreurs de propriétés sans payer les droits d'amortissement, et les roturiers qui étaient entrés en possession de biens nobles sans acquitter les droits de nouveaux acquêts, et de faire rentrer au fisc les revenus de cette nature par voie de composition amiable. Le réformateur ne tarda pas à se mettre à l'œuvre et, quelques mois après la date de sa commission, ses premières recherches donnaient déjà des résultats avantageux pour les finances royales. Car, il est bon de le remarquer en passant, l'institution des commissaires extraordinaires eut avant tout, à partir du règne de Philippe le Bel, un caractère essentiellement fiscal. La conclusion de presque toutes les affaires soumises à ces juridictions exceptionnelles fut une composition financière ou l'imposition d'une forte amende. Ne pouvant suffire par lui-même à tant d'occupations diverses, Hugues de la Celle s'était fait autoriser à subdéléguer ses pouvoirs [1]. Au mois de juillet 1313, son mandat n'était pas encore épuisé; on trouvera un acte de cette date par lequel il accorde une composition à Jean Chauvet, poursuivi pour un homicide (n° XLII).

Ce fut une mission aussi importante et d'une portée au moins égale que, douze années plus tard, Charles le Bel confia à l'un de ses clercs et conseillers, Raimbaud de Rechignevoisin, archidiacre d'Avallon, en l'église d'Autun. Ses pouvoirs s'étendirent sur le Poitou, le Limousin et le comté de la Marche. Les lettres royales

---

1. Par lettres du 29 décembre 1309, voy. n° XXXVI.

qui les lui confèrent, et lui accordent en même temps le droit de se choisir des suppléants, portent la date du 20 janvier 1325 (n. s.) [1]. Elles sont extrêmement explicites et précisent avec le plus grand soin les réformes à introduire dans ces pays. Comme précédemment, il s'agissait avant tout de rechercher les crimes impunis, commis pendant les règnes précédents, et même du temps de Philippe le Bel, de faire payer les droits d'amortissement et de nouveaux acquêts dus au fisc. Dans l'espoir d'arriver à la suppression d'abus fortement enracinés, Raimbaud de Rechignevoisin dut faire proclamer que tous les biens tombés en main morte et toutes les terres nobles, acquises par des roturiers, dont la déclaration n'aurait pas été faite au bout d'un an et un jour, seraient considérés comme forfaits et confisqués.

Les usuriers pullulaient, malgré les ordonnances. Des poursuites sévères sont prescrites contre eux, soit d'office, soit à la requête de partie, afin de les contraindre à restituer et à payer de fortes amendes. Une autre plaie du pays était la multiplicité des notaires. Les uns dressaient des actes contrairement aux règles prescrites par les édits et exigeaient des salaires excessifs, au mépris des tarifs légaux. Il en résultait que les intéressés, incapables de payer, étaient réduits à abandonner leur droit; les contrats demeurant imparfaits n'étaient jamais expédiés. C'était un préjudice sérieux pour le Trésor, qui était ainsi frustré des émoluments du sceau. D'autres étaient d'une ignorance telle que les actes sortis de leur officine restaient absolument inintelligibles. Il fut enjoint au commissaire royal et à ses délégués de les faire tous comparaître en personne et de les suspendre en bloc de leurs fonctions. A tous ceux qui manqueraient de la capacité requise, lors même qu'ils auraient été régulièrement investis, il serait interdit d'exercer désormais leur charge sous aucune espèce de prétexte. Une punition sévère devait être infligée à ceux qui auraient été convaincus de négligence ou d'infractions aux édits. Quant à ceux qui seraient reconnus capables, une nouvelle investiture leur serait nécessaire pour exercer leur office. Les mêmes mesures étaient prescrites contre les sergents royaux, dont le nombre, en dépit d'une ordonnance restrictive,

---

1. Voy. le n° CXXXV, p. 296.

ne cessait de croître, et dont les exactions et l'avidité dévoraient la substance des fidèles sujets du roi, *quorum exhauritur substancia et ab ipsis, quasi à canibus, corroduntur*, suivant l'énergique expression du rédacteur de ces lettres. On le voit, les instructions sont d'une précision qui ne laisse rien à désirer. Mais la tâche était lourde pour le commissaire royal ; de pareilles réformes ne pouvaient point s'opérer en un jour. Les documents insérés au Trésor des Chartes nous prouvent que Raimbaud de Rechignevoisin s'y consacra pendant deux années au moins.

Au commencement des provisions dont on vient d'avoir un aperçu, il est question d'autres lettres par lesquelles le même personnage était chargé d'une mission plus spéciale. Il devait obtenir du pays un subside en argent pour l'entretien de l'armée, parce que les exigences du roi d'Angleterre rendaient probable la reprise des hostilités pour le printemps suivant. Mais le danger fut écarté momentanément et la paix conclue le 31 mai de la même année. L'année d'après, la guerre sévissant de nouveau en Gascogne et menaçant les provinces voisines, Raoul, comte d'Eu, depuis connétable de France, qui possédait des terres en Poitou à cause de sa femme, Jeanne de Mello, fut nommé lieutenant du roi dans le ressort de cette sénéchaussée et dans celle de Saintonge, avec plein pouvoir de choisir des capitaines, d'introduire des garnisons dans les villes et les châteaux forts, en un mot de mettre le pays en état de résister à toute agression [1]. Un nouveau traité provisoire entre Charles le Bel et Edouard d'Angleterre vint suspendre ces préparatifs. Le jour de la lutte et de l'invasion n'était pas encore arrivé.

Nous ne pousserons pas plus loin l'examen de ces documents. Les quelques pages qui précèdent suffiront, nous en avons l'espoir, à démontrer l'intérêt et l'utilité de la présente publication. Notre intention était de terminer ce volume par un supplément qui devait comprendre une dizaine de pièces déjà recueillies, mais qui, par suite d'un oubli, n'ont pu être placées à leur ordre chronologique, et

---

1. Lettres patentes du 7 février 1327 (n. s), publiées sous le n° CXXIX.

peut-être un certain nombre d'autres actes qu'une révision attentive des registres déjà dépouillés pourrait nous permettre encore de récolter. Le volume de *Documents extraits du Trésor des Chartes* venant prendre la place du *Cartulaire de l'évêché de Poitiers,* malheureusement interrompu par la mort si regrettable de M. Redet, et devant paraître sans délai, nous sommes obligé d'ajourner la continuation de ces recherches nouvelles. Les pièces omises, au lieu de former le supplément projeté, pourront être publiées en tête d'un second volume.

Avant de terminer, il nous reste un devoir agréable à remplir envers le dévoué secrétaire de la *Société des Archives Historiques.* C'est à M. A. Richard que revient l'honneur d'avoir eu la première pensée de cette publication. Au cours de l'impression il n'a cessé, avec une bienveillance et un empressement auxquels nous ne saurions trop rendre hommage, de nous guider de ses conseils et de ses lumières. Qu'il veuille bien recevoir ici le témoignage de notre reconnaissance.

Paul GUÉRIN.

ACTES ANTÉRIEURS AU XIVᵉ SIÈCLE

PUBLIÉS DANS CE VOLUME [1].

1188. — Privilège accordé par Richard Cœur de lion, comte de Poitiers, à Geoffroy Berland de louer des magasins aux marchands de draps qui viennent à Poitiers pour la foire de carême (n° CI).

1190, 5 mai. — Charte de donation par Richard Cœur de lion à l'abbaye de Lieu-Dieu en Jard de la terre dite de la Comtesse (n° CLXXIV).

1196, 4 novembre. — Charte de donation de la forêt de Jard, faite par le même prince à l'abbaye de Lieu-Dieu en Jard (n° CLXXV).

1204, juin. — Lettres de Philippe Auguste déclarant l'abbaye de Saint-Maixent unie pour toujours à la couronne (n° XIV).

1224. — Diplôme de Louis VIII confirmant les privilèges que l'abbaye de Saint-Maixent possédait du temps des rois d'Angleterre. — Vidimus de saint Louis, 1230, et de Philippe le Hardi, février 1272 (n. s.) (n° LXIX).

1230, juillet. — Lettres de saint Louis reconnaissant à l'abbé et aux religieux de Saint-Maixent le droit d'instituer un prévôt dans le bourg de Saint-Maixent. — Vidimus de Philippe le Hardi, février 1272 (n. s.) (n° LXX).

---

[1]. Il nous a semblé qu'il pouvait y avoir quelque utilité à dresser un tableau des actes antérieurs que l'on trouve intercalés dans des vidimus ou des lettres de confirmation du XIVᵉ siècle. C'est une sorte de préface chronologique, où l'on peut embrasser d'un coup d'œil les éléments que fournit ce recueil à l'histoire des siècles précédents. Les chiffres romains placés entre parenthèses renvoient aux numéros du volume où le texte de ces pièces est publié.

1230, juillet. — Lettres de saint Louis portant confirmation des privilèges que les rois d'Angleterre avaient accordés aux habitants de Niort. — Vidimus de Philippe le Hardi, mars 1272 (n. s.), et de Philippe le Bel, mars 1286 (n. s.) (n° xcv).

1255, mai. — Lettres de saint Louis confirmant celles de juin 1204 en faveur de l'abbaye de Saint-Maixent (n° xiv).

1270, 10 juin. — Lettres d'Alfonse de Poitiers par lesquelles ce prince octroie à l'abbaye de Saint-Maixent trente livres de rente, en dédommagement de certains préjudices qu'il lui avait causés (n° lx).

1276, décembre. — Lettres de Philippe le Hardi assignant à l'abbaye de Charroux une rente de quarante sous pour célébrer l'anniversaire d'Alfonse de Poitiers (n° xc).

1277-1278, mars. — Privilège accordé par Philippe le Hardi à l'abbaye de Saint-Maixent, touchant le nombre de sergents qu'elle devait fournir à l'armée royale (n° lxvi).

1279, décembre. — Règlement en faveur de l'abbaye de Lieu-Dieu en Jard d'une contestation soulevée entre Guy, vicomte de Thouars, et les religieux, au sujet du droit de chasse dans les forêts de Jard et d'Orbestier (n° clxxvii).

1281, décembre. — Lettres de Philippe le Hardi par lesquelles l'abbaye de Saint-Maixent, soustraite au ressort de la châtellenie de Loudun, est placée dans celui de Niort (n° xv)

1282, janvier. — Lettres de Philippe le Hardi portant reconnaissance du droit de justice de l'abbaye de Saint-Maixent (n° lxxi).

1288, 8 mai. — Charte de Guy, vicomte de Thouars, en faveur des religieux de Lieu-Dieu en Jard, touchant le droit d'épave sur leurs terres (n° clxxviii).

1298, 30 septembre. — Bail à cens fait par Jean de Saint-Denis, sénéchal de Poitou, à Richard le Fripier, d'un terrain dit la *Doue le Roi*, sis à Poitiers (n° xxi).

RECUEIL DES DOCUMENTS

CONCERNANT LE POITOU

CONTENUS

DANS LES REGISTRES DE LA CHANCELLERIE DE FRANCE.

I

Commission donnée à Simon de Rochechouart et à Jean Vigier de se rendre dans la sénéchaussée de Poitiers pour y lever des troupes. (JJ. 35, n° 52, fol. 15.)

11 novembre 1302.

Philippus, etc., universis, etc. Cordi habentes, ut condecet, inimicorum nequicias et impulsus totis conatibus repellendo, quietem et pacem regni nostri [et] fidelium incolarum ejusdem, auxiliante Deo precipue et ipsorum mediante subditorum subsidio, procurare, ac providere ne mercatores et alii subditi nostri in suis mercaturis et negociis aliis impediri valeant vel exponere se periculis quibuscunque; notum facimus quod nos, licet ad hoc personaliter intendere proponamus cum viis et modis pluribus exquisitis, finaliter deliberato cum peritis in talibus et quamplurimum famosis consilio, certam procedendi viam super hoc providimus utilem et salubrem, quam dilectis et fidelibus nostris, S. de Ruppe Choardi [1] et J. Vigeri [2], militibus, quos ad hoc ad Pictavensem mittimus senescalliam, apperuimus, per eos vel eorum alterum cum senescallo ejusdem senescallie, ubi et quibus expedire viderint, declarandam, videlicet de subveniendo nobis in hoc facto, quod verisimiliter omnes tangit, de certo numero servientum armorum ad vadia seu stipendia subditorum ipsorum, secundum vires et facultates eorumdem, ad certum tempus, prout duxerint, considerato negocio, statuendo. Dantes omnibus subditis nostris presentibus in mandatis ut eisdem commissariis in hac parte eo promptius quo devotius pareant et intendant. In cujus rei testimonium, etc., Actum Parisius in festo beati Martini, anno Domini M. CCC. secundo.

II

Don à Guy de Bauçay, chevalier, d'un droit d'usage perpétuel dans la forêt de Montreuil-Bonnin et dans les bois de Montbeil. (JJ. 38, n° 98, fol. 51.)

Décembre 1302.

Philippus Dei gratia Francorum rex. Notum facimus

---

1. Simon de Rochechouart, second fils d'Aimery IX et de Jeanne, dame de Tonnay-Charente, devint vicomte de Rochechouart vers l'an 1306, après le décès d'Aimery XI, son neveu, et mourut en 1316. Il avait épousé Laure de Chabanais, dont il eut deux fils et une fille. (Le P. Anselme, *Hist. généal.*, t. IV, p. 652.)

2. Jean Vigier appartenait à une noble et ancienne famille dont les branches, au commencement du XIVe siècle, étaient répandues dans les provinces de Poitou, de Saintonge, d'Angoumois et de Périgord. Dans les extraits de comptes des trésoriers du Louvre des années 1296 et 1301, publiés dans le recueil des *Hist. de France* (t. XXII, p. 532, et t. XXIII, p. 787), le nom de Jean Vigier se rencontre plusieurs fois; il y est qualifié de chevalier, ancien prévôt de Saint-Sever, maire de Bordeaux. Un Geoffroy Vigier, vivant au mois d'avril 1311, est dit seigneur de Dampierre (JJ. 47, fol. 82). Un Jean Vigier, peut-être le même que celui dont il est question ici, seigneur de Hautecorne en Périgord, teste en 1324 et institue pour héritier Raoul, son fils aîné. (Voy. sur cette famille, A. du Chesne, *Hist. de la maison du Plessis de Richelieu*, p. 83-85, et le *dossier Vigier*, à la Bibl. nat., cabinet des Titres.)

universis, tam presentibus quam futuris, quod nos dilecto militi nostro Guidoni de Baucayo [1], pro se suisque heredibus in perpetuum, concedimus usagium in tota foresta nostra Monsteroli Bonnin et in boscis de Mombuil ad omnes necessitates et expediciones suas, dum tamen de dicto usagio aliquid non vendat aut mutet ; volentes quod in dicta foresta Monsteroli sine librata vel monstrata usagium predictum habeat, in foresta vero de Mombuil usagium capiet et habebit ad servientis libratam, sibi in parte dicte foreste, que domui dicti Guidonis fuerit propinquior, faciendam. Quod ut ratum et stabile maneat in futurum, presentibus

---

1. Ce nom de Bauçay se retrouvera fréquemment dans le présent recueil. C'est celui de l'une des plus anciennes maisons du Loudunois. Malheureusement, comme il est arrivé pour un grand nombre de familles marquantes éteintes dès le XV⁰ siècle, la généalogie n'en a jamais été dressée d'une façon exacte et complète. Aussi, malgré les nombreuses notes publiées par M. Beauchet-Filleau dans son *Dict. généal. des familles de l'ancien Poitou* (art. Beauçay), et malgré le secours des documents généalogiques conservés au cabinet des Titres de la Bibliothèque nationale, il est difficile de connaître la filiation certaine du personnage mentionné ici, et que l'on rencontrera plus loin avec le titre de seigneur de Chéneché et le surnom de *Goman* ou *le jeune*.

En 1270, deux frères du nom de Bauçay se rendirent célèbres par la part qu'ils prirent à la dernière croisade de saint Louis et par la mort qu'ils trouvèrent ensemble en combattant les Sarrazins. Leurs exploits et leur fin glorieuse sont racontés au long dans la *Chronique de Primat*, traduite par Jean du Vignay (*Historiens de France*, t. XXIII, p. 74-77). Ces deux frères se nommaient Hugues et Guy. Le premier, c'est Hugues IV, représentant la branche aînée, suivant les généalogistes. (Voy. la note du n⁰ LI). Quant au second, les renseignements sur ses alliances et sa postérité font absolument défaut. Il n'y aurait peut-être pas témérité trop grande à le considérer comme le chef de la branche de Chéneché et le père de notre Guy de Bauçay, d'autant qu'un texte nous apprend que le fils portait précisément le même prénom que son père.

Mahaut de Clisson, la femme du seigneur de Chéneché, dont il est question ici, lui avait apporté des terres considérables, qui, jointes à son héritage et aux dons qu'il reçut du Roi (voy. les n⁰ˢ LVII, LXXV à LXXVII, LXXXII et CVII), en firent un des plus puissants seigneurs du pays. Il était mort avant le mois de juin 1324. Le P. Anselme (t. VII, p. 763) et d'après lui, sans doute, le *Dict. généal. du Poitou*, prétendent qu'il ne laissa point de postérité ; c'est une assertion que contredit formellement l'acte publié plus loin sous le n⁰ CVII. On y voit en effet qu'un fils de Guy de Bauçay, nommé Goujon, lui survécut. Sa veuve épousa, en secondes noces, Savary III de Vivonne.

nostrum fecimus apponi sigillum. Actum apud Fontem
Bliaudi, anno Domini M. CCC. secundo, mense decembris.

III

Mandement au sénéchal de Poitou de rassembler des approvisionnements de vin et de bétail et de les faire conduire à Calais. (JJ. 35, n° 138, fol. 65.)

4 janvier 1304.

Philippes par la grace de Dieu roys de France, au seneschal de Poictou salut. Comme pour les griés que nous avons à present en nostre royaume contre noz anemis, neccessaire et convenable chose soit de faire pourvoiances de garnisons de vivres et d'autres choses, et nous, pour deliberation de nostre conseil, aions ordené, pour le commun proufit de nous, de noz sougiez et de nostre royaume, que noz seneschaus et ballis feront pourveances, chascuns en son lieu, de certaine quantité de garnisons en tele maniere que les garnisons que il feront et desqueles il pourverront, il penrront des riches genz, marcheans et autres persones, par certain et juste pris en la meillour maniere que il le pourront faire, au mains de grief et plus au gré de la gent et des persones, sanz force, et de ce que ainsins sera prins et levé, chascuns seneschaus et ballis baillera bonnes lettres d'obligacion en son non de poier à certains termes. Nous, seue et esprouvée autre foiz vostre diligence et vostre loiauté, vous commetons et mandons expressement que vous, tant par vous comme par autres, pourveez et faites garnisons de mil tonniaus de vin, de x tonniaus de vin aigre et de v^c aumailles [1], por certain et juste pris, si comme dessus est dit, et les fay tantost conduire à Calays, si que il soient dedenz l'Ascension au plus tart, et donnez à ceus de qui

---

1. Cinq cents têtes de gros bétail.

vous prendrez ces dites choses, ou aucunnes d'iceles, lettres souz nostre seel dou lieu autentique et pleges, se mestiers est, de leur rendre et poier à la feste de saint Michel prochaine à venir l'enmoitié et l'autre moitié à la feste de Pasques ensieuvant, du pris qui pour lesdites garnisons leur sera deuz, de noz rentes, queles que elles soient, ou emolumenz d'icelle seneschaucie; et se les dites rentes ou emolumenz ne souffisoient aus diz poiemenz à faire, nous les ferions et serions tenuz à parfaire de noz autres deniers, où que il fussent, et vous garder de touz domages, se aucuns en sousteniez pour ce. Et se lesdites persones veulent avoir noz lettres seur ce, nous prometons à leur faire baillier selonc la fourme des vostres, qui aparront seur ce, si tost comme nous en serons requis. Et voulons que vous et il sachiez que, jà soit ce qu'il peust avenir que noz, non recordanz des assenemenz des diz poiemenz, commandissions par autres lettres autres poiemenz à faire hastivement ou metre avant touz autres, nostre intencion si est, et vous mandons dès orendroit que nul mandement fait après la date des lettres de la prinse des dites garnisons vous ne metez avant, combien que il fust especial, mais acomplissiez les diz poiemenz entierement, si que nous puissions veoir et apercevoir de mieux en plus vostre loiauté et vostre diligence, et mesmement si que il n'ait deffaut es dites choses par vous, laquele chose pourroit estre perilleuse en fait de nostre guerre, dont nous vous punirions. Et donnons en mandement à touz noz subgiez que il en ce vous obeissent et à vous entendent diligeanment. Donné à Thoulouse, le samedi après la feste de la Circoncision nostre Seignor, l'an de grace M. CCC. et trois.

IV

Philippe le Bel ordonne au sénéchal de Poitou d'envoyer à Paris les revenus déjà perçus des bénéfices ecclésiastiques de sa sénéchaussée, dont les titulaires ont quitté le royaume, et d'en achever la levée dans le plus bref délai. (JJ. 35, n° 138 *bis*, fol. 66.)

7 janvier 1304.

Philippus Dei gratia Francorum rex, senescallo Pictavensi salutem. Mandamus tibi quatinus quicquid de fructibus et proventibus beneficiorum ecclesiasticorum tue senescallie personarum à regno nostro absentium [1], à tempore quo eos levari mandavimus, levatum extitit et receptum, visis presentibus, mittas et liberes thesaurariis nostris Parisius apud Templum, et quod de hiis restat levandum leves et exigas indilate, illud eisdem thesaurariis absque dilacione qualibet transmissurus, quid et quantum in presenti miseris et quantum restat levandum, pro quibus beneficiis, et nomina personarum ipsarum, dilectis et fidelibus gentibus Compotorum nostrorum Parisius quam citius rescripturus. Datum Tholose, die martis post Epiphaniam [M. CCC. III.]

---

1. Philippe le Bel, par lettres données l'an 1302, avait fait défense, sous des peines sévères, à tous ses sujets de sortir du royaume sans sa permission. (Voy. Du Puy, *Hist. du différend d'entre Boniface VIII et Philippe le Bel*, p. 86, et *Recueil des Ordonnances*, t. XI, p. 395). Néanmoins, cette prohibition ne fut pas respectée de tous ; le fait est constaté dans un mandement royal du 21 octobre de la même année. *Nonnulli prelati*, y est-il dit, *abbates, priores, magistri in theologia ac alie quedam ecclesiastice et seculares persone, inhibitione nostra spreta, ab eodem regno egredi presumpserunt.* Injonction fut faite en conséquence aux baillis et sénéchaux de saisir les biens des absents, d'y nommer des administrateurs et de lever les revenus au nom du Roi. (*Ordonn.*, t. I, p. 349.)

V

Liste des barons poitevins qui ont reçu des lettres de convocation pour se trouver en armes à Arras le mardi après la Pentecôte, et prendre part aux opérations de la guerre de Flandres [1]. (JJ. 35; fol. 58 v°.)

- Lundi de Pâques, 30 mars 1304.

Poittevins.

- Guillaume Larcevesque.
- Hugues Larcevesque [2].
- Gieffroy de Lesignen [3].
- Aymar de Valence [4].
- Gieffroy de Ponz, seigneur de Bergerac [5].
- Le seigneur de Mirmande [6].
- Guy de Rochechoart [7].
- Renaut de Ponz [8].
- Le seigneur de Barbezieu [9].

---

1. Toutes les listes de convocation de ce genre qui se trouvent dans les registres du Trésor des Chartes pour les règnes de Philippe le Bel et de Philippe le Long ont été publiées dans le *Recueil des Historiens de France*, t. XXIII, p. 788 et s.
2. Guillaume VI, seigneur de Parthenay, marié en premières noces à Jeanne de Montfort, et en secondes à Marguerite de Thouars, mourut en 1308. On croit que son frère Hugues, ici nommé, périt dans cette campagne de 1304. (B. Ledain, *Hist. de Parthenay*, in-8°, 1858, p. 151.)
3. Geoffroy II de Lusignan, vicomte de Châtellerault, seigneur de Jarnac, petit-fils de Hugues X, comte de la Marche, avait déjà servi en Flandres, l'an 1302. Suivant le P. Anselme, il mourut en 1305, sans laisser d'enfants de Perrenelle de Sully, sa femme. (*Hist. généal.* t. III, p. 79.)
4. Voyez la note de la page 11.
5. Il était fils de Renaud III de Pons et de Marguerite de Bergerac, vicomtesse de Turenne en partie. (La Chesnaye-Desbois, XI, 404.)
6. Guillaume, seigneur de Mirmande, ou plutôt Marmande. Cf. *Hist. de France*, XXIII, p. 685, et Boutaric, *Actes du Parlement*, II, p. 11.
7. Seigneur de Tonnay-Charente et de Cercigné, 3e fils de Guillaume de Rochechouart, chef de la branche de Mortemart. Il mourut quelque temps après en Flandres. (*Hist. généal.*, IV, 675.)
8. Renaud IV, fils de Geoffroy, nommé plus haut. Il épousa Elisabeth de Lévis.
9. Peut-être Vivien, seigneur de Barbezieux et de Jonzac, dont la fille, Marguerite, épousa Aimery III de la Rochefoucauld. (*Hist. généal.*, IV, 423 et VIII, 858.)

Le seigneur de Beleville [1].
Guy de la Marche [2].
Girart Chabot [3].
Hugues de Thouarz.
Aymar d'Archiac [4].
Le seigneur de Monlesun [5].
Le visconte de Thouarz [6].
Le seigneur de Mautaz [7].
Jehan de Thoart.
Mons. Hugue de Thoart [8].

VI

Commission donnée à Simon de Rochechouart d'aller traiter avec les sénéchaux de Poitou et de Saintonge des conditions à proposer aux nobles de ces provinces, qui se sont engagés à rejoindre l'armée de Flandres. (JJ. 36, n° 144, fol. 64 v°.)

8 mai 1304.

Philippes par la grace de Dieu roys de France, à touz

---

1. Maurice II de Belleville, seigneur de Montaigu, de la Garnache, de Châteaumur, etc., marié à Létice de Parthenay, fille de Guillaume VI Larchevêque. (*Bibl. nat., cabinet des Titres, dossier Belleville.*)
2. Guy, seigneur de Couhé et de Peyrac, 3e fils de Hugues XI de Lusignan, comte de la Marche. (Voy. plus loin la note 2 de la pièce n° XXIX.)
3. Girard III Chabot, baron de Retz.
4. Fils d'Aymar III et de Marguerite de Rochechouart ; il vivait encore en 1318. (Voy. sa généalogie dans l'*Hist. de la maison des Chasteigners* d'André du Chesne, p. 23-26.)
5. Arnaud-Guilhem III de Montlezun, comte de Pardiac. (P. Anselme, II, 627.)
6. Guy II, vicomte de Thouars, mort le 26 septembre 1308, et ses deux fils : Jean, seigneur de Talmont, et Hugues, seigneur de Pouzauges et de Mauléon.
7. Fouques de Mastas (aujourd'hui Matha, arr. de Saint-Jean-d'Angély), comme il est nommé plus communément dans les textes de l'époque, avait épousé Yolande de Pons, fille d'Elie Rudel dit *Renaud*, sire de Pons, et d'Yolande de Lusignan, sœur du dernier comte de la Marche de la maison de Lusignan. (Testament de Hugues XIII, comte de la Marche. Arch. nat., J. 407, n° 10.)
8. Pour ces deux derniers noms on lirait plutôt dans le texte *Choart*. Les éditeurs du recueil des *Hist. de France*, t. XXIII, p. 803, ont im-

ceux qui ces lettres verront, salut. Savoir faisons à touz que nous nostre amé et feel Symon de Rochechouart, chevalier, porteur de ceste lettre, envoions ès parties des seneschaucies de Xanctonge et de Poitou, pour traitier avec les seneschauz des dites parties, par les voies et les manieres que il et li seneschauz qui avec li sera verront meuz à faire, aus nobles des dites seneschaucies et des ressorz d'icelles, de quelque condition ou estat qu'il soient, qui la subvention, selonc nostre derreniere ordenance, nous ont octroiée de venir à nos gaiges en leurs personnes avec nous en nostre ost de Flandres. Et li donnons plain povoir et mandement especial d'acomplir et parfaire ce que il et li diz seneschauz, ou li uns d'eus avec ledit Symon, auront traitié et finalement acordé, et de faire prest pour un mois à ceus qui ce acorderont de venir avec nous, et de faire tout ce qui à ce sera neccessaire ou convenable. Et avons ferme et estable tout ce qui par ledit Symon avec les diz seneschauz ou l'un d'yceus sera fait et acordé seur ce. Donné à Pontoise, VIII. jours en may l'an mil ccc. et quatre.

VII

Mandement aux commissaires chargés de lever l'aide accordée par la sénéchaussée de Poitou, de payer, à la réquisition du sénéchal et de Simon de Rochechouart, les sommes nécessaires à l'entretien des gens d'armes que ceux-ci ont mission de rassembler. (JJ. 35, n° 147, fol. 70 v°. — JJ. 36, n° 145, fol. 65.)

8 mai 1304.

Philippus Dei gratia Francorum rex. Superintendentibus negocio subvencionis novissime nobis in Pictavensi senescallia concesse salutem. Cum nos dilectum et fidelem militem nostrum S. de Ruppe Cavardi ad partes Pictavensis senes-

---

primé Thoart, qui semble en effet plus satisfaisant, malgré la différence d'orthographe *Thouarz* et *Thoart*, à deux lignes d'intervalle, et la répétition du nom de Hugues.

callie deputaverimus, ut ipse, una cum senescallo nostro Pictavensi, pro nostro presenti Flandrensi exercitu, gentes armorum nobiscum ad dictum venturas exercitum debeat retinere, sub certa forma illi à nobis commissa ; mandamus vobis quatinus illis, quos per eos vel alterum eorum retineri ad hoc contigerit, pro mutuo eis faciendo liberetis summas pecunie, de quibus per ipsos militem et senescallum, vel alterum eorum, fueritis requisiti, retinentes penes vos eorum litteras, summas, quas in hac parte, ad eorum vel alterius ipsorum mandatum, tradideritis, continentes. Datum Pontisare, die viii^a maii, anno Domini m. ccc. quarto.

VIII

Don à Simon de Rochechouart, chevalier, de cent livres de rente perpétuelle et héréditaire à percevoir sur le trésor royal. (JJ. 37, n° 39, fol. 16 v°.)

2 novembre 1304.

Philippus Dei gratia Francorum rex. Notum facimus universis tam presentibus quam futuris, quod nos, grata considerantes obsequia, que dilectus Symon de Ruppe Cavardi, miles noster, nobis exhibuit in facto guerrarum nostrarum et alias exhibet incessanter, eidem militi in serviciorum recompensacionem hujusmodi concedimus et donamus centum libras turonensium parvorum annui et perpetui redditus graciose, ab eodem milite et ejus liberis de matrimonio procreatis legitimo et procreandis, ex recta linea descendentibus, percipiendas perpetuo et hereditarie possidendas in thesauro nostro, Parisius, annis singulis, in festo dominice Ascensionis, donec eas sibi alibi duxerimus assidendas. Pro hujusmodi autem redditu predictus miles suique predicti liberi et heredes nobis et nostris successoribus homagium facere tenebuntur. Quod ut ratum et stabile perseveret, presentibus nostrum fecimus appponi sigillum. Actum in abbatia regali Beate Marie prope Pontisaram, anno Domini m. ccc. quarto, die lune post festum Omnium Sanctorum.

IX

Don à Jean Vigier des quatre-vingts livres de rente annuelle qu'Aymard de Valence devait au Roi pour la terre de Sonneville. (JJ. 37, n° 39 *bis*, fol. 16 v°.)

5 novembre 1304.

Philippus Dei gratia Francorum rex. Notum facimus universis, tam presentibus quam futuris, quod nos, grata considerantes obsequia, que dilectus Johannes Vigerii, miles noster, diucius nobis exhibuit et incessanter impendit, eidem et ejus liberis de legitimo matrimonio procreatis et procreandis, ex recta linea descendentibus, octoginta libras turonensium parvorum annui redditus, in quibus Aymardus de Valencia [1], miles, nobis, racione forefacture nostre de Sonevilla, quam à nobis ad perpetuam firmam dicitur recepisse, annuatim tenetur, presentium tenore, graciose concedimus et donamus, percipiendas ab eodem Johanne et ejus liberis, ut dictum est, perpetuo et hereditarie, terminis consuetis, prout ea annis [singulis] percipere solebamus. Dantes senescallo nostro Xanctonensi moderna, et qui pro tempore fuerit, eisdem presentibus in mandatis, ut ipse, prefato militi nostro et ejus liberis, ut premittitur, dictas octoginta libras, annis singulis, modo et forma predictis, absque difficultate quacumque et alterius expectatione mandati, faciat liberari. Pro hujusmodi autem redditu prefatus miles suique predicti liberi et heredes nobis et successoribus nostris homagium facere tenebuntur. Quod ut ra-

---

1. Aymard II de Lusignan, dit *de Valence*, seigneur de Montignac, puis comte de Pembrocke en Angleterre après la mort de son oncle paternel, épousa en avril 1321 Marie, fille de Guy de Châtillon, comte de Saint-Paul. Son grand'père, Guillaume Ier, qui le premier prit ce nom de Valence, était le quatrième fils de Hugues X de Lusignan, comte de la Marche et d'Angoulême, qui mourut en 1249 et fut enterré dans l'abbaye de Valence, près de Couhé (Vienne). — Voy. le P. Anselme, t. III, p. 82, et t. VI, p. 106.

tum et stabile perseveret, presentibus nostrum fecimus apponi sigillum. Actum Yvorcii, die jovis post festum Omnium Sanctorum, anno Domini m. ccc. quarto.

X

Confirmation de la vente faite à Geoffroy de Savigny, par Simon de Rochechouart, des cent livres de rente sur le trésor, que le Roi lui avait précédemment octroyées. (JJ. 37, n° 82, fol. 28 v°.)

Juillet 1305.

Philippus Dei gratia Francorum rex. Notum facimus universis, tam presentibus quam futuris, quod, cum nos pridem dilecto Symoni de Ruppe Cavardi, militi nostro, obtentu grati sui servicii nobis ab eodem impensi, centum libras annui et perpetui redditus turonensium parvorum dederimus et concesserimus, percipiendas ab eodem milite et ejus liberis de legitimo matrimonio procreatis et procreandis, ex recta linea descendentibus tantummodo, perpetuo et hereditarie, annis singulis, in thesauro nostro, Parisius, in festo Ascensionis dominice, donec ea sibi alibi duxerimus assidenda, pro quo redditu dictus miles suique predicti liberi et heredes nobis et nostris successoribus homagium facere tenebantur; nos tamen prefato militi graciam in hac parte facere specialem volentes, ad peticionem ipsius militis, vendicionem ab ipso de dicto redditu factam Gaufrido de Savigniaco, valleto nostro, prout coram nobis asseruit idem miles, et convenciones ex ipsa vendicione secutas, ratas habemus et gratas, tenore presentium approbamus et ex certa sciencia confirmamus, concedimusque quod ipse, pro se, heredes et successores sui ac causam ab eo habituri predicti centum libras turonensium annui et perpetui redditus sepedictas habeant, teneant, percipiant et possideant, annis singulis imperpetuum, in thesauro nostro, Parisius, in predicto termino dominice Ascensionis, pacifice et quiete, donec eas sibi alibi duxerimus assidendas. Pro hujusmodi autem redditu idem G., heredes et successores sui ac causam ab eo habituri nobis et successoribus nostris homagium facere tenebuntur. Salvo in aliis jure nostro et in omnibus alieno. Damus autem thesaurariis nostris modernis et qui pro tempore fuerint, eisdem presentibus in mandatis, ut eidem G., heredibus et successoribus suis ac causam habituris predictis, sepedictas centum libras turonensium annui et perpetui redditus, annis singulis, in supradicto termino, absque alterius expectatione mandati, persolvant. Quod ut ratum et stabile perseveret, presentibus litteris nostrum fecimus apponi sigillum. Actum apud Courciacum in Logio, anno Domini M. CCC. quinto, mense julii.

XI

Philippe le Bel envoie Guyard de Lyons, bourgeois de Paris, en Poitou, avec mission de s'enquérir des négligences commises dans la levée des aides, et ordonne au sénéchal de lui faciliter les moyens de faire parvenir la recette à Paris. (JJ. 36, n° 246, fol. 102.)

20 septembre 1305.

Philippus Dei gratia Francorum rex, senescallo Pictavensi salutem. Cum nos superintendentes negocio subvencionum decimalium et aliarum quarumlibet in vestra senescallia et ejus ressorto à nobis deputatos, post plures litteras nostras excitatorias sibi missas in omni acceleracione levandi et mittendi Parisius, apud Templum, pecuniam nos ex subventionibus hujusmodi contingentem, invenerimus fuisse hactenus negligentes, eisque, ipsos super hoc iterato excitando, per alias litteras nostras mandemus ut omnem pecuniam pro nobis per ipsos, vel deputatos ab ipsis, quomodocumque levatam, sub salvo et securo conductu mittant indilate Parisius, apud Templum, presente et sciente dilecto nostro Guiardo de Leonibus, cive parisiensi, latore presentium, quem propter hoc ad partes illas duximus destinandum. Mandamus vobis quatinus, si per relacionem prefati, Guiardi vobis constet superintendentes prefatos esse in negligencia premissorum, vos pecuniam totam per ipsos et deputatos ab ipsis receptam, ubicumque sit, levetis indilate, et eam, presente et sciente prefato Guiardo, mittatis quantocius sub salvo et securo conductu Parisius apud Templum, sciturus quod vos graviter punire proponimus, si quam commitatis negligenciam in hac parte. Actum Parisius, die vicesima mensis septembris, anno Domini M. CCC. quinto.

XII

Mandement au sénéchal de Poitou de réunir l'argent des redevances et impositions de son ressort; de faire procéder sans délai aux levées en souffrance, et d'envoyer le tout à Paris, dans les cinq semaines, sous peine d'être ajourné au Châtelet. (JJ. 36, n° 243, fol. 101 v°.)

4 octobre 1305.

Philippus Dei gratia Francorum rex, senescallo Pictavensi salutem. Ex certis causis mandando vobis precipimus et precipiendo mandamus quatinus omnem pecuniam, que de explectis, obvencionibus, emolumentis et subvencionibus quibuslibet vestre senescallie collecta et levata extitit, et que infra instans festum Omnium Sanctorum colligenda et levanda remanet, à quibuscunque colligi debeat et levari infra quinque septimanas post receptionem presentium, omni dilacione et excusacione remota, Parisius apud Templum procuretis celeriter et diligenter afferri, vestris racionibus applicandis, vosque tunc ibidem personaliter intersitis, super explectis, obvencionibus, emolumentis et subvencionibus predictis computaturi et reddituri legitimam racionem. Quod si super premissorum aliquo fueritis quomodolibet in defectu, vos extunc reddatis in Castelleto nostro Parisiensi corporaliter nostro carceri mancipati. Et ut de negligencia vel diligencia vestra

— 15 —

haberi plena valeat certitudo, mandamus vobis atque precipimus quatinus diem et horam, quibus presentes litteras vos recepisse contingerit, dilectis et fidelibus thesaurariis nostris Templi Parisiensis per latorem presentium litterarum significare curetis. Datum Parisius, iiij^a die octobris, anno Domini m. ccc. quinto.

XIII

L'abbaye de Fontevrault ayant abandonné au roi certains droits qu'elle possédait à Loudun, Philippe le Bel lui donne, en échange, une rente annuelle de quarante livres tournois, assignée provisoirement sur les revenus de la prévôté de Loudun. (JJ. 38, n° 176, fol. 80.)

Mai 1306.

Philippus Dei gratia Francorum rex. Notum facimus universis, tam presentibus quam futuris, quod, cum religiose mulieres, abbatissa et conventus monasterii Fontis Ebraudi jalleagium, mensuragium et missionem, seu posicionem preconis vinorum, prisiasque et vengencias cum emendis que exinde provenire possent, que omnia ex conquestu ab eisdem religiosis facto à Guillelmo de Puteo, Guillelmo de Bernezai, militibus, et Haimerico de Bernezai [1], armigero, apud Loudunum tenebant et possidebant hereditarie, nobis, ex causa pure permutacionis seu escambii, totaliter et hereditarie dimiserint, tenenda et possidenda à nobis et nostris heredibus perpetuo, et in nos quicquid juris, actionis, proprietatis, possessionis et dominii in premissis habebant vel habere poterant, quocunque modo vel titulo,

---

1. L'acte de vente original est conservé aux Archives nationales (J. 184, n° 2); il porte la date du dimanche après la Madeleine (28 juillet 1303), et le sceau très bien conservé de la prévôté de Loudun. On y trouve que Guillaume et Emery de Bernezay étaient les deux frères, et que la vente fut faite du consentement de Pierre de Bernezay, sans doute leur père. Ils appartenaient à l'une des plus anciennes maisons du Loudunois. (A. du Chesne, *Hist. de la maison du Plessis-Richelieu*, in-fol., p. 27. Voy. aussi plus loin le n° CXXVII.)

transtulerint pro nobis et successoribus nostris, salvis libertatibus et franchisiis hominum suorum, secundum tenorem privilegiorum suorum et prout hactenus uti consueverunt. Nos, in restitucionem seu recompensacionem premissorum ac eciam pro premissis, quadraginta libras turonensium annui et perpetui redditus eisdem abbatisse et conventui, pro se et monasterio suo predicto, concedimus et assignamus, capiendas, anno quolibet, medietatem videlicet in festo Omnium Sanctorum, et aliam medietatem in festo Ascensionis Domini, ad [quas] proventus, exitus et emolumenta predicta eisdem religiosis specialiter obligamus. Volentes et concedentes quod religiose predicte earumque monasterium predictas quadraginta libras annui redditus tenere et possidere possint perpetuo, pacifice et quiete, absque coactione vel compulsione vendendi, vel extra manum suam ponendi, aut prestandi financiam aliquam pro eisdem, donec eas eisdem alibi, in competenti loco, sub forma predicta, duxerimus assidendas. Dantes prepositis Lodunensibus, qui pro tempore fuerint, tenore presentium in mandatis, ut dictis religiosis vel earum mandato dictas quadraginta libras, dictis terminis, annuatim persolvant, sine alterius expectacione mandati. Hoc eciam acto quod, si dicte religiose dictas quadraginta libras annui redditus, vel earum valorem, in aliis possessionibus pro competenti precio, de nostro consensu, acquisiverint, nos dictum precium persolvi faciemus de nostro, et concedimus eisdem quod eas possint tenere perpetuo, sicut et dictas quadraginta libras tenere possunt, ita tamen quod per predictam assisiam, vel solucionem precii supradicti, Prepositura nostra Lodunensis predicta ejusque proventus, exitus et emolumenta à prestacione seu solucione dictarum quadraginta librarum annui redditus liberabuntur omnino. Quod ut firmum permaneat in futurum, presentibus litteris nostrum fecimus apponi sigillum. Actum Parisius, mense maii, anno Domini millesimo ccc. sexto.

XIV

Vidimus des lettres de Philippe-Auguste, du mois de juin 1204, et des confirmations de saint Louis et de Philippe le Hardi, par lesquelles l'abbaye de Saint-Maixent est mise sous la protection royale et déclarée unie pour toujours à la couronne. (JJ. 38, n° 84, fol. 74 v°.)

Juillet 1306.

Philippus Dei gratia Francorum rex. Notum facimus universis, tam presentibus quam futuris, quod nos litteras inclite recordacionis precarissimi domini et genitoris nostri, Philippi quondam regis Francorum, vidimus, formam que sequitur continentes :

Philippus Dei gratia Francorum rex. Notum facimus universis, tam presentibus quam futuris, quod nos litteras inclite recordacionis prekarissimi domini et genitoris nostri, Ludovici regis Francorum, vidimus in hec verba :

Ludovicus Dei gratia Francorum rex. Noverint universi quod nos litteras inclite recordacionis regis Philippi, avi nostri, vidimus in hec verba :

Philippus Dei gratia Francorum rex. Omnibus ad quos presentes littere pervenerint salutem. Noveritis quod nos dilectum nostrum abbatem Sancti Maxencii et abbatiam ejus, et res ad ipsam abbatiam spectantes, in custodia et protectione nostra recipimus, et ipse abbas fecit nobis fidelitatem. Verumptamen nos eum recipimus tali tenore in nostra protectione quod ad jus corone regni Francie de cetero, tam ipse quam abbatia Sancti Maxencii pertinebunt, nec nos ipsam abbatiam à corona regni Francie sive de nostris manibus recedere permittemus. Quod ut ratum sit et inconcussum, presentem paginam sigilli nostri munimine roboramus. Actum Parisius, anno incarnati Verbi M. CC. IIII^{to}, mense junio.

In cujus rei testimonium, ad instanciam ipsius abbatis, presentibus litteris nostrum fecimus apponi sigillum.

Actum Parisius, anno Domini m. cc. quinquagesimo quinto, mense mayo.

In cujus rei testimonium, presentibus litteris nostrum fecimus apponi sigillum. Actum apud Niortum, anno Domini m. cc. lxx. primo, mense februario.

.Nos autem pia predecessorum nostrorum vestigia libenti animo insequentes, omnia et singula in predictis litteris contenta, rata et grata habentes, ea volumus habere perpetuam roboris firmitatem. Per hanc vero confirmacionem intentionis nostre non existit quod dictis religiosis jus novum acquiratur, aut juri nostro seu juri cuilibet alieno prejudicium aliquod generetur. In cujus rei testimonium, presentibus litteris nostrum fecimus apponi sigillum. Actum apud Fontem in Nemore, anno Domini m. ccc. sexto, mense julio.

XV

Confirmation des lettres de Philippe le Hardi, en date du mois de décembre 1281, par lesquelles l'abbaye de Saint-Maixent est soustraite au ressort de la châtellenie de Loudun, et placée dans celui de Niort. (JJ. 38, n° 83, fol. 74.)

Juillet 1306.

Philippus Dei gratia Francorum rex. Notum facimus universis, tam presentibus quam futuris, quod nos litteras inclite recordationis precarissimi domini et genitoris nostri, Philippi quondam regis Francorum, vidimus, formam que sequitur continentes :

Philippus Dei gratia Francorum rex. Notum facimus universis, tam presentibus quam futuris, quod cum, tempore quo clare memorie karissimus patruus noster, Alphunsus comes Pictavensis et Tholosanus tenebat comitatum Pictavensem, abbatia Sancti Maxencii, tam in capite quam in membris, esset in garda et protectione nostra speciali et de ressorto castellanie de Loduno, ac predictus comitatus Pictavensis ex eschaeta predicti patrui nostri ad nos devenerit, propter comodum ipsius monasterii, ordinavimus quod dictum monasterium et ejus membra sint de ressorto Niorti, quemadmodum prius erant de ressorto Loduni, ita quod, si nos vel successores nostros Francorum reges, futuris temporibus, contingeret dictum comitatum Pictavensem extra manum regiam ponere, nolumus quod ipsi monasterio vel ejus privilegiis, occasione hujusmodi, aliquod prejudicium in posterum generetur. In cujus rei testimonium, presentibus litteris nostrum fecimus apponi sigillum. Actum Parisius, anno Domini M. CC. octogesimo primo, mense decembris [1].

Nos autem pia prefati nostri genitoris vestigia libenti animo insequentes, omnia et singula in predictis litteris contenta, rata et grata habentes, volumus similiter quod illud monasterium, membra, homines et subditi ipsius sint de ressorto et obeissancia Niorti eo modo quo prius esse solebant de ressorto et obeissancia Loduni. Per hanc siquidem confirmacionem intentionis nostre non existit quod ipsi monasterio jus novum acquiratur, aut juri nostro seu cuilibet alieno prejudicium aliquod generetur. In cujus rei testimonium presentibus litteris nostrum fecimus apponi sigillum. Actum apud Fontem in Bosco, anno Domini M. CCC. sexto, mense julio.

XVI

Assignation sur la recette de Montmorillon des cent livres tournois de rente, précédemment donnés par Philippe le Bel à Pierre de Neilly, chevalier, sur le trésor royal de Paris, avec faculté d'en aliéner une partie. (JJ. 38, n° 231, fol. 99.)

Mai 1307.

Philippus Dei gratia Francorum rex. Notum facimus

---

1. Ces lettres sont publiées dans les *Ordonnances des Rois de France*, t. III, p. 216, avec un vidimus de Charles, duc de Normandie, régent de France, du mois d'avril 1358.

universis, tam presentibus quam futuris, quod, cum dilectus et fidelis Petrus de Neylliaco, miles noster, pro se et heredibus suis de proprio corpore et ex legitimo matrimonio procreatis, centum libras turonensium reddituales, annis singulis, in thesauro nostro Parisiensi ex nostra concessione perciperet, nos, ad supplicationem ipsius, nostrum predictum Parisiense thesaurum de dictis centum libris turonensium reddituabilus exoneravimus et exoneramus omnino, eidemque pro se et heredibus suis predictas ipsas centum libras turonensium reddituales apud Montem Maurilii, super redditibus nostris loci ejusdem, in denariis assignamus, tenendas à nobis et successoribus nostris in feodum ab ipso milite nostro et suis heredibus supradictis. Dantes senescallo nostro Pictavensi et receptori reddituum nostrorum Montis Maurilii modernis et qui pro tempore fuerint, tenore presencium, in mandatis ut prefato militi nostro et heredibus suis predictis de cetero centum libras turonensium reddituales, singulis annis, ad festum Omnium Sanctorum super dictis reddittibus nostris persolvant in denariis, absque alterius expectacione mandati. Ceterum ad majoris gratie cumulum, dicto militi nostro et heredibus suis predictis concedimus ut de ipsis centum libris turonensium reddituabilus viginti quatuor libras turonensium reddituales dare, vendere vel alienare, aut titulo quovis licito, in quascumque ecclesias, ecclesiasticasve personas, regulares aut seculares, transferre valeant, quodque hujusmodi ecclesie vel persone, in quas contingerit transferri dictas viginti quatuor libras turonensium reddituales, eas teneant, habeant et possideant perpetuo pacifice et quiete, absque coactione vendendi vel extra manum suam ponendi, aut prestandi pro eis nobis aut nostris successoribus financiam quamcumque. Salvo in aliis jure nostro et quolibet alieno. Que ut firma et stabilia permaneant in futurum, presentibus litteris nostrum fecimus apponi sigillum. Actum Pictavis, anno Domini millesimo trecentesimo septimo, mense maii.

XVII

Confirmation de l'assiette faite au Breuil-Maingot, à Ayron et autres lieux, par Pierre de Villeblouain, sénéchal de Poitou, à Guy de Bauçay, chevalier, d'une rente annuelle de deux cents livres tournois, qui lui avait été assignée primitivement sur le Trésor royal. (JJ. 44, n° 73, fol. 46 v°.)

4 février 1308.

Philippus Dei gratia Francorum rex. Notum facimus universis, tam presentibus quam futuris, nos infra scriptas vidisse litteras, formam que sequitur continentes :

A touz ceus qui verront ces presentes lettres, Pierre de Ville Blouain [1], chevalier nostre seigneur le roy de France et son seneschal en Poitou et en Limosin, salut et memoire perpetuel. Apperte chose soit à touz que nous avons receues unes lettres du roy nostre seigneur, contenanz les moz et la fourme qui s'ensuit :

Philippus Dei gratia Francorum rex, senescallo Pictavensi salutem. Mandamus vobis quatinus Guidoni de Buceyo dicto Goman, militi nostro, cui in terris et redditibus ducentarum librarum turonensium annui redditus, quas eidem super thesauro nostro donaveramus, volumus

---

1. Il était sénéchal de Poitou dès l'an 1299, d'après un passage du *Gallia Christ.* (II, col. 1187), où, à propos de Gautier de Bruges, évêque de Poitiers, il est dit : « *Bona temporalia episcopatus in manu regis erant, annis 1299, 1300 et 1301, de quibus Petrus de Villaboana, senescallus Pictav., computavit in camera.* » On rencontrera plusieurs fois le nom de Pierre de Villeblouain dans ce volume ; il figure fréquemment aussi dans les *Actes du Parl.* de Boutaric, t. II, *passim* (voyez la table), où sont relatés divers actes de son administration comme sénéchal, et dans le recueil des *Hist. de France*, XXII, p. 768. Dans un document du mois de février 1313, il porte encore le titre de sénéchal de Poitou, mais l'année suivante on trouve son nom sur les listes des conseillers du roi au Parlement, charge qu'il exerça pendant plusieurs années. Il vivait encore en 1324.

Le P. Anselme mentionne Jeanne de Villebéon, veuve de Pierre de Villeblouain, qui épousa en secondes noces Jean II Le Bouteiller de Senlis. (*Hist. généal.* VI, p. 254.)

assideri in locis et redditibus, quos vobis in quadam cedula sub contrasigillo nostro mittimus, assideatis et assignetis, secundum formam et modum in predicta cedula contentos, et litteram nostram de predicta assignatione et assisia tradatis, eisdem confirmandis à nobis. Datum Parisius, xxj^a die decembris anno Domini m. ccc. septimo.

Par l'autorité des queles lettres et selonc la teneur et la fourme de ladite cedule, à nous envoyée avec ledit mandement souz le contreseaul le roy nostre seigneur devant dit enclose, nous sumes alez avant et avons procedé à l'assise feire des dites deus cenz livres de terre baillies et livrées et assises par nous, par l'auctorité dessus dite, au dit mons. de Bauçay en la fourme qui s'ensuit. Premierement au Bruil-Maingot, qui est une terre destinguiée toute de la terre d'Anguitart, vint et sept livres vj. solz ij. deniers tournois de rente assise ou bois du Bruil. Item la maison du Bruil tele part comme le roy y a, pour trente solz de rente. Item ès menuz cens sur grant foison de teneurs du Bruil cent et vint sols et vint deniers. Item les receiz des vignes du terroer du Bruil, tele part comme li roys y a, pour x sols. Item le prei de Noumeyl souz le village de la Fenestre, qui est des appartenances du Bruil, tele part comme li roys y a, quarante solz. Item le quint et le sixte panier de nois des noyers du terroer du Brueil, telle part comme li roys y a, pour trois solz. Item cinquante et une gelines et demie, appartenanz au Bruil, pour vint et cinc solz et nuef deniers. Item en rentes de blez et de vins appartenanz au roy pour tele part com il y a, au Brueil, trante deus livres iij. solz dis deniers et maaille. Item le proffit des ventes des diz lieus, pour tele part com il appartient au roy, pour x. solz de rente. Item la justice haute et basse du Brueil et de ses appartenances ce qui appartient au roy, pour sexante et quinze solz de rente.

Item les payaiges de Roueçai, de Lavauceain, et de Saint Philibert, de Ayron, de Valles et la justice des diz paaiges, tele comme li roys y a, pour trante et quatre livres. Item à Frozes, sur les houmes de Froizes onze livres en deniers et pour quarante et cinc sextiers de fourment deuz en ycele ville, vint et sept livres. Et retenons et par cause au roy nostre seigneur tele justice comme li roy a en ladite ville de Frozes et ou terroer; et retenons encores au roy, en la ville de Frozes, quatorze setiers d'avoine, qui sont payez chascun an à Poitiers. Item sur le manoir Jehan Paumet, retenue toute justice et toute seignorie, quinze livres de rente. Item la vinte du Bruil Saint Martin, pour viij. livres xj. solz nuef deniers. Item sur la baillie Ferrant de la parroisse de Airon, en deniers, sis livres nuef solz et trois deniers de rente, retenu au roy tout le seurplus, et toutes les autres choses qui au roy sont en la dite baillie. Item l'avoine du chevaige que li roys a ou froc[1] l'abbesse de Sainte Croiz de Poitiers ès parroisses de Valles et de Vauserour, c'est à savoir de Saint Philibert jusques à la Juderie, si comme se comporte ledit froc de lonc et de lé en ses diz termes. Item avec ladite avainne eue pour le dit chevaige ou dit froc, et en ceus termes, onze sextiers de seigle et onze sextiers d'avoinne, nuef deniers et maaille, et onze gelines de rente, tout ce pour dis et sept livres quinze solz, sis deniers et maaille. Item la justice qui appartient pour les rentes dessus dites tant seulement pour sexante solz; et retenons au roy nostre seigneur toute autre justice es diz lieus et touz autres emolumenz. Item les pasquiers[2] de Hairon, de Chiré et de Datillé[3] pour trante et cinc solz. Item la justice, pour la rente tant seulement des diz pasquiers, pour cinc solz.

Et avons baillié et assis au dit chevalier toutes les choses et singulières dessus nommées et prisiées, si comme dessus est dit, pour deus cenz livres de tournois de rente annuel,

---

1. Froc, terre inculte, couverte de brandes.
2. Pâturages.
3. Il faut lire sans doute Latillé.

retenue au roy sa souveraineté, son ressort, son ost et sa chevauchée par touz les lieus dessus diz, et sauf au roy toutes les retenues dessus nommées. En tesmoing desqueles choses ainsi faites par nous de l'auctorité dessus dite, nous seneschal dessus diz avons mis et pendu nostre scel en ces presentes lettres, sauf le droit le roy et l'autrui. Données à Poitiers, en l'an de l'incarnation Jhesu-Crist mil ccc. et sept, le quart jour de fevrier.

Nos autem, etc. Salvo, etc. Quod ut ratum, etc. Datum, etc.

XVIII

Mandement de Philippe le Bel au sénéchal de Poitou, lui prescrivant la recherche et la destruction immédiate des forges établies frauduleusement dans son ressort pour la refonte et l'affinage des monnaies de billon. (JJ. 42ᴀ, n° 7, fol. 67.)

27 avril 1308.

Philippus Dei gratia Francorum rex, senescallo Pictavensi salutem. Ex plurium fidedignorum relacione intelleximus quod nonnulli Lumbardi, campsores, aurifabri et alii construxerunt, construunt et manu tenent in locis privatis et secretis fornaces ad fundendum, affinandum et rechaciandum billionem, in quibus, retroactis temporibus, fraudulenter et maliciose fuderunt et rechaciaverunt monetas nostras nigras et albas, ex quo nos et subditi regni nostri multipliciter dampnificati fuimus et decepti, et adhuc plus essemus nisi circa hec celeriter apponeretur remedium oportunum. Quocirca vobis mandamus et districte precipimus quatinus fornaces hujusmodi, que in vestra senescallia poterunt inveniri, ad quas indagandas vos omnem diligenciam quam poteritis volumus adhibere, in quibuscumque locis existant, statim visis presentibus, absque dilacione qualibet, dirrui et destrui faciatis; et ex parte nostra expresse per proclamacionem publicam inhiberi, sub pena corporis et bonorum, ne quis à modo fornaces hujusmodi facere seu manutenere presumat, nisi in locis in quibus monete nostre ordinate sunt ad cudendum, et per manus magistrorum monetarum ipsarum, injungentes omnibus campsoribus senescallie vestre et aliis qui billionem hujusmodi emere sunt soliti, sub virtute prestiti juramenti, ut ipsi omnem billionem, quem habent seu habebunt, infra octo dies postquam illum emerant, aufferant apud Monsterolium Bonini in monetis nostris, sub pena amissionis ejusdem. Omnium vero illorum, quos invenire poteritis, qui contra inhibicionem nostram predictam fecerint aut facient in futurum, corpora et bona saisita arrestata teneatis absque relaxacione aut recredencia, nisi de nostro aut gentium compotorum nostrorum mandato processerit speciali; quas gentes nostras de hiis que super hiis feceritis quantocius certificare curetis. Datum Parisius, sabbato post festum beati Marci evangeliste, anno Domini m. ccc. octavo [1].

XIX

Confirmation du bail à ferme perpétuelle fait par le sénéchal de Poitou à la Maison-Dieu de Montmorillon des moulins du roi en cette ville. (JJ. 40, n° 92, fol. 42 v°.)

Juillet 1308.

Philippus Dei gratia Francorum rex. Notum facimus universis, tam presentibus quam futuris, nos infrascriptas vidisse litteras, formam que sequitur continentes :

Universis presentes litteras inspecturis et audituris, Petrus de Villa Blouvani, miles domini regis Francie et senescallus suus Pictavensis et Lemovicensis, salutem. Noveritis quod nos, considerata et attenta diligenter utilitate domini regis, nomine ipsius et pro ipso, acensamus et

---

[1]. Ce mandement et un autre semblable, portant la même date et adressé au bailli de Troyes, sont publiés dans les *Ordonn. des Rois de France*, t. I, p. 451, note c.

affirmamus ad perpetuitatem religiosis viris, priori et fratribus Domus-Dei de Monte Maurilii, Pictavensis dyocesis, et eorum successoribus, molendina ipsius domini regis de Monte Maurilii cum exclusis dictorum molendinorum et cum omnibus molentibus ad dicta molendina, et cum omnibus monanciis, seu *monans*, qui possunt ad dicta molendina et debent pertinere, et cum piscatura dictorum molendinorum, quam consueverunt habere accensatores dictorum molendinorum, necnon cum omnibus aliis pertinenciis, juribus et rebus quibuscunque pertinentibus ad dicta molendina; que molendina sita sunt in aqua appellata Guarterpa, inter veterem pontem de Monte Maurilii et molendina *aus Gricentz*, sita in dicta aqua subtus dicta molendina accensata ad annuam censam et firmam sexaginta et unius sextariorum frumenti et triginta et unius sextariorum silliginis ad mensuram Montis Maurilii, anno quolibet equaliter in quatuor terminis infrascriptis, scilicet in instanti festo beati Michaelis et in sequentibus festis Nativitatis Domini, Pasche et Nativitatis beati Johannis Baptiste, de cetero solvendorum; ita tamen quod dicti religiosi ad expensas suas poterunt, si voluerint, dicta molendina accensata et exclusas ipsorum de loco, in quo sunt, demovere et in dicta aqua, non altius sed in inferiori loco, non tamen ultra centum braceas seu *braces*, ubi dominus rex predictus posset, dicta molendina accensata vel alia nova molendina edificari facere poterunt cum exclusis sibi neccessariis et eciam oportunis. Et tenebuntur dicti religiosi facere, prout sibi placuerit et sibi visum fuerit expedire, omnia neccessaria dictorum molendinorum et exclusarum ad sumptus suos et expensas, absque eo quod aliquid de eisdem sumptibus et expensis dictus dominus rex solvere et deducere teneatur nec aliquis pro eodem. Et ad ipsa molendina de novo facta, vel ad predicta nova molendina, et ad molendina dictorum religiosorum sita apud Montem Maurilii subtus dictum pontem, vel ad altera predictorum molendinorum, si dicti religiosi voluerint, dicti monancii seu *monans* bladum suum molere tenebuntur et debebunt. Hoc eciam est actum cum dictis religiosis quod, si dicta molendina accensata diluvio aque aut vetustate aut alio quovis modo diruerent et absarent (*sic*), dicti religiosi nichilominus tenebuntur dicto domino regi solvere anno quolibet dictam censam et firmam bladi supradicti, et propterea accensata semper remanebunt et erunt dictis religiosis, aut eciam dicti molentes et monancii, seu *monans*, tenebuntur ad alia predicta molendina molere blada sua. Nullam autem jurisdicionem et cohercionem exercere poterunt dicti religiosi in dictis molendinis, molentibusque et monanciis supradictis, sed volumus et est actum quod prepositus Montis Maurilii et quilibet servientum ipsius prepositure qui pro tempore fuerint, compellere dictos molentes et monancios ad molendum, prout superius est expressum, ad dicta molendina teneantur et faciant ea omnia que consueverunt et debent fieri, ut molentes et monancii ad dicta molendina molant, et prout fieret et fieri deberet, si dictus dominus rex dicta molendina accensata in manu sua semper haberet. Et emende et emolumenta bladi, farine et panis que, ratione vel occasione deffectus molendi, prout superius est expressum, vel compulsionis predicte, evenient et evenire debebunt, erunt et applicabuntur per medium dicto domino regi et religiosis supradictis. Quam suam medietatem dicti religiosi habebunt per dictum prepositum, et eandem medietatem idem prepositus dictis religiosis, vel eorum procuratori, livrare tenebitur et debebit. Et hoc eciam actum est cum dictis religiosis in dicta accensasione, nomine dicti domini regis et pro ipso, quod dicti religiosi possint acquirere et covrare in feodum et retrofeodum ipsius domini regis, in villa et castellania ipsius domini regis de Monte Maurilii, usque ad valorem seu quantitatem triginta et duorum sextariorum bladi, ad mensuram Montis Maurilii, annui redditus, que triginta et duo sextaria bladi acquisita, dum tamen sita sint in locis sufficientibus et ydoneis, dictus rex acceptabit et recipiet in deductione seu *rabat* bladi dicte cense, usque ad quantitatem triginta et duorum sextariorum bladi dicte cense, et quod dictus dominus rex non habebit molendinum infra leucam à dictis molendinis accensatis, nisi dictus dominus rex, racione alicujus delicti vel quavis alia causa seu titulo, terram seu hereditatem ab aliquo, qui molendinum in ipsa terra seu hereditate haberet, seu facere jure suo posset, sibi una cum dicto molendino acquireret et haberet, in quo casu predicti molantes et monancii seu *monans* semper erunt et remanebunt dictis religiosis, et molere tenebuntur et debebunt blada sua ad dicta molendina accensata, vel ad predicta molendina dictorum religiosorum, prout superius est expressum. Et hoc eciam est actum inter nos, nomine quo supra, et dictos religiosos, quod aliquis seu aliqui, nomine seu racione ipsius domini regis, non ibit seu ibunt per villam Montis Maurilii, in castro quod nunc est ipsius domini regis, nec infra dictam leucam in terra que nunc est ipsius domini regis, cum bestia seu animali vel aliter quesitum, captum vel receptum bladum ad molendinum. Et promittimus, nomine quo supra, dictis religiosis dicta accensata et affirmata defendere et garentizare ab omnibus, et eciam contra omnes, ad censam et firmam predictas de cetero imperpetuum quiete, libere et in pace, et predictam accensacionem et affirmacionem et omnia alia premissa tenere firmiter et inviolabiliter observare, et contra premissa vel aliquod premissorum de cetero non facere nec venire. Datum et sigillo nostro sigillatum, in testimonium premissorum, die martis post festum beati Barnabe apostoli, anno ab incarnacione Domini M. CCC. octavo [1]. Constat nobis de interlineari *vel altero,* et est sub sigillo datum, ut supra.

---

1. Le 18 juin 1308.

Nos autem premissa omnia et singula rata, grata et firma habentes, ea volumus, laudamus, approbamus et tenore presencium confirmamus. Salvo, etc. Quod ut firmum, etc. Actum Pictavis, anno Domini millesimo trecentesimo octavo, mense julii.

XX

Lettres portant fixation de la qualité et de la quantité des vivres et du vin que le Roi doit faire délivrer aux chanoines de Saint-Hilaire de la Celle, chaque fois qu'il séjourne à Poitiers. (JJ. 44, n° 150, f° 93 v°.)

Juillet 1308.

Philippus Dei gratia Francorum rex. Notum facimus universis, tam presentibus quam futuris, quod, cum clare memorie Ludovicus, quondam rex Francorum, omnes elemosinas per duces Aquitanie ecclesie Beati Hilarii de Cella Pictavensis factas duxerit confirmandas, inter quas, prout continetur in litteris confirmationis hujusmodi, est insertum quod canonici beati Hylarii de Cella propriam liberationem ciborum et potus habeant, qualem et quantam ducum Aquitanie temporibus habuerunt, priorque dicte ecclesie, cum hiis diebus Pictavis accessissemus, predictam liberationem ciborum et potus, virtute confirmationis predicte, sibi peteret liberari, gentes hospicii nostri ipsam, pro eo quod in dicta confirmatione de certa qualitate seu quantitate ciborum et potus mentio non fiebat, sibi reddere recusarunt. Tandem nos super premissis fide dignorum testimonio plenius informati, invenimus quod prior dicte ecclesie, tempore quo clare memorie carissimus dominus et genitor noster per civitatem Pictavensem transitum faceret, occasione dicte liberationis, sexdecim panes, quatuor gallinas, quatuor frustra carnium et duo sextaria vini, singulis diebus, quamdiu in Pictavensi palatio moram traxit, habuit et percepit. Que omnia priorem dicte ecclesie, occasione liberationis predicte, eo modo quo tempore carissimi domini et genitoris nostri, ut dictum est, percepit, quamdiu in nostro regali palatio nos et successores nostros moram trahere contigerit, singulis diebus imposterum percipere volumus et habere. Quod ut firmum, etc. Actum Pictavis, anno Domini M. CCC. octavo, mense julii.

XXI

Confirmation du bail à cens fait, l'an 1298, par Jean de Saint-Denis, sénéchal de Poitiers, à Richard le Fripier et à ses descendants, d'un terrain sis à Poitiers et appelé *la Doue le Roi*, à condition qu'ils y feront construire un mur solide. (JJ. 44, n° 149, fol. 93 v°.)

Juillet 1308.

Philippus Dei gratia Francorum rex. Notum facimus universis, tam presentibus quam futuris, nos litteras infrascriptas vidisse, formam que sequitur continentes :

A tous ceuz qui ces presentes lettres verront et orront, nous Jehanz de Saint-Deniz, chevalier le Roy de France et son seneschal de Poitou et en Lymozin[1], salut. Nous faisons assavoir que nous, pour le pourfit le roy et à greigneur seurté de la Sale de Poitiers, avons baillié à Richart le Frepier et à sa fame, à leur hoirs et à leur successeurs, à cenz et à cense, si comme il apert ci-dessous, de la doue le Roy de la dite Sale, c'est assavoir de la meson Pierre Lespissier jusques à la meson à la Hervée, joignant à la meson feu Guichart, en large et en lonc, autant vers la dite Sale, come s'estent ou come va le mur de la place qui fu baillie à feu Guichart et le mur de celle qui fut baillie à la dite Hervée, par tel convenant que les dis Richart et sa fame doivent faire au chief de la dite place qui leur est baillie, par devers la Sale, si bon mur et si fort et si haut que nul

---

1. Il ne l'était plus l'année suivante. Le comte de la Marche le poursuivit au Parlement pour obtenir réparation de prétendus préjudices qu'il lui aurait causés pendant son administration en Poitou ; mais il fut débouté par arrêt du 7 février 1301 (n. s.). *Olim*, IV, fol. 44 v°.

damage ne puisse venir par illeques ne par deffauté d'iceli à la dite Sale ne aus appartenances d'icelle, et celui mur doivent au leur maintenir en estat tout le temps à venir, et ceuz qui de eulz auront cause, c'est assavoir à j. denier de cenz et diz soulz de monnoye courant de cense à paier et à rendre au seneschal qui pour le roy sera à Poytiers, chascun an, sus paine d'amende, ou au certain commandement dou dit seneschal, qui pour temps sera, au jours de la Nativité saint Jehan Baptiste. Ou tesmoing de la quel chose, nous aus diz Richart et sa fame avons ceste lettre donnée, de nostre seel, dont nous usons en toutes causes, seelée, à Poitiers, le mardi après la feste saint Michiel, l'an de grâce mil cc. quatre vinz et diz et wit [1].

Nos autem omnia et singula in predictis contenta litteris volumus, laudamus, approbamus et, ex certa scientia, auctoritate regia confirmamus. Quod ut ratum, etc. Salvo in aliis, etc. Actum Pictavis, anno Domini M. CCC. octavo, mense julii.

XXII

Donation faite à l'abbaye de la Trinité de Poitiers de deux charretées de bois à prendre, chaque semaine, dans la forêt de Moulière. (JJ. 44, n° 154, fol. 96.)

Juillet 1308.

Philippus Dei gratia Francorum rex. Notum facimus universis, tam presentibus quam futuris, quod nos paupertati religiosarum mulierum, dilectarum nobis in Christo, abbatisse et conventus monasterii Sancte Trinitatis Pictavensis, ordinis Sancti Benedicti, pio compatientes affectu, ut pro nobis effundere preces ad Dominum teneantur, divine pietatis intuitu, et ob predecessorum nostrorum, inclite memorie Johanne, quondam Dei gratia Francie et

---

1. Le 30 septembre.

Navarre regine et consortis nostre carissime, nostreque animarum remedium et salutem, duas quadrigatas bosci, qualibet ad tres equos, in foresta nostra de Moleria, singulis ebdomadis imperpetuum concedimus et donamus eisdem, ex nunc de cetero habendas et percipiendas in locis ubi usagiarii dicte foreste suo usagio utentur. Dantes senescallo Pictavensi ac custodibus et servientibus dicte foreste modernis et aliis, qui pro tempore fuerint, tenore presentium in mandatis ut dictas religiosas, aut gentes earum suo nomine, presentis concessionis nostre gratia de cetero faciant et permittant pacifice gaudere, absque alterius expectatione mandati. Quod ut firmum etc. Actum Pictavis, anno Domini M. CCC. octavo, mense julii.

XXIII

Concession faite à Gilles Michel, valet du roi, d'un droit d'usage dans la forêt de Moulière pour sa maison du Deffend. (JJ. 44, nº 158, fol. 97.)

Juillet 1308.

Philippus Dei gratia Francorum rex. Notum facimus universis, tam presentibus quam futuris, quod, cum Egidius Michaelis, dilectus valletus noster, asserens se tenere hereditarie à nobis in homagium herbergamentum appellatum *le Deffens* cum pertinenciis ejusdem, et ratione dicti herbegamenti, tanquam de ipsius appendenciis seu pertinenciis, in foresta nostra de Moleria usagium pro ipso herbegamento et suis pertinenciis, tam ad ardendum quam edificandum, habere, conquereretur se per gentes nostras super dicto usagio minus rationabiliter impediri. Nos, consideratione et affectione dilecti et fidelis nostri episcopi Baiocensis [1] nobis super hoc supplicantis, predicto Egidio

---

1. Guillaume Bonnet, évêque de Bayeux de décembre 1306 à 1312, ou son prédécesseur, Pierre de Bénais.

pro se et successoribus suis dictum usagium, prout aliis usagiariis territorii vicini foreste predicte, concedimus et liberamus de gratia speciali. Dantes gentibus nostris, dictam ex parte nostra forestam custodientibus, tenore presentium, in mandatis ut ab impedimento predicto penitus desistentes, ipsum Egidium usagio predicto de cetero pacifice, absque alterius mandati expectatione, uti permittant. Quod ut firmum etc. Salvo in aliis, etc. Actum Pictavis, anno Domini m. ccc. octavo, mense julii.

XXIV

Confirmation d'un bail à cens fait par le sénéchal de Poitou à Jean Saunier et à ses descendants d'un terrain sis à Poitiers. (JJ. 44, n° 165, fol. 98 v°.)

Juillet 1308.

Philippus Dei gratia Francorum rex. Notum facimus universis, tam presentibus quam futuris, nos vidisse de verbo ad verbum infrascriptas litteras, formam que sequitur continentes :

Universis presentes litteras inspecturis, Michael Amici, canonicus ecclesiarum Sancte Marie Majoris et Sancte Radegundis Pictavis, custos sigilli domini regis Francie in senescallia Pictavensi, apud Pictavis constituti, salutem in Domino. Noveritis nos vidisse et inspexisse diligenter quamdam litteram, sigillo nobilis viri domini Petri de Villa Blouain, militis domini regis et senescalli sui in Pictavia et Lemovicinio, sigillatam, ut prima facie apparebat, formam que sequitur continentem :

A tous ceus qui orront et verront ces presentes lettres, Pierres de Ville Blouain, chevalier le roy de France et son seneschal en Poitou et en Lymozin, salut en Dieu nostre sauveour. Sachent tuit que nous, considerans le proufit le roy, avons baillié et otroié et encore baillons et otroions à tous temps en perdurableté à Jehan Sauner et à ses hoirs et à ses successeurs, et à ceus qui ont et auront cause de lui, de la place de la Doe le Roy de la Sale de Poitiers qui est par detrès la meson, si comme elle se comporte à lonc par delez la meson Perrin Joffroy le Mansea et sa fame, et en travers selonc le large de la dite meson, à annuau et perpetuau cense de diz solz de monoye courant, que il est tenus et a promis à rendre pour soi et pour les siens, sus l'obligacion de tous ses biens, à tous jours mais chascun an, au commandement le roy, en la feste de Toussains. Donné et de nostre seau seelé, sauve le droit le roy et tout autrui, le jor du mardi devant Pasques l'an de grace mil trois cenz et cinc [1].

Data hujusmodi visionis et inspectionis, et sigillo predicto regio dicti domini regis apud Pictavis constituto sigillate, die martis post festum sancti Cipriani, anno Domini M. CCC. octavo [2].

Nos autem predictam censam et tradicionem dicte domus et omnia alia supradicta rata et firma habentes, ea volumus et auctoritate regia confirmamus. Salvo in aliis etc. Quod ut firmum etc. Actum Pictavis, anno Domini M. CCC. octavo, mense julii.

XXV

Restitution aux religieux de Montier-Neuf d'un droit d'usage dans la forêt de Benon pour leur prieuré de Bouet. (JJ. 41, n° 81, fol. 52 v°.)

Août 1308.

Philippus Dei gratia Francorum rex. Notum facimus, etc., quod, cum magister forestarum nostrarum et alie gentes nostre dicerent quod religiosi viri, abbas et conventus

---

1. Le 29 mars 1306.
2. Le 16 juillet 1308. La fête de saint Cyprien, martyr, compagnon de saint Savin, était célébrée par l'église de Poitiers le 14 juillet.

— 35 —

Monasterii Novi Pictavensis, et prior prioratus de Boeto [1] ad dictum monasterium pertinentis, usagio quo ipsi, racione dicti prioratus, habebant et habent in foresta nostra de Benaon, ad edificandum, reedificandum, ardendum et ad omnia alia neccessaria facienda, multipliciter abusi fuerant illudque usagium propter hoc ad manum nostram posuissent. Nos, attendentes quod ipsi abbas et conventus nostrum, cum de nobis humanitus contigerit, et quondam carissime consortis nostre Johanne, olim Francie et Navarre regine [2], anniversaria annuatim in eorum monasterio facere liberaliter concesserunt, et propter ea volentes graciosius agere cum eisdem, visis et diligenter inspectis ipsorum monasterii et prioratus predicti cartis et privilegiis, eisdem religiosis et prioratui suo predicto declaramus et eciam ex uberiori gracia, pro nostre et dicte consortis nostre animarum salute, concedimus quod ipsi abbas et conventus et prior, racione, nomine et ad opus prioratus predicti, habeant, possideant, et explectent imperpetuum pacifice et quiete dictum usagium in dicta foresta nostra ad edificandum, reedificandum et ardendum, et ad omnia sua neccessaria facienda, videlicet pro dicto prioratu et pourprisia ejusdem, cohua, furnis, molendinis, pressoriis et grangiis ville de Boeto et extra, in eorum et dicti prioratus dominio, infra territorium et districtum suum existentibus, et specialiter pro molendino ad ventum situm (sic) inter Boetum et Sylot, et pro domibus ipsorum de Podio Boeti juxta Marcilliacum, excepto molendino ad ventum dicti loci, modo et forma quibus

---

1. Le prieuré de Bouet en Aunis, *Prioratus Boetensis* ou *S. Laurentii de Boueto*, fut fondé par les moines de Saint-Jean de Montierneuf sur un terrain concédé par Guillaume, duc d'Aquitaine, le 5 des calendes de février 1077. (Voy. la notice consacrée à ce prieuré par dom Claude Estiennot, *Antiquitates Benedictine in diocesi Pictavensi*, Bibl. nat., Mss. lat. 12755 à 12758, t. IV, p. 173 et s., 569 et s.)
2. Jeanne, fille unique et héritière de Henri Ier, roi de Navarre, comte de Champagne et de Brie, et de Blanche d'Artois, mariée à Philippe le Bel le 16 août 1284, morte au château de Vincennes, le 2 avril 1304, à l'âge de trente-trois ans.

usque nunc usi sunt, et prout in eorum cartis et privilegiis sibi, monasterio et prioratu predictis, à nostris predecessoribus quibuscunque concessis et confirmatis plenius continetur. Et si aliquam notam offense, racione mesuragii sibi impositi ante concessionem hujusmodi, forsitan incurrerent, nos eam sibi remittimus et quittamus, nec volumus, propter concessionem hujusmodi vel aliquod de predictis, quod ipsorum religiosorum, monasterii et prioratus predictorum cartis et privilegiis in aliquo derogetur, sed eas et ea volumus et concedimus in suo robore perpetuo remanere. Salvo, etc. Quod ut firmum, etc. Actum Villaribus in Bosco, anno Domini m. ccc. octavo, mense augusto.

XXVI

Traité d'association et de pariage conclu entre Philippe le Bel et l'abbé de Charroux, relativement à la fondation d'une bastide que celui-ci avait l'intention d'établir à Chambon. (JJ. 40, n° 89, fol. 40 v°.)

Décembre 1308.

Philippus Dei gratia Francorum rex. Notum facimus universis, tam presentibus quam futuris, quod, comparentes in nostra presencia frater Helias Iterii, monachus monasterii Karrofensis, Pictavensis diocesis, et Ramondus de Laisparta clericus, procuratores in solidum abbatis et conventus predicti monasterii Karrofensis, exhibuerunt quasdam litteras, sigillis dictorum abbatis et conventus sigillatas, ut prima facie apparebat, quarum tenor talis est :
Excellentissimo principi domino Philippo Dei gratia illustri regi Francorum, Raymondus permissione divina abbas monasterii Karrofensis [1], Pictavensis dyocesis, ejus-

---

1. Raymond de Châteauneuf était abbé de Charroux dès l'an 1295. Les auteurs du *Gall. christ.* le nomment précisément à l'occasion de cet acte de pariage (t. II, p. 404).

demque loci conventus, salutem in eo per quem reges regnant et principes dominantur, et se ad pedes regie majestatis. Noveritis quod nos predicti abbas et conventus procuratores nostros facimus et constituimus coram vobis et in curia vestra dilectos in Christo fratrem Heliam Yterii, monachum nostrum Karrofensem, et Raimondum de Lesparta clericum, exhibitores presencium et eorum quemlibet in solidum, ita quod non sit melior condicio occupantis, et quod per unum inceptum fuerit per alium valeat terminari, ad supplicandum, petendum, consenciendum, ordinandum et perficiendum factum seu negocium bastide faciende in loco qui dicitur Platee de Chambonio et de Cruce, prope fluvium qui dicitur Insula, in parrochia de Sozzaco, Petragoricensis dyocesis. Dantes predictis procuratoribus nostris, et eorum cuilibet in solidum, potestatem ac speciale mandatum supplicandi, consenciendi, petendi, ordinandi et perficiendi predictum negocium bastide predicte et nos associandi per medium in jurisdicione et emolumento toto bastide predicte, et omnia et singula pro nobis et nostro nomine faciendi, que ad negocium dicte bastide et ad dictam bastidam faciendam spectare dinoscuntur, eciamsi mandatum exigant speciale, et que nos faceremus, si presentes essemus. Ratum et gratum habentes et habituri atque firmum quicquid per dictos procuratores nostros vel eorum alterum super premissis et premissa tangentibus actum et ordinatum fuerit, seu etiam procuratum. Et hoc vobis et omnibus, quorum interesse potest et debet, significamus per presentes litteras, sigillorum nostrorum munimine roboratas. Datum die martis ante festum beati Dyonisii, anno Domini M. CCC. octavo [1].

Quarum litterarum virtute et auctoritate, procuratores

---

1. Le 8 octobre 1308.

predicti sponte et provide, diligenti deliberacione prehabita, pro evidenti utilitate abbatis et conventus monasterii predictorum, procuratorio nomine eorumdem, nobis communicaverunt et nos associaverunt, ac communione et pariagio nobiscum posuerunt locum totum cum suis pertinenciis omnibus, qui dicitur Platee de Chambonio et de Cruce [1], prope fluvium qui dicitur Insula, in parrochia de Sozzaco, Petragoricensis dyocesis ; cujus quidem loci et platearum predictarum cum suis pertinenciis omnibus proprietatem, possessionem, dominium, jurisdicionem altam et bassam, merum et mixtum imperium ad ipsos abbatem et conventum, nomine dicti monasterii, pleno jure pertinere dicebant. Cedentes, concedentes nobis, nomine procuratorio predicto, et in nos totaliter transferentes, pro nobis et successoribus nostris in comunione, pariagio et associacione predictis, medietatem pro indiviso loci et platearum predictorum et omnium pertinenciarum et melioracionum aliorumque emolumentorum quorumcunque, que exinde ex causa vel ratione provenient et provenire poterunt in futurum ad opus et ob causam cujusdam bastide in loco et plateis predictis ex parte nostra fundande et construende, sub infrascriptis condicionibus et forma, videlicet quod ipsa bastida per officiales, ministros seu rectores communes ex parte nostra et dictorum abbatis et conventus seu monasterii predicti, de communi assensu eligendos et instituendos, perpetuo regatur, jurisdictio carcerque et locus in quo placita tenebuntur sint communes, emolumenta, proventus, exitus et explecta quecunque, que de dicta bastida et ejus pertinenciis ex quacumque causa

---

1. La bastide élevée en ce lieu prit le nom de Saint-Louis, comme le constate un arrêt du Parlement du 9 août 1318 réglant la part qui doit revenir à l'abbaye de Charroux dans les revenus de cette localité (*Olim*, III, fol. 166).

provenient et provenire poterunt, inter nos et ipsos per modum dividentur, predicta omnia et singula cum suis augmentacionibus et melioracionibus quibuscunque, nos et successorres nostri reges Francorum in comunione et pariagio predictis, absque divisione aliqua facienda, perpetuo teneamus nec eadem extra manum nostram per viam aliquam futuris temporibus debeamus ponere vel possimus, quodque, si aliquod commissum quod ad nos solummodo, racione superioritatis nostre in dicta bastida vel ejus pertinenciis pertineat, obvenerit, illud infra annum et diem extra manum nostram faciemus poni, vel in comunione et pariagio predictis perpetuo remaneat, dum dicti abbas et conventus medietatem valoris propter hoc nobis solvant. Et si contingat quod alter nostrum aliquid in dicta bastida vel ejus pertinenciis emat vel alio quocunque titulo, aliàs quam suprascriptum est, acquirat, id totum sic acquisitum in pariagio et comunione predictis perpetuo remaneat, satisfactione de medietate valoris seu precii facta primitus acquirenti, vel acquirens illud sic acquisitum infra annum et diem extra manum suam ponere teneatur. Supplicaverunt eciam procuratores predicti, procuratorio nomine predicto, pecierunt, consenserunt et ordinaverunt predicta omnia et singula per nos concedi, perfici et compleri, decimis et aliis juribus spiritualibus ad ipsos pertinentibus duntaxat exceptis. Et nos, ad eorum supplicacionem, comunicacionem et associacionem, comunionem, pariagium, cessionem, concessionem, translacionem et omnia alia suprascripta, ad opus et causam predicta et sub modo, condicionibus et forma prescriptis, recepimus et comittimus, premissaque omnia volumus et laudamus, salvo tamen in omnibus jure nostro, quod nobis in predictis antea, racione superioritatis nostre vel aliàs pertinebat, et jure quolibet alieno. Quod ut firmum, etc. Actum Parisius, mense decembris anno Domini m. ccc. octavo.

XXVII

Lettres par lesquelles la garde du château de Lusignan est commise à Hugues de la Celle, chevalier. (JJ. 40, n° 151, fol. 78.)

27 février 1309.

Philippus Dei gratia Francorum rex. Notum facimus universis quod nos, attendentes grata et accepta fidelitatis et devocionis obsequia, que dilectus et fidelis Hugo de Cella [1], miles noster, hactenus nobis exhibuit et incessanter impendit, ac ipsum speramus imposterum propensius impensurum, eidem damus et concedimus per presentes custodiam castri de Lizegnen prope Pictavis, ad vadia quinque solidorum turonensium per diem, tenendam ex parte nostra ac nomine nostro habendam et exercendam per ipsum Hugonem aut alium ydoneum, nomine suo ac pro ipso, ad

---

1. Hugues de la Celle, l'un des principaux conseillers de Philippe le Bel, fut chargé de la procuration de ce prince pour la convocation d'un concile général destiné à juger Boniface VIII (acte du 1er juillet 1303 publié par Dupuy, *Hist. du différend*, p. 124, et par du Boulay, *Hist. de l'Univ. de Paris*, t. IV, p. 50), et remplit un grand nombre d'autres missions importantes. La place considérable qu'il occupa notamment dans l'histoire du Poitou, au commencement du xive siècle, mérite qu'on insiste ici sur certaines particularités de sa biographie.
Il appartenait à une ancienne famille originaire du comté de la Marche, dont une branche, celle de Maisonneuve, s'établit en Poitou. Seigneur de Fontaines en Saintonge, il vendit cette terre, si l'on en croit A. Du Chesne, à Pons de Mortagne, vicomte d'Aunay, gouverneur du royaume de Navarre, par contrat passé sous le sceau du roi, en 1316 (*Hist. de la maison du Plessis-Richelieu*, p. 19). Le roi, entre autres libéralités, fit don à son conseiller de la terre de Laurière située sur la frontière du comté de la Marche et du Limousin. M. Beauchet-Filleau, dans son *Dict. général. du Poitou*, place cette donation en 1326 et en fait bénéficier un Guillaume de la Celle, soi-disant fils de Hugues. C'est une double erreur; les lettres sont en faveur d'Hugues de la Celle lui-même, sous la date d'août 1311 (JJ. 46, fol. 60 v°), et d'autre part il ne laissa point d'enfants. Ce fut Aimé de la Celle, son neveu, qui hérita de Laurière et de ses autres biens. Voy. à ce sujet l'acte de novembre 1326, publié plus loin sous le n° CXXIII.
Après la mort du dernier comte de la Marche de la maison de Lusignan, Philippe le Bel établit Hugues de la Celle gouverneur de cette

vadia predicta, percipienda et habenda ab ipso Hugone supra redditus dicte castellanie cum chauffagio et usu chauffagii sui in forestis dicte castellanie, antiquis forestis duntaxat exceptis, quamdiu idem Hugo vitam duxerit in humanis. Dantes receptori reddituum dicte castellanie, qui pro tempore fuerit, presentibus in mandatis ut dictos quinque solidos turonensium per diem eidem Hugoni liberet et assignet modo predicto, sine difficultate et alterius expectacione mandati. In cujus rei testimonium, etc. Actum Parisius, die penultima februarii anno Domini M. CCC. octavo.

XXVIII

Charte d'établissement et constitution de la bastide fondée à Chambon par Raimond de Châteauneuf, abbé de Charroux, avec partage de la seigneurie entre celui-ci et le roi [1]. (JJ. 41, n° 11, fol. 90.)

Mars 1309.

---

province et du comté d'Angoulême ; il lui confia, comme on le voit ici, la garde du château de Lusignan et le créa à deux reprises son commissaire en Poitou et en Saintonge (n°s XXXIII-XXXVI) pour faire rentrer au Trésor les droits d'amortissements et de francs-fiefs qui n'avaient point été payés, et poursuivre les crimes demeurés impunis sous l'administration antérieure. C'est ce qui a fait croire sans doute à plusieurs auteurs, tels que Du Chesne (*loc. cit.*), MM. Filleau et Beufvier (*Listes des sénéchaux de Poitou*), qu'il eut le titre et exerça les fonctions de sénéchal dans ces provinces. C'est une opinion qui ne repose, je crois, sur aucun texte authentique.

Sous Louis X et Philippe le Long, Hugues de la Celle paraît s'être principalement consacré à sa charge de conseiller au Parlement. On conserve un mandement royal du 14 novembre 1317, qui lui prescrit de résider à Paris, et de vaquer sans discontinuer aux affaires de la cour. Il lui est alloué pour ces fonctions six cents livres parisis par an (JJ. 58, fol. 2). Les registres du Parlement des années 1316-1318 renferment d'ailleurs maintes preuves de son activité et de ses services. Il est difficile de préciser la date de sa mort ; tout ce que l'on peut affirmer, c'est qu'elle est antérieure au 15 septembre 1322. (Voy. le n° CXVII.)

1. Voy. le n° XXVI. L'acte de constitution fort développé, que nous nous contentons d'indiquer ici parce qu'il n'intéresse qu'indirectement l'histoire du Poitou, Chambon étant situé dans le Périgord, a été publié intégralement dans le recueil des *Ordonnances des rois de France*, in-fol., t. XI, p. 404.

XXIX

Confirmation du testament de Guy de Lusignan, seigneur de Couhé, de Payrac et de Frontenay, reçu, le 4 juin 1309, par Bernard Furet d'Angoulême, notaire apostolique [1]. (JJ. 41, n° 123, fol. 74 v°, et JJ. 42ᴮ, n° 122, fol. 62 v°.)

Octobre 1309.

Philippus Dei gratia Francorum rex. Notum facimus universis, tam presentibus quam futuris, nos infrascriptas vidisse litteras, formam que sequitur continentes :

In nomine Patris et Filii et Spiritus Sancti, amen. Quoniam nichil certius est morte et nichil incertius hora mortis, nec aliquid est quod magis hominibus debeatur quam ut supreme voluntatis liber sit stilus et licitum, quod iterum non redit, arbitrium. Idcirco ego Guido de Leziniaco, dominus de Cohiec et de Peyraco et de Frontanaio, filius quondam domini Hugonis Bruni, comitis Marchie et Engolisme deffuncti [2], volens mortis casum inevitabilem prevenire,

---

[1]. Le texte de ce testament a été collationné avec soin sur l'original, qui est conservé dans les layettes du Trésor des Chartes (J. 407, n° 14) ; les deux copies fournies par les registres présentent un bon nombre d'incorrections.

[2]. Il était second fils d'Hugues XI le Brun, comte de la Marche. Cette parenté est parfaitement établie dans plusieurs actes importants, et notamment dans les deux testaments du comte Hugues XIII, son neveu. Le premier en date, celui de 1283, lui attribue, en le désignant clairement, la succession des comtés de la Marche et d'Angoulême, à défaut d'héritiers plus proches, et celui de juin 1297 l'institue exécuteur testamentaire (Arch. nat., J. 407, n°ˢ 9 et 10). L'identité pas plus que l'existence de ce Guy de Lusignan ne peuvent donc être révoquées en doute, bien que les auteurs de l'*Art de vérifier les dates* le passent sous silence. M. L. Delisle, d'ailleurs, a montré les défauts de leur système et rectifié leurs erreurs dans une notice un peu succincte, mais établie sur les bases les plus solides, qu'il a publiée sous le titre de *Chronologie historique des comtes de la Marche issus de la Maison de Lusignan*. (Biblioth. de l'École des Chartes, 1856, 4ᵉ série, t. II, p. 537 et s.)

Le prénom de Guy, porté à la fois par trois princes de Lusignan, les fils cadets des comtes Hugues X, Hugues XI et Hugues XII, donna lieu aux confusions que l'on remarque dans toutes les anciennes généalogies de cette maison. C'est ainsi que le P. Anselme (*Hist. généal.*, t. III,

sanus mente per Dei graciam et in bona memoria constitutus, meum testamentum ultimum seu meam ultimam voluntatem condo et ordino, et de rebus et bonis meis dispono et ordino in modum qui sequitur. Et licet jura scripta sint certa et indubitata, tamen quia consuetudines locorum, que pro jure servantur et multociens jura vincunt, incerte sunt et dubie penes multos, cum facti sint et in facto consistant, ne propter earum dubietatem et incertitudinem me peccare seu errare contingat, instituendos obmittendo ac instituendo qui instituendi non essent, ad tollendum hujusmodi dubium et quodlibet consciencie mee scrupulum, in omnibus bonis meis immobilibus, sive sint ex hereditate mea paterna, seu materna, sive fuerint acquisita aut aliàs undecunque, que habebo, tenebo et possidebo, sicut mea propria, tempore mortis mee, illum, illos seu illas cujuscunque sexus aut condicionis existant, qui de jure seu consuetudine patrie approbata mihi deberent et possent succedere, si, quod absit, decederem intestatus, heredem seu heredes universales michi instituo [1] ; salvis et exceptis rebus et bonis, que in presenti testamento legare, donare causa mortis vel inter vivos, vel aliàs ordinare contigerit, aut ante testamentum

---

p. 82) attribue faussement les seigneuries de Couhé et de Payrac à Guy ou Guyard, second fils d'Hugues XII, confondant ainsi l'oncle avec le neveu. Ce dernier, bien que déshérité par son frère (testament de juin 1297, cité plus haut), porta le titre de comte de la Marche et d'Angoulême jusqu'à sa mort, arrivée un peu avant le 28 novembre 1308. (Voy. M. L. Delisle, loc. cit.)

1. Cependant, dans un traité de mars 1309 (n. s.), antérieur par conséquent à cette disposition, Yolande de Lusignan (et non Isabelle, comme la nomme le P. Anselme), dame de Pons, avait renoncé par avance, en faveur de Philippe le Bel, à la succession de son oncle. Et ce prince, considérant les seigneuries de Couhé et de Peyrac comme sa propriété future, promit par acte du 18 janvier 1310 (n. s.) d'en investir Jeanne, veuve de Pierre de Genville, alors vicomtesse de Tartas, sœur d'Yolande, aussitôt la mort de Guy de Lusignan, en échange de l'abandon qu'elle lui faisait de sa part de l'héritage de feu Guyard son frère, le soi-disant comte de la Marche. (Arch. nat. J. 407, nos 12 et 13.) Une autre nièce de Guy, Marie, veuve d'Etienne II, comte de Sancerre, vivait encore à cette époque.

istud jam donavi, et contentis in ipso testamento ac in ipsis donacionibus integre servatis et totaliter adimpletis et execucioni debite demandatis.

Item volo, jubeo et precipio quod debita mea meis creditoribus et emende mee, que me vivente facte non fuerint, omnibus de me juste querelantibus, et legata seu donaciones causa mortis à me facta seu facte quibuscunque locis vel personis, in hoc presenti meo testamento solvantur, fiant et reddantur perintegre per manus executorum meorum inferius nominandorum, scita per ipsos executores veritate de plano; pro quibus solvendis, reddendis et faciendis, volo, jubeo et dispono quod predicti executores omnia bona mea mobilia vel se movencia, jura et actiones pro ipsis competentes et competencia, que habebo et possidebo, tempore mortis mee, sicut mea propria, vel alius meo nomine, ad ipsos executores meos deveniant, et ea dicti executores mei auctoritate sua propria capiant et apprehendant, sine juris et hominis offensa, necnon et possessionem bonorum meorum immobilium, si videatur eis quod ad premissa exequenda bona mea mobilia sufficere non valeant; dans et concedens eisdem plenam et liberam potestatem, exnunc ut extunc et extunc ut exnunc, quod pro hac voluntate mea ultima exequenda, si bona mea mobilia non sufficiant, de bonis inmobilibus, statim post obitum meum, tantum possint vendere aut obligare, sive fructus, exitus et proventus terre mee tamdiu percipere et explectare, quod sufficiat ad complementum executionis mei hujusmodi ultimi testamenti seu mee ultime voluntatis. Nolo eciam, inmo expresse inhibeo quod predicti executores mei, seu aliquis eorum heredibus meis, vel aliis quibuscunque personis, quantumcunque eorum interesset vel interesse posset, de perceptis ab eis, venditis, obligatis, solutis, factis, traditis et expensis, ac eciam executis teneantur aliquam reddere racionem. Inmo eos et eorum quemlibet anologistas esse volo et ab omni racione reddenda ipsos et eorum quemlibet quicto, libero penitus et absolvo. Volo eciam et jubeo quod dicti executores mei, inferius nominati, me vivente, possint de bonis meis emendare vel emendas facere omnibus de me querelantibus, et eisdem do et concedo potestatem super hoc specialem.

Sepulturam meam eligo in ecclesia Fratrum Predicatorum de Pictavis, scilicet antè majus altare ipsius ecclesie, cum simili sepultura et tunba, que facta fuit pro fratre meo in abbacia de Valencia [1]. Dans et legans conventui dictorum Fratrum Predicatorum Pictavis, penes quos eligo sepeliri, sexcies viginti libras bonorum turonensium semel solvendas pro una capellania instituenda in ecclesia eorumdem, tali modo quod qualibet die dicti Fratres unam missam pro salute mea et parentum meorum celebrabunt et celebrare promittent ac eciam tenebuntur, et scribere premissa in missalibus dicti conventus, ubi fit et debet fieri memoria pro deffunctis; tenebuntur eciam nominatim recommendacionem facere pro me et predecessoribus meis in omnibus suis capitulis, et scribere diem obitus mei in calendario et in eorum capitulo, sicut moris est, recitare.

Item volo et ordino quod testamentum domine Hyolendis, carissime matris mee deffuncte [2], de bonis meis, in quantum teneor et ad me pertinet, compleatur.

Item do, lego Johanni Audoyni decem libras rendales, percipiendas perpetuo in vendis et pedagio de Cohiec, et capellano Sancti Martini de Cohiec viginti solidos, ac priori ejusdem loci decem solidos rendales, percipien-

---

1. Hugues XII, comte de la Marche, mort à la seconde croisade de saint Louis, 1270. (L. Delisle, *loc. cit.*)

2. Yolande de Dreux, dite de Bretagne, fille de Pierre Mauclerc, dame de Fère en Tardenois, etc., comtesse de Porhoët par don de Jean Ier, duc de Bretagne, son frère, épousa en 1238 Hugues XI le Brun, comte de la Marche, et mourut le 10 octobre 1272.

dos à dictis capellano et priore supra dictum pedagium, ita tamen quod dictus capellanus cum quinque presbyteris et dictus prior cum tribus, qui missas pro salute mea ac parentum meorum celebrabunt, meum anniversarium annis singulis facere teneantur.

Item do, lego Fratribus Predicatoribus Engolisme sexcies viginti libras turonensium semel pro fabrica ecclesie sue et pro una capellania instituenda, sicut et eo modo de Fratribus Predicatoribus Pictavensibus supradictum est.

Item do et lego conventui monialium Beati Ausonii Engolismensis duodecim libras semel ad emendos viginti solidos rendales, pro anniversario meo quolibet anno faciendo.

Item do, lego priori Beate Marie de supra Boscum viginti quatuor libras ad emendos quadraginta solidos, in feodis et retrofeodis meis de Peyraco et Sancti Hylarii vel alibi, pro anniversario meo sollempniter quolibet anno perpetuo faciendo.

Item do et lego omnibus aliis conventibus Fratrum Predicatorum et Minorum in episcopatibus Pictavensi, Xanctonensi et Engolismensi existentibus, cuilibet dictorum conventuum centum solidos semel pro anniversario meo ab eisdem sollempniter faciendo.

Item do et lego abbaciis de Grosso Bosco, de Borneto, de Sancto Amancio de Boysse, Beate Marie de Cella Froyni, de Corona, de Blanziaco, de Sancto Eparchio, Engolismensis dyocesis, cuilibet sexaginta solidos semel ad emendos redditus pro aniversario meo anno quolibet faciendo.

Item do, lego ecclesie Beati Martini de Coyaco unum calicem ponderis duarum marcharum argenti deauratum ad celebrandum in dicta ecclesia, tali modo quod non possit alienari aliquo tempore nec eciam obligari.

Item do et lego abbacie de Bona Valle prope Pictavis,

et de Villanova, Nanetensis dyocesis, cuilibet earum centum solidos ad emendos redditus pro aniversario meo anno quolibet faciendo.

Item do et lego dilecto capellano meo, domino Johanni de Forgia, qui per longa tempora pro me laboravit et michi fideliter deservivit, sexcies viginti libras turonensium monete semel solvendas, in recompensacionem servicii predicti.

Item do, lego omnibus rectoribus ecclesiarum archipresbyteratuum de Romio, de Chaunaio, de Leziniaco, de Sancto Maxencio, de Sansaio et de Metulo, duos solidos eorum cuilibet semel pro servicio meo faciendo.

Item do et lego abbaciis de Fonte Comitis et de Morello, cuilibet earum sexaginta solidos ad emendos redditus pro anniversario meo anno quolibet faciendo.

Item do et lego prioratibus monialium de Bonolio, de Montazoys, de Fonte Sancti Martini et prioratui de Fonte-Albo ordinis Beate Marie de Corona, cuilibet earumdem sexaginta solidos ad emendos redditus pro anniversario meo annis singulis faciendo.

Item do et lego pauperioribus mansionariis in parrochiis Sancti Martini, Sancti Vincencii, Beate Marie de Coyec, de Ceaus et de Vaus quinquaginta tunicas et quinquaginta paria sotularium, per manus executorum meorum distribuendas.

Item do et lego helemosinariis de Coyec, de Fontesitis, cuilibet earum sexaginta solidos ad emendos redditus pro anniversario meo anno quolibet faciendo.

Item do et lego leprosariis de Coyec, de Pransiaco et de Colunberio, decem solidos semel cuilibet earum.

Item do et lego Helie Caboti, valeto meo, decem libras rendales, ab eodem et suis habendas et perpetuo possidendas de quinquaginta libris, quas habeo et habere consuevi de tallia cum mansionariis de Payraco.

Item do et lego Henrico Popardi viginti libras semel.

Item do et lego Petro Chaucherii, pro bono et utili servicio ab eo michi impenso, viginti libras semel.

Item do et lego Symoni Botet viginti libras semel.

Item do et lego Bernardo et Gervasio clericis meis, Johanneto de Diraco et Colino Anglici, cuilibet eorum decem libras semel.

Item do et lego heredibus quondam Helie, castellani de Palacio, viginti libras semel.

Item do et lego dicto Naudinet centum solidos, dicto Pertservise, dicto Poyndret et Johanni de Cuilleres, cuilibet eorum sexaginta solidos semel.

Item do et lego dicto Gilleto c. solidos semel.

Item do et lego dicto Botet, dicto Pinon, Perroto Palefreor, dicto Aricaut, Johanni de Coyec et Hispano, cuilibet eorum sexaginta solidos semel.

Item do et lego pauperioribus mansionariis in castellania de Payraco et de Sancto Hylario quinquaginta libras, per manus executorum meorum dividendas.

Item do et lego heredibus Petri Arnaldi, clerici de Sancto Hylario, viginti libras semel.

Item confirmo et approbo omnes donaciones causa mortis vel causa donacionis inter vivos à me factas à duobus annis citra et faciendas usque ad summam ducentarum librarum, secundum quod redditus de consuetudine patrie rendaliter assignantur, principaliter et specialiter donacionem seu donaciones, quam et quas feci domino Gaufrido Tyzonis, militi, tanquam bene merito, de loco de la Chiese prope Archiacum, Xanctonensis diocesis, una cum centum libris rendalibus, quas eidem assignavi in loco predicto, et juribus et pertinenciis ejusdem habendis et percipiendis perpetuo à dicto milite et suis heredibus, videlicet totum bladum, vinum et denarios rendales, qui debentur in dicta terra, à quibuscunque et ubicunque debeantur, prout ego habere et percipere consuevi, secundum consuetudinem patrie, in assignandis redditibus hactenus observatum, et secundum quod consueverunt tales redditus matrimonialiter assignari. Et si redditus, quos consuevi percipere in loco predicto et racione loci predicti, excedant summam centum librarum rendalium, volo quod illud quod excedet summam predictam, computetur et deducatur de aliis centum libris rendalibus, quas ego dedi vel dare possum, secundum quod continetur in hoc meo testamento, cum ista sit mea finalis intencio, quod dictus miles habeat perpetuo et possideat locum predictum de la Chiese cum omnibus suis juribus et pertinenciis, prout ego et predecessores mei habere, tenere et percipere consuevimus, prout hec et alia in litteris [1] à me dicto Gaufrido concessis plenius continetur.

Item donacionem à me factam Johanni de Chabanesio [2], domicello, de repayrio meo de la Liborliere cum omnibus juribus et pertinenciis ejusdem, et alias factas seu faciendas usque ad complementum dictarum ducentarum librarum rendalium, ita tamen quod donaciones predicte facte vel faciende quibuscunque, tam dicto domino Gaufrido quàm aliis, summam predictam ducentarum librarum perpetuarum et rendalium non excedant.

Item confiteor me vendidisse certo precio carissimo domino meo, domino Philippo, regi Francorum illustri, sexcentas libras rendales inperpetuum de septingentis viginti libris rendalibus, quas habebam in magno feodo de Alnisio [3], et centum viginti residuas eidem domino regi

---

1. Le texte en est publié à la suite de ce testament.
2. Jean de Chabanais était sans doute frère de Laure de Chabanais, femme en secondes noces de Simon, vicomte de Rochechouart. Il mourut sans postérité, car la terre de Chabanais et celle de Confolens, héritage de Laure, demeurèrent, suivant le P. Anselme et la Chesnaye-Desbois, dans la maison de Rochechouart, et Aimery, second fils de Simon, qui les eut en partage, après la mort de sa mère, en prit le nom et les armes. (*Hist. généal.*, t. IV, p. 652, et *Dict. de la Noblesse*, t. XII, p. 155.)
3. Un vidimus de ce contrat existe aux Arch. nat. J. 181, pièce

pure, libere et inperpetuum dedisse ac eciam concessisse.

Item dedi et concessi prefato domino meo regi pure, libere et inperpetuum castrum, villam et castellaniam de Frontanaio, cum omnibus suis juribus et pertinenciis universis, prout hec in quibusdam litteris sigillo meo proprio sigillatis, et signo Bernardi Fureti clerici, sacrosancte Romane ecclesie auctoritate publici notarii, signatis, plenius continetur. Quas vendicionem et donacionem in hoc meo presenti testamento approbo et confirmo, et eas promitto tenere firmiter et servare, nec aliquid contra eas de facto, cum de jure non possim, obligando, transferendo vel aliàs alienando, quomodolibet actemptabo.

Item do, lego fratri Petro de Bosco Grolerii, ordinis Fratrum Predicatorum, qui diu michi fideliter deservivit et multum pro me laboravit, quadraginta libras ad sustentandam et relevandam paupertatem et inopiam suam, et providendum sibi de neccessariis vite sue.

Item confiteor et in consciencia mea dico quod dominus Gaufridus Tyzonis, miles, dominus Johannes de Forgia, capellanus mei, et Petrus de Chaucherio michi bene, fideliter et utiliter servierunt, ac de omnibus perceptis et receptis de terra mea et bonis meis, et de omnibus expensis pro me et nomine meo factis mecum legitime computaverunt, ac sufficientem, fidelem et bonam reddiderunt racionem, ita quod, facto finali et speciali computo de premissis, non remanserunt michi in aliquo obligati, propter hoc eos et eorum heredes ab omni computo et racione reddenda, et eorum quemlibet quictos et liberos esse volo.

---

n° 53. Il porte la date du 3 juin 1309, c'est-à-dire la veille du jour où fut rédigé le testament, et la copie est du lundi après la Saint-Michel (29 sept.) de la même année. Hugues de la Celle représentait le roi en cette circonstance. Guy de Lusignan y déclare qu'il accomplit cette vente pour donner satisfaction, avant sa mort, à ses nombreux créanciers ; le prix stipulé est de six mille livres tournois.

En ce qui touche l'acte de donation du château, ville et châtellenie de Frontenay, mentionnée dans le paragraphe suivant, mes recherches pour le retrouver sont demeurées infructueuses.

Item volo et precipio quod tota terra mea et omnes mei subditi regantur bonis usibus et consuetudinibus, qui dudum fuerunt approbati, temporibus antecessorum meorum.

Hujusmodi autem mei ultimi testamenti, seu mee ultime voluntatis, quod seu quam, et nullum aliud aut nullam aliam volo valere, illo meliori jure scripto vel non scripto, aut equitate canonica, quo vel qua valere possunt et debent ultime decedentium voluntates, meos executores facio, nomino et constituo carissimam sororem meam, dominam Hysabellim de Leziniaco [1], dominam de Belverio supra mare et de Quemiquiers, dilectos meos, fratrem P. de Bosco Groulerii, ordinis Fratrum Predicatorum, dominum Gaufridum Tyzonis, militem, magistrum Arnaldum Leotardi, canonicum Engolismensem [2], et dominum Johannem de Forgia, capellanum meum, quos et eorum quemlibet deprecor, quantum possum, quatinus onus et execucionem hujusmodi mei ultimi testamenti assumant et adimpleant cum effectu. Et si omnes sibi nollent assumere vel non possent onus execucionis predicte, vel ea assumpta perficere non valerent, volo quod tres aut duo ex ipsis in illum casum fideliter exequantur, aliorum absencia non obstante. Et ne propter deffectum executorum, execucio hujus mei ultimi testamenti seu mee ultime voluntatis impediri vel differri contingat, volo, jubeo et dispono quod quilibet predictorum executorum in morte sua possit

---

1. Isabelle de Lusignan avait épousé Maurice de Belleville, dont elle était veuve sans enfants dès avant 1297. Son neveu, Hugues XIII, dernier comte de la Marche, et Yolande dame de Pons, sa nièce, affirmaient leur droit à sa succession, le premier dans son testament de juin 1297, où elle est appelée *dame jadis de Belleville*, la seconde dans le traité qu'elle fit avec Philippe le Bel, au mois de mars 1309, et dont il est fait mention dans une note précédente. La terre de Beauvoir-sur-Mer, dont Isabelle porte ici le nom, lui avait vraisemblablement été constituée en douaire.

2. Il devint doyen de cette église avant 1316. Une courte notice est consacrée à ce personnage dans le *Gallia Christ.*, t. II, col. 1027. Il est également question de lui dans les deux testaments d'Hugues XIII.

unum probum et fidelem virum substituere loco sui, et in hoc volo eorum consciencias honerare, precipiens et disponens quod illud, quod per dictos executores aut eorum substitutos, vel tres aut duos ex ipsis, modo et forma quibus supra, factum fuerit ac eciam executum, perinde valeat ac si per omnes factum esset.

Item volo, precipio et dispono quod quilibet predictorum executorum meorum, qui onus predicte execucionis assument et pro ipsa execucione complenda, quantum in ipso erit, fideliter laborabit, habeat de bonis meis centum libras turonensium semel, et nichilominus omnes expensas, moram et interesse, que vel quas fecerit eundo, redeundo, consilium querendo, litigando, agendo et deffendendo, vacando tamen execucioni predicte, donec fuerit adimpleta. Et si quivis heres meus vel heredes mei in omnibus bonis meis inmobilibus, salvis donacionibus et legatis superius nominatis, instituti ex testamento nollent hereditatem meam adire, sed ab intestato vellent maliciose aut aliàs solidam hereditatem meam petere, vel per vias directas aut indirectas hanc meam voluntatem ultimam impugnare tacite vel expresse, per se vel per alium, quocunque colore vel cautela quesitis, ipsum et ipsos aut eorum quemlibet, qui hoc meum testamentum ultimum, seu hanc meam voluntatem ultimam impugnabit, si requisitus vel requisiti à meis executoribus, vel eorum altero, non desistant, privo et privatos esse volo perpetuo omnibus bonis meis et omni jure et porcione, quod et que possent eum vel eos contingere in predictis bonis meis. Et in illum casum, carissimum dominum meum, dominum Philippum regem Francorum illustrem, heredem meum universalem facio et instituo in predictis bonis meis, cum omnibus modis et formis superius expressis, et ut hanc meam custodiri et adimpleri faciat ultimam voluntatem.

Dono eciam et concedo eisdem executoribus meis

plenam et liberam potestatem exequendi hanc meam ultimam voluntatem, seu meum ultimum testamentum, movendi et suscipiendi actiones et deffensiones michi competentes, et eas eis cedo, interpretandi, declarandi, si aliqua sint in ea vel in eo dubia vel obscura, minuendi, augendi, prout eis, secundum Deum et eorum consciencias, saluti mee viderint expedire. Et si contingat quod facta et completa executione mea predicta, et que in presenti testamento continentur, aliqua bona mea mobilia supersint, volo, dispono et jubeo quod per predictos executores meos, qui vacare poterunt et voluerint, aut tres vel duo ex ipsis, bona predicta dentur et distribuantur in Engolismensi, Xanctonensi, Pictavensi et Lemovicensi diocesibus, vel earum altera, ad pios usus, videlicet ad pauperes puellas, nobiles vel ignobiles, maritandas, et in alendis pauperibus et miserabilibus personis diocesum predictarum, et in aliis operibus misericordie, in dictis diocesibus et de dictis diocesibus et non alibi, exercendis.

Et si ego à dictis duobus annis citra, alicui persone, tam nominatis in hoc meo testamento quam aliàs, aut aliis quibuscunque personis de hereditate mea paterna ultra summam ducentarum librarum rendalium assignandarum rendaliter, secundum consuetudinem patrie, sicut supra, dederim vel concesserim aliquos redditus perpetuos, quod non credo, dictas donaciones, in quantum possum, revoco et annullo, et nolo quod habeant alicujus roboris firmitatem.

Et in testimonium veritatis, hoc presens testamentum seu publicum instrumentum scribi et in publicam formam redigi feci per predictum publicum notarium, et signo suo solito signari, et sigilli mei sigillorumque fratris Petri de Bosco Groulerii, domini Gaufridi Tyzonis, militis, magistri Arnaldi Leotardi, canonici Engolismensis, et domini Johannis de Forgia presbyteri, rectoris Domus-Dei de

Cohiec, appensione muniri[1]. Acta sunt hec sub anno ab Incarnacione Domini M. CCC. nono, quarta die mensis junii, videlicet die mercurii ante festum beati Barnabe apostoli, indictione septima, pontificatus sanctissimi patris et domini, domini Clementis divina providencia pape quinti anno quarto, in castro de Coyec, videlicet in camera mea cubicularia, presentibus fratre Petro, milite, canonico et rectore predictis, ac nobili viro domino Hugone de Cella, militi et consiliario domini regis predicti, ac discreto viro, magistro Guillermo Galhardi, ejusdem domini regis Francorum clerico, testibus ad premissa vocatis specialiter et rogatis.

Et ego Bernardus Fureti de Engolisma clericus, sacrosancte Romane ecclesie publicus auctoritate notarius, premissis omnibus et singulis, ut supra legitur, actis, una cum prefatis testibus presens interfui, et hoc presens testamentum, seu publicum instrumentum, de mandato dicti domini Guidonis, manu propria scripsi et in publicam formam redegi, signoque meo solito una cum sigillo ipsius domini Guidonis fratris Petri de Bosco-Groulerii, domini Gaufridi Tyzonis, militis, magistri Arnaldi Leotardi, canonici Engolismensis et domini Johannis de Forgia predictorum, signavi rogatus.

Nos autem dictum testamentum et contenta in eo usque ad summam ducentarum librarum turonensium annui perpetui redditus assignandarum, necnon alia omnia et singula legata, seu donaciones, facta seu factas, sine tamen aliquo perpetuo redditu seu rebus immobilibus, qui dictam summam ducentarum librarum reddituum excederet, rata habentes et grata, ea volumus, laudamus, approbamus et tenore presentium confirmamus, nostro in aliis et alieno in omnibus jure salvo. Quod ut perpetue robur obtineat firmi-

---

1. Des cinq sceaux annoncés, deux subsistent encore intacts au bas de l'original, celui de Guy de Lusignan et celui de son chapelain.

tatis, presentibus litteris nostrum fecimus apponi sigillum.
Actum Parisius, anno Domini millesimo trecentesimo nono,
mense octobris.

XXX

Vidimus de l'acte de donation par Guy de Lusignan, seigneur de
Couhé et de Payrac, à Geoffroy Tizon, chevalier, de la terre de la
Chèse, sise près le château d'Archiac, avec la ratification royale
donnée sous la réserve d'une des clauses du testament dudit Guy
de Lusignan. (JJ. 41, n° 124, fol. 77 v°, et JJ. 42ᴮ, n° 123, fol. 64 v°.)
Octobre 1309.

Philippus Dei gratia Francorum rex. Notum facimus
universis, tam presentibus quam futuris, nos infrascriptas
vidisse litteras, tenorem qui sequitur continentes :

Universis presentes litteras inspecturis, Bertrandus de
Borreto, valletus domini regis Francorum et gerens sigillum ejusdem domini regis de senescallia Xanctonensi
apud Beñam constitutum, salutem in Domino. Noveritis quod
in jure coram nobis personaliter constitutus nobilis vir dominus Guido de Liziniaco, dominus de Cohec et de Payraco,
non vi nec dolo, sed gratis, provide et scienter, omni eciam
dolo, fraude, decepcione, circumvencione et machinacione
cessantibus et exclusis, mera et spontanea voluntate, certo,
justo et testabili proposito inductus, attendens et considerans sollicite grata servicia, utilia et beneficia sibi à dicto
G[aufrido] Tyzonis, milite, frequenter, fideliter et comode
facta et impensa, nulloque poscente, sed motu proprio,
dedit et concessit ac eciam dat et concedit, pro se et heredibus et successoribus suis et causam habentibus ab eodem
quibuscunque, eidem domino Gaufrido, tanquam bene
merito, pro se et suis heredibus et successoribus, et causam
ab eisdem habentibus, presenti et recipienti in perpetuum
et exnunc, donacione pura, libera, simplici, valida, perpetua et irrevocabili cum debita insinuacione, inter vivos
facta, seu quavis alia donacione, qua melius de jure, usu,
vel consuetudine patrie valere poterit et debebit, ad facien-

dam exnunc et in perpetuum ipsius domini G. et suorum heredum et successorum, et causam ab ipsis habentium, suam omnimodam et liberam voluntatem, in morte pariter et in vita, ad vendendum, donandum, distrahendum, obligandum et alio quoquo modo et titulo alienandum, prout sibi placuerit quandocunque, cum majora et utiliora sint predicta servicia et beneficia quam presens donacio, vires eciam facultatum suarum, quantitatem et valorem predicte donacionis non ignorans, locum suum vulgariter appellatum la Chese, situm prope castellum de Archiaco, cum omnibus pertinenciis, juribus corporalibus et incorporabilibus dicti loci, et cum omni alta et bassa justicia, jurisdictione et coercione quacunque, sive predicte pertinencie consistant hominibus, homagiis, deveriis, tengudis, talliis, censibus, questis, expletis, serviciis, deveriis, redditibus, exitibus, proventibus, bianis, corvatis, gallinis, caponibus, coustumis, terris cultis et incultis, garenis, aquis, rippariis, pratis, nemoribus, blado, vino, pecunia et rebus aliis quibuscunque et ubicunque sint, et quocunque nomine valeant nuncupari; habenda predicta omnia, tenenda, explectanda, levanda, percipienda et possidenda continue ab eodem domino G. et suis, et omnibus aliis causam ab eo habentibus et habituris, per se vel per alium seu alios, in perpetuum de cetero et exnunc libere, pacifice et quiete, sub uno duntaxat homagio, quod idem dominus G. et ab eo causam habentes et habituri dicto domino Guidoni et heredi suo principali, qui pro tempore fuerit, pro predictis donatis facere tenebuntur. Quod quidem homagium dictus Guido confessus est coram nobis ab eodem domino Gaufrido jam habuisse et pro predictis recepisse [1], omni alio deverio

---

[1]. Après la mort de Guy de Lusignan, Geoffroy Tizon rendit hommage au roi pour sa terre de la Chèze. Mais avant la donation dont il est ici question, ce fief, paraît-il, relevait de la baronnie d'Archiac ; c'est du moins ce qu'Aymar d'Archiac remontra à Philippe de Valois, et il obtint de ce prince la restitution de son droit de suzeraineté par lettres de juin 1337. (JJ. 70, fol. 136.)

servicio et explecto, et armorum sequela amotis penitus et
exclusis, omnem potestatem sibi et sui heredibus et quibuscunque ab ipso causam habentibus adjurans, abdicans
et totaliter auferens saisiandi predictas res ab ipso, sive
perturbandi et impediendi quominus dictus dominus G. et
causam ab ipso. habentes in posterum ipsas possent habere,
explectare et libere recipere, et levare per se vel per alium.
Et si aliqua saisina, emparamentum vel impedimentum
aliquod per eum et heredes, vel successores predictos, in
et super predictis rebus ab ipso sibi jam donatis fuerint
imposita ex quacumque causa, quod absit ! ipsam saisinam
vel impedimentum nullius esse voluit efficacie vel valoris,
nec ipsis saisinis vel impedimentis dictus dominus G. vel
sui heredes, vel causam ab eo habentes tenebuntur aliquatenus obedire, sed eas vel ea frangere et infringere licite
poterunt sine pena, et eciam per se vel per alium amovere,
et sine juris et hominis offensa, nisi in casu predicti homa-
gii ob culpam dicti domini G. vel suorum non facti. De
quibus omnibus rebus et singulis ab ipso pro se et suis
jam donatis cum toto jure proprietatis et possessionis
directo, utili vel alio, quod in ipsis habet et habere
potest et debet, quocunque jure, titulo, sive causa, se de-
vestiens pro se et suis et omnibus causam habentibus et
habituris, dictum dominum G. investivit pleno jure, in
quantum potuit, per tradicionem presentium litterarum, et
in possessionem veram induxit corporalem, nichil sibi nec
suis cujuscunque juris, possessionis, vel proprietatis in
premissis retinendo, excepto duntaxat homagio supradicto,
ita tamen quod si dictus heres predicti domini G., qui pro
tempore fuerit, requisitus à dicto domino G. vel ab eo
causam habentibus, vel alio suo nomine, predictum suum
homagium recipere noluerit vel distulerit, dictus dominus
G. extunc dictum homagium poterit offerre et facere licite
et impune domino superiori, et predictas res à predicto
superiore tenere sub homagio predicto, modis et condi-

cionibus supperioribus appositis. Mandans et precipiens per presentes litteras dictus dominus Guido omnibus hominibus ligiis, tenenciariis et aliis subditis dicti loci et pertinenciarum ejusdem, ut exnunc homagia dicto domino G. et ab eo causam habentibus faciant, obediant, solvant, satisfaciant de et super predictis, sicut et prout sibi facere, obedire et satisfacere consueverunt et facere tenebantur. Et promisit idem dominus Guido pro se, heredibus et causam ab eo habentibus, predicto domino G. et suis, et ab eo causam habentibus omnibus, sollempni stipulacione interveniente, garantire et defendere in perpetuum et ad pacem libere tenere et possidere, per se vel per alium, omnia premissa et singula donata contra omnem hominem, in judicio et extra, impedire, perturbare, evincere volentem et actemptantem, tam de jure quam de facto, etc. Supplicans dictus dominus G. excellentissimo principi, precibus et instancia quibus potuit et potest, domino Philippo Dei gracia regi Francorum, ut presentibus litteris auctoritatem suam ad confirmacionem et defensionem earum sibi placeat impartiri. Et ad perpetui roboris firmitatem et ad observanciam premissorum, idem dominus G. voluit et peciit pro se et suis, se et suos, si neccesse fuerit, compelli per dictum dominum regem, vel allocatos suos, vel per quemlibet alium judicem ordinarium. Et renunciavit, etc.

Et nos dictus Bertrandus de Borreto, ad supplicacionem dicti domini Guidonis, ipsum pro se et suis ad premissa omnia et singula observanda volentem et petentem condempnavimus, judicio curie dicti domini regis mediante, et presentibus sigillum predicti domini regis, ad peticionem dicti domini G., una cum sigillo suo apposuimus in testimonium veritatis. Datum et actum apud Coihec, presentibus testibus ad hoc vocatis et rogatis, fratre P. de Bosco Groulerii, ordinis Fratrum Predicatorum Pictavis, domino Johanne de Forgia, elemosinario de Coihiec, Petro Joyelli et Johanne Britonis de Frontenayo, clericis, die jovis post festum beati Yllarii hiemalis, anno Domini m. ccc. octavo [1].

Cum igitur dictus Guido in suo testamento voluerit et ordinaverit quod, si dictum locum de la Chese cum pertinenciis suis summam centum librarum redditualium excedat, summa excedens deducatur de aliis centum libris annui redditus, dicto Gaufrido et suis heredibus perpetuo donatis ab eodem Guidone, ita quod summa hujusmodi centum librarum donatarum de tanto minor remaneat quantum excederet locum predictum cum pertinenciis suis summam centum librarum redditualium donatarum, nos donacionem predictam de dicto loco et pertinenciis, necnon et centum libras annui et perpetui redditus vel de summa que remaneret, deducta de eis summa excedente summam centum librarum redditualium dicti loci et pertinenciarum ipsius, juxta tenorem dicti testamenti, facta à predicto Guidone dicto Gaufrido et suis heredibus imperpetuum, salva et retenta nobis et successoribus nostris armorum sequela, dicto Gaufrido et suis heredibus concessa et dimissa à predicto Guidone, volumus, laudamus, approbamus et tenore presentium confirmamus. Nostro in aliis et alieno in omnibus jure salvo. Quod ut perpetue, etc. Actum Parisius, anno Domini m° ccc° nono, mense octobris.

XXXI

Constitution faite par Jean, vicomte de Thouars, du douaire de sa femme, Blanche de Brabant. (JJ. 41, n° 174, fol. 99 v°, et JJ. 42, fol. 93.)

Janvier 1310.

Philippes par la grace de Dieu roys de France. Nous faisons savoir à touz presenz et à venir que, en nostre presence

---

1. Le 16 janvier 1309 (n. s.), la fête de S. Hilaire se célébrant le 13 de ce mois.

establi, nostre amé et feel Jehan visconte de Touars, considerans, si comme il disoit, que entre sa chiere compaigne et espouse, Blanche de Brayban [1], la quele, se ele le seurvit, par general coustume de Poitou et de Touraine, et des autres terres où les choses sient, notoire et anciennement gardée et esprouvée entre toutes nobles personnes dou pays, doit avoir la tierce partie de toute sa terre par raison de douaire, d'une part, et les héritages dou dit visconte, d'autre, porroit avoir descort et dissencion pour raison d'asseoir, assener et prisier la tierce partie de la dite terre à ladite Blanche pour son dit douaire, pour oster toute manere de dissencion et de descort entre les dites parties ou temps à venir, desorendroit il assist, bailla et assena à la dite Blanche sa fame, en douaire et par raison de doaire son chastiau de Alonne les Sables, le port, les garennes et les appartenances, et toutes autres aventures qui au port porroient appartenir et aus diz lieus, et la moitié de sa forest d'Orbetiere avec toutes les appartenances, esploiz et emolumenz qui en puent estre, pour tant comme les dites choses puent ou porroient valoir au temps de lors, par vraie et leal pris et estimacion et assise de païs. Et se les choses ne valoient, selonc loyal prisiée de terre, la tierce partie de toute sa terre, il vost, consenti et ordena expressement que ce qui defaudra de la value et dou pris de la dite tierce partie de sa terre, soit baillié, assis et delivré à la dite Blanche, pour raison de son douaire, en ses terres et en ses rentes de l'ille de Ré, jusques à l'accomplissement et per-

---

1. Jean Ier, fils aîné de Guy II, vicomte de Thouars, seigneur de Talmont, fut vicomte depuis le 26 septembre 1308 jusqu'au 25 mai 1332, date de sa mort, suivant le P. Anselme (III, p. 195) et M. Imbert (*Notice sur les vicomtes de Thouars*, publ. dans les *Mém.* de la Soc. des Antiquaires de l'Ouest, t. XXIX, 1864). Ce qui est certain, c'est qu'il vivait encore le 14 novembre 1331 (Voy. *Cartul. d'Orbestier, Arch. Hist. du Poitou*, VI, n° 142, p. 172). Quant à Blanche de Brabant, fille de Geoffroy de Brabant, seigneur d'Arschot, femme de Jean, le P. Anselme commet une erreur évidente en fixant sa mort au 21 juillet 1306.

fection de la dite tierce partie, et en ses autres terres et rentes touz jourz au plus près, se ceus ne souffisoient, sauf et reservé à la dite Blanche tout quant que ele devroit et porroit, par raison et par coustume de païs, avoir en accressement de la dite tierce partie, quant li cas ou li temps avendroit. Et en toutes les choses que la viscontesse de Touart [1], mère dou dit visconte, tient ou tendroit par raison de douaire, encore vost, otroia, devisa et ordena li diz viscuens de Touars que, se sa dite mere, la viscontesse de Touarz, muert avant que la dite Blanche, la dite Blanche sa fame ait, prengne et poursuive, senz nul contredit, avec le chastiau d'Alonne, se ele veut, pour raison de son douaire, toutes les choses que sa devant dite mere tient et tendroit en la manere, en la seignourie, et à tels proffis comme la dite viscontesse sa mere les tient et tendroit, excepté son chastel de Mauleon et les appartenances, et la moitié de la forest d'Orbetiere devant dite, qui ne demorroient mie à la dite Blanche, sauf ce que li diz Jehans viscuens vost et otroya que ele ait, perçoive et esploite en ladite forest d'Orbeterre son usage à chaufer, et y porra prendre tout quant que mestier li sera pour tenir en point et adouber son chastel de Talemont et celui d'Alonne, lequel, si comme dessus est dit, li demorra, et le tendra avec les autres choses que la dite mere dou visconte tient, et porra prendre en la dite forest autres choses neccessaires tant seulement. Et porra la dite Blanche tenir, avoir et nourrir en la dite forest tant de bestes comme mestier li sera. Et est à savoir que, se le dit chastel d'Alonne avec les dites choses, que la dite mere dou visconte tient et tendroit, valoient plus que la tierce partie de sa terre, ce qui plus vaudroit en seroit osté au plus loing dou douaire, et demorroit aus heritiers. Et se mains valoient, il li sera parfait et accom-

---

1. Marguerite de Brienne, fille de Jean Ier, comte d'Eu, et de Béatrix de Châtillon, dite de Saint-Paul, mourut le 20 mai 1310.

pli en sa terre au plus près des chasteleries d'Alonne et de Thalemont.

Encore vost, otroya et ordena li diz Jehans viscuens que, se ensi est que la dite sa fame le seurvive, tantost icele, emprès la mort dou dit visconte, ait et prengne senz nul contredit et senz nul delai la possession et la saisine de toutes les choses dessus et de chascune d'iceles, et soit non contrestant que la prisie de la dite terre ne soit faite, et demeure en la dite saisine durant la dite prisiée et l'estimacion de la dite tierce partie. Et promist lealment et en bonne foy par son serement que contre ces choses ou aucunes d'iceles ne vendra ou temps à venir, par lui ne par autre, ne n'essaiera à venir; ainçois vost et otroya que, se la dite Blanche faisoit cous ou despenz, ou soustenoit par deffaut de l'assise dou dit douaire ou d'aucune des choses dessus dites, ou de l'accomplissement de la tierce partie, par le deffaut ou la contradiction de ses heritiers ou d'autres, que touz les couz, domages, despens et interès, que ele soustendroit ou auroit soustenu, li seront rendu senz contredit sus le remanant de sa terre, qui demorra à ses heritiers; des quels domages, despens et interès le porteur de ces lettres sera creuz par son simple serement senz autres prueves. Et quant à ce li diz Jehans, viscontes de Touarz, obliga et souzmist à nostre jurisdicion toute sa terre et touz ses autres biens meubles et non meubles, presens et à venir, en quelque lieu que il soient, ses hoirs, ses successeurs et les possesseurs de ses terres et de ses autres biens. Et quant à ces choses il renonça à toutes decepcions, circumvencions et lesions, à toutes allegacions, excepcions, raisons et deffenses qui porroient estre dictes ou proposées contre ces lettres ou aucunes de ces choses ou temps à venir, ou nuire à la dite Blanche et aidier à lui nuire, ou à ses successeurs, à tout privilege et toute grace donnée et à donner, et à tout droit civil et de canon, et especialment au droit qui dit general renonciacion non valoir. Et pour ce que ces choses aient fermeté, nous, à la requeste dou dit Jehan, visconte de Touarz, avons fait mettre nostre seel en ces presentes lettres. Données à Paris, l'an de grace mil ccc. et neuf, ou moys de janvier.

XXXII

Lettres de sauvegarde accordées au prieuré de Cheffois, de l'ordre de Saint-Augustin, au diocèse de Poitiers. (JJ. 41, n° 193, fol. 109, et JJ. 42ᴮ, fol. 91.)

Janvier 1310.

Philippus, Dei gratia Francorum rex. Notum facimus universis, tam presentibus quam futuris, quod, cum religiosi viri prior et fratres de Cavafaya [1], ordinis Sancti Augustini, dyocesis Pictavensis, flebilibus querimoniis nobis pretenderint nonnullos immoderatos excessus et gravia detrimenta eisdem, in suis personis et bonis, à quibusdam suis vicinis et aliis per eorum effrenatam potenciam irrogatos, quibus ipsi, tanquam defectu gardiatoris invalidi, resistere nequeuntes, irreparebilia dispendia se asserunt incurrisse, de sibi pejoribus inferendis conjecturis verisimilibus nec immerito formidantes; ex quorum oppressione largiciones elemosinarum et divini cultus misteria, que per eos ibidem fieri consueverunt, sepius distrahuntur et plurimum defalcantur; et super hoc ad nostre protectionis refugientes antidotum, nostre superioritatis brachium contra premissas oppressiones suum adesse cum instancia petierunt defensorem, se ad nostram admitti specialem gardiam supplicantes. Nos ad

---

1. Ces lettres sont publiées dans le recueil des *Ordonnances,* t. VI, p. 33, d'après un vidimus de Charles V, du mois d'avril 1374. Secousse déclare, dans une note, qu'il n'a pu retrouver la trace de ce prieuré ni son nom français, et que le pouillé du diocèse de Poitiers donné par Labbe ne fournit aucune indication à cet égard.

Cavafaya cependant doit se traduire par *Cheffois;* l'identité locale de ces deux noms est affirmée dans le *Pouillé du dioc. de Poitiers,* publié par M. Beauchet-Filleau, 1868, in-4°, p. 65, 66.

regnicolarum nostrorum, et eorum precipue qui, ex sui status institucione, dedicati sunt ad insistendum divinis obsequiis, tranquillitatem et pacem merito suspirantes, piis dictorum religiosorum supplicacionibus in hac parte, maxime quia per ballivum Turonensem seu deputatum ab eo, prout ex ipsius ballivi moderni relacione fuimus informati, consueverunt ab antiquo nostro nomine specialiter gardiari, dignum duximus annuendum ut, sub garde nostre presidio, valeant Omnipotenti debitum sue religionis obsequium liberius exhibere, et ut inde pro predecessorum nostrorum et specialiter inclite memorie Johanne, quondam Francie et Navarre regine, consortis nostre karissime, animarum remedio et salute unam missam de defunctis, ac pro nobis unam missam de Sancto Spiritu, quamdiu vixerimus, et, post decessum nostrum, de mortuis, deinceps perpetuo teneantur ex debito in eorum monasterio cotidie celebrare. Ipsos itaque religiosos cum suis omnibus bonis, familia et hominibus in nostra protectione recipimus et gardia speciali. Dantes ballivo Turonensi, moderno et qui pro tempore fuerit, presentibus in mandatis ut eis servientem ydoneum specialem ipsorum gardiatorem, quociens ipsis neccesse fuerit et eum inde requisierint, nostro nomine, deputet et assignet. Ut hec autem ad perpetuam et stabilem memoriam conscribantur, presentes litteras fecimus sigilli nostri munimine roborari. Salvo in aliis, etc. Actum Parisius, anno Domini M. CCC. nono, mense januarii.

XXXIII

Confirmation des lettres d'amortissement accordées, moyennant une somme de cent livres, par Hugues de la Celle, commissaire du roi en Saintonge et en Poitou, à Simon Piquois, pour plusieurs acquêts de biens nobles. (JJ. 41, n° 175, fol. 100 v°.)

Janvier 1310.

Philippus Dei gratia Francorum rex. Notum facimus

universis, tam presentibus quam futuris, nos infrascriptas vidisse litteras, formam que sequitur continentes :

A touz ceus qui verront ces presentes lettres, Hugue de la Cele, chevalier nostre seigneur le roy de France, salut en nostre Seigneur. Saichent tuit que nous avons receu les lettres le roy contenanz la fourme qui s'ensuit :

Philippus Dei gratia Francorum rex, dilecto et fideli H. de Cella, militi nostro, salutem et dilectionem. Ad nostrum pervenit auditum quod nonnulli fideles et subditi nostri Xanctonensis et Pictavensis senescalliarum plura feoda nobilia, absque nostro consensu, in immobilium monasteriorum, ecclesiarum et ecclesiasticarum personarum manus mortuas transtulerunt ; unde, cum talia, que in dampnum nostrum et grande prejudicium juris nostri facta sunt, non debeamus equanimiter tolerare, vobis, de cujus fidelitate et industria plene confidimus, finandi super predictis et financias recipiendi à personis predictis [1], aut aliàs cum eis

---

1. On trouvera dans ce recueil un certain nombre de compositions semblables conclues en Poitou par Hugues de la Celle. Mais c'est dans les provinces voisines que ses recherches furent le plus fructueuses, si l'on en juge par les enregistrements du Trésor des Chartes. Voici une liste des actes passés dans l'Aunis et en Saintonge en vertu de la même commission. Ces cotes peuvent être utiles dans le cas où l'on voudrait étudier spécialement les opérations d'un enquêteur royal, au XIVe siècle, et se rendre compte de leur résultat fiscal.

Transactions conclues entre H. de la Celle et le prieuré de Tusson près Ruffec (JJ. 41, fol. 97) ; — Philippe Coignet, pour fiefs acquis aux environs de Saint-Jean-d'Angély et dans l'Angoumois (id. fol. 101) ; — Bernard de Marciaus, à Tonnay-Charente et à Rochefort (id. f° 101 v° et JJ. 48, fol. 108) ; — Jean Variau, prêtre d'Angoulême (JJ. 41, fol. 110) ; — Jean de Lobet, bourgeois de Saint-Jean-d'Angély (id., 110 v°) ; — Guillaume et André Belon, à Tonnay et à la Jarrie (JJ. 45, fol. 18 v°) ; — les religieux de Saint-Jean près la Rochelle (JJ. 47, fol. 76, 84, 85) ; — Pierre Bousseau, acquêts de fiefs près la Rochelle (JJ. 48, fol. 111) ; — Pierre et Guillaume Aymer, bourgeois de Mansle (id. fol. 133) ; — les aumôniers de Saint-Nicolas et de Saint-Barthélemy de la Rochelle (JJ. 49, fol. 10 et 17) ; — Guillaume de Loupsaut et Jean Potin, bourgeois de Saint-Jean-d'Angély (id. fol. 19 et 20) ; — divers habitants de Saint-Rogatien, de Bouex, etc. (id. fol. 49, 81, JJ. 65ᴅ, fol. 66) ; — les abbayes de Charron et de la Grâce-Dieu (JJ. 49, fol. 89, 93) ; — Guillaume Hélye, chanoine de Saintes (JJ. 50, fol. 70 v°) ; — le prieur de Saint-Gilles de Surgères (JJ. 52, fol. 19).

procedendi et ordinandi de ipsis, prout vestra discrecio viderit faciendum utilius, pro nobis et nostro nomine plenam concedimus potestatem; volentes quod vos illis, cum quibus financias hujusmodi facietis, vestras litteras concedatis, in ipsis nostra voluntate retenta, et per nos postmodum confirmandas. In cujus rei testimonium, sigillum nostrum fecimus presentibus hiis apponi. Datum Parisius, die vnj^a julii anno Domini millesimo ccc. nono.

Et comme Symon Piquois ait acquis en fief gentil les choses qui s'ensuient : c'est à savoir dis livres renduales que il tient de la dame dou Fief, la quele dame les tient de Renaut de Marconnay [1], lequel Renaut les tient de Jehan Sterpentin et dou seigneur de Dompere, qui les tiennent du roy. Item xxx. solz que il tient de Hugues Auboin et li diz Hugues les tient de Renaut de Marconnay, et le dit Renaut les tient dou seigneur de Dompere [2] et dou seigneur d'Anezay, qui les tiennent dou roy. Item xxx. solz que le dit Symon tient de P. Motin qui les tient de P. Riche, et le dit P. les tient de Helie Vendier, qui les tient dou roy. Item x. deniers qu'il tient de Jehan Angis. Item vi. deniers que il tient dou seigneur de Anezay, et le dit seigneur les tient de la dame dou Fié, la quele les tient de Renaut de Marconnay, le quel Renaut les tient dou roy. Item v. solz que le dit Symon [tient] de Guillaume de Moine, le quel les tient de Jehan Seignouret, et le dit Jehan les tient dou dit Symon Piquoys, lequel les tient de Jehan d'Angis, qui les tient de Helye Vender, lequel Helye les tient dou roy. Item xxii. solz que il tient de Jehan Raffeton, qui les tient de Hyllaire Grasse, la quele les tient de Hélie Vender, qui les tient dou roy. Item c. solz que il tient de mons. Guillaume Raymont, qui les tient dou seigneur de Landes, lequel les

---

1. Renaud de Marconnay, seigneur de Lamairé, de Jaunay et de Tonnay-Boutonne, avait épousé Eschive Chabot. (Beauchet-Filleau, *Dict. généal. du Poitou.*)
2. Geoffroy Vigier, seigneur de Dampierre en Aunis.

tient dou seigneur de Taunay [1], qui les tient dou roy. Item xlvii. solz vi. deniers de P. Gibert, qui les tient des enfanz de la Funelière, qui les tient dou seigneur de Taunay, qui les tient dou roy. Item de P. Riche, lxxviii. solz, qui les tient dou roy. Item cxi. solz, qui les tient de la dame dou Bruel, qui les tient de Petot, et ledit P. les tient de mons. Guillaume de Tournay, qui les tient dou seigneur d'Anezay, qui les tient dou roy. Item x. livres que il tient de Guyot Aquaries, li quels les tient dou seigneur de Taunay, qui les tient dou roy. Item iiii. l. x. s. que il tient de Jehan Marquart, qui les tient dou dit seigneur de Taunay Charante, qui les tient dou roy. Item de Jehan Monier xii. s. Des queles choses dessus dictes acquises le dit Symon, par la vertu des dictes lettres nostre seigneur le roy, a finé à nous à c. livres. Et combien que la finance des dictes choses vaille plus de c. livres, à prendre et lever les fruiz et la coilloite de celes choses par iii. années, pour ce que le fief estoit si lontain dou roy, nostre seigneur, que pluseurs seigneurs y avoient moien avant que il fust tenuz nu à nu dou roy, nostre seigneur, si comme dessus est dit, nous avons accordé et finé o ledit Symon, de sa volenté, à la somme des dites c. livres, en non de nostre seigneur le roy; et volons, en non que dessus, et otroions au dit Symon que il et li sien toutes les dites choses tiengnent perpetuelment, sanz ce que il ne li sien pussent estre constraint de les mettre hors de leur main ne de faire pour celes choses autre foiz finance à nostre seigneur le roy. Retenue la volenté dou dit nostre seigneur le roy et sauf son droit en toutes autres choses et le droit d'autrui. En tesmoing des queles choses nous avons cestes lettres seelées de nostre seel. Donné à la Rochelle, le samedi emprès la Saint Martin d'iver l'an de grace mil ccc. et nuef [2].

---

1. Guillaume de Rochechouart, seigneur de Tonnay-Charente et de Cercigny. (*Hist. gén.*, IV, p. 676.)
2. Le 15 novembre 1309.

Nos autem predictam financiam per predictum militem nostrum factam, et omnia alia et singula suprascripta rata et grata habentes, ea volumus, laudamus, approbamus et auctoritate regia nostra tenore presentium confirmanus. Salvo in aliis, etc. Quod ut ratum, etc. Actum Parisius, anno Domini m. ccc. nono, mense januarii.

XXXIV

Confirmation d'une composition pécuniaire conclue entre les commissaires royaux en Poitou et Aimery de Saint-Wasse, poursuivi pour divers excès, et en particulier pour un meurtre dont il prétendait avoir été absous par l'évêque de Poitiers. (JJ. 41, n° 202, fol. 112 v°.)

Février 1310.

Philippus Dei gratia Francorum rex. Notum facimus universis, tam presentibus quam futuris, nos infrascriptas vidisse litteras, formamque sequitur continentes :

A touz ceus qui verront ces presentes lettres, Hugues de la Celle, chevalier nostre seigneur le roy de France, salut en nostre Seigneur. Sachent tuit nous avoir receu les lettres le roy nostre seigneur, contenanz la fourme qui s'ensuit :

Philippus Dei gratia Francorum rex, dilecto et fideli Hugoni de Cella, militi nostro, et senescallo Xanctonensi [1], salutem et dilectionem. Rumor frequens auribus nostris intonuit, quod in senescalliis Xanctonensi et Pictavensi ac earum ressortibus quamplures portaciones armorum, violencie et alii graves excessus, plura homicidia et quamplura enormia delicta per nonnullos homines nobiles et innobiles sunt hactenus perpetrata, et, quod execrabilius est, talia cotidie crebrius invalescunt, que remanserunt et adhuc remanent impunita, plures exactiones, extorsiones,

---

1. Bertrand Agace, chevalier, était alors sénéchal de Saintonge.

injurie et oppressiones per prepositos, servientes, aliosque
officiarios nostros, officiorum suorum pretextu, subditis
nostris facte sunt indebite, eciam, in senescalliis predictis,
jura nostra recelata, usurpata, alienata à personis ecclesiasticis et secularibus, et quamplures alii defectus in non
modicum nostri prejudicium et contemptum, et grandia
nostrorum dispendia subditorum, que non immerito
gravia gerimus et molesta, si sit ita. Cupientes igitur uti-
litati nostre, rei publice subditorumque nostrorum salubriter providere, vobis tenore presencium committimus et
mandamus quatinus de plano, sine strepitu judiciario, de
premissis omnibus et singulis veritatem diligencius inquiratis, criminaque neglecta legitime puniatis, de quibus
vobis per inquisicionem hujusmodi constiterit, necnon
jura nostra recelata quecunque, seu alienata, occupata,
usurpata à quibuscunque personis indebite, ad manum
nostram celeriter retrahatis, nobis à celatoribus et usur-
patoribus hujusmodi emendari injurias et dampna legitime
faciendo per prepositos, servientes aliosque officiarios
exacta, extorta, vel aliàs injuste ablata vel accepta lesis
restitui facientes, et officiarios ipsos debite punientes, ac
cetera premissa omnia et singula cedulo agentes, que nostro
subditorumque nostrorum comodo videbitur expedire, nisi
tales casus forsan fuerint, super quibus nos vel curiam
nostram merito consulere deberetis. Bona vero, que ratione
delictorum vel aliàs nobis de jure, vel de consuetudine, obve-
nire debent, de quibus per inquisicionem legitimam constiterit, faciatis fisco nostro fideliter applicari. In premissis
autem exequendis alter vestrum alterum non expectet.
Volumus autem quod vos omnia premissa et singula et ea
tangencia, de plano et absque strepitu judiciario et figura
judicii, vocatis tamen evocandis, rejectis dilacionibus,
morosis et subterfugiis, frivolisque appellacionibus quibuscunque, quibus in partibus illis plerumque uti conantur,
consuetudines allegando, curetis et faciatis, execucionique

debite, ut premittitur, demandetis. Vos in premissis et eorum singulis taliter habituri, quod de industria et fidelitate vestris, de quibus non modicum confidimus, personas vestras commendare merito debeamus. Damus autem omnibus senescallis et omnibus justiciariis nostris, tenore presentium, in mandatis ut vobis in premissis et ea tangentibus efficaciter pareant et intendant. Actum Parisius, die vii^a julii, anno Domini m. ccc. nono [1].

Par la vertu de la quele commission, comme nous de nostre office enseguissiens Aymeri de Saint-Waisse, de la diocese de Poitiers, et deissiens contre li que il avoit tué Jehan de Gusergues, pour quoi nous voulions que se il le confessoit, que les biens de li feussent commis au roy et gaingné, et du cors de li l'en feist telle execucion, comme droit et coustume de païs puet donner; item deissiens contre li que il, contre la defense faite publiaument à cri du roy nostre seigneur, il avoit porté armes defendues, pour quoi voulions que il l'amendast, si comme droit donroit; le dit Aymeri disant et proposant que de la mort du dit Jehan nous ne poions ne ne le devions ensegre, car ce que il avoit fait, il l'avoit fait sus

---

1. Outre celles que l'on trouvera dans la suite de ce volume, j'indiquerai ici un certain nombre d'autres compositions pécuniaires conclues en vertu de la présente commission; elles se rapportent à des personnes dont l'origine poitevine n'est pas suffisamment établie ou à des localités de Saintonge et d'Aunis (voy. la note 1 du n° XXXIII). Le crime poursuivi et racheté de cette façon, qui se rencontre le plus fréquemment, est celui d'intelligence avec les ennemis du Roi. Ainsi Huguet Castagnon, de la Rochelle, paie 200 l. pour avoir envoyé des vins à Calais et à Courtray (JJ. 41, fol. 111); Guillaume des Moulins, 100 l. pour avoir vendu du blé aux Anglais et aux Flamands (id. fol. 112); André et Guillaume Balon, 200 l. pour le même crime (JJ. 46, f° 80 v°); de même Hélie Gaudin, de Marcillé (JJ. 49, fol. 89). On trouve encore un habitant de la prévôté de Flay, Jean des Prez, qui compose à 360 l. pour violences et extorsions (JJ. 41, fol. 112); deux bourgeois de la Rochelle, l'un accusé de viol, l'autre de meurtre (JJ. 49, fol. 8). Enfin plusieurs habitants de Salles en Aunis sont condamnés à 1,000 l. tournois pour se racheter d'une accusation d'attaques à main armée (id. fol. 9).

son cors defendant, et ce estoit prest de mettre en voir. D'autre part il estoit clerc et personne privilegiée, et devant nous par droit il ne devoit respondre de cest cas. Et en outre disoit que de cestui cas de murtre l'evesque Gautier[1] de Poitiers l'avoit trait en cause devant li, et, oïes ses raisons à sa ignocence, du dit fait l'avait absols par jugement, et de ce avoit lettre seellée du seau du dit evesque, la quele il nous montra. Nous, oïes les raisons du dit Emeri, cestes et autres proposées sus ce, et resgardée l'absolucion seellée du seau du dit evesque, en tant comme au roy nostre seigneur appartient, touche et puet touchier, le dit Aymeri et les siens du dit cas absolons perpetuelment, tant comme à nous appartient, sanz ce que l'en l'en puisse jamais ensegre du dit cas. Adecertes pour ce que le dit Aymeri avoit porté armes contre la defense du roy, si comme dessus est dit, il fist composicion à nous de son bon gré et de sa voulenté, que de ce que du subside de la fille le roy nostre seigneur a cent livres tournois, que il donna de son bon gré au roy nostre seigneur; les queles c. livres il doit paier aus receveurs le roy en non de li par nous establis à Saint-Johan d'Angeli sus les finances. Des queles choses dessus dites, nous, en non du roy nostre seigneur, le dit Aymeri absolons en tant comme au roy touche et puet touchier, si comme dessus est dit, retenue sa volenté, et sauf le droit le roy en toutes autres choses, et en toutes le droit d'autrui. En tesmoing de vérité, nous li avons donné pour li et pour les siens cestes lettres seellées de nostre seau. Données à Paris, le samedi avant la Chaiere saint Pere, l'an de grace M. CCC. et nuef[2].

---

1. Gautier de Bruges porta d'abord l'habit des Frères-Mineurs, et fut évêque de Poitiers de 1278 au 21 janvier 1306, date de sa mort. (*Gall. Christ.*, II, col. 1186-1188, et Dreux du Radier, *Biblioth. hist. du Poitou*, éd. in-18, Paris, 1754, t. I, p. 320-326.)

2. Le 17 janvier 1310 (n. s.).

Nos autem absoluciones predictas per militem et senescallum predictos, ut predicitur, factas et omnia alia et singula suprascripta rata et grata habentes, ea volumus, laudamus, approbamus et auctoritate nostra regia, tenore presentium, confirmamus. Salvo in aliis etc. Quod ut ratum, etc. Actum Parisius, anno Domini M° CCC° nono, mense februarii.

XXXV

Confirmation de l'assiette d'une rente annuelle de soixante livres faite par Hugues de la Celle, au nom du roi, à l'abbé de Charroux, en échange des fiefs du vicomte de Limoges et du seigneur de Pons, mouvant de ladite abbaye. (JJ. 45, fol. 89, pièce 136.)

Juin 1310.

Philippus Dei gratia Francorum rex. Notum facimus universis, tam presentibus quam futuris, nos infrascriptas vidisse litteras in hec verba :

A touz ceus qui cestes presentes lettres verront et orront, Huges de la Celle, chevalier nostre seigneur le roy, saluz. Sachent tuit que nous avons receu les lettres nostre seigneur le roy en la fourme qui s'ensuit :

Philippus Dei gratia Francorum rex, dilecto et fideli nostro, Hugoni de Cella, militi, salutem et dilectionem. Vidimus litteras vestras super apprisia per vos facta de hiis, que abbati et conventui Karroffensibus, in recompensacionem feodorum à dicto abbate movencium vicecomitis Lemovicensis [1] et domini de Ponte [2], in locis dictis religiosis magis comodis et nobis minus incomodis, assignare

---

1. Jean, fils ainé d'Artur de Bretagne et de Marie, vicomtesse de Limoges, fut pourvu par son père de la vicomté de Limoges en 1301 au plus tard, devint duc de Bretagne en 1312 et céda alors le Limousin à son frère Guy. (Art de vérif. les dates, in-fol., t. II, p. 397.)

2. Geoffroy de Pons, seigneur de Bergerac.

possemus. Mandantes vobis quatinus dictis religiosis recompensacionem hujusmodi in locis de quibus, secundum apprisiam predictam, decreveritis, vel aliis, ut expedire melius, ut premittur, videritis, assignetis, litteras vestras super hoc recompensacionem illam continentes facturi eisdem, per nos, ut opus fuerit, confirmandas. Datum Pissiaci, die martis post Pascha [1], anno Domini millesimo trecentesimo decimo.

Par la vertu dou quel mandement, nous avons assigné et fait assisse à l'abbé et au convent dessus diz, c'est assavoir, à Charros, de sept livres trois sols et wit deniers de cens, ou tout tel droit comme à seigneur de censis puet appartenir par coustume de païs, à paier en la feste de Noel sur les choses qui s'ensuivent : premierement Mignot, nuef deniers de la moitié d'une doe ; le fillz au Riche, nuef deniers de la moitié d'une doe, et d'autre part dis wit deniers de sa doe ; Guillaume Maynier, deus deniers de la moitié d'une doe ; le fil au Teinturier, douze deniers de la moitié d'une doe ; Rolandin, douze deniers de la place jouste la fosse Bienac ; Blanchart Peletier, douze deniers de sa doe ; Johan de Brolhac, trois sols de sa doe ; Jacinet Massonneau, trois [sols] dou champ à Lolier ; Guillaume Jourdain, sis deniers de sa tournele ; la famme au Faucheyre, wit deniers de sa doe ; la fille Martin Charpentier, quatre sols de sa doe ; la Symone, deus sols de lors prés dou pont dou chasteau ; Perrin Mosnier, sis sols dou portau et de sa doe ; le petit Symon, wit deniers de l'ort par devant le chasteau ; Johan Boissiere, quinze deniers de sa doe ; Huguet Gautier, quinze deniers de sa doe, qui fut Gayon ; item quatre deniers de la croyssance de sa tanerie ; Robin Chiep-gras, douze deniers de la vigne près de l'oume Auffauvre ; Pierres Ayos, deus sols sis deniers des terres de Berengier ; item quatre deniers ; Guillaume de Sales, deus sols de la vigne pessellée ; Johan de Goyet, dis

---

1. Le 21 avril.

et wit deniers de sa doe; Guillaume Robin, douze deniers de son balet, où il fet eschele; la Bilhesse, dis et wit deniers de sa doe; Chebro dou Castelar, cinc sols de sa doe; mestre Johan Gormont, cinc sols de sa doe; Galhart, sis deniers de la tonèle devant sa maison; Jehan Portier, quatre deniers de son ort; Guillaume le Retondeur, quatre sols et quatre deniers de ses ors à Saint-Lorenz, qui furent à la Mazcone; les heritiers Florence Chanalhe, deus sols; la Torilhe, trois sols de sa doe; Mathie Berau, dis et wit deniers de sa doe; mon seur Guillaume Gerbau quatre sols de sa doe; André dou Perier, deus sols de sa doe; Cordasde, deus sols de sa doe; Bralhon deus sols de sa doe; item deus sols de sa doe; Johan de Vilognon, sis deniers de sa tanerie; Johan Boutet, quatre sols de sa doe; Pierre dou Lichier, trois sols de sa doe; Johan de Montardon, trois sols de sa doe; Denis le Mazelier, deus deniers d'une eschele; item deus sols pour quatre chapons; Lucasse d'Embernat, deus sols de son bois; item douze deniers de sa meson; li tessier de rue de Palhe, quatre deniers d'une meson; la famme mestre Micheau, dis deniers de son balet; la fille Guillaume Perrot, dis et wit deniers d'une meson; le fillz Johan Bouffereau, bastart, dis et wit deniers d'une meson; mestre Micheau, dis et sept deniers de sa meson au Perier; Pierre Coutentin, deus sols de sa meson; Pierre le Barbier, deus sols de sa meson de rue de Palhe; le giendre Massoneau, sis deniers de la meson dou cementire; la famme Johan de Bonneguise, wit sols de sa meson; Johan de Vilognon, quatorze deniers de son truel; la famme au petit Mazelier, dis et wit deniers de sa meson; les hers Johan Bouffereau trois et quatre deniers; Johan Demier, quatre sols, sur la meson Renoart dis sols, sur la meson Chevalier treze sols, sur l'aumosnier de l'abaye de Charros deus sols, sauve au roy nostre seigneur, se il vouloit, pour guerre ou pour autre profit commun, faire reffere les does, en randant aus diz religieus eschange avenant, et sauve aus diz religieus leur droit, se il ont es does dessus dites cause, si comme il dient.

Encore avons assis aus diz religieus vint livre de rente deues au conte pour raison de la garene, en la maniere et condicion que les genz de la ville de Charros les devoient au dit conte. Derrechief avons assis aus diz religieus tout le panage de Charros appartenant au dit conte, ou le droit qui i puet appartenir pour raison dou dit paage *(sic)*, pour vint et cinc livres de rente, excepté le paage de las Fons et de la Jarrige. Encore avons assis aus diz religieus sur les foires de la saint Sauveur sept livres seze sols et quatre deniers de rente, les queles nous voulons et comandons, en non dou roy, estre paiés sanz delay et sanz attente d'autre commandement, l'en demain de la fin des dites foires. Et à ceu voulons, en non dou roy, estre tenu et obligé le receveor des esmolumenz des foires dessus dites. Et de toutes ces choses dessus nommées la somme est soixante livres de rente et de la monoie courant. Des queles choses et de chascune d'iceles, nous prometons, en non dou roy, à faire loial gariment, selonc la coustume dou païs, sauve et retenu au roy, nostre seigneur, toute justice haute et basse ès choses dessus dites, fors tant seulement ce que coustume de païs en donne aus diz religieus pour raison de choses dessus dites; et sauve en autres choses le droit dou roy et autrui. Et en tesmoing de vérité, nous avons donné aus diz religieus cestes lettres seellées de nostre seel.

Et nous, Raymons abbés et convenz de Charros dessus nommez, faisons savoir à touz que nous, de commun assentement et acort, avons receues et prisies les sexante livres de rente dessus dites par la main dou dit mon seur Huges de la Cele, ou non de nostre seigneur le roy dessus nommé, et nous tenons à biens paiez, prometons de non venir encontre jamays en nul temps, par nulle maniere. Et en garantage de ce, nous en avons mis à ces lettres noz seaus d'abbé et de convent aveques le seau dou dit mon seur Huges.

Donné le jeudi emprès la saint Nicholas de may [1], l'an de grace mil et trois cens et dis.

Nos autem premissa omnia et singula suprascripta, rata habentes et grata, ea volumus, laudamus, approbamus et auctoritate nostra regia, tenore presencium, confirmamus. Salvo in aliis jure nostro et in omnibus jure quolibet alieno. Quod ut perpetue firmitatis robur obtineat, presentibus litteris nostrum fecimus apponi sigillum. Actum Parisius, anno Domini millesimo trecentesimo decimo, mense junii.

XXXVI

Confirmation des lettres par lesquelles Hugues de la Celle, commissaire en Poitou et en Saintonge, après enquête faite sur la noblesse d'Huguet de Charay, lui fait remise de la somme que ses délégués lui réclamaient pour acquêts de biens nobles. (JJ. 50, n° 79, fol. 54 v°.)

Juin 1310.

Philippus, etc. Notum facimus universis, tam presentibus quam futuris, nos infrascriptas vidisse litteras, formam que sequitur continentes :

A touz ceus qui ces lettres verront et orront Hugues de la Celle, chevalier nostre seigneur le roy, salut. Sachent tuit que nous avons receu les lettres nostre seigneur le roy dessus dit, contenans la forme qui s'ensuit : Philippus etc., dilecto et fideli Hugoni de Cella, etc. Ad nostrum pervenit auditum, etc. [2]. Item nous avons receues unes autres lettres seellées dou sel dou dit nostre seigneur le roy, contenans la forme qui s'ensuit :

Philippus, etc., dilecto et fideli H. de Cella, militi nostro, salutem et dilectionem. Attendentes quod vos in commissis vobis, ex parte nostra, in Pictavensi et Xanctonensi senes-

---

1. Le 14 mai, la translation de saint Nicolas se célébrant le 9.
2. Voy. plus haut la pièce n° XXXIII; elle contient le texte de la commission donnée à Hugues de la Celle, le 8 juillet 1309.

calliis et comitatu Marchiè, per alias patentes litteras nostras, negociis interdum aliis nostris intendentes agendis in persona propria, non nunquam vacare comode non potestis, vobis in senescalliis et comitatu predictis, quociens vos abesse certis ex causis inde contigerit, personis ydoneis et discretis hujusmodi negocium committendi ac per vestras litteras deputandi easdem, ac eciam revocandi, cum videritis expedire, presentium tenore concedimus potestatem. Omnibus justiciariis nostris et subditis, quorum interest, dantes presentibus in mandatis ut eisdem conmissariis nostris deputandis à vobis in absencia, tamquam vobis in vestra presencia, super premissis et ea tangentibus, obediant efficaciter et intendant, parerique, prout ad quemlibet eorum pertinuerit, faciant et intendi. Actum Meleduni, xxij^a die decembris anno Domini m. ccc. nono.

Et comme nous, par la vertu des dites lettres nostre seigneur le roy, en non de lui et pour lui, suivissons et feissons suivre par nos commissaires establis par nous, en non du dit nostre seigneur le roy, en la prevosté de Benaon et ou ressort d'icele, Huguet de Charay, dit de Angolins, et demandissiens et feissiens demander par nos diz commissaires finance des choses que le dit Huguet tenoit et possidoit, qui avoient esté aquises en fiez nobles, ou qui meist hors de sa main les dites choses acquises, par ce que nous disions le dit Huguet estre personne non noble et qu'il ne pooit les dites choses acquises en fiez nobles tenir sans faire finance au roy, nostre seigneur, selonc les ordenances du dit roy faites sur ce ; le dit Huguet, à la fin qu'il ne deust ne feust tenuz de paier finance, pour raison des dites choses acquises en fiefz nobles, ne de meictre hors de sa main, proposant et disant li estre noble homme et de noble lignée estraiz de par son père, et offrant nous faire certains de sa noblesse, et recevoir les tesmoins et examiner, qu'il voudroit amener et traire à prouver sa noblesse et de par son père, eussions commis honnerable homme et saige mestre Ythier du Puis, clerc nostre sire le roy, et Hervoet de Montrelais, nostre clerc, et chascun d'eus pour soi; nous, veu et resgardé pluseurs enquestes faites tant par le dit maistre Ythier comme par le dit Hervoet, et à ce appelez les genz du roy, nostre sire, eu plainne deliberacion sur les dites enquestes avec aucunes personnes dou conseil du dit nostre sire le roy et aveques pluseurs autres preudes homes dignes de foi, avons regardé par droit et rendu par jugement le dit Huguet avoir prouvé suffisanment s'entencion, et avons absolt et absolons le dit Huguet, en non du roy, de la demande que nous ou nos commissaires li feissiens pour raison de la finance des diz acqueis. En tesmoing des choses dessus dites, nous avons ces presentes lettres seellées de nostre seel. Faites et données à Paris, le jeudi amprès la Penthecoste, l'an de grace M. trois cenz et diz [1].

Nos autem, absolucionem predictam et omnia alia et singula supra scripta rata habentes et grata, ea volumus, laudamus, approbamus et auctoritate nostra regia, tenore presencium, confirmamus. Salvo in aliis jure nostro et in omnibus jure quolibet alieno. Quod ut perpetue firmitatis robur obtineat, presentibus litteris nostrum fecimus apponi sigillum. Actum Parisius, anno Domini M. trecentesimo decimo, mense junii.

Registrata fuit mense septembris anno [M. CCC.] XIIII.

XXXVII

Don à Jeanne Méline, de Montmorillon, d'un droit d'usage dans les bois de Chavagne et dans ceux des Dames de Montmorillon. (JJ. 47, n° 78, fol. 51 v°.)

Mars 1311.

Philippus Dei gratia Francorum rex. Notum facimus

---

1. Le 11 juin 1310.

universis, tam presentibus quam futuris, quod nos Johanne dicte Meline de Montemaurilii, pro se et heredibus suis, in nemoribus nostris de Chavigniaco et dominarum Montismaurilii usagium in bosco sicco vel mortuo et viridi jacente pro edificando et calfagio, presencium tenore, concedimus et donamus[1]. Salvo in aliis jure nostro et quolibet alieno. Quod ut firmum et stabile permaneat in futurum, presentibus litteris nostrum fecimus apponi sigillum. Actum Parisius, anno Incarnationis millesimo trecentesimo decimo mense marcii.

Per magistrum Philippum Conversi.

XXXVIII

Philippe le Bel donne en apanage à Philippe, son second fils, le comté de Poitiers, se réservant d'en déterminer plus tard les limites. (JJ. 46, n° 171, fol. 100.)

Décembre 1311.

Philippus Dei gratia Francorum rex. Notum facimus universis quod, cum jamdudum, anno Domini m. ccc. sexto, mense januarii, nos ordinaverimus et proposuerimus dare, assidere et assignare Philippo, carissimo secundo genito nostro, pro assignamento suo in regno Francie viginti mille

---

1. Indépendamment du droit qui lui est conféré ici, Jeanne Méline possédait, aux mêmes lieux, la dîme des ventes du bois, dîme affectée à la sergenterie des forêts de Chavagne et de Montmorillon, que ses ancêtres et elle avaient toujours tenue en fief. Quelques mois plus tard, elle fit l'abandon de ce revenu au roi Philippe le Bel, moyennant une somme de deux cents livres tournois, qu'elle reçut par l'intermédiaire de Pierre de Villeblouain, sénéchal de Poitou. On trouve l'original de ce contrat aux Archives nationales, sous la cote J. 180, n° 26. Il fut passé à Poitiers le samedi après la Pentecôte, 5 juin 1311, en présence et du consentement de Jean du Cluzeau, chanoine de Notre-Dame de Montmorillon.

Jeanne Méline conservait cependant son droit d'usage, et même, comme la réserve n'en était point stipulée dans l'acte de vente dont il vient d'être parlé, elle se le fit reconnaître et confirmer, au mois d'août 1321, par de nouvelles lettres royales, que l'on trouvera, à leur date, dans ce volume.

libratas terre in locis competentibus cum honore et nomine comitatus, et cum castris, maneriis et edificiis infra ambitum terre hujusmodi consistentibus, extimandis ad valorem terre, ubi, quando et prout viderimus expedire, ab ipso Philippo suisque heredibus et successoribus perpetuo et hereditarie possidendas et tenendas, et ordinacionem, propositum et assignacionem hujusmodi facere promiserimus et adimplere, nos et successores nostros, nostraque et eorum bona ad hoc specialiter obligantes, hoc tamen salvo et pro dicto Philippo specialiter reservato quod per ordinacionem et assignacionem predictas non intendimus juri, quod eidem Philippo in successione bonorum, que quondam fuerunt inclite recordationis Johanne quondam Francie et Navarre regine, Campanie et Brie comitisse palatine [1], consortis nostre carissime et matris dicti Philippi, competebat aut competere poterat in futurum, in aliquo derogari ; quinimmo ipse Philippus jus suum in successione predicta loco et tempore posset prosequi et habere, prout hoc in aliis litteris nostris, sigillo nostro sigillatis, quas cancellatas penes nos retinuimus, plenius continetur. Nos, juxta ordinacionem et propositum predicta, promissa per nos super premissis ad effectum perducere cupientes, damus, assidemus et assignamus pro assignamento predicto, prefato Philippo, secundo genito nostro, civitatem Pictavensem cum comitatu suo, quem, prout et cum illis castris, feodis, terris et locis, quos nos duxerimus designandos et assignandos. Nos enim de comitatu ipso Pictavensi nobis retinemus, retinebimus et retinere poterimus loca, castra, feoda et terras, quos et quas duxerimus designandas, dictumque comitatum designabimus et limitabimus, prout nobis placebit. Et residuum complementi dictarum viginti milium libratarum terre in

---

1. Jeanne de Navarre, femme de Philippe le Bel, était morte depuis le 4 avril 1305.

locis et terris aliis assidebimus Philippo predicto, prout nobis videbitur faciendum. Quos civitatem, comitatum et terras Philippus predictus, heredes et successores sui tenebunt à nobis et successoribus nostris in feodum ad homagium, ressorto et superioritate nobis salvis in eis. Quod ut ratum et stabile persevererat, nostrum presentibus fecimus apponi sigillum. Actum apud Fontembliaudi, anno Domini M. CCC. undecimo, mense decembris [1].

XXXIX

Confirmation des lettres d'absolution accordées, moyennant une composition de deux cents livres tournois, par Hugues de la Celle et Pierre de Villeblouin, commissaires royaux, aux Frères de la Maison-Dieu de Montmorillon, accusés d'un meurtre et de voies de fait exercées sur la personne d'un sergent, pendant les foires de la Confrérie. (JJ. 48, n° 183, fol. 106 v°.)

Février 1313.

Philippus Dei gratia Francorum rex. Notum facimus universis, tam presentibus quam futuris, nos infrascriptas vidisse litteras, formam que sequitur continentes :

Nous Hugues de la Celle et Pierres de Villebloy, chevaliers nostre sire le roy, faisons savoir à touz que comme à nous Hugues dessus dit, comme à commissaire du dit seigneur, si comme il appert par les lettres seelées de son seel, contenant la forme qui s'ensuit : Philippus etc. [2]; et à nous Pierres dessus dit, comme à seneschal de Poytou et de Lymosin de par nostre sire le roy, par pluseurs genz et

---

1. Ces lettres, non plus que celles du mois de janvier 1306, dont l'existence et l'objet nous sont révélés ici, n'ont été publiées ni dans le *Recueil des Ordonnances* ni dans l'*Hist. généalogique* du P. Anselme, où elles auraient cependant trouvé leur place naturelle, au chapitre du comté-pairie de Poitou. La *Table chronologique des diplômes, chartes, etc.*, ne les mentionne pas davantage.

2. C'est la commission donnée à Hugues de la Celle et au sénéchal de Saintonge, commençant par les mots *Rumor frequens*, datée de Paris le 7 juillet 1309, et publiée plus haut sous le n° XXXIV.

par maintes fiées eust esté denuncié tant par le procureur
du roy, à ce establi en Poitou, que par Aymeri Bainandier,
escuier, que Hugues Bainandier, fil jadis au dit Aymeri,
avoit esté murtri et ocis à tort ès foires et en la ville de
Montmorillon, les queles foires sont appelées communement les foires de la Confraerie, les queles ville et
foire sont de la seneschaucie de Poytou. Du quel murtre
disoient les denuncians et ceus qui ce nous signifioent
que les freres et les convers ou donnez de la Meson-Dieu
de la dite ville estoient coulpables, especialement ceus qui
sont après nommez: frere Guy de Forges, Guillaume de
la Roche, Pierres Chambaut, Nicolas de la Plaigne, Baudoin Raiolé, Guillaume de Savigni, clers, Andriu de la
Pouge, Johan Bienassis, Pierre Precigné, laiz freres ou
donnez de la dite meson. Les quiex, si comme il disoient, et
pluseurs autres leur complices estoient issu de la dite
Maison-Dieu touz armez et avoient leurs espoies traites,
et estoient venu là où Hugues Bainandier estoit, et avec
autres leur complices avoient eu où le dit Hugues assaut
et meslée, en la quele le dit Hugues fut ocis. Et nous fut
donné à entendre que les freres et les convers dessus
nommés et aucuns autres frerez donnez de la dite meson
ès dites foires avoient batu et vilené un sergant ballié et
deputé pour le roy ès dites foires garder, et li briserent une
verge que il portoit en signe de sergant et en l'office de
serganterie. Et emprès ces males façons, les diz freres et
convers assembleement ovec autres leur complices, clers
et laiz, s'en estoient retourné en la dite Maison-Dieu et là
avoient esté recepté par le prieur et par les freres du dit
lieu et recelé longuement ; et que aus forfaiz dessus diz
les diz prieur et freres s'estoient consentis en donnant aus
forfaisanz aide de fait et conseil, et en negligent punir les
forfaiteurs dessus diz, et en leur donnant auctorité et
deffense. Nous Hugues et Pierres, chevaliers dessus diz,
feismes appeler en droit par devant nous le prieur et les

freres du dit lieu et especialement les freres et convers
dessus nommés, et le procureur le roy et Aymeri dessus
diz, pour enquerre et savoir la verité des diz meffaiz et
pour punir ceus que nous en troveriens couppables, et
faire amender au roy tant comme raison donrroit ; les
quiex apparissanz par devant nous, tant en leur personnes
comme par procureur souffisanment fondez, voudrent
que sus la bateure du dit sergant et la briseure de la dite
verge nous enquerissons et seussions la verité, disanz par
devers euz que sus le murtre il ne povoient ne ne devoient
estre à droit par devant nous, tant pour ce que il estoient
personnes religieuses que pour ce que l'evesque de Poitiers, leur ordinaire, les en avoit trait en cause par
devant soy, et en avoit enquis et fait enquerre, et les avoit
trouvez innocenz du dit fait, et les en avoit absolz par
sentence diffinitive ; de la quele absolucion et sentence il
nous feirent pleine foy. Et nientmains il voudrent, pour
miex monstrer leur innocence, que nous nous infor-
messons et seussons la verité du dit murtre et de toutes
les choses dessus dites, et de pluseurs deblames que il
baillerent à la fin d'eus desblasmer. Et nous ces choses yssi
faites, appelez le procureur du dit roy et le dit Aymeri,
pere du dit mort, et à pluseurs journées par cri general
les autres amis du dit mort et touz ceus qui rien vou-
droient proposer en denunciant, en accusant ou autrement sus les faiz dessus diz contre les diz prieur et freres
ou donnez, ou aucuns de eus, ou intimacion que de lors
en avant il ne seroient oïs, o grant diligence nous enfor-
masmes et enquerismes de nostre office sus le fait du dit
murtre et sus les autres choses dessus dites. Et feimes
enqueste pleniere sus la bateure du dit sergant et le briseis
de la verge dessus dite, par laquelle informacion et
enquestes ouverte et publiée trouvasmes le prieur, les
freres, les convers et donnez du dit lieu estre innocenz des
faiz du dit murtre, et par la dite enqueste les trovasmes estre

couppables en aucunes choses du briseis de la verge dessus dite. Pour quoi nous, eu grant deliberacion seur ce, ouy et veu tout ce que les diz procureur le roy et Aymeri, et touz autres voudrent dire, proposer et prouver contre les diz prieur et freres, et chascun de eus sus les faiz dessus diz, et eus requerans que nous feissons droit sus les choses dessus dites, du conseil des preudes homes et saiges, condempnames les diz prieur et freres en deus cenz livres de tournois à amender au roy pour la briseure de la dite verge; les queles deus cenz livres Giraut Tronquiere, receveur de par le roy en Poytou et en Xanctonge, receut du commandement de nous Hugues dessus dit. Et par nostre sentence diffinitive les avons absolz sollempnement et à droit de tous les forfaiz dessus diz et de chascun de eus, imposez aus diz prieur et freres et donnez, et à chascun de eus, et les en pronunciasmes estre innocenz et les absolsimes de plus grant peine, se par raison de la briseure de la dite verge il pooient estre tenus; sauve et retenute en tout et par tout sus les choses dessus dites et chascune d'iceles la volonté nostre sire le roy. La quele sentence le procureur des diz religieuz out agreable. En tesmoing des queles choses nous avons mis nos propres seaus en ces presentes lettres. Donné à Vivonne, l'an mil trois cenz et onze, le lundi avant la Chandeleur [1].

Nos autem premissa omnia et singula, prout superius sunt expressa, rata et grata habentes, ea volumus, laudamus, approbamus et tenore presentium confirmamus. Salvo in aliis jure nostro et in omnibus quolibet alieno. Quod ut firmum, etc. Actum Parisius, anno Domini m. trecentesimo duodecimo, mense februarii.

Per dominum H. de Cella, Perellis.

---

1. Le 31 janvier 1312 (n. s.).

XL

Ratification d'un bail à cens fait par le sénéchal de Poitou à Guillaume de Montruillon d'un appentis situé sur le marché au poisson de Niort. (JJ. 48, n° 204, fol. 120 v°.)

Mars 1313.

Philippus Dei gratia, etc. Notum facimus etc., nos infrascriptas vidisse litteras, formam que sequitur continentes :

A touz ceus qui ces presentes lettres verront et orront, Pierres de Villeblouain, chevalier le roy de France et son seneschal en Poitou et en Lemozin, salut en nostre Seigneur. Comme Guillaume de Montruillon nous ait par pluseurs fois requis que nous li ballissens, à li et à ses hoirs à perpetuauté, pour le roy, un appentiz qui tient as bans où l'on vent le pain et as bans où l'on vent le poisson, d'une part, et la voie par où l'on passe entre la maison Pierres Sarrasin [1] et le dit appentiz, d'autre part, pour quarante solz d'annuel cens, à estre renduz chascun an à nostre seigneur le roy; et nous seur ce regardans et considerans, pour nostre povair, le pourfit le roy, aions mandé et commandé au prevost de Niort et à Pierres Engot, sergant le roy ou dit lieu, et à chascun de eus, que il feissent crier et preconizer par les eglises et par les marchiez, en la ville de Niort, que se il y avoit nul qui plus vousist donner au roy du dit appentiz, que il venist avant et preist le dit marchié ; et le dit prevost et sergant eurent fait crier par pluseurs foiz as foires et as marchiez publiement, si comme il nous ont fait relacion tant par lettres que par vive voiz. Nous, eu conseil seur ce et deliberacion pleniere, le profit le roy regardans et considerans touz jours, si comme dessus est dit, pour ce que

---

1. Il était sans doute de la même famille que Jean Sarrazin, chambellan de Philippe le Hardi, qui possédait un fief près de la Rochelle. (Voy. J. 180, n° 23.)

nous ne poions trouver qui riens outre en vosist donner du dit appentiz, pour nostre sire le roy et en lieu de li, comme son seneschal, au dit Guillaume et à ses hoirs le dit appentiz, si comme il est dessus-devisé, baillames et otroiasmes à tenir et à esploitier de lui et des siens, à perpetuité, pour les diz quarante solz de cens annuaus, à estre renduz de lui et des siens, en chascune feste de saint Michel, au roy nostre sire, sauve et retenu toutevoies le droit le roy. En tesmoing des queles choses, nous avons donné au dit Guillaume et as siens ces presentes lettres, de nostre seel seelées, en tesmoing de la verité. Donné à Niort, le samedi emprès la saint Remy, l'an m. ccc. et sept [1].

Nos autem predicta omnia et singula rata et grata habentes, ea volumus, laudamus, approbamus et auctoritate nostra regia, tenore presentium, confirmamus. Salvo in aliis, etc. Quod ut firmum, etc. Actum Parisius, anno Domini m. ccc. duodecimo, mense marcii.

XLI

Lettres d'amortissement d'un terrain sis à Poitiers, acquis par les Frères-Prêcheurs de cette ville. (JJ. 49, n° 10, fol. 4.)

Avril 1313.

Philippus, etc. Notum facimus, etc., quod nos ob nostre, progenitorum nostrorum, recolendeque memorie Johanne Dei gratia Francie et Navarre regine, quondam nostre consortis carissime, animarum remedium et salutem, volumus et presentium tenore concedimus, quod religiosi viri, prior et fratres ordinis Predicatorum conventus Pictavensis, quamdam plateam contiguam cimiterio fratrum eorumdem, ex uno latere, et, ex alio latere, viridario quod tenet Guillelmus Pasqueron, quod Fratres Minores

---

1. Le 7 octobre 1307, la Saint-Rémy se célébrant le 1er octobre.

acquisivisse dicuntur, à capite quoque superiori contiguam chemino prope muros Fratrum Minorum, et à capite inferiori contiguam cuidam platee dictorum Fratrum Minorum, habentem in longitudine triginta novem brachias, et in latitudine à parte superiori novem brachias cum dimidia, et à parte inferiori quinque brachias et unum pedem, quam quidem plateam sic designatam dicti Fratres Predicatores juste et legitime acquisivisse dicuntur, habeant, teneant et possideant imperpetuum pacifice et quiete, solvendo redibencias inde debitas, omnimodaque nobis retenta justicia in eadem, absque coactione vendendi eamdem vel extra manum suam ponendi, seu prestandi propter hoc nobis vel quibuscunque successoribus financiam qualemcunque. Quod ut perpetue stabilitatis robur obtineat, presentes litteras sigilli nostri fecimus impressione muniri. Nostro tamen in aliis et alieno in omnibus jure salvo. Actum Pissiaci, anno Domini m. ccc. tredecimo, mense aprilis.

Per dominum Regem, Maillardus.

XLII

Confirmation des lettres d'absolution accordées, moyennant une composition de trente livres tournois, par les commissaires du roi en Poitou, à Jean Chauvet de la Foye-Monjau, poursuivi pour un homicide causé par son imprudence. (JJ. 49, n° 68, fol. 32 v°.)

Août 1313.

Philippus, etc. Notum etc., nos infrascriptas vidisse litteras, tenorem qui sequitur continentes :

A touz ceus qui ces presentes lettres verront et orront Hugues de la Sele, seigneur de Fontaynes, et Bertran de Roquenegade [1], chevaliers nostre seigneur le roy de

---

1. Bertrand de Roquenegade, chevalier, était aussi conseiller au Parlement. Le 15 mars 1317, il fut chargé d'une commission analogue à celle-ci dans la sénéchaussée de Carcassonne. (Parlement, registre X²ᵃ 1, fol. 136.)

France et ses commissaires ès seneschaucies de Poitou et de Xanctonge, saluz. Nous avons receu les lettres nostre seigneur le dit roy, contenans la fourme qui s'ensuit :

Philippus Dei gratia Francorum rex, dilecto et fideli Hugoni de Cella, militi nostro, et senescallo Xanctonensi, salutem et dilectionem. Rumor frequens auribus nostris intonuit[1], etc. Actum Carnoti, xxviij. die septembris, anno Domini m. ccc. decimo.

Et comme, par vertu de la dite commission, nous proposissons de nostre office contre mestre Jehan Chauvet, de la Faye Monjau, que lui tenant une eschale en la quele et par la quele montoit André le Tondor, de Breçoire, en virant l'eschale et non faisant bien son deu de le tenir, par fraude, coupe et negligence de lui et lui donant hourt à ceu, le dit André cheit de la dite eschale à la terre et se bleça malement, en tel maniere que il en mourut; et par ceu disions que le dit maistre Jehan devoit estre puni en cors et ses biens appliquiez au roy, meesmement les meubles, se il le connoissoit ; et se il le neoit, si offrions nous à prouver tant que il souffiroit à la fin dessus dite. Et le dit maistre Jehan responnoit au contraire et proposoit par devers soi que par fraude ne par coupe de lui, ne par son vouloir, le dit André ne mourut, mes le pesa comme de son ami, et se il cheit de la dite eschale, il chei par meschance et par soi non bien tenir. Et comme nous vousissiens amener preuves à prouver l'entencion le roy sus ce, combien que nous trouvissiens aucunes des dites choses proposées estre vraies et autres cheir en doute, le dit maistre Jehan, non voulant attendre la fin de la besoigne pour le travail et pour les despens eschiver, de son gré et de sa bonne volenté, par raison du dit fait fist à nous, par nom du roy nostre seigneur, composicion et transaction

---

1. Cette commission est la reproduction textuelle de celle du 7 juillet 1309, publiée plus haut, n° XXXIV.

sus ce à trente livres tournois; les quiex trente livres pour raison de la dite composicion et transaction le dit maistre Jehan a paié à Giraut Tronquere, tresorier du dit nostre seigneur le roy en la seneschaucie de Xanctonge, si comme le dit tresorier nous a tesmongnié. Pour quoi nous avons absout et absolons le dit maistre Jehan des dites choses proposées contre lui et ses hoirs, en tant comme au roy nostre seigneur appartient et peut appartenir. Retenu sur ce la volenté du roy nostre seigneur et sauve son droit en toutes autres choses, et en toutes le droit d'autrui. En tesmoing de la quele chose, nous avons donné au dit mestre Jehan ces presentes lettres seelées de nos seaus, qui furent faites et données en la Rochelle, le mardi avant la feste Saint Pierre d'aoust, l'an de grace mil ccc. et treze [1].

Nos autem compositionem et transactionem predictas, ac omnia alia et singula in prescriptis litteris contenta, rata habentes et grata, eadem volumus, laudamus, approbamus et tenore presentium auctoritate nostra regia confirmamus. Nostro tamen et alieno in omnibus jure salvo. Quod ut ratum, etc. Actum apud Villarium in Logio, anno Domini m. ccc. tredecimo, mense augusto.

Per dominum Regem, Maillardus.

XLIII

Lettres de ratification de l'amortissement accordé par Hugues de la Celle, commissaire du roi en Poitou, à l'abbé de Saint-Michel-en-l'Herm pour certains acquêts faits par celui-ci en terres nobles. (JJ. 49, n° 222, fol. 96 v°.)

Avril 1314.

Philippus Dei gratia Francorum rex. Notum facimus

---

1. Le 31 juillet 1313.

universis, tam presentibus quam futuris, nos infrascriptas vidisse litteras in hec verba :

A touz ceus qui ces presentes lettres verront et orront, Hugues de la Celle, chevalier nostre seigneur le roy, sires de Fontainnes, salut. Nous avons receu les lettres dou roy nostre seigneur, contenans la fourme que s'ensuit : Philippus, etc. [1]. Par la vertu des queles lettres nostre sire le roy, l'abbé de Saint-Micheau en Leyrs a finé ob nous, pour le roy nostre seigneur, des choses qui s'ensuivent : c'est à savoir de oict sexterées et quatre bosselées de terre franche de marais, assises dedans les mettes de la seignorie dou seignor de Marant [2], jouste la maison dou dit abbé de Richebonne, qui bien valent oict livres et cinc soulz de rente chascun an; item et de quatorze sexterées de terre assise en marais, dedans les metes dou fié le Vayer de Marant et en la seignorie dou seignor de Marant, en quaus le dit Vayer a la dozaisme partie des fruis et des issues, et valent bien chascun an de rente onze livres et quatre soulz, c'est à savoir seze soulz chascunne sexterée ; suz les queles quatorze sexterées de terre il doit treis mines et treis boisseaus de froment de rente aus hoirs fahu Jehan Hylaire et à Jehan Tondu, et treize soulz et quatre deniers, et quatre reses et un boisseau d'avene de rente au seignor de Marant, et cinc deniers de rente au chapelain de Marant, et cinquante et deus soulz de rente à l'abbé de Saint-Jehan de Orbeter. Item a finé de journaus de nuef hommes de vigne, assise ou fié de Tornans dedens les metes dou fié le Vayer, en la seignorie dou seignor de Marant, qui valent x. soulz de rente ; item et de sexante et quinze ares de saline, qui valent cinquante soulz de rente ; item et de la meité d'une maison que il a par non

---

1. C'est la commission donnée à Hugues de la Celle commençant par les mots *Ad nostrum pervenit auditum*, publiée plus haut, n° XXXIII.
2. Renaud de Pressigny. (Voy. la note de la pièce n° XCXIX.)

de vis à Saint-Morice jouste la Rochele, qui vaut chascun an de rente diz soulz, suz la quele meité il doit chascun an sept deniers de rente. Les queles choses dessus nommées et devisées, comptées et rabatues les rentes et les deners qui seur les choses desus dites sont deues, valent diz et sept livres, nuef soulz et dous deniers de rente chascun an par coustume de païs, qui montent, à prendre la rente de quatre années, sexante et nuef livres, seze soulz et oict deniers de tournois. Les queles sexante et nuef livres seze soulz et oict deniers le dit abbés a paiées, par raison de la finance des dites diz et sept livres nuef soulz et dous deniers de rente, au receveour le roy nostre seignor establi suz ceu de par nous, en non dou roy, ès seneschaucies de Xanctonge et de Poitou, si comme il nous a tesmoingnié. Et nous, en nom dou roy nostre seignor et pour lui, en tant comme à nous appartient, par la vertu des dites lettres nostre seignor le roy, confermons au dit abbés et à son convent et à lor successors et à ceaus qui d'eaus auront cause, à tenir et à aveir perpetuaument les dites choses sans ce que il soient ou temps à venir contrains à paier ne faire autre foiz finance au roy nostre seignor par cause des choses desus dites, ne de les mettre hors de leur main ; retenue suz ceu la volonté dou roy nostre seignor et sauve son droit en autres choses et en toutes le droit d'autrui. En tesmoing de la quele chose, nous avons données au dit abbés cestes presentes lettres seelées de nostre propre seel, faites et données le samedi emprès la Chandeler, l'an de grace mil ccc. et douze [1].

Nos autem premissa omnia et singula ratificantes, ea volumus, laudamus, approbamus et auctoritate regia, tenore presentium, confirmamus. Nostro in aliis et alieno in omnibus jure salvo. Quod ut perpetue robur obtineat firmitatis, presentibus litteris nostrum fecimus apponi

---

1. Le 3 février 1313 (n. s.).

sigillum. Actum Parisius, anno Domini M. CCC. quartodecimo, mense aprilis.

Per ipsum dominum H. de Cella, J. de Acy.

XLIV

Philippe le Bel décide qu'il sera attribué, chaque année, au comte de Poitiers trois mille six cents livres dues par la comtesse d'Artois et seize mille quatre cents livres à prendre sur le Trésor royal, en attendant que ces vingt mille livres lui soient assignées sur des terres. (JJ. 50, fol. 20, pièce n° 18.)

Juin 1314.

Philippus Dei gratia Francorum rex. Notum facimus universis, tam presentibus quam futuris, quod, cum nos carissimo secundo genito et fideli nostro Philippo, comiti Pictavensi ac Burgondie palatino, ejusque heredibus imperpetuum, viginti millia libratas terre ad turonenses pro ipsius partagio seu hereditaria porcione duxerimus concedendas, volumus et tenore presentium ordinamus quod, donec summa illa aliàs in rebus et locis competentibus prefato comiti assideri fecerimus, idem comes percipiat et habeat summam ipsam, videlicet tria milia et sexcentas libras, nobis debitas à carissima consanguinea et fideli nostra M.[1], comitissa Attrebatensi, in et super ipsius terra comitatus Burgondie annuatim, et residuum in et super thesauro nostro Luppere Parisius, scilicet quatuor millia et centum libras ad festum Nativitatis beati Johannis Baptiste, quatuor milia et centum libras ad festum Omnium Sanctorum, quatuor milia et centum libras ad festum Purificationis gloriose Virginis, et quatuor milia et centum libras ad Pascha. Dantes dilectis et fidelibus nostris

---

1. Mahaut, fille de Robert II, femme d'Othon IV, comte de Bourgogne, fut comtesse d'Artois de 1302 à 1329, date de sa mort. Philippe, comte de Poitiers, avait épousé sa fille l'an 1306.

— 93 —

Luppere thesaurariis modernis et qui pro tempore fuerint, presentibus in mandatis ut dictas summas suis predictis terminis prefato comiti, vel ejus mandato, absque alterius expectacione mandati, persolvant ; alioquin eosdem non latere volumus quod, si in solucione hujusmodi aliquo ipsius termino defecerint, nos ipsos ad omnes expensas, quas comes ipse vel ejus gentes, in suam expectando solucionem sustinuerint, de suo solvendas proprio teneri volumus, et ad hoc eosdem faciemus districte compelli. Quod ut firmum permaneat in futurum, presentes litteras sigilli nostri appensione fecimus communiri. Actum Parisius, anno Domini M. CCC. quartodecimo, mense junii [1].

XLV

Confirmation des donations faites, du consentement de son frère, par Hugues Larchevêque, sire de Montfort, à Isabeau de Nesle, sa femme. (JJ. 50, n° 110, fol. 71 v°.)

Janvier 1315.

Ludovicus, etc. Notum facimus universis, tam presentibus quam futuris, nos vidisse litteras infrascriptas, tenorem qui sequitur continentes :

A touz ceus qui ces presentes lettres verront et orront, Hugues Larcevesque, sires de Montfort, Jehan Larcevesque, frere du dit Hugues, Ysabeau de Neele, fame du dit Hugues, sire de Monfort [2], salut en nostre Seigneur. Comme

---

1. Ce qui a été dit pour les lettres de décembre 1311 (n° XXXVIII, p. 81, note 1) s'applique également à celles-ci.

2. Jean Larchevêque, seigneur de Parthenay de 1308 à 1358, était le fils aîné de Guillaume VI et de Jeanne de Montfort. Hugues, le puîné, qui avait eu en partage les biens de sa mère, mourut assez jeune et sans laisser d'enfants. Sa femme Isabelle de Clermont, dite de Nesle, était la seconde fille de Raoul de Clermont, seigneur de Nesle, connétable de France. Après la mort de son mari, elle porta, le reste de sa vie, le titre de *dame de Semblançay*. (*Hist. généal.*, t. VI, p. 48.)

nous Hugues devant dit eussions fait à la dite Ysabeau, nostre fame et nostre espouse, certaines donnoisons et certaines convenances d'aucunnes parties de nostre terre, sauve toutefois le douaire à la dite Ysabeau enterement et tel comme il fut devisé au contraust du mariage de nous et de la dite Ysabeau, le quel douaire demouroit en sa vertu et en sa force par touz articles, sauf ce que celui fet des dites donnoisons puisse ne ne peust porter prejudice au dit douaire par nulle cause, quele que elle soit. Sachent touz presens et avenir que nous dit Hugues et nous dit Jehan, frere dou dit Hugues, et qui hoirs doit estre dou dit Hugues, se il n'avoit hoirs de sa char, de nostre commun assentement et de nos volentés, avons fait et encores faisons à la dite Ysabeau les donnoisons et les convenances qui s'ensuivent, et donnons à la dite Ysabeau, nostre espouse, pouer et auctorité de faire et d'acorder toutes les choses ci dessoubz escriptes et contenues en ces presentes lettres. C'est assavoir que nous dit Hugues, de l'assentement et de pure volenté dou dit Jehan, nostre frere, et qui nos hoirs doit estre, si comme dit est, pour ce que nulle brigue ne nul contens ne puist mouvoir, ou temps qui est avenir, entre le dit Jehan, nostre frere, et la dite Ysabeau, nostre fame, et pour bien de pais, donnons et octroions à la dite Ysabeau, nostre fame et nostre espouse, nostre chastel que l'an appelle Semblençay, seant en Touraine, et toute la chastelerie, o toute seignourie, joustice haute et basse, toutes les rentes, servitutes, redevances, seignouries, homages, emolumens, avenemanz, aventures et toutes autres choses, commant que elles soient dites et appelées, et toutes les appartenances de celui chastel et de la chastelerie, si comme elle se poursuit, enterinement, sanz riens excepter, et toutes noz desmez à tenir, à avoir, à poursuir et à esploiter de la dite Ysabeau ou de son commandement, les dites choses données et chascunne d'icelles à en faire siens les fruiz et les essues, les avenemenz et les emolumans, qui y avendront et croistront, et à en faire haut et bas sa volenté, par non et par titre de donnoison, tout le temps et le cours de la vie de la dite Ysabeau, se elle vivoit emprès nous devant dit Hugues. Et est assavoir que la dite Ysabeau soutendra le chastel et les edefices seans en la dite maison, le cours de sa vie.

Et avec ce donnons à la dite Ysabeau, nostre fame, nostre maison, que nous dit Hugues et la dite Ysabeau, nostre fame, achetasmes en la ville de Paris, de monsegneur S.[1], jadis evesque de Biauvès, des deniers dou mariage à la dite Ysabeau, assise desriere Saint-Estiene des Grés, tenant aus murs de la ville de Paris. La quele maison nous Hugues et Jehan dessus diz volons et octroions que elle demeure enterinement et heritablement à touz jours o le fons et o toutes les autres appartenances de la dite maison à la dite Ysabeau, à en faire toute sa plaine volenté, sauve toutevois par dessus toutes cestes choses le douaire à la dite Ysabeau, si comme il appert par lettres et tel comme il fut devisé au contraut du mariage de nous dit Hugues et de la dite Ysabeau, ou tel comme noble fame liée en mariage puet et doit avoir par us et par coustumes de païs, ou tel comme elle voudra choisir de sa volenté; c'est assavoir le douaire tel comme il fut parlé ou mariage, si comme dit est, ou tel comme elle devroit et pourroit avoir par us et par coustumes de païs; le quel douaire, de l'assentement et de la volunté de nous dit Hugues et de nous dit Jehan, frere du dit Hugues, demourra en sa force et en sa vertu, avant les dites choses données, par touz articles, sanz ce que cestui fet puisse porter prejudice au dit douaire par nulle raison et par nulle cause, quele que elle soit, non contrestant quelconque coustume contraire, et donnast orez la cous-

---

1. Simon de Clèrmont-Nesle, évêque de Beauvais de l'an 1300 au 22 décembre 1312.

tume que donnoison et douaire ne peussent estre ensamble, ne autre coustume contraire, quele que elle soit, et ne puisse nuire ne faire prejudice en riens, ne estre proposée ne alleguée encontre la teneur de cestes presentes lettres, ne encontre ce fait. Et s'il avenoit chose que aucunnes personnes, queles que elles soient, par quelconque cause que ce fut, meussent brigue ou contens ou empeschemans [contre] les donnoisons et les convenances dessus dites, ou pourchaçassent aucun enpeschemant sus les dites choses ou aucunnes d'icelles, ou en encontre la teneur de ces lettres, en tout ou en partie, nous Jehan dessus dit, frere dou dit Hugues, sommes et volons estre tenuz à garentir et defendre envers touz et contre touz les dites choses données à la dite Ysabeau, ne ne poons jamais riens demander ès fruiz ne ès issues, ne ès esmolumenz des choses données dessus dites, tant comme la dite Ysabeau vivra. Et s'il avenoit que les choses données dessus dites par aucune raison ne demourassent à la dite Ysabeau, si comme dessus est dit, nous dit Hugues et nous dit Jehans communement ensamble et chascun de nous volons et octroions, et par nos sairemans, que toutes les donnoisons et toutes les convenances autres foiz fetez de nous, dit Hugues, à la dite Ysabeau, par devant la date de cestes lettres, li demoront enterinement, et les lettres fetes sus ce demorront en tele force et en tele vertu, sans nul prejudice, comme eles estoient devant cestes donnoissons et cestes convenances, et que elle puisse des dites lettres user et les metre ou faire metre à execucion, comme chose approvée et jugée, quelconque renunciacion que la dite Ysabeau face sus ce.

C'est toutevois bien assavoir que nous Ysabeau de Neele devant nommée, par mi cest fait, renonçon especialement et expressement à toutes les lettres, donnoisons et convenances que mon très cher seigneur Hugues devant dit m'avoit faites, devant cest fait et devant la date de ces presentes lettres, sans ce que nous en puisson jamais user ne esploiter, en tant comme il appartient en l'eritage mouvant dou pere et de la mere de mon cher seigneur et espous dessus nommé. Et prenons et acceptons ceste donnoison pour toutes autres donnoisons, sans ce que nostre cher seigneur et espous nous puisse jamais faire donnoison de l'eritaige mouvant de son pere ne de sa mere, ce cest fait demeure en la maniere que dessus est dite. Et est assavoir que par cest fait nous ne renonçons à nulles donnoisons quiexconques d'aquestes ne de biens meubles, sauve toutevois toutes les lettres, donnoisons et les convenances que j'ay fet à mon cher seigneur devant dit, les queles je vueil et octroie que elles demeurent en tel force et en tel vertu comme elles estoient devant cest fet.

Aus queles choses et chascunne d'icelles tenir et garder et acomplir, et de non venir encontre, à garder, defendre et delivrer de touz empeschemans vers touz et contre touz, ja soit ce que donneur n'est mie tenu à garentir la chose que il donne, et à enteriner tout ce que dessus est dit, en la maniere et sus les condicions et les paines dessus dites, nous Hugues devant dit et nous Jehan frere du dit Hugue, et nous Ysabeau devant dite, souffisanment auctorizée de mon cher seigneur et espous, quant aus choses dessus dites, pour nous et pour nos hoirs et pour nos successeurs, obligames et encores obligons nous, nos hoirs et nos successeurs, et touz nos biens meubles et non meubles presens et avenir, en quelconque lieu que il soient et qu'il puissent estre; et quant aus domages amender et rendre au plaindit sanz autre preuve, comme chose jugée, de cil ou de ceus qui iroient encontre et à rapeler à nos propres despens touz les empeschemans qui mis y seroient par nous ou par nostre procurement. Et renonçons quant à ce fet à tout aplegement, à tout contreaplegement, à toute cognoissance de cause, à toutes coustumes contraires, à toute excepcion de lesion, de fraude, de barat, de decevance en fait, à toute ingratitude de trop grant donnoison, à tout faint contraust, à toute aide de droit escript et non escript, à privilaiges de croiz donnez et à donner et à touz autres privilaiges, à toutes coustumes et establissemans faiz et à faire, à toutes graces et indulgences octroiées et à octroier de quelconque prince ou prelat, et à toutes autres excepcions, raisons et allegacions, tant de droit comme de fait ou de coustume, qui contre la teneur, la forme ou la substance de cestes presentes lettres ou encontre aucune chose de ce qui est contenu ci dedans pourroient estre dites et opposées ; et les queles non expressées ne especefiées nous vosimez et volons avoir pour especefiées et expressées, tout aussi comme si elles y fussent mot à mot ; et à tout droit ou coustume disant general renonciacion non mie valoir. Et especialment nous la dite Ysabeau renonçons expressement à la loy Velleyen et à l'espitre Diadyen[1] et à l'autentique *Designa*. Et pour ce tenir fermement et loialment, nous avons donné les uns aus autres, nous le dit Hugues, nous le dit Jehans frere du dit Hugues, et nous Ysabeau de Neele dessus dite, cestes presentes lettres seellées de nos seaus. Et pour plus grant confirmacion, nous supplion et requeron nous dit Hugues et nous dit Jehans, frere du dit Hugues, et nous Ysabeau dessus nommée, à très excellant prince, nostre sire le roy de France, mettre en cestes convenances son assentement, son decret et son auctorité royal en nos presences ou en nos absences. Donné à Semblençay, le premier jour de octembre, l'an de grace M. CCC. et quatorze.

Nos autem, ad supplicacionem et requisicionem partium predictarum, conveniciones ante dictas et omnia alia et singula in dictis contenta litteris et expressa, rata et grata habentes, eadem volumus, laudamus, approbamus, et

---

1. *Sic,* lisez d'Adrien.

auctoritate nostra regia confirmamus. Nostro et alieno in omnibus jure salvo. Quod ut perpetue robur obtineat firmitatis, sigillum, quo utebamur antequam ad nos regimen regni Francie devenisset, fecimus litteris hiis apponi. Actum Parisius, anno Domini M. CCC. quartodecimo, mense januarii.

XLVI

Vidimus et confirmation : 1° de la donation faite par Jean Larchevêque de Parthenay à Jean de Gaillon d'une rente annuelle de trois cents livres tournois; 2° de l'assiette de cette rente sur les terres de Montmirail, Brou, Alluye et Saute-Gouet (JJ. 50, n° 121, fol. 77 v°).

Février 1315.

Ludovicus Dei gratia Francorum et Navarre rex. Notum facimus universis, tam presentibus quam futuris, nos infrascriptas vidisse litteras, tenorem qui sequitur continentes :

A touz ceus qui verront ces lettres, Jehans Ploiebaut, garde de la prevosté de Paris, salut. Nous faisons assavoir que nous avons veu unes lettres saines et entieres, sanz nulle corrupcion, seellées dou seel de la prevosté de Paris et dou seel de noble homme, monseigneur Jehan Larcevesque, chevalier, seigneur de Montfort, dou quel seel il usoit ou temps que il estoit escuier, contenanz la fourme qui s'ensuit :

A touz ceus qui verront ou orront ces presentes lettres, Pierres le Feron, garde de la prevosté de Paris, salut. Nous faisons assavoir que par devant nous pour ce personelment establi noble homme Jehan dit Larcevesque, escuiers à present, fuiz de noble homme monseigneur Guillaume dit Larcevesque, chevalier, dit et afferma que de grant pieça, madame Jehanne sa dame de mere ot, prinst, leva, joy et esploita en sa partie ou porcion greigneur droit que elle ne deust avoir eu par droit partage, selonc les us et les coustumes dou païs, et que noble dame madame Ysabel, mère de noble homme mons. Jehan de Gaillon [1], chevalier, ou dit partaige grossement fut deceu et non deuement en partie desherité de son droit et heritaige, à lui loialment appartenant, comment que une lettre de quitance feist faire et confessat par trente livrées de terre de non demander ou seurplus riens. Derechef il dist, afferma et recongnut par devant nous que, par grant espace de tans, le dit mons. Jehan de Gaillon et les siens, pour l'amor, faveur et affinité de lui, avoient servi lui et les siens bien et loialment, et par pluseurs foiz au sien, et sans ce que recompensacion ne remuneracion li fussent onques faiz, ne restitucion deument, et de quoi sa conscience par pluseurs fois l'avoit repris et remors, et encore reprenoit et remordoit. Attendant, regardant et considerant les choses dessus dites, meu de bonne volunté et volant faire des choses dessus dites recompensacion et restitucion, nonmie en tout mes en partie quant à present, recongnut et confessa en droit par devant nous, de sa bonne et pure volunté, nonmie à ce contraint par force, erreur ou autrement, et de sa certaine science, sur ce bien avisé, lui avoir donné, quité, octroié et dou tout en tout à touz jourz avoir delessié perpetuelment et heritablement par don fait perpetuel entre les vis, et en recompensacion, remuneracion et restitucion des choses dessus dites, au dit mons. Jehan de Gaillon, à ses hers et à ceus qui auront cause de lui, trois cenz livrées de terre à tournois petiz de rente par an annuele

---

1. On trouve des renseignements sur ce personnage et sur sa famille dans la collection des titres originaux du Cabinet des titres (Bibl. nat., au mot *Gaillon*). Les registres du Trésor des Chartes contiennent un échange qu'il fit, en janvier 1314, avec les religieux de Grandmont dans la forêt de Beaumont le Roger (JJ. 49, fol. 83). Plus tard, ayant suivi le parti du roi de Navarre contre le régent, ses biens furent confisqués et donnés à Billard de Tournebu et à Triboulard de Souday, deux chevaliers qui avaient été faits prisonniers à la bataille de Poitiers. (Lettres pat. de 1358, JJ. 87, n° 149, et JJ. 90, fol. 16. — Voy. aussi le reg. JJ. 45, pièce n° 7, et un acte de 1306 dans le carton J. 220.)

et perpetuele, à prendre, à avoir, percevoir et recevoir paisiblement dou dit mons. Jehan de Gaillon, de ses hoirs et de ceus qui auront cause de lui, c'est assavoir jusques à deus ans prochainement ensivant, à compter après la date de ces lettres, en la bourse ou ès coffres dou dit Jehan Larcevesque ou de ceus qui auront cause de lui, au terme de la Nativité nostre Seigneur, par si et sus tele condicion que, pendant les deus ans dessus diz et à plus tart dedanz la fin d'iceus, le dit Jehan Larcevesque, ou ceus qui auront cause de lui, sont et seront tenuz les dites trois cenz livrées de terre à tournois petiz asseoir bien souffisanment et loialment en assiete de terre, sus touz les heritages que il a à present et que il aura, venir et escheoir li porra, commant que ce soit, et en quelconque lieu, tant en Anjou, Poitou, le Maine, le Perche que en Touraine bien souffisanment et loialment, sanz point de deffaut ou intervalle, si comme cil Jehan Larcevesque le voult et acorda expressement par devant nous, de sa bonne et pure volunté et de sa certaine science. Laquele assiete faite en la maniere que dit est, le dit mons. Jehan de Gaillon doit entrer en la foy et en la homaige, ou ceus qui cause auront de lui, dou dit Jehan Larcevesque ou de ceus qui cause auront de lui, des dites troiz cens livrées de terre, se il puet estre fait en bonne maniere par l'us et la coustume dou païs, où la dite assiete sera faite, si comme dit est. Et se il avenoit que ce ne peust souffrir ou estre sousteneu et fait par l'us et la coustume dessus diz, et il convenist le dit mons. Jehan de Gaillon, ou ceus qui auront de li cause, entrer en la foy et en l'omaige de la dite terre tantost ou environ la dite assiete faite, si comme dit est, dou seigneur ou des seigneurs de qui le dit Jehan Larcevesque, ou ceus qui auront cause de lui, sont ou seront tenanz lors, icelui Jehan Larcevesque, ou ceus qui auront cause de lui sont et seront tenuz à eus dessaisir souffisanment de la dite terre, et faire tant et procurer à leurs propres couz, perilz et despens, vers le dit seigneur ou seigneurs, que le dit mons. Jehan de Gaillon, ou ceus qui auront cause de lui en seront receuz paisiblement et concordablement dou seigneur ou des seigneurs en foy et en hommage, comme de leur héritage perpetuel, et mis en saisine et en paisible pocession corporele.

Derechef le dit Jehan Larcevesque promist et convenança par devant nous d'abondant et à greigneur seurté, se peust estre, à donner et à faire escrire et donner à ses propres coutz, perilz et despens, bonnes lettres et souffisanz, souz le seel ou les seauz, de quoi ont usé et usent les justiciers demouranz et estanz ez parties dessus dites, faisant mancion des choses ci dedanz contenues, teles comme il plaira au dit mons. Jehan de Gaillon et à son conseil, et toutes les foiz que le dit mons. Jehan de Gaillon, ou ceus qui auront cause de lui, en requerra le dit Jehan Larcevesque ou ceus qui auront cause de lui, non contrestant droit, us, loy ou coustume, qui à ce pourroient estre contraires ou estre maintenues ou attemptées commant que ce soit dores en avant. Et voult et acorda le dit Jehan Larcevesque, de sa bonne et pure volunté, par devant nous, que cest don et cest octroy soit aussi bien valable et d'autele condicion comme se le dit don estoit seant et estant en la visconté de Paris, et que se aucun plait, descort ou debat mouvoit et estoit dores en avant, comment que ce fust ou soit entre les dites parties, leurs hoirs ou ceus qui auront cause de eus pour la cause des choses ci dedanz contenues ou de aucunnes d'icelles, que la court et la congnoissance en feust, soit et demeure par devant le prevost de Paris, qui sera pour le temps, ou son lieu tenant, non contrestant chose qui puisse estre dite ou proposée au contraire, comment que ce soit, ou droit, us ou coustume à ce contraires, et à joir, lever, prendre, percevoir et pourseoir le dit don d'ores en avant dou dit mons. Jehan de Gaillon, de ses hoirs ou de ceus qui auront cause de lui, icelui Jehan Larcevesque les fist, ordena et establi ses procureurs especiaus comme en leur propre chose et comme vrais possesseurs. Et la dite assiete faite, si comme dit est, le dit Jehan Larcevesque, ses hoirs ou ceus qui auront cause de lui, des lors en avant sont et seront tenuz les dites trois cenz livrées de terre à tornois petiz garentir, delivrer et deffendre et descombrer de touz troubles et touz empeschemans contre touz et envers touz à leurs propres cous, perilz et despens, toutes les foiz que mestier en sera, et que il en seront requis en jugement ou dehors, au dit mons. Jehan de Gaillon, à ses hoirs et à ceus qui cause auront de lui pour le temps avenir. Et promist par devant nous le dit Jehan Larcevesque par son loial creant et comme loialz gentizhons, que dores en avant contre les choses ci-dedans contenues, ou aucunnes d'icelles, il ne vendra ne venir fera ou essaera à venir, comment que ce soit, par aucun enginz ou cautele, par aucun droit quel que il soit, general ou especial, ainçois les tendra, gardera, enterinera et acomplira fermement à touz jourz. Et promist adecertes à rendre et paier à plain au dit mons. Jehan de Gaillon, à ses hoirs ou à ceus qui cause auront de li, touz couz, domages, mises, despens, journées et interez, qui faiz ou soustenus seroient ou seront par deffaut des choses ci-dedans contenues ou aucunnes d'icelles, et dont le porteur de ces lettres ou du transcript souz seel autenticque sera creuz par son simple serement, sanz autre preuve faire et sanz demander declaracion, taxacion ne amenuisement de juge, si comme le dit Jehan Larcevesque le volt et acorda expressement par devant nous.

Et quant à toutes les choses ci dedanz contenues et chascunne d'icelles tenir fermement et loialment acomplir, le dit Jehan Larcevesque a obligié et souzmiz par devant nous especialment, sanz aucune excepcion de fait ou de droit, soi, ses hoirs, ses successeurs et les biens de ses hoirs et de ses successeurs, meubles et inmeubles, heritages presenz et avenir, où que il soient et en quelconque lieu, pour prendre, vendre, adenerer, esploiter et despendre à tel fuer tel vente, toutes les foiz et par tant de fois comme mestier en sera et que defaut y aura, dores en avant, par le prevost de Paris qui est et sera pour le temps et par toutes autres joustices, souz qui juridicion il seront ou pourront estre trouvez, jusques à plain acomplissement de la teneur de ces presentes lettres. Et renonça le dit Jehan Larcevesque pour lui, pour ses hoirs et ses successeurs, par devant nous, à touz previleges de croiz prinse et à prendre, à la coppie de ces lettres, à tout droit escript et non escript, à tout aide de fait et de droit, à toute circonvencion de lieu et de juge, à toutes constitucions, à toutes ordenences et establissemenz de païs, à toutes graces et indulgences octroiez et à octroier, soient d'apostoile, de roy, de princes ou d'autres seigneurs, par quelconques voiages ou passages que ce soient, et meesmement pour cause dou voiage ou passage que l'en doit faire prochainement, si comme l'en dit, en la terre d'outremer, à ce que il, ses hoirs, sucesseurs ou ceus qui auront cause de lui, dores en avant, par eus ou par autres, peussent decliner sa court et la congnoissance dou prevost de Paris, qui est et sera pour le temps, se li cas chaoit que plait, debat ou descors en meussent, naississent ou sourdissent dores en avant pour cause des choses ci dedanz contenues ou d'aucunne d'icelles, à ce que il puisse dire, alleguer, ou proposer dores en avant que il ait esté fraudé ou deceu en ces choses faisanz et acordanz outre la moitié de juste pris, ou autrement, et à ce qu'il puisse dire que autre chose ait esté faite, dite ou acordée que ce qui est ci dedanz escript et devisé, à touz droiz, us, lois et coustumes, queles que elles soient, qui à ces choses sont ou pourroient estre contraires en quelconque païs que l'en en use et usera, etc. Et jura par devant nous le dit Jehan Larcevesque par son serement fait de son bon gré sur saintes evangiles, et promist par la foy de son corps baillée corporelment en nostre main, à ces choses ensambles et chascune par soi tenir, garder, enteriner et acomplir fermement, et à non venir à l'encontre par soy ou par autres d'ores en avant. En tesmoing de ce, nous, à la requeste dou dit Jehan Larcevesque, avons mis en ces lettres le seel de la Prevosté de Paris, qui furent faites et données à Paris, le mardi après la quinzaine de Pasques[1], avec le propre seel dou dit J. Larcevesque, dou quel il use et a usé en ses propres besoingnes, si comme il afferma et recongnut en jugement par devant nous. Ce fut fait ou mois d'avrilh, l'an de grace mil ccc. et nuef.

Après ce vint en jugement par devant nous le devant dit monseigneur Jehan, dit Larcevesque, qui depuis le don dessus dit, fait en la manière contenue ès lettres ci dessus transcriptes a esté et est chevalier, et qui, premierement oye diligenment la teneur dessus transcripte, toutes les choses dessus dites d'abondant encores voult, loa, grea, acorda, conferma, et dou tout en tout rateffia à touz jourz bonnement. Et les dites troiz cens livrées de terre à tornois recongnut et confessa en droit de sa bonne et pure volunté, sanz nulle contrainte, que il avoit assis et assigné et desorendroit assiet et assene à touz jourz sanz esperance de jamaiz rappeler, au dit mons. Jehan de Gaillon, en la fourme et en la maniere qui s'ensuit. C'est assavoir que pour les dites troiz cenz livrées de terre à tournois de rente par an, le dit monseigneur Jehan Larcevesque baille, quicte, delesse et desorendroit octroie à touzjours, et recongnut en droit avoir baillié, quitié et octroié, et dou tout en tout à touz jours delessié, sanz esperance de jamaiz rappeler, en assignacion et solucion des dites troiz cenz livrées de terre à tournois et en soy

---

[1]. Le 15 avril, la fête de Pâques tombant cette année le 30 mars.

acquitant de la promesse et convenance que il avoit au dit mons. Jehan de Gaillon, pour lui et pour ses hoirs et pour ceus qui cause auront de lui, les choses qui s'ensuivent. C'est assavoir tout ce que il avoit, tenoit et posseoit, sanz riens excepter, à Monmiral, à Brou, à Luye et à Saute Gouet, que il tenoit de noble homme monseigneur Robert de Flandres[1], sire de Brou dessus dit, à une foy et à un hommaige seulement, avecques ce que il avoit et tenoit, comment que ce soit ou feust, dou dit mons. Robert de Flandres. Et volt et acorda le dit monseigneur Jehan Larcevesque que le dit monseigneur Robert de Flandres, toutes foiz que il lui plera ou requis en sera dou dit mons. Jehan de Gaillon, de ses hoirs ou de ceus qui cause auront de lui, en puisse recevoir en foy et en hommaige des choses dessus dites le dit mons. Jehan de Gaillon, le dit monseigneur Jehan Larcevesque, present ou absent. Et se il ne plaisoit au dit mons. Robert de Flandres, par ce que dit est, recevoir le des dites choses en foy et en hommaige, si promist et convenança le dit mons. Jehan Larcevesque à faire son devoir quant à soi dessaisir et faire dessaisinne, selonc l'us et la coustume dou païs, et requerre et faire tant et procurer, à ses couz et à ses fraiz, que le dit mons. Jehan de Gaillon en sera receu en foy et en hommaige paisiblement, sanz debat, c'est assavoir à une foy et à un hommaige tant seulement.

Et promist par devant nous le dit monseigneur Jehan Larcevesque loialment à garentir, delivrer et deffendre envers tous et contre touz, toutes les foiz que mestier en sera, à ses propres cous, perilz et despens, les choses dessus dites ensemble et chascunne par soi au dit mons. Jehan de

---

1. Second fils de Robert III, comte de Flandres, et d'Yolande de Bourgogne, comtesse de Nevers. Les seigneuries de Brou, Alluye, Montmirail, etc., au Perche, lui avaient été données par Marguerite de Bourgogne, reine de Sicile et de Naples, comtesse de Tonnerre, sa tante maternelle. Il mourut le 26 mai 1331 (*Hist. généal.*, II, 735).

Gaillon, à ses hoirs et à ses successeurs ou à ceus qui cause auront de lui, auz us et auz coustumes dou païs, et à rendre et paier au dit mons. Jehan de Gaillon, à ses hoirs et à ceus qui cause auront de lui, touz cous, dommaiges, mises, despens, journées et interès, se aucuns en y avoit par son deffaut, comment que ce soit. Et à ces choses tenir fermement et loialment acomplir le dit mons. Jehan Larcevesque se obliga et se souzmist, il, ses hoirs, touz ses biens et de ses hoirs tout en la fourme et en la maniere que il s'obliga et sousmist par les lettres dessus transcriptes, et renonça en cest nouvel fait tout aussi comme il renonça ès dites lettres. Et à greigneur seurté et pour ce que ces choses soient plus valables, fermes et estables, icelui mons. J. Larcevesque, par la teneur de ces lettres, supplie et requiert nostre sire le roy que ces choses vueille loer, greer, acorder, confermer et dou tout en tout à touz jourz rateffier au dit mons. Jehan de Gaillon, à ses hoirs et à ceus qui cause auront de lui, et par ses lettres, comme celui qui a transporté et dou tout en tout desorendroit transporte au dit mons. Jehan de Gaillon, en ses hoirs et en ceus qui cause auront de lui, à touz jourz, sanz rappeler, tout le droit, saisine, propriété, pocession, justice, seigneurie et toute l'action reele et personelle, mixte, directe, taisible, expresse et tout autre que il avoit, avoir pooit et devoit, ou attendoit à avoir ez lieus dessuz diz ou en leurs appartenances et appendances, sanz riens excepter, retenir ou reclamer d'ores en avant; et par la teneur de ces lettres dou tout s'en dessaissi en nostre main, voulant le dit mons. Jehan de Gaillon estre et demourer perpetuelment saisi, comme de sa chose et son heritage propre à touz jourz. Et jura par devant nous le dit mons. Jehan Larcevesque et promist, en la maniere et ainsi comme il fist en faisant le don dessus transcript et sus semblables paroles, à non venir contre ces choses dores en avant, soit en tout ou en partie, et comme loial chevalier. En tesmoing de ce, nous avons mis en ces lettres le seel de la Prevosté de Paris, avecques le seel dou dit monseigneur Jehan Larcevesque. Ce fu fait l'an de grace mil ccc. et quatorze, le mardi prochain après la Nostre Dame Chandeleur [1].

Nos autem premissa omnia et singula, prout superius continentur, rata habentes et grata, ea volumus, laudamus, approbamus, et auctoritate nostra regia, tenore presentium, confirmamus. Nostro et alieno in omnibus jure salvo. Quod ut ratum et stabile perseveret, presentibus litteris nostrum fecimus apponi sigillum, quo, ante susceptum regni Francie regimen, utebamur. Anno Domini m. ccc. xiiii., mense februarii.

Collatio fit de mandato vestro per me, P. Barrière.

XLVII

Nouvelle confirmation de sauvegarde pour l'abbaye de Saint-Maixent
(JJ. 52, n° 22, fol. 8 [2]).

Mars 1315.

Ludovicus Dei gracia Francorum et Navarre rex. Notum facimus universis, presentibus et futuris, nos infrascriptas vidisse litteras in hec verba : (Voy. la pièce n° XIV.) Nos autem predictorum progenitorum nostrorum vestigiis inherentes, premissa omnia approbamus et ea volumus perpetuam habere roboris firmitatem, non intendentes per hoc dictis religiosis aliquod jus novum acquiri, aut juri nostro vel juri cuilibet alieno prejudicium aliquod generari. In cujus rei testimonium, presentibus litteris nostrum fecimus apponi sigillum, quo, ante susceptum regni Francie regimen, utebamur. Actum apud Vicennas prope Parisius, anno Domini m. ccc. quartodecimo, mense marcio.

---

1. Le 5 février 1315 (n. s.).
2. Ces lettres sont transcrites une seconde fois au fol. 38 du même registre.

Per dominum regem, ad relacionem domini Philippi Conversi, Maillardus.

XLVIII

Vidimus et ratification des lettres par lesquelles Jean, vicomte de Thouars, s'engage à payer à sa sœur, Blanche, religieuse à Notre-Dame-la-Royale près Pontoise, une rente viagère de quarante livres tournois, outre celle de soixante livres que lui avait assurée son père (JJ. 52, n° 56, fol. 30).

Avril 1315.

Ludovicus Dei gratia Francorum et Navarre rex. Notum facimus universis, presentibus et futuris, nos infrascriptas vidisse litteras in hec verba :

A touz ceux qui ces lettres verront ou orront Jehan, visconte de Thoars, salut en nostre Seigneur. Sachent tuit que, comme nostre très chier seigneur et pere, Guy, jadis visconte de Thoars, eust promis et fust tenus à rendre et paier par expresse obligacion de lui, de ses hoirs et de touz ses biens, quelque part que il fussent et par quelque nom que il fussent appelé, à nostre chiere et amée suer, Blanche de Thoars, nonnain de l'abayee de Nostre Dame la Roial delez Ponthoise, tant comme la dite Blanche vivroit tant seulement chascun an, dedens la quinzaine de la feste saint Martin d'iver, à la dite abbayee, soissante livres de bons tournois, pour la porveoir ès choses qui li seront neccessaires en la dite abbaie. Et se ainsi estoit que elle ou cils qui de li aront cause defaillissent de faire le dit paiement des dites soissante livres à la dite Blanche, tant comme elle vivra, ou à celui qui de lui aura cause dedens le terme dessus dit, pour chascun jour que il ou son hoir ou successeur en defaudroient, il et si hoir et successeur seroient tenus rendre et paier à la dite Blanche, ou à celui qui de lui ara cause, cinc sols de tournois bons, pour non de paine, sanz amenuisement dou dit principal, et de ce li eust donné lettres de son grant seel, données le vendredi en la voille de la saint Mathia apostre [1], l'an de grace mil ɪJ.^c· ɪɪɪJ.^xx· x., lesqueles nous avons retenues par devers nous. Adecertes nous Jehans, viscuens dessus diz, regardanz et consideranz l'estat de nostre suer devant dite, vueillanz plus largement estre pourveu à ses neccessités, promettons, donnons, octroions et assignons à la dite Blanche, nostre suer, outre les dites soissante livres de rente, quarante livres de rente de cele mesmes monnoie, à rendre et à paier, son viage tant seulement, avecques les dites soissante livres, au jour et au lieu dessus diz, sur toutes les mesmes obligacions, paines et condicions dessus dites, par lesqueles nostre très chier seigneur et pere dessus dit estoit obligiez pour lui, ses hoirs et ses successeurs, à la dite Blanche, nostre suer, et à ceux qui de li aront cause. Et quant à ce d'abondant nous obligons nous, nos hoirs et successeurs, aianz cause de nous et touz nos biens et les biens de noz hoirs et successeurs, muebles et non muebles, presens et avenir, en quelque lieu que il soient. Et renonçons à touz previleges et à toutes exepcions, barres et defenses de fait et de droit, et à toutes fraudes et decepcions, par quoy la teneur de ces lettres porroit estre impugnée, et especialment au droit disant general renonciacion non valoir. Et supplions à nostre très chier seigneur, le roy de France, que il toutes et chascune les choses dessus dites vueille loer, gréer et de certaine science conferrer, et nous, nos hoirs, successeurs et aianz cause de nous contraindre à toutes et chascune les choses dessus dites tenir, garder et acomplir, aussi comme nous fussions especialment obligiés à lui. Donné l'an de grace mil ccc. et douze, le novième jour ou mois de juing.

---

1. Le 23 février 1291 (n. s.).

Nos autem donaciones, concessiones, obligaciones predictas et omnia suprascripta rata habentes et grata, eadem volumus, laudamus, approbamus et ex certa sciencia, tenore presencium, confirmamus. Nostro et alieno in omnibus jure salvo. Quod ut ratum et stabile perseveret, presentibus litteris nostrum fecimus apponi sigillum. Actum apud Vicennas, anno Domini millesimo trecentesimo quintodecimo [mense aprilis[1]].

Per dominum regem, Maillardus.

XLIX

Louis le Hutin place l'abbaye de Saint-Maixent dans le ressort royal de Loudun (JJ. 52, n° 66, fol. 35).

Avril 1315.

Ludovicus Dei gracia Francorum et Navarre rex. Notum facimus universis, presentibus et futuris, quod nos à sacris predecessorum nostrorum disposicionibus et devotis concessionibus, quas ecclesiis et ecclesiasticis personis regni nostri Francie multiplices facere studuerunt, recedere nolentes sed eis inherere in favorem abbacie Sancti Maxencii in Pictavia, cujus terra variis in locis, presertim infra confinia terre carissimi et fidelis germani nostri, Philippi, comitis Pictavensis, inclavata consistit [2], providimus, ordinamus, statuimus, tenore presencium concedentes, quod

---

1. Nous ajoutons ces deux mots au texte du registre, parce que toutes les pièces précédentes et suivantes portent la date d'avril 1315; il est vraisemblable que cette omission est imputable à une distraction du scribe.
2. Lorsque le comté de Poitiers fut donné en apanage à Alphonse, frère de saint Louis, l'abbaye de Saint-Maixent qui, en vertu d'un privilège accordé par Philippe-Auguste (voy. plus haut le n° XIV), était inséparable de la couronne, avait déjà été distraite de la juridiction poitevine et placée dans le ressort de Loudun. Puis une ordonnance de Philippe le Hardi l'avait réintégrée dans celui de Niort (n° XV). Philippe le Long, après son avènement à la couronne, mit de nouveau l'abbaye sous la juridiction du sénéchal de Poitou. (Voy. plus loin les lettres de juillet 1317.)

ipsa abbacia, ad jus corone Francie dudum à predecessoribus nostris retenta, necnon quelibet res ad eam pertinentes, in nostra protectione seu garda et hactenus, quamdiu dictum comitatum nos seu predecessores nostri, Francie reges, tenuimus, sub ressorto Niorti de Pictavensi senescallia existens, ex nunc imposterum in et de ressorto Loduni, de Turonensi ballivia, consistat et maneat, sub consuetudinibus quibus abbas et conventus ejusdem abbacie ac homines eorumdem soliti sunt hactenus gubernari. Quod ut firmum et stabile perseveret, nostrum presentibus litteris fecimus apponi sigillum. Actum apud Vincennas, anno Domini m. ccc. xv. mense aprilis [1].

Per dominum regem, ad relacionem subdecani Pictavensis [2], Guido.

L

Déclaration en faveur de Dreux de Mello, par laquelle ses terres et châteaux de Jarnac, Châteauneuf, Château-Larcher, Prahec, Cherveux, Sanxay et la Mothe-Saint-Héraye, qui ressortissaient du sénéchal de Poitiers, sont soustraits à cette juridiction et placés dans le ressort de Lusignan (JJ. 52, n° 100, fol. 53 v°).

Juin 1315.

Ludovicus Dei gratia Francorum et Navarre rex. Notum facimus universis, tam presentibus quam futuris, quod, cum dilectus et fidelis Droco de Merloto, miles noster, pro castris et locis infrascriptis, videlicet pro Jarnaco, Castronovo, Castro Achar, Prey, Chervex, castellania de Sanczay et pro Mota Sancte Alaye [3], coram senescallo Pictavensi consue-

---

1. Ces lettres se trouvent dans le recueil des *Ordonnances*, t. III, p. 216.
2. C'était Etienne de Bourret (*Gall. Christ.*, t. II, col. 1220), personnage que nous retrouverons par la suite.
3. Dreux IV de Mello possédait ces terres du chef de sa mère, Eustache de Lusignan, dame de Sainte-Hermine, fille de Geoffroy de Lusignan, seigneur de Jarnac et de Châteauneuf, et de Jeanne, vicomtesse de Châtellerault. Un arrêt du Parlement en date du 14 décembre 1306 (*Olim*, t. III, fol. 112) l'admit à l'hommage du roi pour ces fiefs, malgré l'opposition du comte de la Marche, mais sous la réserve des droits de celui-ci, ce qui donna naissance à un long procès entre eux. (Voy. le P. Anselme, t. VI, p. 62.)

verit ressortiri, nos, attendentes quod predicta castra et loca de pertinenciis Lezigniaci moverunt et antiquitus extiterunt, eadem castra et loca cum suis pertinenciis universis ad ressortum castri nostri Lezigniaci, ex certa sciencia et auctoritate nostra regia, ponimus, in et de ressorto hujusmodi esse volumus et ipsa de ressorto et obediencia seu subjectione senescallie Pictavensis, tenore presentium, amovemus, quousque super hoc aliud duxerimus ordinandum. Quod ut firmum et stabile maneat in futurum, presentibus litteris nostrum fecimus apponi sigillum. Salvo in aliis jure nostro et in omnibus quolibet alieno. Actum apud Boscum Vincennarum, anno Domini M. CCC. quinto decimo, mense junii.

Per constabularium Francie [1], Perellis.

LI

Assignation sur la prévôté et le passage de l'eau de Langeais, en faveur de Guillaume d'Usages, de deux cents livres de rente données autrefois sur le Trésor royal à Hugues de Bauçay, son beau-père, par Philippe le Bel (JJ. 52, n° 201, fol. 103).

Juillet 1315.

Ludovicus, Dei gratia Francorum et Navarre rex. Notum facimus universis, tam presentibus quam futuris, quod, cum olim dominus genitor noster carissimus, dum viveret, Hugoni de Bauceyo, quondam militi, grati consideracione servicii sibi per eum in guerris et aliàs impensi, ducentas libras turonensium redditus perpetui dedisset, percipiendas et habendas super ipsius Thesauro, Parisius, in festo Ascensionis Domini, donec eas alibi sufficienter assedisset eidem, sub homagio eidem domino nostro et ejus succes-

---

1. Gaucher de Châtillon, comte de Porcean, nommé connétable après la bataille de Courtray (juillet 1302), exerça cette charge jusqu'en 1329, date de sa mort.

soribus propter hoc prestando, ut ex ipsius litteris inde confectis, quas penes nos retinuimus, nobis constitit evidenter, dominusque Bauceii[1], filius et heres dicti Hugonis, easdem ducentas libras in dilectum et fidelem Guillelmum de Usagiis[2], militem nostrum, racione matrimonii cum Eustachia, sorore sua, uxore dicti Guillelmi,

---

1. Il s'appelait aussi Hugues (cf. la pièce de juin 1317, n° LXIII) et ne figure pas dans la généalogie publiée par M. Beauchet-Filleau (*Dict. gén. du Poitou*), ou plutôt il y est confondu avec son père Hugues V, dont il est question au commencement de ces lettres. Suivant cet auteur, Hugues V serait mort avant 1308 sans enfants mâles. La date n'a rien d'invraisemblable, puisque nous voyons ici, d'une part, que ce personnage reçut de Philippe le Bel deux cents livres de rente annuelle en récompense de ses services, et, d'autre part, qu'il avait cessé de vivre avant l'expédition du présent acte. Quant à sa postérité masculine, en présence de ce texte, elle ne peut être niée. Je suis porté à croire même que, dans la généalogie qui vient d'être citée, la confusion s'étend au degré précédent, et que les nombreux enfants attribués à Hugues IV, celui qui périt à la croisade de 1270 (voy. la note de la pièce n° II de ce volume), sont ceux de Hugues V, auquel le P. Anselme donne le surnom de *grand* (*Hist. généal.*, t. VII, p. 499). Il y aurait donc lieu de rétablir ainsi cette partie de la généalogie des Bauçay : Hugues IV, mort en 1270, eut pour fils Hugues V, et celui-ci laissa deux fils, Hugues VI et Hardouin Ier, et neuf ou dix filles.

Quant à Hugues VI, il épousa, suivant une généalogie manuscrite et malheureusement très incomplète, conservée à la Bibliothèque nationale (Cabinet des titres, dossier Bauçay), Marie d'Archiac, fille d'Aymar d'Archiac et de Marguerite de Rochechouart. Il fut le dernier représentant de la branche aînée et mourut postérieurement au 12 novembre 1318 (voy. plus loin les n°s LXIII et LXXXIV). Sa fille unique Jeanne, dame de Bauçay et de Champigny sur Veude, fut mariée : 1° à Geoffroy de Beaumont, seigneur du Lude, mort sans enfants avant 1355; 2°, vers le mois de mai 1360, à Charles d'Artois, comte de Longueville, cinquième fils de Robert III d'Artois, comte de Beaumont le Roger, dont elle était veuve en 1385. (*Hist. généal.*, t. I, p. 387, et t. VI, p. 137.) Elle aurait vécu, paraît-il, jusqu'en 1402.

Hardouin Ier, frère de Hugues VI, eut de la fille de Barthélemy de l'Isle-Bouchard et d'Eustache de Doué, dame de Gençay, trois fils et deux filles. L'aîné, Hardouin II, épousa Isabeau de Châteaubriand. L'original de leur contrat de mariage, qui porte la date de 1305, est conservé aux Archives nationales.

2. Guillaume d'Usages était vidame du Mans. A la même date, c'est-à-dire au mois de juillet 1315, il échangea ses rentes de Langeais contre des terres situées dans la châtellenie de la Ferté-Bernard. Le contrat original se trouve dans les layettes du Trésor des Chartes avec d'autres transactions passées entre ce personnage et Amaury de Craon, de 1315 à 1317, au sujet des mêmes propriétés. (J. 177A, n°s 13, 18, 19, 21 et 22.)

duxerit perpetuo transferendas. Nos prefati Guillelmi supplicacionibus annuentes, dictas ducentas libras turonensium eisdem conjugibus, pro se et heredibus ac successoribus suis, duximus super redditibus et proventibus prepositure nostre ac passagii aque Lengesii assidendas, percipiendas et habendas per manum prepositi seu receptoris nostri prepositure et passagii eorumdem, ad predictum Ascensionis Domini festum, prout eas super predicto Thesauro nostro prefatus dominus Bauceii ac idem Guillelmus postea, percipiebat, ut predicitur, et habebat, ad idem homagium quod nobis et successoribus nostris tenetur facere pro redditu alio simili sibi debito super redditibus et passagio memoratis. Quod ut firmum permaneat in futurum, presentes litteras nostri appensione sigilli fecimus communiri. Nostro in aliis et alieno in omnibus jure salvo. Actum Creciaci, anno Domini m. ccc. xv., mense julii.

Per dominum regem, ad relacionem domini R. de Thiboutot, Joy.

LII

Lettres d'érection du comté de Poitiers en pairie (JJ. 52, n° 230, fol. 118 v°).

Août 1315.

Ludovicus, etc. Notum facimus universis, tam presentibus quam futuris, quod, cum ad honores merito vocari debeant et provehi quibus generis claritas, vite virtus, morum venustas et alia virtutum insignia suffragantur, nos, premissis omnibus in carissimo germano et fideli nostro Philippo, comite Pictavensi, pensatis, eumdem Philippum parem Francie, dictumque comitatum Pictavensem parriam Francie, tenore presencium, ex certa sciencia facimus, de nostre potestatis plenitudine, statuentes et decernentes specialiter et expresse quod ex nunc imperpetuum dictus Philippus ejusque successores, comites Pictavenses, qui pro tempore fuerint, pares sint

— 116 —

Francie et aliorum Francie parium prerogativis, privilegiis et libertatibus perpetuo gaudeant et utantur. Quod ut firmum permaneat in futurum, presentibus litteris nostrum fecimus apponi sigillum. Actum Remis, mense augusti, anno Domini m. ccc. quinto decimo [1].

Per dominum Macloviensem [2], Jacobus.

LIII

Ordonnances de l'hôtel de Philippe de France, comté de Poitiers, et de celui de Jeanne de Bourgogne, sa femme (JJ. 57, ou AE * II, 327, Musée des Archives, fol. 25).

24 novembre 1315.

I. *C'est l'ordenance du restrait* [3] *de l'ostel Monseigneur, qui ores est roys, du temps qu'il estoit contes de Poitiers, faite et passée à Confflanz, presenz Monseigneur, monseigneur de Evreux* [4], *son oncle, et tout le conseil, venredi* xxiiij. *jours de novembre l'an* m. ccc. xv.

Premierement. La chambre monsseigneur.

En la chambre monsseigneur aura son barbier, son espicier et son tailleur, de robes d'escuiers, et aura chascun un cheval et une provende d'avainne et forge, et pour son garçon et autres choses xiij. deniers chascun par jour. Et aura ij. vallès sommeliers, de robes de mestier, qui menront les ij. sommiers, pour son lit, et uns vallès pour ses armeures, de robes de mestier, qui menra le sommier; et aura j. sommier pour ses espices que j. garçon de l'escuierie, des petites robes, menrra, et ij. sommiers qui

---

1. Ces lettres ont été publiées par le P. Anselme (*Hist. généal.*, t. III, p. 62), d'après une copie tirée des manuscrits de Brienne.
2. Raoul III Rousselet, évêque de Saint-Malo de 1310 à 1317.
3. C'est-à-dire restrictive d'une précédente ordonnance de l'hôtel du comte de Poitiers, dont il est question à la fin de celle-ci, et que j'ai cherchée inutilement.
4. Louis de France, comte d'Evreux (1307-1317), frère de Philippe le Bel.

seront en lieu du chariot, dont Jehannes de la garde-robe menrra l'un, et mengera à court et aura des petites robes ; et l'autre sommier menrra uns des vallès de l'escuierie.

Messire Adam Héron, chambellenc[1] monsseigneur, au tel comme l'un des mestres de l'ostel.

Robillart chambellenc a ij. chevaus aus fraiz de l'ostel et ij. garçons qui seront à gages.

Et aura aveques monsseigneur pour lui compaignier ij. de ses bachelers et j. mestre de son ostel adesseement, et messire Adam Heron qui y sera, quant il li plaira, et iiij. escuiers pour son cors, aveques les autres qui sont d'office, ci dessouz nommez, dont il y aura xv. des robes d'escuiers, si comme l'en verra ci dessouz.

La chapelle monsseigneur. Il y aura tousjours ij. des chapelains et le clerc qui mainne le sommier de la chapelle, qui aidera à donner l'aumosne, et n'i aura point de vallet d'aumosne. Et aura le dit clerc de la chapelle c. solz à chascun terme pour robes.

Mons. Baudouin aura ij. chevaus et ij. provendes d'avainne et forge, et ij. vallez menganz à court, et aideront à l'aumosne donner. Et ne prendra nulle autre chose, et aura ij. solz pour toutes choses par jour.

Mons. Jehan de Roen aura un cheval seulement et une provende d'avainne et forge, sans plus ; et aura ij. solz de gages pour vallès et pour toutes autres choses.

La maniere de l'ostel.

Premierement que il y ait adesseement j. des mestres de

---

1. Il remplissait encore la même charge auprès de ce prince, lorsque celui-ci devint roi de France. Dans des lettres de rémission accordées, à sa prière, à Pierre Munier, banni pour meurtre, au mois de mars 1317, il prend le titre de chevalier et chambellan du roi. (Boutaric, *Act. du Parl.*, t. II, p. 231.) Il figure également en cette qualité dans une ordonnance de l'hôtel de Philippe le Long, de décembre 1317, publiée par DD. Martène et Durand *(Thesaurus novus anecdotorum*, t. I, col. 1352). On retrouve d'ailleurs, dans ce texte, la mention de presque tous les officiers de l'hôtel nommés ici.

l'ostel, et aura de iij. chevaus à iiij. et de v. personnes à vj., aus frais de l'ostel monseigneur, et hors l'ostel, se il sont ès besoignes monseigneur, il prendra par jour xv. solz au parisis parisis, et au tournois tournois.

Les escuiers des vj. offices de l'ostel monsseigneur, dont mencion est faite ci après, n'auront chascun que j. cheval et j. garçon, excepté Guerin d'Escrones[1] qui aura ij. chevaus et ij. vallès, si comme il est devisé en l'escuierie desouz. Et n'aura à la court continuelment que j. de chascun office, si n'est mandé par especial. Et se doivent si ordener que quant li uns vendra à court que cil qui aura demoré s'en aille l'endemain, se il n'est retenus par especial commandement.

Les offices de l'ostel Monsseigneur.

Premierement en la paneterie monseigneur a ij. escuiers, c'est assavoir Guillaume le Visconte et Thomas de Bello, dont il n'aura à la court tousjours que l'un, se il n'est mandé. Et aura j. roncin et j. vallet aus frais de la court. Et avec y sera Perres des Napes, qui menrra j. sommier pour la penneterie; et sera des robes de mestier, et prendra garde du pain. Et y ara un autre vallet qui portera à chape à petites robes, et j. bachoier pour porter le pain; et mengera à court, et aura xviij. deniers par jour pour son cheval, et aidera en la paneterie de ce que il pourra.

En l'eschançonnerie a ij. escuiers, Berthelin de Domency et Manecier de Monci, dont il n'aura à court tourjours que l'un, s'il est mandez, et aura aussi, comme il est dit desus pour j. des panetiers. Et y aura ij. sommiers, l'un pour porter les barilz et les bouciauz vuiz et j. poi de vaisselemente pour monseigneur, et l'autre pour porter du vin

---

1. Des lettres d'amortissement données en sa faveur, en juin 1329, nous apprennent qu'il fonda une chapelle dans sa maison de Blanche-Fouace, au diocèse de Chartres (JJ. 66, fol. 13).

pour monseigneur. Et y aura ij. vallez, qui menrront ces ij. sommiers, dont l'un sera Perrot, qui est des robes de mestier. Et se il ne li plest, il y aura ij. vallès qui les menrront aus robes des petis vallès, dont l'un sera le clerc de l'eschançonnerie, li autres Hues, et Adenes s'en aille.

Hemart demeure en son estat, son cheval aus frais. Et s'il avenoit que Hemars fust hors de l'office, li autres qui vendroit après seroit des robes de mestier et menrroit le sommier de l'ostel.

En la cuisine a ij. escuiers, c'est assavoir Jehan le Visconte[1] et Yvonnet de Montegni, dont il n'aura tourjours que l'un à la court, à l'ordenance des autres des offices desus dites. Et y aura un keu à j. cheval et à j. garçon, chascun aus fraiz de l'ostel, et ij. vallès à cheval des robes de mestier. Et auront li doi j. garçon pour garder lor chevaus. Et y aura ij. vallès à aydes de petites robes, et j. bouchier et j. poullaillier menganz à court, sans robes, et j. saussier de robes de mestier, qui menra j. sommier de la sausserie, et portera ij. dousainnes ou iij. d'escuelles d'argent et ce qui appartient à la sausserie, et j. garçon qui li aidera. Et cil saussiers fera les escroes de la cuisine chascun jour ; et j. vallet du garde-mengier qui menrra le sommier du garde-mengier, aus robes des vallès de mestier. Et aura en la cuisine j. porteur tant seulement et j. paticier des robes de mestier.

Et est ordené que l'on ne serve en salle aus vallès de mestier, aus petiz vallez ne à autres que du potage et d'un mes de chair, au jour de chair, et, au jour de poisson, d'un mes de poisson.

En la fruiterie aura tourjours j. fruictier des robes d'escuiers à j. cheval, aus frais de l'ostel, et son vallet aus gages, et j. sommier et j. vallet des petites robes qui le

---

1. On trouve son nom, accompagné du titre de coseigneur de Villepreux, dans un arrêt du Parlement du 3 avril 1321 (X^{1a} 5, fol. 194 v°).

menrra, et j. autre vallet des petites robes qui aidera à alumer en la sale, menganz à court. Et se il ont mestier de porter torches, elles seront portées par j. vallet qui prendera ses journées.

En l'escuierie a ij. escuiers, c'est assavoir Guerin d'Escrones à ij. chevaus aus frais de l'ostel et ij. vallès aus gages; et Colart de Pois à j. cheval aus frais et j. garçon à gages, dont l'un sera tourjours à court; et Henri le Mareschal à j. cheval aus frais de l'ostel et à j. vallet à gages. Et le clerc de l'escuierie à j. cheval aus frais de l'ostel et j. valet à gages, et aidera à querir fain et avainne; et ij. chevaucheurs tourjours sans partir pour porter lettres, l'un tourjours sans partir, et l'autre yra où l'en l'envoiera; et Jehennot le Mareschal qui menra le sommier de la forge, des robes de mestier; et Rougegeule pour livrer l'avainne, des petites robes. Et sera tourjours l'un des escuiers à livrer l'avainne. Et xij. vallès de petites robes, c'est assavoir viij, qui garderont les sommiers des offices, et iiij. qui garderont les pallefroiz et les courciers. Et n'i ara point de sommier pour les pallefrois. Et aura monseigneur pour son cors ij. pallefrois et iij. courciers.

Et Jehan de Chevreuse qui porte le parement monseigneur, de robes de mestier, et à j. cheval aus fraiz de l'ostel. Et aura le dit clerc de l'escuierie pour sa robe c. solz tournois à la Toussains et autant à la Pasque.

En la fouriere a ij. fouriers de robes d'escuiers, chascun à j. cheval et aus frais de l'ostel, et j. garçon qui sera à gages, dont il n'aura à la court que j., se il n'est mandé. Et y aura tourjours ij. vallès à pié, qui ont esté des robes de mestier, et seront orendroit des petites (car par l'ordenance monseigneur, nul vallet à pié n'est de robe de mestier), et ij. autres aides qui n'auront nulles robes et seront à gages. Et est commandé que touz vallès de robes de mestier et de petites robes aient, ij. et ij., j. lit. Et se aucuns des vallès de mestier estoit seul, et qu'il n'i eust aucun d'icelles robes qui geust aveques lui, que il geust j. des vallès des petites robes.

La lavendiere monseigneur aura j. cheval et une prouvende d'avainne et forge, et la moitié de la livroison que elle prenoit, et se elle ne le veult prendre, elle et sa chamberiere mengeront à court et aura chascun jour de gages, pour son vallet et pour toutes ses autres choses, xiij. deniers par jour.

[En] la chambre aus deniers sera le clerc à ij. chevaus à touz fraiz et à ij. vallès à gages, et j. qui menrra j. sommier des estris, et n'aura nulz gages mes que c. solz tournois par an, mes il mengera à court et le sommier sera gardez en l'escuierie.

Maci Lescot, clerc des comptes monseigneur, ij. chevaus à touz frais et ij. vallès à gages.

Les compaignons banerez monsseigneur penront xx. solz au parisis parisis, et au tournois tournois, se il sont mandé, chascun par jour, et mengera à court, et j. sien escuier et son compaignon, se il a, et j. escuier.

Li bacheler aura chascun x. solz parisis au parisis et au tournois tournois, par jour, et j. escuier mengant à court. Et n'auront nuls gages, se il ne sont mandé, et en aura tourjours ij. avecques monseigneur, qui n'auront congié jusques à tant que ij. autres y viegnent.

Des escuiers pour le cors monsseigneur, c'est assavoir Guillaume Pot[1], Bruiant de Bailleuz, Jehan de Versailles et Testart du Viez, et de touz les autres qui sont de cels estat, n'auront que un cheval aus frais de l'ostel, et pour leur garçon x. deniers de gages, quant il seront mandez, se il ne vont ès tournois ou ès guerres.

Li dui vallet trenchant devant monsseigneur n'auront chascun que j. cheval et j. vallet, et n'en aura que j. à

---

1. Il était seigneur de Puyagu et avait épousé Marguerite de Magnac. (Th. de la Thaumassière, *Hist. du Berry*, 1689, in-fol., p. 632.)

court, et cil qui y sera n'aura chascun jour pour toutes choses que ij. solz vj. deniers par jour.

Les autres escuiers qui n'ont office auront leurs gages acoustumés, c'est assavoir ij. solz vj. deniers chascun pour toutes choses, et mengeront à court cil qui seront mandez et li autre non. Et en y aura tourjours avecques monsseigneur iiij., compté le vallet trenchant pour j. Et seront avecques les autres escuiers d'office, qui y seront continuelment jusques à tant que autres iiij. vallez soient mandez. Et se il y a des fauconniers ou veneurs qui viegnent, il seront ou compte des iiij. escuiers. Et puet avoir de ses menestrez ij., se il li plest, outre ses iiij., qui prenderont ij. solz vj. deniers par jour pour chascun pour toutes choses ; et li autre n'auront nulz gages, se il ne sont mandez. Quant aus fauconniers, il auront iij. solz hors et enz, se il ne sont en lor maisons et en seront creuz par leurs fois.

Thibaut et Ollivier huissiers auront chascun j. cheval à court et une provende d'avainne chascun et forge, et leurs vallès mengans à court, et pour hostelage et pour toutes autres choses, chascun aura v. deniers de gages par jour.

Guillot l'arbalestrier, de robes de mestier, et sera ainsi comme il a esté.

Mestre Gyeffroi le fizicien aura ij. chevaus et ij. vallez menganz à court et prendra autant comme mons. Baudouin.

Jehan de Bellemont aura ij. chevaus et ij. prouvendes d'avainne et ses ij. vallez à gages, et prendra pour toutes ses autres choses et pour les gages ij. solz vi. deniers par jour, et aura forge.

Il aura j. vallet des chiens courans monsseigneur, qui aura robes de mestier et mengera à court et son vallet, quant il y sera, et quant il ne sera à court, il aura pour li et son vallet xij. deniers de gages par jour au parisis parisis, et au tournois tournois.

Il y aura j. roy des ribaus qui sera des petites robes.

Il est assavoir que toutes les livroisons de l'ostel monseigneur de vin et de chandelle cesseront, excepté le chancelier.

Et est assavoir que tous les garçons des escuiers dessus diz seront à gages, exceptés les valès des escuiers de la penneterie, de l'eschançonnerie et de la cuisine, et ij. de la fruiterie des petites robes seullement, de ses iij. offices, et les valez mons. Baudouin et mestre Gieffroi.

Et est la volenté monsseigneur que nul vallet qui voist à pié ne soit des robes de mestier ; et cil de robes de mestier auront à la Toussains robes fourrées et à Pasques robes fourrées aussy.

Les petis vallès auront robe entiere à la Toussains et à Pasques une cote hardie.

Et est assavoir que cil qui ont ij. chevaus en alant et en venant en leurs mesons, par le commandement monsseigneur ou des mestres, auront vj. solz par jour, au parisis parisis et au tournois tournois. Et cil qui auront j. cheval auront iiij. solz par jour.

Et est assavoir que les vallès de robes de mestier auront pour lor chaussemente xxx. solz parisis et li vallet des petites robes, xx. solz, et li messagier à pié, de petites robes, qui seront iiij., auront chascun xxx. solz pour leur chaussemente par an.

Le chancelier monsseigneur en l'ordenance qu'il a tourjours esté, si comme il est en la vielle ordenance. Et aura li chanceliers sa livroison de toutes choses, si comme il avoit avant, c'est assavoir pain, x. sodées, et de la bouche pour le chancelier, vin, iiij. sestiers de commun et j. de bouche, viij. pieces de char et viij. chiés de poulaille, et devers la bouche pour le chancelier, pour le soir du jour, segon ce que la cours se porte, fruit por la table du chancelier, chandelle xij. petites, vj. grosses, iiij. quaiers, et j. cinquyn, et j. septain, et torches toutefoiz que mestier est. Item pour cuisine, ce que li keus raporte aùs comptes. Item pour l'osté, xij. pains, iiij. quartes de vin, ij. pièces de char et ij. poules, vj. provendes d'avainne, fer et clo, fourreres, viij. coutes, xvj. botiaus de fuerre de services.

Item pour celi qui fait l'audience, vj. grosses chandelles, xij. menues, j. kaier. Item ij. coutes, iij. botiaus de fuerre, avainne pour ij. chevaus, fer et clo.

Item pour les chauffecires, xij. chandelles petites et j. kaier, avainne pour ij. chevaus, fer et clo, fuerre v. botes et iij. coutes.

Item une coute pour le fourrier.

Beatus, en l'ordenance qu'il a tousjours esté, mes que son vallet sera à gages.

Et est assavoir que touz clers, chapelains, fusiciens, notaires ne autres de monsseigneur ne de madame n'auront nules robes, mes prenderont x. livres tournois à la Toussains et x. livres tournois à Pasques, excepté le chancelier de France et le monsseigneur qui aront robes.

Et est ordené que nul ne tiegne cheval en l'ostel monsseigneur, se il ne l'a par l'ordenance monsseigneur. Et se il le tient, il sera fourfet à monsseigneur.

C'est le nombre des personnes qui seront tourjours avecques Monsseigneur.

Premierement pour li acompaignier, ij. bachelers qui ne s'en partiront point, aus gages ordenez, et j. mestre de son hostel, et messire Adam Heron à sa volenté.

Escuiers.

Premierement iiij. escuiers pour compaignier monseigneur, dont il en y aura j. trenchant.

Item iij. vallès de chambre, de robes d'escuiers.

Item ès offices aura tourjours vj. personnes de robes d'escuiers.

Item j. keu et j. marescal, de robes d'escuiers.

Item Thibaut et Olivier huissier, des dites robes.

Item ij. de ses menestrez, se il li plaist.

Somme des escuiers pour chascun jour, xix.

Item iiij. escuiers qui seront aus iiij. chevaliers, qui seront tourjours avecques monseigneur.

Item xx. vallès de robes de mestier, qui sont de la chambre monsseigneur et des offices de l'ostel.

Somme par soi.

Item des petites robes pour la chambre, pour l'escuierie et pour les autres offices, xiiij. vallès, et menguent à court.

Somme par soy.

Item clers de grans robes mangans à court, xj.

Item des petites robes, iij. clers et Macé sans robes.

Item vallès sanz robes menganz à court, xxv. vallès.

Somme de ceuz qui sont mengans à court que chevaliers et grans clers et prestres, x. persones; escuiers xxiij., des vallès de mestier et petis clers, xxiiij.; des petites robes, xiiij. et des petis vallès sanz robe, xv.

Somme toute jiii.$^{xx.}$ xvj. personnes chascun jour.

Item c'est la somme des chevaus aus personnes ci dessus escriptes.

C'est le nombre des chevaus monsseigneur, palefrois, courciers pour li, v. chevaus.

Item sommiers pour sa chapelle et pour sa chambre, vij. chevaus.

Item pour ses offices, ix. sommiers.

Item pour le mestre de l'ostel monsseigneur Adam Heron, et pour escuiers et clers qui sont aus frais de l'ostel, xLiij. chevaus.

Somme toute des chevaus dessus diz, estans de touz fraiz et avainne et forge, Lvij. chevaus, et xxj. cheval *(sic)* pour monseigneur, c'est assavoir pallefrois, courciers et sommiers pour li et ses offices.

Somme par jour, lxxviij. chevaus.

C'est la somme des gages de chascun jour que prennent ceus qui seront adesseement en l'ostel monseigneur de nécessité, montent par jour lxvij. solz x. deniers parisis.

La somme de livrée monsseigneur de draps et de pennes par an v$^{\text{M.}}$ vj$^{\text{xx.}}$ xij. livres xix. solz iiij. deniers parisis, sanz li et sanz madame, dames et damoiseles.

Somme de la livrée de selles par an, sans son cors et sans celes de madame et de damoiseles, vij$^{\text{c.}}$ lxix. livres xvj. solz parisis.

Somme des robes et des selles, sans le cors monseigneur, madame, les dames et les damoiseles et nos petites dames : v$^{\text{M.}}$ ix$^{\text{c.}}$. xij. livres xvj. solz iiij. deniers parisis.

Somme des despens de l'ostel monsseigneur des genz qui sont ordenez à estre et demorer par an, x$^{\text{M.}}$ iiij$^{\text{c.}}$ xxxvij. livres parisis, sans le seurcroiz.

Somme du sejour monsseigneur à Paris, pour garnison faire pour iij. mois, sans chars, sans poissons, sans lars et sanz autres menus vivres, xij$^{\text{c.}}$ xlij. livres.

Somme du sejour monsseigneur, pour lx. chevaus, se tant en y a du plus, plus, et du mains, mains, par an, ij. solz par jour le cheval et vallet et en ointure, pour toutes choses, ij$^{\text{M.}}$ ix$^{\text{c.}}$ xvj. livres parisis.

Somme toute : xix$^{\text{M.}}$ vij$^{\text{c.}}$ iiij$^{\text{xx.}}$ vij. livres, xvj. solz, iiij. deniers parisis, qui valent xxiiij$^{\text{M.}}$ vij$^{\text{c.}}$ xxxiiij. livres, xv. solz, v. deniers tournois, sanz le cors monsseigneur, le madame, ses filles, et les damoiselles, et sans les despens de l'ostel madame, et sans les choses qui sont ci desouz.

Ce sont les choses extraordinaires qui faillent en l'ostel Monsseigneur.

Premierement pour la chambre monseigneur, j. couvertouer et j. demi couvertouer, et j. doublet à mectre desouz les draps de ij. anz en ij. anz, une coute pointe, v. tapiz, iiij. blanches pour son cors par an, draps de lit iiij. paire, draps linges, par an, xij. pere. Espices et pour autres mesmes choses [1].

Item pour robes pour le cors monsseigneur, pour yver et pour esté, hors livrée commune, vj. paire, male toste pour yver, houces et tabars.

Pour escuierie, selles hors de livrée pour monseigneur, bas, males, bahus, coffres et autres choses appartenanz à l'escuierie par an.

Pour messages envoiez par an sans estimacion.

Pour dons faire, sanz estimacion et selonc ce qu'il plaira à monseigneur.

II. *Ce sont les ordenances darrenieres de l'ostel Madame de Poitiers* [2], *selonc l'avis du conseil Monseigneur, faite après celle de ci devant.*

Premierement madame aura une dame avecques li, telle comme il li plaira, laquelle aura j. vallet tranchant et j. vallet de chambre et une damoisele, et j. drap de livrée et pannes telles comme il afferra, et aura madame iij. damoiseles et une fame de chambre. Et auront les iij. damoiseles, chascune à la Touz Sainz robes de iij. garnemanz, et en esté robes de ij. garnemanz de cendal, et la fame de chambre une robe de ij. garnemanz une foiz l'an, des robes des petiz clers. Et aura la lavendiere madame une livreson tant seulement; et les vendrediz et jehunes, que elle prenoit xviij. deniers par jour pour poisson, l'en li donra de tele viande comme il aura en l'ostel pour le commun, et n'aura plus les xviij.

---

1. Il n'y a pas de prix indiqué à cet endroit ni aux paragraphes suivants.
2. Jeanne de Bourgogne, fille aînée d'Othon IV, comte palatin de Bourgogne et de Mahaut, comtesse d'Artois, mariée à Corbeil, au mois de janvier 1306, morte à Roye en Picardie, le 21 janvier 1329.

deniers. Et se il ne li plaist, elle sera aus frais de l'ostel, et li et sa chamberiere mengeront à court, et n'aura point de livreson. Et quant madame voudra aler aucune part loing, elle aura j. somier pour sa chapelle, ij. sommiers pour sa chambre, iij. pour ses juaus, pour ses robes et pour ses espices, j. pour la dame qui est avecques li et ij. pour ses damoiseles.

Item aura madame ij. vallès trenchans, dont li uns sera touz jours à court; et quant li autres vendra, cis qui y aura demoré s'en yra. Et prendra chascuns, quant il sera à court, pour son cheval et pour son vallet, par jour, ij. solz vj. deniers et mengera à court.

Item aura madame j. tailleur, aus robes des escuiers, et ij. vallès de chambre, à robes de mestier, et j. vallet qui gardera la garde robe, des robes des petis vallès. Et aura le tailleur madame j. cheval et j. vallet et une provende d'avainne et forge, et xiij. deniers pour son vallet qui ne mengera point à court et pour toutes autres choses.

Item aura madame j. chapelain qui sera ausmoniers, c'est assavoir mons. Ligier, et aura j. cheval qui aura une provende d'avainne et forge, et aura pour fouriere, pour fain et pour toutes autres choses, par jour, xij. deniers, et j. vallet mengant à court, et aidera à la somme avecques le clerc qui mainne le sommier de la chapelle. Et quant madame yra au chemin, l'en querra au dit mons. Legier un autre cheval, et aura avainne à court pour l'autre cheval et forge. Et mengeront li dui vallet à court. Et aura pour toutes choses ij. solz par jour; et aura au chemin aussinc comme mons. Baudouin.

Item aura madame j. autre chapelain en lieu d'un notaire, qui n'aura point de cheval au sejour, et aura j. lit en la forriere. Et quant madame yra au chemin, l'en li baudra j. cheval qui sera en l'escuirie.

Item aura madame en la chambre aus deniers mons.

Jehan de Argillieres[1], qui aura j. cheval au séjour, au despens de l'ostel, et aura j. garçon à x. deniers de gages par jour, qui ne mengera point à court. Et quant madame yra au chemin, l'en querra au dit mons. Jehan j. sommier aus despens de l'ostel pour porter ses escriz et argent, se il l'a. Et se il en y avoit tant que le sommier ne les peust porter, l'en les departiroit sus les autres sommiers. Et li clers mons. Jehan menra son sommier.

Item, il aura ij. chevaliers en l'ostel madame, qui seront mestre de l'ostel, et y sera touzjours li uns, et y demorra jusques à tant que l'autre y viegne. Et l'autre venu, cis qui y aura demoré s'en yra. Et aura chascuns iij. chevaus, j. escuier et ij. vallès, aus fraiz de l'ostel, quant il sera à court, si comme dit est.

Item en la paneterie sera Guyos de Vy et aura j. cheval et j. vallet aus fraiz de l'ostel. Et y aura j. vallet des robes de mestier qui menra le sommier de la paneterie, quand madame yra au chemin, et j. vallet des petites robes. Et se li mestre voient que il soit chose profitable de avoir j. vallet qui fache le pain pour le sejour madame, il le porront avoir, et le paieront selonc ce que il verront que mestier sera.

Item en l'achançonnerie aura ij. achançons, dont li uns sera touzjours à court jusques li autres y viegne; et l'autre venu, cis qui y aura demoré s'en yra. Et aura cis qui sera à court j. cheval et j. vallet aus fraiz de l'ostel. Et y aura j. vallet de robes de mestier qui menrra le sommier de l'achançonnerie, quant madame yra au chemin, et j. autre vallet qui menrra j. autre sommier aussi quant madame yra au chemin, et sera aus robes des petiz vallez.

Item en la cuisine sera Landriz de Boney et Estienes

---

1. C'est lui probablement que l'on trouve, quelques années plus tard, trésorier de l'église Saint-Étienne de Troyes. (Lettres d'amortissement données en sa faveur, Paris, décembre 1329, JJ. 66, n° 40.)

li queuz, et aura chascuns j. cheval et j. vallet au frais de l'ostel. Et y aura j. vallet du garde mengier aus robes de mestier, et menra le sommier du garde mengier, quant madame yra au chemin. Et y aura j. saussier, qui menra le sommier de la sausserie, quant madame yra au chemin, et j. paticier, des petites robes. Et y aura ij. vallès, des petites robes, à aidier en la cuisine. Et fera l'en livrer au paticier farine. Et y aura j. bouchier et j. poullaillier menganz à court, et ne prendront autre chose.

Item en la fruicterie aura j. fruictier aus robes de mestier, et menra le sommier de la fruicterie, quant madame yra au chemin. Et sera le sommier en l'escuierie. Et y aura j. vallet des petites robes dessouz le fruictier, qui mengera à court.

Item en l'escuirie aura j. escuier qui aura j. cheval au frait de l'ostel, et aura j. vallet a x. deniers de gages par jour, et ne mengera pas à court. Perrot le clerc sera chevaucheur et n'aura point de cheval, se madame ne vait au chemin. Et y aura j. vallet de forge, de robes de mestier, qui menra le sommier de la forge, quant madame yra au chemin. Et quant madame sejournera, il n'i aura point de sommier. Et aura ou char madame vj. chevaux et ij. pour sa litiere. Et se il y a palefrois ne autres chevaux, l'en les envoiera par devers le sejour monseigneur.

Et est assavoir que devers la cuisine ne devers la garde robe n'aura chariot ne charrete, et que nulle prise ne sera faite, se n'est du commandement des mestres de l'ostel madame.

Item aura madame j. messagier des petites robes qui mengera à court et aura xviij. deniers par jour, quant il yra en message aucune part.

Et est assavoir, quant madame yra au chemin, l'en li pourchacera tant de chevaux comme il est dessus devisé aus offices, ou par emprunt ou par achat, ou autrement, en telle maniere que toute prise sus povres gens cesse.

En la fourriere aura j. vallet à cheval aus frais de l'ostel, et son vallet aura x. deniers de gages par jour et ne mengera pas à court. Et y aura ij. vallès de petites robes qui aideront en la fourriere et à porter l'yaue et ce qui y faudra.

Girars li charretiers madame sera des robes des escuiers. Et quant il s'en yra chiés li, l'en li fera baillier j. cheval pour aler et pour venir et ses despens, selonc l'ordenance de l'ostel. Et quant madame yra au chemin, l'en li baillera au dit Girart j. cheval pour porter les couvertures des grans chevaux madame, et y aura j. vallet des robes de mestier, qui charroiera devant, et ij. vallez pour tenir le char madame, l'un d'un costé et l'autre d'autre ; et sera li uns des robes de mestier et li autres des robes des petis vallez.

Perriaus li huissiers aura j. cheval et j. vallet aus frais de l'ostel, et y aura j. vallet de porte, aus robes des petiz vallès, et mengera à court.

Li mestres de l'ostel, se il vont pour les besoignes madame, cilz qui yra aura xv. solz par jour au parisis parisis et au tournois tournois.

Et est assavoir que cil qui aront ij. chevaux et yront pour les besoignes madame auront par jour vj. solz au parisis parisis, et au tournois tournois. Et cil qui n'auront que j. cheval auront par jour iiij. solz en alant aus besoignes madame, au parisis parisis, et au tournois tournois.

Et est assavoir que chascuns vallez de mestier aura par an pour sa chaucemente xxx. solz parisis, et chascuns des petites robes xx. solz, et le messagier xxx. solz.

Item il est assavoir que toutes livroisons cessent.

Item est assavoir que nulz vallez à pié, se il ne mainne sommier, n'aura robes de mestier, ou se il ne vait à cheval, excepté le messagier.

Item il est assavoir que nulz ne tiegne cheval en l'ostel madame se il ne l'i a par ordenance. Et se il li tient, il sera fourfaiz à monseigneur.

Item que nulz ne face venir sa fame emprès madame là où elle sejournera, se il ne l'a demourent en la dite ville.

La maniere de compter des offices de l'ostel Monseigneur pour chascun jour.

Premierement

La *Paneterie.* Li panetiers achetera le pain par sa main et le fera venir en la paneterie par compte. Et dira combien il en a acheté la journée, et de qui, et combien il en sera despendu, et pour quantes persones, se monseigneur ne tenoit trop grant feste, et quel demourant il y aura, et le demourant il comptera sus la journée de lendemain et en fera mencion. Et ne baille pain hors de la sale, se n'est par le commandement des mestres de l'ostel ou d'aucuns de ceuz près de monseigneur.

Et sera tenus l'un des huissiers ou cil qui y sera commis à compter et raporter le nombre des chevaliers, des escuiers et de toutes les autres personnes qui mengeront en sale, au premiers et à darreniers, chascun soir, au compte, par quoi l'en puisse avoir la clarté de cest office ; et einsi de chascun ensivant. Et sera touzjours continuelment l'un des panetiers à la court, et ainsi de chascun office. Et fera mencion en son compte des presens qui seront fais, qui appartiennent à cest office, pour ce que l'en voie plus clerement le rabat de la journée.

En l'*Eschançonnerie.* Premierement, que touzjours y soit continuelment uns des eschançons sanz partir. Et la maniere du compter sera telle : l'eschançon achetera le vin ou son certain commandement en gros, et comptera chascun jour du despens de la journée, et pour combien de personnes. Et ce porra il savoir par le rapport de l'uyssier ou de celi qui y sera establiz, qui li raportera le nombre des personnes qui auront mengié en sale. Et fera son achat et sa despense à la mesure de Paris, et sera avaluée par tous les lieus, où il vendra, à celle mesure; et dira quantes quartes de vin il aura despendu la journée, en disant tant pour chevaliers, tant pour escuiers et tant pour mesnie. Et dira de cui il achetera le vin et le pris de chascun vin, ne ne donrra point de vin hors de la sale, se ce n'est du commandement des mestres de l'ostel ou d'un de ceuz qui sont ès offices, ou de aucuns de ceus qui sont près de monseigneur. Et fera mencion en son compte des presens qui seront fais, qui appartendront à cest office, pour ce que l'en voie plus clerement le rabat de la journée.

La *Cuisine*. Par devers la cuisine l'en comptera en tele maniere, c'est assavoir de toutes les pieches de char, de poullaille, de poisson ou de quelque chose qui torne par devers les keus. Il les retenront par compte crues et devant l'un des mestres de l'ostel ou devant l'un des escuiers qui s'entremet de la cuisine, et en rendront compte au dressoer à l'un des ij. dessus diz, et comment elles seront despendues et pour quantes personnes, se monseigneur ne tenoit trop grant feste. Et se leur sara à dire l'un des huyssiers qui sera establiz à compter les personnes; et se aucun demourant y a, il le metront par devers le mestre qui se avisera se ce est chose qui doie tenir lieu pour l'ostel, ou, se il voit que bon soit, il le mettra à l'ausmone. Et n'en donront riens, se ce n'est par le commandement des mestres de l'ostel ou des escuiers qui sont ès offices ou d'aucuns de ceus qui sont près de monseigneur. Et feront mencion en leur comptes des presens qui seront fais, qui appartendront à leur office.

Et quant vendra au soir à leur compte, il diront les nombres de pieches de char, de poisson ou de autres choses et combien il en sera despendu en sale, et combien il en auront donné hors et de cui commandement.

La *Fruiterie*. Que touz jours continuelment il soit j. des

fruitiers sans partir, et achetera la cyre à pois et la rendra à pois, et dira de cui il aura achetée et combien coustera la livre, et des autres choses queles que elles soient qui appartiennent à la fruiterie, et dira combien, pour quantes personnes il despendra chascun jour par nombres de personnes, et ce pourra il savoir par le rapport de l'uissier ou de celi qui y sera establiz qui li dira quantes personnes il aura mengié la journée en sale, et comptera la cire et de toutes les autres choses qui y appartienent par journées.

L'Escuierie. Sera que toutefois il y ait un des escuiers continuelment sanz partir, et achetera par sa main l'avainne, et dira chascun soir quans sestiers d'avainne il aura achetée et de cui, et combien le sestier coustera, et estimera le sestier à la mesure de Paris, et aura certainne mesure. Et dira pour quans chevaus il aura delivré avainne et nommera les personnes cui les chevaus seront, et aussi du fain qui convendra pour les chevaus qui seront à monseigneur de tous frais.

Des chevaus acheter s'entremetront les mestres de l'ostel et les escuiers, et à l'acheter aura touzjours j. des mestres de l'ostel et j. des escuiers ; et li escuier sauront à dire en leur compte quiex chevaux il auront achetez et de qui, et le pris de chascun cheval, et que li chevaus devendront.

Des couvretures, linges et langes et cengles et surcengles, il diront par escript combien il en ont par devers eulz. Et celles qui seront achetées de ci en avant il renderont par compte, et diront comment elles seront despendues et seront achetées par la main des escuiers pour le temps d'yver et de esté. Devers la forge, acheteront en gros tout ce qu'il leur convendra l'escuier et le marescal ; et contera le marescal de sa despense de fers et de clos pour chascune journée, ainsi comme il les dependra, et pour qui.

La *Fourrière*. Que touzjours y soit continuelment sanz faillir j. des fourriers et que chascun jour il comptera de fuerre, de buches, de coutes, d'ostelages et de toutes autres choses, dont il a acoustumé à compter ; et dira pour quantes personnes chascun jour, et si dira de qui il aura acheté toutes les choses qui li appartendront.

Monseigneur aura j. general receveur qui recevra de toutes manieres de gens, qui riens recevront pour monseigneur, soient baillis, seneschaus, gruyers et de toutes manieres d'autres receveeurs de la terre monseigneur, par quoi la recepte monseigneur, de quelque lieu et de quelque chose que ce soit, soit toute faite parmi sa main. Et deliverra les deniers en gros pour l'ostel monseigneur et madame et pour toutes autres grosses choses, soient draps, pennes, chevaus ou toutes autres choses, queles que elles soient, qui appartienent à leur pourveance. Et comptera de ses mises chascun an iij. fois, si comme monseigneur l'a ordené.

Les robes monseigneur, c'est assavoir draps et fourrures, seront achetées par la main d'un des mestres de l'ostel et par j. des chambellens monseigneur. Et sera apelez avec eulz le receveur general pour ce qu'il fait les delivrances des deniers. Et seront livrées par la main des ij. personnes devant dites. Et y sera appelez le dit receveur monseigneur au livrer et au partir, et rendront compte combien de draps et de fourrures, et quiex il auront achetez, et de qui, et le pris que il cousteront, pour toutes manieres de gent grans et petis ; et diront comment il seront delivrez et pour quantes personnes, et le nom des personnes, et metront les remanans d'une part et seront bailliez au receveur general monseigneur, qui en rendra compte, et sera monstré ou dit monseigneur touz les demouranz, quant il compteront de l'achat et de la despense de leur draps, quiex et combien il en y aura.

Li *Trésoriers* qui sera gargiez de faire les despens de

l'ostel monseigneur recevra en gros du general receveeur monseigneur ce qui sera mestier pour l'ostel, et paiera pour les offices à ceus de qui on aura pris, et prendera chascun jour toutes les singuleres parties de touz les offices de l'ostel, en la presence des mestres, et ne baudra nuls deniers se n'est pour les vivres et autres neccessaires de l'ostel, s'il n'a cedule seellée du seel monseigneur.

Le clerc qui sera establis pour monseigneur sur les mestiers sera toutes les nuys aus comptes et retendra par devers soi toutes les menues parties des mestiers de l'ostel, si comme il les doivent baillier, en la maniere qu'il est arresté ci dessus, sur chascun mestier; et se il y voit aucun deffaut notable, il sera tenus à le raporter par son serement, au plus tost que il pourra, à ceus qui sont du conseil monseigneur. Et aussinc il sera chargiez de tenir les comptes de la terre monseigneur et de l'ostel, quant l'en comptera et de abregier les, et de arrester touz les restas et baillier les à monseigneur, si que monseigneur puisse clerement veoir tout son estat, tant de son hostel comme de sa terre.

Et se monseigneur envoie à Paris ou ailleurs pour aucunes de ses besoignes j. chevalier baneret, il aura par jour xx. solz; et s'il y envoie j. simple chevalier, il aura xv. solz au parisis parisis, et au tournois tournois. Et ainsinc des autres, selonc l'estat que chascun a chiez monseigneur.

Par l'ordenance vielle de l'ostel monseigneur, monseigneur avoit en son hostel chascun jour, ou le plus des jours, que chevaliers que escuiers, tant d'office comme sans office, que clers que autres personnes de robes de mestier, des petites robes et autres sanz robes, vij^{xx}· x. personnes, sanz ceus de son grant conseil et de ses chevaus et sanz banerès et bachelers qui aloient et venoient à leur volenté, dont on n'a pas fait estimacion.

Et par le restraint de maintenant il n'a avecques li en

toutes personnes que iiij$^{xx.}$ xvj. personnes, que chevaliers que clers, que escuiers et autres personnes.

Ainsinc guaingne l'en pour chascun jour Liiij. personnes.

Et si avoit en l'ostel monseigneur, chascun jour, que pour chevaliers que pour escuiers, clers et autres, vi$^{xx.}$ ij. chevaus et plus sanz banerès et bachelers, dont on n'a pas fait estimacion.

Et par le restraint de maintenant il n'en y a que lxxvj. chevaus.

Ainsinc, gaaigne l'en pour chascun jour xlvj. chevaus.

En l'ostel madame avoit, chascun jour, que dames que damoiseles, que chevaliers que clers, que escuiers et autres personnes, vj$^{xx.}$ xiij. personnes.

Et par le restraint maintenant fait, il n'en y aura que lxj. personnes.

Ainsinc gaaigne l'en lxxij. personnes pour chascun jour.

Et si y avoit chascun jour iiij$^{xx.}$ ij. chevaus sanz ceuz de prise, dont il y avoit bien xxxv., quant madame aloit hors.

Et par le restraint de maintenant, il n'en y aura que xlvj. chevaus.

Ainsinc gaaingne l'en pour chascun jour xxxvij. chevaus et xxxv. de prise, quant on aloit hors. Et quant madame sera à sejour, elle n'aura que xix. chevaus.

Ainsinc y avait il trop lxiiij. chevaus, sanz ceuz de prise.

Somme des personnes que l'en gaaingne devers monseigneur et devers madame, pour chascun jour, vi$^{xx.}$ vj. personnes.

Et des chevaus devers monseigneur et devers madame cx. chevaus sanz ceuz de prise.

La somme des despens de bouche, selonc ceste restrainte, est pour l'ostel monseigneur, par an, x$^{m.}$ iiij$^{c.}$ xvij. livres parisis.

Et la somme des despens madame et nos petites dames par an monte vi$^{\text{M.}}$ vi$^{\text{c.}}$ xxxvj. livres parisis, environ xviij. livres x. solz parisis par jour, valent xxiij. livres j. solz vi. deniers tournois.

Somme : xvij$^{\text{M.}}$ lxxiij. livres parisis.

Et pour gages, draps, pennes, selles, garnisons, faire à Paris le sejour monseigneur, de ses chevaus, ix$^{\text{M.}}$ v$^{\text{c.}}$ l. livres x. solz iiij. deniers parisis.

Somme toute des iij. hostieux : xxvj$^{\text{M.}}$ vi$^{\text{c.}}$ xxiij. livres, x. solz iiij. deniers parisis, qui valent à tournois, xxxiij$^{\text{M.}}$ ij$^{\text{c.}}$ lxxviij. livres xviij. solz vi. deniers tournois.

Sanz le cors monseigneur, madame, ses filles et les damoiseles vestir, et sanz les choses qui appartiennent à la chambre monseigneur, sanz selles hors livrée, sanz coffres, males, bahus et autres choses en l'escuierie, sanz messages envoier et donz sans estimacion.

Et demeure en monseigneur ses grosses chevances des tournois et des guerres de l'achast de ses chevaus.

Et la somme de la value de la terre est que monseigneur a à présent xxxvij$^{\text{M.}}$ livres tournois.

Ainsinc li demourroit iij$^{\text{M.}}$ vij$^{\text{c.}}$ xxij. livres tournois pour querir les choses ci dessus dites qui ne sont pas estimées, et xiij$^{\text{M.}}$ livrées de terre qui li sont encore à asseoir en pluseurs lieus.

Ainsinc li demourroit il, si comme l'en verra par les parties qui s'ensuient, xvj$^{\text{M.}}$ vij$^{\text{c.}}$ xxij. livres tournois, se les xiij. m. livres li estoient assizes.

Monseigneur le conte de Poitiers et de Bourges doit avoir en Poitou et en Lymosin xij.$^{\text{M.}}$ livrées de terre, et il n'en tient que environ vij$^{\text{M.}}$ livrées.

Ainsinc demeure à asseoir v$^{\text{M.}}$ livres tournois de terre.

Item il doit avoir en Champaigne vj$^{\text{M.}}$ livrées de terre et il n'en tient encore que environ iiij$^{\text{M.}}$ livrées.

Ainsinc demeure que on li doit asseoir ij$^{\text{M.}}$ livrées de terre.

Item monseigneur tient en la conté de Bourges, hors mis le douayre, xiiij$^\text{m.}$ livrées de terre.

Item monseigneur doit avoir du roy viij$^\text{m.}$ livrées de terre, dont l'en li a assis en Bourgogne environ ij$^\text{m.}$ livrées de terre[1]; et l'en li en devoit asseoir v$^\text{m.}$ livrées de terre et iij$^\text{m.}$ ailleurs.

Ainsinc demeure encore à asseoir à monseigneur vj$^\text{m.}$ livrées de terre.

Item monseigneur a pour la traicte des lainnes, x$^\text{m.}$ livrées de terre.

Somme de la terre que monseigneur tient à present : xxxvij$^\text{m.}$ livrées de terre.

Somme de la terre qui li est à asseoir : xiij$^\text{m.}$ livrées de terre.

Somme que monseigneur doit avoir de terre, se s'assiete li estoit enterinement faite : l$^\text{m.}$ livres tournois.

LIV

Confirmation par Philippe de France, comte de Poitiers, des lettres de Guyart le Vicomte, son maître des forêts en Poitou et en Saintonge, et d'Étienne Piolart, son procureur, en faveur des moines de la Grâce-Dieu. Ces religieux reçoivent cent cinquante-six arpents d'essarts dans la forêt de Benon, avec un droit de justice, en échange d'une rente de quarante livres, qui leur avait été donnée par Alphonse de Poitiers (JJ. 54ⁿ, n° 29, fol. 22 v°).

Novembre 1316.

Philippus, regis Francorum filius, comes Pictavensis Burgundieque palatinus ac dominus de Salinis. Notum facimus nos infra scriptas vidisse litteras in hec verba :

A touz ceaus qui ces presentes lettres verront et orront,

---

1. Les lettres de Philippe le Bel du mois de juin 1314, publiées plus haut (n° XLIV), assignent au comte de Poitiers trois mille six cents livres sur les terres de Bourgogne de la comtesse d'Artois.

nous Guiart le Viconte, chastelain de Benon et mestre de foreiz nostre segneur le conte de Poytiers en Poytou et en Xanctonge, et je Estienne Piolars procureur du dit conte, salut. Sachent tuit que, comme les religieus hommes, l'abbé et le convent de la Grace de Dieu eussent acoustumé anciennement à prandre et à recevoir en la prevosté de Benon quarante livres de rente dou don à aus fait dou conte Alfons, jadis conte de Poytiers, ça en arriere, dou quel il ont esté en saisine et en possession de tant de temps que memoire de homme n'est du contraire, si comme il apparroit par bones lettres, et les diz religieus fussent venus humblement en requerant à noble monseigneur Pierre d'Arrebloy [1], chancelier du très noble prince monseigneur le conte de Poytiers, du quel conte la chastelanie de Benon, ensembleement ou la contée, avoit esté ballie et assise en son partage de monseigneur Loys, roy de France et de Navarre, son frère [2], que le dit monseigneur le conte leur paiast et rendist les dites quarante livres, si comme il avoient acoustumé, ou pleust au dit monseigneur le conte baillier aus diz relegieus, tant de ses essarz en la forest de Benon, au plus près de leur meson de Dardoi, que il feussent solt et paié des dites quarante livres de rente. Et nous, li diz chanseliers, avon encliné à la requeste des diz relegieus et donames en commandement au dit Guiart et au dit Estienne dessus nommez, lieu tenant dou dit chastelain, que il bail-

---

1. Pierre d'Areblay ou d'Arrablay, archidiacre de Narbonne, puis de Bourbonnais, en l'église de Bourges, conseiller du roi, rapporteur des enquêtes au Parlement en 1309 et 1310, devint chancelier de France au mois de juillet 1316. Il n'exerça cette charge que jusque vers la fin de janvier 1317. A cette époque, il fut créé par Jean XXII cardinal du titre de Sainte-Suzanne, évêque de Porto. Il vivait encore en 1332. Fr. Du Chesne lui a consacré une double notice dans son *Hist. des Chanceliers*, in-fol., p. 271 et suiv., et dans son *Hist. des Cardinaux franç.*, in-fol., I, p. 422. Voy. aussi le P. Anselme, t. VI, p. 306.

2. Nous n'avons pas les lettres de Louis le Hutin déterminant les limites du comté de Poitiers.

lassent tant des diz essarz aus diz relegieus et ès lieus dessus nommés, pour cinc solz chaiscun arpent, que les diz relegieus fussent solut et paié des dites quarante livres de rente. Et nous, le dit chastelain, et Estienne dessus nommez, faisons assavoir à tous que, par la vertu du dit commandement, avonz baillié au diz relegieus, en solucion et en paiement des dites quarante livres de rente, sept vinz et seze arpens des diz essars, chaiscun arpent pour le pris de cinc solz, frans, quites et delivrés de tous devoirs, de toutes servitutes, de tous amortiemens, de toute finance et de tous autres devoirs, charges, coustumes et empechemenz, qui pour nous porroient estre ou à nous pouroient appartenir, toute voie retenu à nous et aus noz toute jurisdicion ès diz lieus, sauf aus diz relegieus que il y puissent prendre et arrester et vangier jusques à sept solz et demi sus tous ceaus qui forferont ès diz lieus, pour ce que les diz lieus sont loing de toutes gens ; regardé, consideré et conseillié bien et loyaument estre le profist du dit monseigneur le conte, et appelez plusieurs preudonmes dignes de foy, jurez sus ceu, les quaus et chaiscun pour soy tesmongnerent par leurs sermens que la chose estoit bien haustement baillié, et plus distrent que nuluy ne voudroit que la chose fust seue pour le fuer. Et plus est assavoir que, comme les diz relegieus deussent, chaiscun an, [ou] chastiau de Benon vint solz de rente pour une piece de terre appelée l'essart Regnart, assise près de lor meson de Dardoy, que les diz vint solz sont quite et rabatu dou tou en tout, en faisant la baillete des diz essarz, et en ont les diz relegieus mains quatre arpenz pour le rabat des diz vint solz ; et yssi avoit esté parlé et acordé ou temps passé ou les genz le roy.

Et nous li abbez et li convenz dessus diz faison assavoir à tous que nous avon pris et receu greautablement les essarz dessus diz et la somme, en la fourme et en la maniere que dessus est dit, et nouz en tenismes et tenons bien à paiez pour nous et pour nos sucesseurs, et pour ceu que nous y veismes le profit de nostre eglise apparessant. Et nous les diz relegieus quicton et clamon quicte au dit monseigneur Phelippe, très excellent prince, conte de Poytiers, et à ses hoirs et à ses sucesseurs, et à tous ceaus qui cause auront de aus à tous jours mais, les dites quarante livres de rente, et que nous ne les puissons jamais demander à nul temps, ne proposer, ne dire que nostre dite eglize y fust deceue, et voulon que les choses dessus dites soient fermes et establez à touz jours mais, en tant comme à nous puet appartenir.

Et nous Guiart, chastelain, et Estienne dessus diz faisons assavoir à touz que nous volon et consenton, en non de nostre segneur le dit conte, toutes les choses dessus dites et chaiscune par soy, en tant comme il nous puet appartenir, conme à Guiart, chastelain et garde des forez, si conme dessus est dit, et à moy Estienne Piolart, procureur du dit monseigneur le conte, pour la vertu du commandement dessus dit. Et en garentie de verité, nous Guiars et Estiennes dessus diz en avons donné aus diz religieus ceste presente lettre seelée de nos propres seiaus, des quaus nous usons, ensembleement ou le seel de nostre très noble segneur conte de Poytiers, establiz en la chastelenie de Benon, li quel seel y a esté apposés à la requeste et à la supplicacion de nous Guiart, chastelain, et Estienne dessus diz.

Et nous Micheau Bosseau, garde dou dit seel, à la requeste et supplicacion dou chastelain et Estiennes, dessus diz, avons apposé le dit seel à cestes presentes lettres, en plus grant fermeté de verité. Et fu fait et donné le samedi emprès Noel[1] l'an de grace mil trois cens et quinze.

Nos autem predicta omnia et singula in predictis contenta litteris, prout contenta et expressa in predictis

---

1. Le 27 décembre.

litteris existunt, rata habentes et grata, ea volumus, laudamus et approbamus et eciam confirmamus. Salvo in omnibus aliis jure nostro jureque quolibet alieno. In cujus rei testimonium, sigillum nostrum duximus litteris presentibus apponendum. Actum Parisius, anno Domini millesimo trecentesimo sexto decimo, mense novembris.

LV

Philippe le Long nomme Étienne de Bourret, écolâtre de Poitiers, et Guichard de Marzy ses lieutenants dans la Navarre, et leur commet l'administration de ce royaume (JJ. 54ᴀ, fol. 46).

29 décembre 1316.

Philippus, Dei gracia Francorum et Navarre rex, dilectis et fidelibus magistro Stephano de Borreto [1], scolastico Pictavensi, clerico, et Guichardo de Marzi [2], militi, nostris, salutem et dilectionem. Ex multiplici negociorum varietate, que ad examen nostrum undique confluunt, jugiter hinc inde distrahimur et cogitacionibus assiduis fatigamus, sed ad hec principaliter nostra laborat intencio, vires tendunt et labores exponimus ut nostris fidelibus, ad quorum regimen divina disposicio denuo nos erexit, quietis commoda preparemus, noxia subtrahendo. In eorum

---

1. En 1311, il avait déjà été chargé, avec Pierre de Latilly, d'une mission de Philippe le Bel en Angleterre (*Gallia christ.*, t. II, col. 1220). Dans les listes de conseillers du Parlement des années 1316-1318, on trouve le *Mestre Escole de Poitiers*; selon toute apparence, il s'agit d'Etienne de Bourret. Il est probable aussi que c'est le même Etienne que l'on trouve doyen de Chartres à partir d'octobre 1317, puis évêque de Paris, de 1321 au 24 novembre 1325.

2. Guichard de Marzy, originaire du Mâconnais, était, en 1295, sénéchal de Périgord. (Fragment d'un compte publié dans le recueil des *Hist. de France*, t. XXII, p. 763.) Dans un autre compte, sans date, mais que l'éditeur du volume précité attribue à l'année 1298, il est ainsi désigné: *senescallus Tolose, capitaneus guerre Vasconiensis post recessum comitis de Attrebato* (*Op. cit.* p. 764). Ce fait doit être reporté à l'année 1302 environ, car on trouve dans un arrêt des *Olim* que Guichard était encore, en 1301, sénéchal de Périgord et de Quercy. Depuis, il fut conseiller au Parlement; son nom revient fréquemment dans les premiers registres de cette cour. (Boutaric, *Actes du Parl.*, t. II, p. 9, 143, 147, 173, 342, 473.)

namque quiete quiescimus et anxietatibus anxiamur. Ideoque vias et modos libenter exquirimus, quibus eorum prospero regimini valeamus salubriter providere, ut ex hoc prosperitatis fructus eisdem valeant provenire. Verum quia singulis in locis aut partibus nostre dicioni submissis commissum nobis regimen personaliter exequi non valemus, ad partes ideo quas adire non possumus in presenti, probatas personas nostre conscias voluntatis decrevimus destinandas, que apud incolas partium earumdem, suspicione carentes, quin pocius grate et accepte, ac ipsorum commodum diligentes et statum prosperum affectantes, super eorum sano regimine consulcius tractare valeant et ordinare salubrius, que ad directionem, quietem et pacem, ac bonum et prosperum regimen eorumdem viderint expedire, et que contra hoc et alias in regalis virtute potencie deffectum nostre suppleant absencie corporaliter, nostrasque in execucione justicie vices gerant. Sanè cum diligenter attendimus regnum nostrum Navarre, ab habitacione nostra longè semotum, nostrorum antecessorum presencia diucius caruisse, nosque urgencium occupacione negociorum multipharie impeditos, in presenti non posse regnum ipsum, sicut vellemus et condecet, personaliter visitare; nos idcirco nobiles et incolas dicti regni qui, tamquam viri constantes, nostris predecessoribus et nobis devoti ac fideles, prout facti experiencia nos docuit, extiterunt, cujus gracia speciali affectione inclinamur ad ipsos, cupientes in nostri novitate regiminis visitacione, qua possumus consolari, eorumque regimini providere, viros nobis et eis gratos quesivimus, qui super hiis gerere possint et noverint vices nostras, quos dum meditando collegimus inter ceteros vos eisdem gratos conspeximus et acceptos, cum aliàs suis in partibus regias vices gesseritis, ex quo vos ab eis novimus commendatos; cujus obtentu vos in premissis pro nobis duximus preferendos. Vobis

igitur, de quorum provida discrecione ac probata fidelitate
plenè confidimus, tenore presentium comittimus et mandamus quatinus ad partes dicti regni vos personaliter
transferentes, super statu, regimine ac reformacione ejusdem prosperis in subditorum ipsius transquilla pacis
dulcedine conservandis, prout absque lesione juris alterius fieri poterit, studeatis salubriter. Ad hoc itaque studiis
sollicitis diligencius intendentes, super nostris et alienis
regni ejusdem juribus, privilegiis, consuetudinibus et aliis
causis quibuslibet, de quibus pro nobis aut contra nos, vel
alios incolas seu officiales nostros dicti regni, questionem
vobis defferri contingerit, inquiratis summarie et de plano,
servatis foris et consuetudinibus patrie, vocatis qui
vocandi fuerint, diligencius veritatem, et que circa hec
inveneritis, pro nobis aut subditis nostris dicti regni declaranda, corrigenda, mutanda, emendanda, disponenda,
vel aliàs quomodolibet ordinanda, auctoritate nostra regia
declaretis, corrigatis, mutetis, emendetis, disponatis vel
aliàs ordinetis, ut vestre discrecioni videbitur faciendum.
Ceterum contra gubernatores, bajulos, receptores et alios
officiales et ministros nostros partium earumdem, licet
aliqui ex hujusmodi officialibus quacunque de causa officiales nostri forsan esse desierint, et ad quamcunque
partem se transtulerint, de gestu ipsorum et cujuslibet
eorumdem, qualiter in sibi commissis officiis se gesserint,
vocatis eisdem cum ceteris evocandis, sollercius inquiratis,
et que ipsos à quoquam injuste habuisse repereritis, de
bonis suis, si et prout fuerit racionis, personis à quibus
hoc habuerint restitui faciatis, ac eos, prout demeruerint,
taliter puniatis quod eorum exemplo ceteri teneantur et
deinceps ad talia non prerumpant ; ceteraque omnia, que
pro complemento et stabilitate omnium premissorum et
ea tangencium neccessaria fuerint, cessante cujuslibet
frivole appellacionis diffugio, faciatis et exequamini
diligenter vestras patentes litteras, nostris munitas sigillis,

super hiis que declaranda, corrigenda, mutanda, emendanda, disponenda, vel aliàs quomodolibet decernenda duxeritis in premissis, tenorem presencium continentes, personis quibus expedierit, ad perpetuam rei memoriam, concedentes. Super hiis autem vobis plenam, generalem et liberam, auctoritate nostra regia, concedimus potestatem. Mandantes omnibus fidelibus, justiciariis et subditis dicti regni ut vobis efficaciter intendant et pareant in premissis. Actum Parisius, xxix[a] die decembris anno Domini m. ccc. sexto decimo[1].

LVI

Lettres de sauvegarde octroyées à l'abbé et aux religieux de Saint-Michel-en-l'Herm (JJ. 54ᴮ, nº 52, fol. 35).

Décembre 1316.

Philippus, Dei gracia Francorum et Navarre rex. Notum facimus universis, tam presentibus quam futuris, quod de fonte pietatis manans devocio, quam principes, ecclesiarum potissimi defensores, in juribus earumdem et libertatibus conservandis pugili manu solent hactenus exhibere, animum nostrum incitat ut ad monasterium Sancti Michaelis in Heremo, Pictavensis dyocesis, ne fluctibus procellarum concuciatur adversis imposterum, sed tranquilla sibi habitudine sucedente, persone in eodem monasterio pro Dei servicio deputate liberius Deo dignum ibidem impendere valeant famulatum, protectionis nostre dexteram graciosius extendimus. Nos igitur abbatem et conventum predicti

---

1. Cette commission se trouve insérée dans un acte de donation rédigé en dialecte navarrais, accordé par Etienne de Bourret et Guichard de Marzy, en vertu de leur pouvoir, à don Jean Arnaud d'Espeleta, doyen de Tudela et alcade en la cour de Navarre, de cent cafises de froment, de rente annuelle, à la mesure de Pampelune, acte daté du mois de juin 1317, et confirmé en août 1317.
On trouve encore dans le même registre JJ.54ᴬ, notamment aux fol. 36, 37 et 53, d'autres actes de l'administration de ces deux commissaires réformateurs dans le royaume de Navarre.

monasterii, tam in capite quam in membris, nec non in personas in eodem monasterio divino vacantes cultui, ipsorumque abbatis et conventus successores, homines, res et bona omnia quecunque familiamque eorumdem in nostra salva gardia, tenore presencium, suscipimus speciali. Dantes tenore presencium in mandatis ballivo Turonensi ceterisque justiciariis nostris, qui nunc sunt et qui pro tempore fuerint, et eorum cuilibet, quatinus dictos abbatem et conventum, personas et successores predictos in eorum justis possessionibus, usibus, franchisiis, libertatibus et saisinis, in quibus ipsos esse et eorum predecessores fuisse invenerint, manuteneant et conservent, et eos in dicta salva garda nostra tenentes, ab omnibus injuriis, violenciis, oppressionibus, vi armorum et potencia laycorum defendant, nec permittant eisdem, aliquas a quocunque indebitas fieri novitates, nec eciam in personis vel bonis eorumdem aliquas inferri molestias vel jacturas. Quod ut firmum et stabile permaneat in futurum, presentibus litteris nostrum fecimus apponi sigillum. Salvo tamen in aliis jure nostro et in omnibus quolibet alieno. Actum apud Sanctum Germanum in Laya, anno Domini m. ccc. sexto decimo, mense decembris.

Per dominum regem, Belleymont.

LVII

Philippe le Long nomme l'abbé de Charroux, le sire de Craon et Guy de Bauçay, ses commissaires en Poitou et en Touraine (JJ. 55, fol. 2 v°).

16 janvier 1317.

Philippus, Dei gracia Francorum et Navarre rex, dilectis et fidelibus nostris abbati de Carroffio [1], domino de Craon [2]

---

1. Raymond de Châteauneuf.
2. Amaury III de Craon, seigneur de Sablé, sénéchal héréditaire d'Anjou, de Touraine et du Maine, mort le 26 janvier 1332.

et Guidoni de Bauçay [1], militibus, salutem et dilectionem. Quia, sicut Scriptura commemorat, beati sunt illi qui faciunt justiciam in omni tempore, per quam regnant reges et principes dominantur, regnumque nostrum Francie predictum, propter servatam in eodem hactenus justiciam, inter alia regna mundi magis benedictum à Domino reputetur, nos, qui ad ipsius preheminenciam sumus clemencia divina vocati, ad hoc precipue dirigimus aciem mentis nostre, ut in dicto regno nostro fiat et servetur justicia et nostris dicti regni subditis pacis transquillitas procuretur, quodque regnum, sicut beati Ludovici, proavi nostri, temporibus, deinceps regatur, et ne propter nostram negligenciam aut deffectum, cum de talento nobis credito habeamus, in examine stricti judicii, reddere racionem, regnum nostrum paciatur aliquod ex deffectu justicie detrimentum; quia presenciam nostram non valemus ubilibet exhibere, ex officii nostri debito compellimur ad diversas predicti regni nostri partes certas destinare personas, que in virtute regalis potencie deffectum nostre suppleant absencie corporalis. De vestra itaque fidelitate et industria circunspecta, plenam fiduciam obtinentes, vos ad partes Turonenses et Pictavie providimus fiducialiter destinandos, mandantes et committentes vobis quatinus, qualiter nostris insistit desideriis, justiciam omnibus facere pacemque subditis procurare efficaciter ostendatis eisdem; graciam vero, libertates et alias concessiones quaslibet eis factas per carissimos dominos genitorem et germanum nostros, nec non antiquas et approbatas eorum consuetudines, quas eis volumus inviolabiliter observari per ballivos, vicecomites et alios officiales et justiciarios nostros teneri, compleri ac servari in omnibus et singulis eorum articulis faciatis, et ad omnia et singula salubriter procuranda efficaciter intendatis, ex quibus pax nostris subditis poterit provenire.

---

1. Voy. la note de la pièce n° II relative à ce personnage.

Damus autem omnibus justiciariis et subditis quibuslibet regni nostri presentibus in mandatis ut vobis pareant in premissis et diligenter intendant. Datum Parisius, die xvj^a [januarii], anno Domini millesimo ccc. xvj. [1].

LVIII

Don à Guy de Bauçay, chevalier, de dix livres de rente sur la haute justice des lieux voisins de sa maison de Curçay (JJ. 53, n° 34, fol. 13).

Janvier 1317.

Philippus, etc. Notum facimus universis, tam presentibus quam futuris, quod nos, considerantes propensius grata et fidelia obsequia que dilectus et fidelis Guido de Bauçay, miles noster, inclite recordacionis carissimis dominis genitori et germano nostris, quondam dictorum regnorum regibus illustribus, impendit devote, et nobis non cessat impendere, eidem militi, intuitu serviciorum hujusmodi, damus et concedimus, pro se et heredibus suis imperpetuum, decem libras annui et perpetui redditus in alta justicia sive aliquo dominio circa domum suam de Curciaco, in locis magis domui predicte propinquis, nobis minus dampnosis et eidem militi magis utilibus, assidendas. Volentes et auctoritate regia concedentes ex certa sciencia quod miles predictus, heredes et successores ipsius predictas decem libras reddituales in predicta alta justicia in hereditatem perpetuam habeant et possideant pacifice et quiete sine contradicione, à nobis, successoribus nostris vel

---

[1]. On trouve dans les *Ordonnances* (t. XV, p. 314) le texte de cette commission sous la date du 6 février 1316 (a. s.) ; elle est insérée dans des lettres de Philippe le Long portant confirmation de certaine décision rendue en faveur de l'abbaye de Saint-Julien de Tours par ces trois commissaires, lettres vidimées par Louis XI en janvier 1461 (JJ. 198, n° 307). Le même recueil (t. XV, p. 586) renferme une commission semblable, adressée aux mêmes personnages, mais en français, et datée du 7 mars 1316 (1317), publiée d'après un autre vidimus de Louis XI, qui se trouve dans le registre JJ. 212, pièce 32.

quibusvis aliis quomodolibet inferenda. Salvo tamen in
aliis jure nostro et in omnibus quolibet alieno. Quod ut
firmum et stabile permaneat in futurum, presentibus
litteris nostrum fecimus apponi sigillum. Actum Parisius,
anno Domini m. ccc. sexto decimo, mense januarii.

Correcta per vos, Barriere.

Alia erat signata per dominum regem, Belleymont.

LIX

Privilège accordé à Jean Larchevêque, sire de Montfort, d'anoblir
André Rouault et de le créer chevalier (JJ. 53, n° 188, fol. 82).

8 mai 1317.

Philippus, Dei gracia Francorum et Navarre rex. Notum facimus universis, tam presentibus quam futuris, quod nos, dilecti et fidelis nostri Johannis Archiepiscopi, domini Montisfortis [1], militis, suis exigentibus meritis, personam honorare volentes ac per honorem sibi exibitum aliis facere graciam specialem, eidem Johanni concedimus graciose et de plenitudine regie potestatis, ut ipse Andream dictum Rouaut [2] nobilitare valeat et militari cingulo decorare, licet idem Andreas non fuerit de nobili genere procreatus; volentes insuper et eidem Andree specialiter concedentes quod, postquam à predicto Johanne Archiepiscopi fuerit factus miles, ipse pro milite cum sua posteritate perpetuo et sine contradicione qualibet habeatur. In cujus rei testimonium, presentibus litteris nostrum fecimus apponi

---

1. Jean Larchevêque de Parthenay, seigneur de Montfort à cause de sa mère. (Voy. les n°s XLV et XLVI.)

2. André Rouault, seigneur de Boismenart et de la Rousselière. Sa généalogie se trouve dans le P. Anselme et dans le *Dict. généal. du Poitou* de M. Beauchet-Filleau, t. II, supplément. Ce dernier parle en termes vagues, d'après Lainé, de cet anoblissement de 1317, et prétend à tort qu'il aurait été octroyé en faveur de Clément Rouault, père d'André.

sigillum. Actum Parisius, vnj. die maii anno Domini millesimo ccc. xvij.

Per dominum Petrum Bertrandi, Amisius.

LX

Confirmation des lettres d'Alphonse, comte de Poitiers, datées du 10 juin 1270, par lesquelles il accorde à l'abbaye de Saint-Maixent une rente annuelle de trente livres à asseoir sur une terre, en dédommagement de certains préjudices qu'il lui avait causés (JJ. 53, n° 276, fol. 116 v°).

13 mai 1317.

Philippus, Dei gratia Francorum et Navarre rex. Notum facimus universis, tam presentibus quam futuris, quod nos litteras inclite recordacionis Alfonsi, quondam comitis Pictavensis, vidimus in hec verba :

Alfonsus, filius regis Francorum, comes Pictavensis et Tholose, dilecto et fideli suo senescallo Pictavensi salutem et dilectionem. Cum viri religiosi, abbas et conventus monasterii Sancti Maxencii, Pictavensis dyocesis, dicerent nos tenere feuda vicecomitatus de Aunayo, de Cherveos, de Sancto Gelasio, de Veceria, de Tuscha de Aygones et feodum domanii quod fuit Guidonis de Ruppeforti, militis, nobis occasione guerre commissi, in suum et sui monasterii prejudicium et gravamen, necnon castrum nostrum de Sancto Maxencio in fundo dicti monasterii constructum fuisse, et per hoc jurisdiciones, census et alia jura, que in dicto loco et habitantibus in eodem habebant per longa tempora, amisisse; in viis eciam publicis ville Sancti Maxencii et extra, precipue in hiis que Quatuor Chemini dicuntur, per vos et senescallos nostros Pictavenses ac alios officiales nostros, qui pro tempore fuerunt, jurisdicionem et justiciam altam et bassam, quam iidem religiosi habent, ut asserunt, in viis supradictis impediri sepius et turbari. Nobis in contrarium asserentibus et dicentibus ad nos dicta feuda pertinere et in rebus predictis jus habere. Tandem pro bono pacis, interveniente bonorum consilio, volentes pocius dicto monasterio aliqua erogare quam in dubio ejusdem monasterii jura retinere, convenimus cum eisdem quod triginta libras pictavensium annui redditus demus eisdem, quas mandamus et volumus per vos eisdem in loco competenti, quamcicius commodè poteritis, cum omnimoda jurisdicione et justicia et omnimode jurisdicionis et justicie excercicio assignari. Item quod racione dicti redditus dictus abbas nobis in aliquo minimè teneatur, et super assignacione quam sibi feceritis, vestras patentes litteras eis dari, quibus plenam fidem volumus adhiberi [1]. Nos enim assignacionem, quam eisdem de dictis triginta libris annui redditus feceritis, pro nobis, heredibus et successoribus nostris, gratam, ratam habemus pariter et acceptam. Iidem vero abbas et conventus, pro se et suis successoribus, nos et nostros successores ab impeticione omnium predictorum et de fructibus seu redditibus, quos de dictis feudis et rebus aliis quibuscunque percepimus, absolverunt et quittaverunt penitus et expressè, excepto feudo decime dicti vicecomitatus de Aunayo, que decima dicitur de Neraco, quod jam sibi reddidimus, de arreragiis ejusdem decime sibi plenariè satisfacto, nichil in predicto feudo decime nobis penitus retinentes; et exceptis viis publicis seu cheminis et locis in domanio, feodis et districtu abbatis Sancti Maxencii, tam in villa Sancti Maxencii quam extra, et infra districtum et do-

---

[1]. La mort d'Alphonse de Poitiers survint avant le règlement de l'assiette de ces trente livres de rente. L'abbé de Saint-Maixent, Étienne, s'adressa alors au roi Philippe III, qui lui fit assigner, par le sénéchal de Saintonge, les terres qui avaient été possédées par feu Pierre Désiré dans la villa de Bassée, avec haute et basse justice, à condition de payer une redevance annuelle de trente sous aux héritiers de Renou Désiré, chevalier. Ces détails sont contenus dans les lettres originales de l'abbé de Saint-Maixent, par lesquelles il déclare accepter, au nom de l'abbaye, ladite assignation. Elles portent la date du samedi avant les Cendres 1275 et sont conservées aux Arch. nat. J. 191, n° 128.

manium dicti abbatis existentibus. In quibus districte prohibemus impedimentum seu perturbacionem aliquam, per vos vel alios allocatos vestros, dictis abbati et conventui fieri vel inferri. Volentes et concedentes quod dictis abbati et conventui, nomine monasterii sui, libere uti et gaudere imposterum liceat omnimoda jurisdicione et justicia alta et bassa et omnimode jurisdicionis et justicie exercicio, quam seu quas in dictis viis, cheminis et locis contingeret futuris temporibus evenire. Nos vero in cheminis, viis publicis et locis residuis existentibus in domanio, feodis et districtu que fuerunt dicti Guidonis de Ruppeforti, tam in dicta villa Sancti Maxencii quam extra, jurisdicionem et justiciam omnimodam jurisdicionisque et justicie exercicium nobis et nostris successoribus retinemus. In cujus rei testimonium, presentibus litteris sigillum nostrum duximus apponendum. Salvo in omnibus jure quolibet alieno. Datum apud Armazanicas, prope Aquas Mortuas, die martis ante festum sancti Barnabe apostoli [1], anno Domini millesimo ducentesimo septuagesimo.

Nos autem omnia et singula in predictis litteris contenta, rata et grata habentes, laudamus, approbamus et tenore presencium, ex certa sciencia, auctoritate regia confirmamus, volentes ea omnia habere perpetuo roboris firmitatem. In cujus rei testimonium, nostrum presentibus litteris fecimus apponi sigillum. Datum Parisius, xiij^a die maii, anno Domini millesimo ccc. decimo septimo.

Per cameram compotorum, Aprilis.

LXI

Le roi assigne à Étienne Moreau ses gages sur la prévôté de Loudun
(JJ. 54A, fol. 33).

Dominus rex concessit Stephano Morelli vadia vi. de-

---

1. La Saint-Barnabé, fêtée le 11 juin, tomba un mercredi, en 1270.

nariorum per diem habenda et percipienda singulis annis super emolumentis prepositure de Loduno, quamdiu vitam duxerit in humanis. Datum xxij^a die junii anno Domini m. ccc. xvij [1].

Per dominum regem, ad relacionem magistri P. de Condeto, Aprilis.

LXII

Convocation de barons poitevins (JJ. 55, fol. 10 v°).

Vers le 30 juin 1317.

Ce sont les noms d'iceus qui doivent estre mandez aus octaves de Panthecoste, secunde foiz, li quel sont contremandé aus troys semaines de ceste S. Jehan prochaine, l'an [m. ccc.] xvii.

Poytou.

Monsr Jehan Larcevesque [2], xx. hommes d'armes.
Le viconte d'Aunay [3], xv. »
Le viconte de Touart [4], xxx. »
Le viconte de Limoges [5], xxx [6]. »

---

1. Le registre JJ. 54A ne contient guère que des sommaires peu développés, comme celui-ci.
2. Seigneur de Parthenay.
3. Pons de Mortagne, vicomte d'Aunay, seigneur de Chef-Boutonne, de Mirebel, de Conac, dont la fille unique, Marguerite, épousa Jean de Clermont, seigneur de Chantilly, maréchal de France.
4. Jean Ier, seigneur de Talmont et de Mauléon.
5. Guy VII, second fils d'Artur II, duc de Bretagne.
6. Sur la même liste, parmi les officiers « de l'ostel le Roy », on trouve encore « le seigneur de Bauçay, xv., Goujon de Bauçay, xv., Saucey de Baucey, xv. » qui étaient également Poitevins. Ils figurent déjà sur une liste de l'année 1316, avec quinze autres barons, parmi les « *chevaliers poursuians Monseigneur* (Philippe le Long, alors régent) *pour li compaingnier et pour conseil* » (JJ. 57, fol. 41 v°). Le premier, c'est Hugues de Bauçay, dont il a été question précédemment (voy. la note du n° LI, et l'acte suivant); le second

LXIII

Institution d'un marché à Champigny-sur-Veude, à la requête d'Hugues de Bauçay chevalier, (JJ. 53, n° 216, fol. 91).

Juin 1317.

Philippus, etc. Notum facimus universis, tam presentibus quam futuris, quod, cum dilectus et fidelis Hugo de Bauceyo, miles noster, nobis cum instancia supplicasset ut in villa de Champigniaco supra Veudam mercatum concederemus, die martis cujuslibet ebdomade, perpetuo tenendum, nos baillivo nostro Turonensi mandavimus ut ipse de comodo vel incomodo quod exinde haberemus, et si per hoc juri alieno prejudicium fieret, vocato procuratore nostro et aliis evocandis, consideratisque locis circumvicinis et eorum mercatis, inquireret cum diligencia veritatem, et quod inde faceret sub sigillo suo nobis mitteret interclusum. Facta igitur per dictum baillivum super hoc inquesta et nobis reportata, ipsaque diligenter inspecta, quia per eam repertum extitit quod, si mercatum in dicta villa fieret, nobis et rei publice commodum exinde perveniret nec per hoc jus alienum in aliquo lederetur, nos mercatum in dicta villa de Champigniaco, die martis qualibet ebdomade tenendum perpetuo statuimus. Salvo in aliis jure nostro et in omnibus alieno. Quod ut firmum permaneat in futurum, presentibus nostrum fecimus apponi sigillum. Actum Parisius, mense junii anno Domini M. CCC. decimo septimo.

Per dominum regem, P. Bertrandi.

était sans doute le fils de Guy de Bauçay, seigneur de Chéneché (voy. les n°s II et CVII), et le dernier, dont je n'ai pu retrouver la filiation, est mentionné par le P. Anselme en ces termes: Saucet de Bauçay, chevalier, vivant en 1325, avait épousé Béatrix de Raineval (*Hist. généal.*, t. VIII, p. 615).

LXIV

Le roi mande au sire de Bauçay de surseoir à son départ jusqu'à nouvel ordre, mais de rester prêt à le venir joindre avec quinze hommes d'armes (JJ. 55, fol. 12).

5 juillet 1317.

Philippe, par la grace de Dieu, roys de France et de Navarre, à nostre amé et feal le seingneur de Bauçay [1], salut et dilection. Comme nous vous aions autre foys requis et prié à grant instance que vous fuissez à Paris à iij. semainnes de ceste S. Jehan prochainnement passée, à xv. homes d'armes bien apparilliez en chevax et en armes, et nous qui ne vous vodrions pas donner travax ne coustages, se n'estoit pour necessité de nous ou de nostre royaume, aiens consideré mout de choses sur ce et regardé l'estat où les besoingnez de nostre royaume sont à present, especialment pour eschiver vostre travail, ne volons mie que vous veingnez à la dicte journée, mez pour ce que nous ne savons mie encore le certain estat en quoy nous besoignez demourront, et ainsi porront avoir besoing de vous, si come nous le creons, pour lez besoingnez de nostre royaume, nous vous prions et requerons, au plus acertes que nous poons, que vous vous teignés si garnis et ainsi appariliez du nombre de genz dessus dis, que à toute heure que nous vous manderons pour vous avec le nombre devant dit, soiés prest de venir ot nous du jour à lendemain sanz nulle faute, et ce ne laissiés en nostre maniere toute excusacion cessant, si chier comme vous amés nous et nostre honneur et le bon estat de nostre royaume. Et est nostre entencion que, conbien que nous veullienz que vous soiez tous prest,

---

1. Hugues VI, le même sans doute que dans la pièce précédente. Voyez la note du n° LI.

au mains sanz nulle faute soiez prest, si come dessus est dit, à la quinzanne de la mi aoust procheinement venant, si que, si lors ou entre ci et là, nous vous mandons, si comme nous creons bien que à faire le conviendra, vous puissiez mouvoir tantost garniz et apparilliez au nombre de genz dessus devisiés. Donné à Paris, le v. jour de jugnet l'an de grace mil ccc et xvıj.

LXV

Guillaume de la Plaigne est maintenu dans la garde du château de Montreuil-Bonnin (JJ. 54ᴀ, fol. 33 vº).

23 juillet 1317

Placet domino regi quod Guillelmus de la Plaigne in custodia castri de Monsterolio Bonini remaneat, illamque teneat et exerceat more solito et ad vadia consueta, quamdiu placuerit domino regi, in qua custodia institutus est per litteras domini Poncii de Moreteigne, vicecomitis de Alneto et gubernatoris senescallie Xanctonensis. Datum Pissiaci, die xxıj. julii anno m. ccc. xvıj.

Per dominum Robillardum de Gamachiis, Belleymont.

LXVI

Confirmation d'un privilège accordé par Philippe le Hardi à l'abbaye de Saint-Maixent touchant le nombre de sergents qu'elle devait fournir à l'armée royale (JJ. 53, nº 281, fol. 118).

25 juillet 1317.

Philippus, Dei gracia Francorum et Navarre rex. Notum facimus universis, tam presentibus quam futuris, nos infrascriptas vidisse litteras, sigillo inclite memorie domini Philippi, carissimi domini et genitoris nostri, quondam regis Francie, ut prima facie apparebat, sigillatas, formam que sequitur continentes :

Philippus, Dei gracia Francorum rex. Notum facimus

universis, tam presentibus quam futuris, quod nos nolumus quod pro quocunque servicio prestito seu pro quacunque financia facta cum senescallo nostro Pictavensi et Xanctonensi, racione exercitus nostri apud Salvamterram submoniti, aut eciam pro quocunque servicio prestito seu pro quacunque financia facta cum predicto senescallo, racione exercitus nostri apud Fuxum submoniti, ultra numerum quinquaginta servientum monasterio Sancti Maxencii aliquod prejudicium generetur; immo eidem libertates et immunitates, quas habebat antea, remaneant integrè et eciam illibatè. Quod ut ratum et stabile permaneat in futurum, presentibus litteris nostrum apponi fecimus sigillum. Actum Parisius, anno Domini M. CC. septuagesimo septimo, mense marcio.

Nos autem pia predecessorum nostrorum vestigia libenti animo insequentes, omnia et singula in predictis litteris contenta, rata et grata habentes, laudamus approbamus et, ex certa scientia, auctoritate nostra regia, tenore presencium confirmamus, volentes ea omnia et singula habere perpetuo roboris firmitatem. In cujus rei testimonium, presentibus litteris sigillum nostrum fecimus apponi. Actum Parisius, vicesima quinta die julii mensis, anno Domini M. CCC. decimo septimo.

Per cameram compotorum, Aprilis.

LXVII

Confirmation d'une sentence arbitrale rendue en faveur des religieux de Maillezais et des habitants de Chaillé-les-Marais, contre les religieux de Moreilles, reconnaissant aux premiers le droit d'avoir chemin par terre et par eau au lieu dit le Bot de la Vendée (JJ. 53, n° 256, fol. 107).

Juillet 1317.

Philippus, etc. Notum facimus universis, tam presentibus quam futuris, nos infrascriptas vidisse litteras, formam que sequitur continentes :

. Memoires est que comme des contenz et debaz esmeuz et pendanz en l'assise de Fontenay, entre l'abbé et le convent de Mallezays et les parrochiens de la parroiche de Chaillei, d'une partie, et l'abbé et le convent de Morele, d'autre, sus debat d'avoir voie par terre et par eaue en certains leus, appelez le Bot de la Vandée, autrefoiz monstrez et declariez, selon les enquestes sur ce faites et publiées, fust compromis des dites parties en nous, Jehans sires de Vauceles[1], chevalier, jadis ballis de Touraine, comme en nostre persone, sanz office de ballif, haut et bas, à nostre volenté, à ordener et à sentencier une foiz ou pluseurs, si comme nous voudriens et là où il nous plairoit, appelez les diz religieus et les diz parrossiens, ou leur procureur, si comme il est plus plainement contenu en compromis fait sur ce, et, par vertu du dit compromis, nous eussiens pris et receu en nous le fais et la charge, selon la fourme et la manere à nous balliées des dites parties, nous aions veu diligenment les enquestes faites sur ce et les raisons d'une partie et d'autre, et nous, à la fin de plus seurement procedier et determinier du dit debat, nous aions appelé les dites parties sus les lieus contencieus, et, les parties presentes sus les diz leus par devant nous, à nous plus plainement enfourmer, aiens enquis diligenment du droit des possessions et des esploiz d'une partie et d'autre, et o les religieus de Morelle et o les religieus de Mallezais, et o pluseurs autres persones à nous balliées et administrées sur ce des procureurs d'une partie et d'autre, et du procureur des diz hommes, nous, enquis diligenment et parfaitement sus toutes les choses dessus dites, et oïes les raisons d'une partie et d'autre, appelées les dites parties par devant nous par pluseurs

---

[1]. M. Beauchet-Filleau donne une note succincte sur ce personnage et quelques renseignements sur sa famille. (*Dict. généal. du Poitou,* t. II, p. 777.) Jean de Vaucelles fut aussi bailli de Caux. (Voy. un mandement royal adressé au bailli de Rouen, le 8 avril 1322. Boutaric, *Actes du Parl.* t. II, n° 7160.)

jourz et par pluseurs foiz sollennelment et deuement à oïr nostre dit et nostre ordinacion, après pluseurs assignacions de jourz faites de nous aus dites parties, consideranz et resgardanz les granz dilacions qui ont esté en la dite cause avant le dit compromis, c'est assavoir de trente cinc ans et de plus, nous aions fait ajourner l'abbé et le convent de Morelle et les diz religieus de Maillezais, et le procureur des diz hommes, au samedi avant la Trinité, par devant nous arbitre dessus dit, à Fontenay, par Guillaume le Begues, lequiel nous avons establi, commis et donné pooir de les ajourner en lieu de nous, selon nostre pooir dessus dit, lequel dit Guillaume ajourna le dit abbé et convent de Morelle à l'abbeye en la persone de prieurs de cloistre et de souprieurs de la dite abbeye, à proceder et aler avant en la cause ou en negoce dessus diz, selon procès, et à oïr nostre dit, nostre sentence, nostre ordenance et nostre volenté sus la cause ou en negoce dessus diz, et o intimacion que, viegnent ou ne viegnent, nous irons avant et procederons et ordenerons et sentencierons, non contraitant leur absence, le quiel adjournement le dit Guillaume nous recorda par son serement avoir fait et prouva souffisanment par deus garanz sus ce jurez et examinez. A reccort du quiel et à la preuve dessus dite nous avons ajousté planere foy.

Les quieles choses ainsi faites, le procureur et l'abbé et le convent de Mayllezais, et le procureur des hommes dessus diz, nous requeissent o grant instance que nous procedissons, ordenissons et sentenciissons des debaz et cause dessus diz, nous acertenez arbitre dessus dit, nostre pooir dessus dit leu publienment en l'assise de Fontenay, tenue par Jehan de Vaudrigehem, ballif de Touraine, eu deliberacion et conseil o les sages de la court, appelées les parties souffisanment et deuement, sollennité de droit et de coustume gardée, auquel jour nous fut presentez, de la partie de l'abbé et du convent de Moreille, un mandement de la court nostre seigneur le roy de France, contenant la fourme qui s'ensuit :

Ludovicus, Dei gracia Francorum et Navarre rex, ballivo Turonensi salutem. Mandamus vobis quatinus ad judicandum inquestas super lite vel litibus pendentibus inter abbatem et conventum de Moreillia, ex parte una, et abbatem et conventum Maylleacensem et commune patrie, ex altera, per vos factas, non racione compromissi à dictis partibus in vos, ut dicitur, facti, cum, post susceptum à vobis hujusmodi compromissum, consanguineam dicti abbatis Mailleacensis[1] dicamini in uxorem duxisse, super quo de favore nimio erga ipsum abbatem Malleacensem à vobis, racione affinitatis predicte, forsitan in premissis exhibendo, dictus abbas de Moreilla habet, sicut asserit, plurimum pretimere, et tamquam ballivus et judex à quo possit, si opus fuerit, appellari, absque dilacione qualibet, racione previa, procedatis. Datum Rothomagi, ij^a die februarii anno Domini millesimo ccc. quinto decimo.

Pour le quiel mandement nous requeismes en planere assise le ballif de Tour dessus dit se il vouloit en riens defendre ne empeeschier en nulle chose le pooir que nous avions, par vertu du dit compromis, que nous ne peussions aler avant entre les dites parties à dire nostre dit, nostre sentence ou nostre ordinacion, non contraitant le dit mandement ; le quel dit ballif, eu conseil sur ce o pluseurs sages, nous respondit que ou dit mandement n'avoit nulle chose pour quoy nous fussions empeeschié d'aler avant, comme ce qu'il ont proposé en la court de France que nous estions espousez o la parente de l'abbé de Maillezais après le dit compromis soit faus, ainz est la verité tele que par devant le compromis nous avions espousé la parente du dit abbé de Maillezais par grànt temps, si comme il fut trouvé souffisant par pluseurs dignes de foy. Les queles choses ainsi

---

1. Geoffroy Pouvreau était déjà abbé en 1309. Au mois d'août 1317, l'évêché de Maillezais ayant été institué par le pape Jean XXII, il en fut le premier évêque et ne siégea que deux ans.

faites, nous, celi jour, deismes, sentenciames et ordenames et par nostre sentence declarasmes que les diz religieus, l'abbé et le convent de Mallezais et les diz hommes avoient et ont droit et raison d'avoir chemin par terre et par eaue ou lieus dessus diz, des quielx estoit le debat et y condempnasmes les diz religieus de Moreille, et en despens et en damages, des quielx il pourra apparoistre que il ont fait et soustenu pour raison de plait et de debat, et de l'empeeschèment que les diz religieus de Morelle leur ont mis ès choses dessus dites non deuement, et en l'amende nostre seigneur le roy de France. Et requeismes Jehan Nau garde du seel nostre seigneur le roy de France establi à Fontenay, que ceste lettre, ceste sentence seelast du seel dessus dit assembleement o le nostre.

Et je Jehan Nau dessus dit, garde du dit seel, à la supplicacion du dit arbitre, apposai le seel nostre seigneur le roy dessus dit en ceste presente lettre et sentence, presenz le ballif de Touraine dessus dit, Martin Boucet, mons. Nicolas le Blanc, segneur en loy, maistre Robert de Campmoret, procureur le roy nostre seigneur en le ballée de Touraine, Guillaume de Poilevoisin [1], Guillaume de Michezai, Guillaume Motes, Lucas de Grozeer, Andri Roaut [2], Jehan Chevaleau [3], Guillaume de Verruye et pluseurs autres. Fait et donné le samedi avant la Trinité, en l'assise de Fontenay, l'an de grace mil ccc. et dis et sept [4].

Nos autem premissa omnia et singula in suprascriptis litteris contenta, rata habentes et grata, ea volumus, laudamus, approbamus et tenore presentium, auctoritate regia, con-

---

1. Il s'agit vraisemblablement de Guillaume d'Appelvoisin, seigneur du Boischapeleau. (Beauchet-Filleau, *op. cit.*, t. I, p. 70.)
2. André Rouault, seigneur de Boismémard. Voy. plus haut le nº LIX.
3. La famille poitevine de ce nom occupe quelques pages du *Dict. généal.* de M. Beauchet-Filleau, t. I, p. 665; Jean Chevaleau n'y est point mentionné.
4. Le 30 mai.

firmamus. Nostro et alieno in omnibus jure salvo. Quod ut firmum et stabile perseveret in futurum, presentibus litteris nostrum fecimus apponi sigillum. Actum Parisius anno Domini millesimo ccc. decimo septimo, mense julii.

Collacio facta est per me, P. Barrière, de mandato vestro.

LXVIII

Nouvelle confirmation des lettres de Philippe Auguste en faveur de l'abbaye de Saint-Maixent (JJ. 53, n° 280, fol. 118).

Juillet 1317.

Philippus, Dei gracia Francorum et Navarre rex. Notum facimus universis, tam presentibus quam futuris, quod nos litteras inclite recordacionis precarissimi domini et avi nostri Philippi, Francorum regis, vidimus in hec verba : Philippus, Dei gracia Francorum rex, etc.[1]. Nos autem pia predecessorum nostrorum vestigia libenti animo insequentes, omnia et singula in predictis litteris contenta, rata et grata habentes, laudamus, approbamus et ex certa sciencia, auctoritate regia, tenore presentium, confirmamus, volentes ea omnia et singula habere in perpetuo roboris firmitatem. In cujus rei testimonium, presentibus litteris nostrum fecimus apponi sigillum. Actum Parisius, anno Domini m. ccc. decimo septimo, mense julio.

Per cameram compotorum, Aprilis.

LXIX

Vidimus d'un diplôme de Louis VIII, de l'an 1224, confirmant à l'abbaye de Saint-Maixent les droits, possessions et privilèges qu'elle avait du temps des rois d'Angleterre (JJ. 53, n° 278, fol. 117 v°).

Juillet 1317.

Philippus, Dei gracia Francorum et Navarre rex. Notum

---

1. Suit le texte des lettres de Philippe Auguste, intercalé dans les vidimus de saint Louis et de Philippe le Hardi, publiés plus haut sous le n° XIV.

facimus universis, tam presentibus quam futuris, quod nos litteras inclite recordacionis precarissimi domini avi nostri, quondam Francorum regis, vidimus in hec verba :

Philippus, Dei gracia Francorum rex. Notum facimus universis, tam presentibus quam futuris, quod nos litteras inclite recordacionis precarissimi domini et genitoris nostri, Ludovici, Francorum regis, vidimus in hec verba :

In nomine sancte et individue Trinitatis, amen. Ludovicus, Dei gracia Francorum rex. Noverint universi presentes pariter et futuri quod nos litteras clare memorie regis Ludovici, genitoris nostri, inspeximus in hec verba :

In nomine sancte et individue Trinitatis, amen. Ludovicus, Dei gracia Francorum rex. Noverint universi presentes pariter et futuri quod nos abbacie Sancti Maxencii, tam in capite quam in membris, concessimus jura, dominia, nemora, possessiones, consuetudines et libertates sibi et hominibus suis, sicut ea tenuerunt et habuerunt temporibus regum Anglie, Henrici scilicet et Richardi, et Johannis, quamdiu fuit ad homagium reverende memorie Philippi, quondam Francorum regis, genitoris nostri, et eciam tempore ipsius genitoris nostri, salvis nobis excercitu et equitacione nostra et justicie recursu, si abbas de jure deficeret. Quod ut perpetue stabilitatis robur obtineat, presentem paginam sigilli nostri auctoritate et regii nominis caratere inferius annotato confirmamus. Actum apud Sanctum Germanum in Laya, anno dominice Incarnacionis millesimo ducentesimo vicesimo quarto, regni vero nostri anno secundo. Astantibus in palacio nostro, quorum nomina subposita sunt et signa. Dapifero nullo. Signum Roberti, buticularii. Signum Bartholomei, camerarii. Signum Mathei, constabularii. Datum per manum Garini, Silvanetensis episcopi, cancellarii.

Nos igitur prefati genitoris nostri vestigiis inherentes, predicta concedimus et approbamus. Quod ut perpetue stabilitatis robur obtineat, presentem paginam sigilli nostri auctoritate et regii nominis caratere inferius annotato confirmamus. Datum apud Sanctum Maxencium, anno dominice Incarnacionis millesimo ducentesimo tricesimo, regni vero nostri anno quarto. Astantibus in palacio nostro, quorum nomina subposita sunt et signa. Dapifero nullo. Signum Roberti, buticularii. Signum Bartholomei, camerarii. Signum Mathei, constabularii. Data vacante cancellaria.

In cujus rei testimonium, presentibus litteris nostrum fecimus apponi sigillum. Actum apud Niortum, anno Domini M. CC. septuagesimo primo, mense februario.

Nos autem pia predecessorum nostrorum vestigia libenti animo insequentes, omnia et singula in predictis litteris contenta, rata et grata habentes, laudamus, approbamus et ex certa sciencia, auctoritate regia, tenore presencium confirmamus, volentes ea omnia et singula habere perpetuo roboris firmitatem. In cujus rei testimonium, presentibus litteris nostrum fecimus apponi sigillum. Actum Parisius, anno Domini M. CCC. decimo septimo, mense julio.

Per cameram compotorum, Aprilis.

LXX

Confirmation des lettres du roi saint Louis, du mois de juillet 1230, reconnaissant aux religieux de Saint-Maixent le droit d'instituer un prévôt dans le bourg de Saint-Maixent (JJ. 53, n° 277, fol. 117).

Juillet 1317.

Philippus, Dei gracia Francorum et Navarre rex. Notum facimus universis, tam presentibus quam futuris, quod nos litteras inclite recordacionis regis Philippi, avi nostri, vidimus in hec verba :

Philippus, Dei gracia Francorum rex. Notum facimus universis, tam presentibus quam futuris, quod nos litteras inclite recordacionis precarissimi domini et genitoris nostri Ludovici, regis Francorum, vidimus in hec verba :

Ludovicus, Dei gracia Francorum rex, universis ad quos presentes littere pervenerint, salutem. Notum facimus quod nos litteras Theobaldi de Blazonio [1], quondam senescalli nostri Pictavensis, recepimus in hec verba : Reverentissimo domino suo, Ludovico, Dei gracia illustri regi Francorum, et reverentissime domine sue Blanche, eadem gracia illustri regine, Theobaldus de Blazonio, Pictavensis

---

1. Le nom de Thibaud de Blazon figure dans plusieurs actes qui vont nous permettre de fournir quelques indications sur sa personne. Angevin par sa famille, il possédait les seigneuries de Mirebeau et de Mauzé, en Poitou, ou Mozé, en Anjou, *de Mausiaco* (M. Beauchet-Filleau, *op. cit.*, art. Blason, dit Massiac), et fût sénéchal de Poitou pendant les années 1228 et 1229, et peut-être même en 1226 et 1227. Mais il n'exerçait pas encore cette charge en juillet 1225; c'était alors Geoffroy de Bully (Teulet, *Inv. des layettes du Trésor des Chartes*, t. II, p. 57). Dans l'acte de prestation de serment des consuls de Limoges, de février 1227 (1228 n. s.), il est parlé de notre personnage en ces termes : *venerabili domino Tiebaldo, senescallo Pictavie*. Le traité conclu entre saint Louis et Henri III d'Angleterre, en juin 1228, le nomme, avec son titre de sénéchal de Poitou, comme l'un des commissaires du roi de France, et il est également mentionné en cette qualité dans un autre document du 21 mars 1229 (Teulet, *id. ibid.*, p. 138, 141 et 655).

Dom Martène a publié aussi deux chartes relatives à Thibaud de Blazon (*Vet. script. ampl. coll.* t. I, p. 1226, 1246). Par la première Louis IX institue en sa faveur, *in augmento feodorum que à nobis tenet*, une foire de huit jours chaque année à Mirebeau. Elle est datée de février 1229 (n. s.). La seconde est une composition entre les habitants de la Rochelle et leurs voisins, où figurent, comme arbitres, Hugues de la Marche et Thibaud de Blazon, *sénéchal de Poitou*, avec la date de février 1231 (n. s.), qui doit être fausse, puisque les lettres publiées ici, sous la date de juillet 1230, présentent Thibaud comme défunt, *quondam*, ou du moins comme n'exerçant plus la charge de sénéchal. D'ailleurs un autre acte, dont l'original existe encore dans les layettes du Trésor des Chartes, nous autorise à fixer la mort de ce personnage vers le milieu de 1229. C'est le serment de fidélité et la promesse de ne point se remarier à un ennemi du roi, faits à saint Louis par Valence, *veuve* de Thibaud, au mois de décembre de cette même année (Teulet, *op. cit.*, t. II, p. 165 ; Martène, *id.* p. 1235). Ménage, qui publie également cette pièce, identifie Thibaud de Blazon, sénéchal de Poitou, avec le troubadour de ce nom, et donne sur sa famille quelques détails intéressants *(Hist. de Sablé,* p. 367-369). M. E. de Fouchier, dans un travail nourri de faits qu'il a publié récemment sur *la baronnie de Mirebeau*, consacre aussi une notice à notre personnage et complète nos renseignements sur son compte *(Mém. des Antiquaires de l'Ouest,* 1877, p. 70-73).

senescallus humilis, salutem et debite subjectionis famulatum. Noverit celsitudo vestra quod, cum vicum Sancti Maxencii preposito regio liberum et immunem invenissem, ego moleste sustinens quod in eodem vico non habebatis prepositum, quemadmodum in castro Niorti erat vester prepositus constitutus, tandem, causa jurisdicionis vestre ampliande, prepositum nomine vestro ibidem constitui, quamvis abbas et conventus ejusdem loci et fama publica perseveranti constancia in contrarium reclamarent, firmiter asserentes quod in vico dictorum religiosorum non fuerat prepositus, nisi prepositus monachus, et quod à temporibus domini Philippi et domini Ludovici bone memorie predecessorum vestrorum, et eciam ante talem inconcussè obtinuerant libertatem, cum vero, hac reclamacione non obstante, in ponendo ibidem preposito nichilominus institissem, dicti religiosi ad vos querimoniam deportarunt. Unde cum affluencia equitatis vestre michi precepisset ut, super hoc diligenti inquisicione facta, jus et honorem regium in omnibus observarem, demum michi plenissimè constitit dictum vicum à preposito regio, sicuti ipsi religiosi asserebant, immunem et liberum extitisse. Quapropter sublimitati vestre supplico ut vobis placeat dictum vicum libertatem pristinam obtinere, ne factum meum eidem, quod absit! loco aliquod generet detrimentum. — Nos vero, hiis litteris predicti Theobaldi diligenter intellectis, predictorum abbatis et conventus precibus annuentes, volumus et concedimus ut ex illa institucione prepositi, quem in dicta villa prefatus Theobaldus instituerat, juri aut libertati ecclesie Sancti Maxencii nullum in futurum prejudicium generetur. In cujus rei testimonium, sigillum nostrum presentibus litteris duximus apponendum. Actum apud Sanctum Maxencium, anno Domini millesimo ducentesimo tricesimo, mense julio.

In cujus rei testimonium, presentibus litteris nostrum fecimus apponi sigillum. Actum apud Niortum, anno Domini millesimo ducentesimo septuagesimo primo, mense februario.

Nos autem pia predecessorum nostrorum vestigia libenti animo insequentes, omnia et singula in predictis litteris contenta, rata et grata habentes, laudamus, approbamus et ex certa sciencia, auctoritate regia, tenore presentium confirmamus, volentes ea omnia et singula habere perpetuo roboris firmitatem. In cujus rei testimonium, presentibus litteris nostrum fecimus apponi sigillum. Actum Parisius, anno Domini M. CCC. decimo septimo, mense julio.

Per cameram compotorum, Aprilis.

LXXI

Confirmation des lettres de Philippe le Hardi touchant le droit de justice de l'abbaye de Saint-Maixent (JJ. 53, n° 279, fol. 117).

Juillet 1317.

Philippus, Dei gracia Francorum et Navarre rex. Notum facimus universis, tam presentibus quam futuris, quod nos litteras inclite recordacionis precarissimi domini avi nostri, Francorum regis, vidimus in hec verba :

Philippus, Dei gracia Francorum rex, universis presentes litteras inspecturis salutem. Notum facimus quod, cum abbas et conventus Sancti Maxencii, Pictavensis dyocesis, nobis conquesti fuissent quod senescallus noster Pictavensis eos minus justè desaisiverat et desaisitos tenebat de quodam latrone capto in uno quatuor cheminorum pedagialium et principalium, in villa Sancti Maxencii et extra, in domanio, feodis et districtu, et infra domanium, feodum et districtum ipsorum abbatis et conventus, et monasterii sui sitorum, in quibus quatuor cheminis pedagialibus et principalibus dicti abbas et conventus dicebant omnimodam justiciam, altam et bassam, cum omnimode jurisdicionis et justicie exercicio ad se pertinere, senescallo nostro predicto pro nobis contrarium asserente, tandem, visis cartis et previlegiis dictorum abbatis et conventùs, cognito eciam de usu, jure et proprietate dictorum abbatis et conventus, in predictis judicatum fuit per nostram curiam dictos abbatem et conventum de dicto latrone debere ressaisiri [1]. Et fuit preceptum senescallo Pictavensi predicto quod dictos abbatem et conventum de dicto latrone ressaisiret, et quod dictos abbatem et conventum super justicia predicta et omnimode jurisdicionis et justicie exercicio dictorum quatuor cheminorum, in domanio, feodis et districtu, et infra domanium, feodum et districtum dictorum abbatis et conventus sitorum seu existencium, tam in villa Sancti Maxencii quam extra, de cetero nullatenus perturbaret seu permitteret perturbari, salvis et retentis nobis et successoribus nostris jurisdicione et justicia omnimoda, jurisdicionisque et justicie exercicio in cheminis, viis publicis et locis residuis existentibus in domanio, feodis et districtu, que fuerunt Guidonis de Ruppeforti, quondam militis, tam in villa Sancti Maxencii quam extra. In cujus rei testimonium, presentibus litteris nostrum fecimus apponi sigillum. Actum Parisius, anno Domini millesimo cc. octogesimo primo, mense januario.

Nos autem pia predecessorum nostrorum vestigia libenti animo insequentes, omnia et singula in predictis litteris contenta, rata et grata habentes, laudamus, approbamus et .ex. certa sciencia, auctoritate regia, tenore presencium confirmamus, volentes ea omnia et singula habere perpetuo roboris firmitatem. In cujus rei testimonium, presentibus litteris nostrum fecimus apponi sigillum. Actum

---

1. L'arrêt rappelé ici se trouve dans les *Olim,* édit. Beugnot, t. II, p. 194 ; Boutaric, *Actes du Parlement de Paris,* t. I, p. 229.

Parisius, anno Domini m. ccc. decimo septimo, mense julio.

Per cameram compotorum, Aprilis.

LXXII

L'abbaye de Saint-Maixent est distraite du ressort du bailliage de Touraine et placée dans celui de la sénéchaussée de Poitiers (JJ. 53, n° 275, fol. 116 v°).

Juillet 1317.

Philippus, Dei gratia Francorum et Navarre rex. Notum sit omnibus, tam presentibus quam futuris, quod nos à sacris predecessorum nostrorum disposicionibus ac devotis concessionibus, quas ecclesiis et ecclesiasticis personis regni nostri Francie multiplices facere studuerunt, recedere nolentes, sed eis inherere in favorem abbacie Sancti Maxencii in Pictavia, cujus terra variis in locis, presertim infra confinia terre carissimi germani nostri K., comitis Marchie [1], in castellania de Niorto et alibi inclavata consistit, providimus, ordinavimus, statuimus, tenore presentium concedentes quod ipsa abbacia, tam in capite quam in membris, ad jus corone Francie dudum à predecessoribus nostris retenta, necnon quelibet res ad eam pertinentes in nostra protectione seu garda, et hactenus quamdiu regimen comitatus Pictavensis tenuimus tamquam comes, sub ressorto Loudini de ballivia Turonensi existentes, ex nunc imposterum in et de ressorto et obeissencia Pictavensi consistant et maneant tali condicione

---

1. Charles de France, troisième fils de Philippe le Bel, porta le titre de comte de la Marche jusqu'à son avènement au trône (1322). On sait que l'apanage de ce prince comprenait, outre le comté de la Marche, les châteaux et châtellenies de Niort, Montmorillon, Frontenay et Benon. Voy. les lettres pat. de mars 1316 (le P. Anselme, *Hist. généal.* t. III, p. 66), et surtout un mandement de Philippe le Long aux sénéchaux de Poitou et de Saintonge, leur enjoignant de laisser jouir son frère du ressort desdites terres, juillet 1319 (Arch. nat., J. 374, n° 19).

quod, si contingat nos vel successores nostros, reges Francie, dictum comitatum Pictavensem extra manum regiam ponere, hujusmodi occasione, juribus, privilegiis, libertatibus ejusdem abbacie aliquod prejudicium in futurum nolumus generari. Quod ut ratum et stabile perseveret, sigillum nostrum presentibus litteris duximus apponendum. Actum apud Sanctum Germanum in Laya, anno Domini M. CCC. decimo septimo, mense julii [1].

Per regem, Barnerii.

LXXIII

Le roi commet à Jean de Bourret, sergent d'armes, neveu de l'écolâtre de Poitiers, la garde du château de Beaumarchais et la baillie des Juifs d'Estella en Navarre (JJ. 54A, fol. 53).

27 septembre 1317.

Dominus noster rex concessit Johanni de Borreto, servienti armorum, nepoti domini Stephani de Borreto [2], custodiam castri de Beaumarchez cum officio bajulie Judeorum de Stella in Navarra, ad vadia consueta una cum vadiis matte sue, quamdiu placuerit domino nostro regi. Actum apud Sanctum Germanum in Laya, die xxvij^a septembris, anno quo supra [M. CCC. xvij.].

Per dominum regem, ad relacionem domini Philippi Conversi [3].

---

1. Dans le même registre (fol. 119, n° 283), il se trouve une seconde copie de ces lettres. Le texte en est un peu différent et moins explicite; le passage *presertim infra confinia.... de Niorto et alibi*, notamment, est omis. Voy. aussi les *Ordonnances des rois de France*, t. III, p. 217.
2. Voy. plus haut la pièce n° LIV et la note.
3. Philippe le Convers, chanoine de Paris, clerc de Philippe le Long, alors que ce prince était comte de Poitiers, fut aussi conseiller au Parlement (arrêts de 1316 et de 1319, *Olim*, t. III, p. 154 et 168 v°). On conserve dans les layettes du Trésor des Chartes l'acte de donation du manoir de Léry faite par ce personnage à Philippe, comte de Poitiers, en juillet 1316. Outre les qualifications que l'on vient de lire, Philippe le Convers y prend celles d'archidiacre d'Eu en l'église de Rouen et de seigneur de Léry (Eure) (J. 192A, n° 59).

LXXIV

Confirmation du don fait à Etienne de Bourret, écolâtre de Poitiers, de deux cents livres de pension annuelle à percevoir sur l'impôt des Juifs de Tulle (JJ. 54ᴬ, fol. 5?).

29 septembre 1317.

Dominus Rex confirmavit concessionem factam magistro Stephano de Borreto, scolastico Pictavensi, per dominum regem Ludovicum, de ducentis libris turonensium annue pensionis percipiendis ab eo super pecca Judeorum Tutellensium, quousque sibi provisum fuerit de beneficio competenti. Datum Parisius, penultima die septembris anno quo supra [M. CCC. xvij.].

Per dominum regem, ad relacionem domini M. Mauconduit, Gervasii.

LXXV

Philippe le Long transforme en rente héréditaire et perpétuelle les deux cents livres de rente annuelle et viagère qu'il avait précédemment données à Guy de Bauçay, seigneur de Chénaché, chevalier, et assignées sur les revenus de la châtellenie de Montreuil-Bonnin, à charge de lui en faire hommage (JJ. 56, n° 25, fol. 9).

9 novembre 1317.

Philippus etc. Universis presentes litteras inspecturis salutem. Notum facimus quod nos, attendentes et considerantes grata et accepta servicia, nobis et recolende memorie carissimis dominis genitori et germano nostris diu à dilecto et fideli Guidone de Baussayo, domino de Chenicheyo, milite nostro, fideliter impensa et que incessanter nobis impendere nititur, graciosè ac in premissorum recompensacionem, eidem militi ejusque heredibus et causam ab ipso habituris concedimus et donamus ducentas libratas terre seu annui et perpetui redditus, quas aliàs eidem dederamus ad vitam, et quas percipere et levare consueverat, levandas, habendas, percipiendas et perpetuo possidendas ab ipso milite et causam ab eodem habituris super omnibus redditibus seu proventibus, videlicet blado, vino, denariis, pratis, aquis, molendinis, necnon et super omnibus exitibus et proventibus, que et quos habemus et habere debemus in prepositura castellanie castri nostri de Monsterolio Bonini et in ipsa castellania ejusque pertinenciis, ita tamen quod pro predictis dictus miles ejusque successores et causam ab eo habituri nobis homagium facere tenebuntur. In cujus rei testimonium et munimen, presentibus litteris nostrum fecimus apponi sigillum. Actum apud Lorriacum, ix^a die novembris anno Domini m. ccc. xvij.

Per dominum regem, J. Pariseti.

LXXVI

Convocation adressée à la noblesse du royaume pour la mi-carême 1318 (JJ. 55, fol. 39 v° et 41).

15 novembre 1317.

Ce sont li non des nobles du royaume de France et des prelaz ensamble.

Poitou.

L'evesque de Poitiers [1].
Guillaume Larcevesque [2].
Hugue de Vivonne [3].

---

1. Arnaud d'Aux, créé cardinal par Clément V, le 24 décembre 1312, ou son neveu, Fort d'Aux, qui fut son successeur immédiat, mais de l'élection duquel on ne connait pas exactement la date.
2. Ou plutôt Jean Larchevêque, seigneur de Parthenay (de 1308 à 1358), dont le père et le fils portèrent, il est vrai, le nom de Guillaume; mais le premier était mort depuis dix ans, et le second était beaucoup trop jeune à cette époque pour être l'objet d'une convocation.
3. Hugues, seigneur de Bougoin, second fils de Savary Ier, ou son neveu Hugues, tige des seigneurs de Fors, troisième fils de Savary II et d'Eschive de Rochefort.

Maingot du Melle [1].
Le sire de Mellou [2].
Guy de Bauçay [3].

Suprascriptis personis fuit scriptum sub formis et modis qui sequntur, super eo quod tenerent se munitos in equis et armis, elapsa media quadragesima hujus anni decimi septimi.

..... Nous leur mandons que il se tiegnent si garniz de chevaus et d'armes et autrement, selonc l'estat et la condicion de chascun, que il dès ores en avant, meesmement puis la mi karesme en là, nous les puissiens avoir senz nulle faute prez et appareilliez de nous suir et d'aler là ou nous les voudrons mener ou envoier... Donné à Lorriz en Gastinois, le xve jour de novembre l'an de grace m. ccc. xvij [4].

LXXVII

Don à Guy de Bauçay d'un fief que Guillaume de Curzay de Laudonnière tenait du roi dans la châtellenie de Lusignan (JJ. 56, n° 27, fol. 9 v°).

Novembre 1317.

Philippus, etc. Notum facimus universis presentibus et futuris quod nos, attendentes grata et acceptabilia servicia, que dilectus et fidelis Guido de Bauçayo, miles noster, nobis diucius fideliter impendit et eum speramus futuris temporibus impensurum, eidem pro se heredibusque suis et causam ab eo habituris, feodum quod à nobis tenet Guil-

---

1. Voy. un mandement adressé au sénéchal de Poitou relativement à un procès intenté à Maingot de Melle, chevalier, pour violences qui avaient causé la mort d'une femme, février 1317 n. s. (Boutaric, *Actes du Parl.*, t. II, p. 158.)
2. Dreux IV de Mello. (Voy. la pièce n° L.)
3. Seigneur de Chéneché. (Voy. la note de la pièce n° II.)
4. Le motif invoqué par le roi pour justifier cette convocation est la nécessité de réprimer les rébellions et désobéissances d'« aucuns des subgiez de nostre royaume ».

lelmus de Cuerzai [1], de Laudonnere, et pro quo erat homo noster ligius, racione terrarum et possessionum quas idem Guillelmus in castellania de Lizigniaco habere noscitur, una cum justicia et obeissancia ad dictum feodum pertinentibus, que tamen racione dicti feodi competunt, et quas habere possumus in eodem, tenore presencium concedimus et donamus, superioritate tamen et ressorto pro nobis et successoribus nostris in premissis duntaxat retentis. Volentes et expressè concedentes quod dictus Guillelmus prefato Guidoni homagium pro dicto feodo prestet, sine difficultate quacumque; nos enim dicto Guillelmo dictum, tenore presencium, remittimus homagium et de eo perpetuo quictamus eumdem. Quod ut firmum et stabile permaneat in futurum, presentibus litteris nostrum fecimus apponi sigillum. Salvo tamen in aliis jure nostro et quolibet in omnibus alieno. Actum apud Lorriacum in Vastineto, anno Domini millesimo ccc. xvij., mense novembris.

Per dominum regem, J. de Templo.

LXXVIII

Le roi mande au sénéchal de Poitou de faire surseoir au départ des députés des villes de la sénéchaussée, convoqués à Paris pour être consultés sur le fait des monnaies [2] (JJ. 55, fol. 22 v°).

5 février 1318.

Philippus, etc. Senescallo Pictavensi vel ejus locumtenenti salutem. Cum pridem, ad octabas instancium Bran-

---

1. M. Beauchet-Filleau, dans son *Dict. généal. des familles de l'ancien Poitou*, donne un nombre considérable de notes sur divers personnages de cette maison de très ancienne chevalerie. Le château de Curzay était dans la mouvance de Lusignan.

2. Semblable mandement fut adressé au sénéchal de Toulouse (*Ordonn.*, t. I, p. 755), et vraisemblablement à d'autres baillis et sénéchaux. Sans prétendre que l'assemblée, dont il est ici question, fût ajournée jusqu'en 1321, nous rappellerons que les Etats généraux convoqués cette année-là, précisément à Poitiers, eurent pour objet d'aviser au moyen d'établir l'uniformité des monnaies, des poids et des mesures. (Picot, *Hist. des Etats gén.*, t. I, p. 28.)

donum, habitatores bonarum villarum Pictavie super facto monetarum nostrarum adjornari mandaverimus Parisius coram nobis, ut ipsi certas ex eis deputarent personas, majorem in dictis monetis habentes noticiam, et eas ad dictos diem et locum mitterent cum plenaria potestate ac super ipsarum monetarum negocio sufficienter instructas, nos, considerantes quod venire nunc ipsos Parisius posset eis esse plurimum onerosum, et ob hoc volentes ipsorum in hac parte laboribus et expensis parcere, quoad presens, mittimus vobis in quodam rotulo sub nostro clauso contrasigillo nomina dictarum bonarum villarum, mandantes ac precipientes vobis quatinus habitatoribus villarum illarum, que de vestra senescallia fuerint, aut aliis de eadem senescallia, si qui forsan per litteras nostras aut per vos, virtute nostri generalis mandati vobis in hac parte directi, fuerint adjornati et in rotulo non contineantur predicto, mandetis celeriter ut ipsi ad dictos diem et locum venire supersedeant, quousque de termino et loco forsan aliis, vel de mittendo certas propter hoc ad partes illas personas duxerimus ordinandum. Datum apud Sanctum Germanum in Laya, die dominica post Candelosam anno Domini m. ccc. xvij.

LXXIX

Grâce accordée à Pierre Prévôt de Germont de conserver, nonobstant les ordonnances contraires, les biens qu'il avait acquis dans la châtellenie de Lusignan, du temps qu'il en était sénéchal (JJ. 56, n° 161, fol. 76 v°).

Février 1318.

Philippus, etc. Notum facimus universis presentes litteras inspecturis, tam presentibus quam futuris, quod nos, consideracione dilecti et fidelis Hugonis de Cella, militis et consiliarii nostri, nobis pro Petro Prepositi de Germundo [1], valleti nostri, supplicantis, eidem Petro de gracia

---

1. Un document publié plus loin (n° CLIX) montre que ce personnage méritait toute autre chose qu'une semblable faveur.

concedimus speciali ut ipse ejusque heredes et ab ipso causam imposterum habituri, omnia et singula per eundem Petrum acquisita, dum preerat officio senescallie Lezigniaci aut locum tenens senescalli existebat, quecunque sint et in quibuscunque rebus existant, infra villam et castellaniam Lezigniaci et ejus pertinencias ac ressortum, habere et tenere possit, non obstante quod in ordinacionibus seu arrestis regiis tales acquisiciones noscuntur prohiberi, et eciam quibuscunque ordinacionibus aliis in contrarium editis non obstantibus. Nolentes quod dictus Petrus, heredes seu successores ipsius aut causam habituri imposterum ab eodem racione dictarum acquisicionum, eo pretextu quod contra ordinaciones regias modo predicto premissa acquisita fuerint, aliquatenus impetantur vel aliàs molestentur. Dantes senescallo Pictavensi qui nunc est et qui pro tempore fuerit, ceterisque justiciariis nostris, hiis presentibus, in mandatis quatinus dictum Petrum ejusque heredes et successores et ab ipso causam imposterum habituros predictis bonis, sic ut premittitur acquisitis, uti et gaudere permittant. Et si quod impedimentum per gentes nostras in dictis bonis aut aliquibus eorumdem, pretextu ordinacionum hujusmodi, fuerit oppositum, ipsum volumus penitus amoveri. Quod ut ratum et stabile perseveret, presentibus litteris nostrum fecimus apponi sigillum. Datum Parisius, anno Domini millesimo ccc. decimo septimo, mense februarii.

Per dominum regem, ad relacionem domini G. Flote, Gyem.

LXXX

Lettres de Philippe le Long, par lesquelles il réintègre la vicomté de Thouars dans le ressort de la senéchaussée de Poitiers (JJ. 56, n° 145, fol. 45).

Mars 1318.

Philippus, Dei graciâ, Francorum et Navarre rex. — Notum

facimus universis, tam presentibus quam futuris, quod, cum dudum inclite recordacionis carissimus dominus et genitor noster, dum viveret, nobis pro parte seu porcione nostra comitatum Pictavensem tradidisset, ressortùm vicecomitatus Thouardi, qui tunc erat et eciam ab antiquo fuerat de ressorto dicti comitatus Pictavensis, sibi specialiter retinendo et illum vicecomitatum de ressorto Loduni faciendo, supplicaveritque nobis vicecomes Thouardi ut, cum regnum Francie ad nos jure hereditario devolutum existat, quod dictum vicecomitatum ad ressortum Pictavense, prout esse solebat, ut est dictum, reducere et reponere vellemus, nos ipsius vicecomitis supplicacioni annuentes in hac parte, concedimus, statuimus et volumus quod vicecomitatus Thouardi predictus de ressorto Pictavensi, prout antiquitus, ut premittitur, esse solebat, de cetero existat et remaneat, quodque habitatores ejusdem vicecomitatus coram senescallo nostro Pictavensi moderno, et qui pro tempore fuerit, et non deinceps apud Lodunum ressortire, quocienscunque casus ad hoc se obtulerint, teneantur. Quod ut firmum et stabile permaneat in futurum, presentibus litteris nostrum fecimus apponi sigillum. Datum Parisius, anno Domini m. ccc. xvij. mense marcii.

Per dominum regem, ad relacionem domini Ade Heron[1], Belleymont.

LXXXI

Ratification du bail à cens, moyennant trente livres chaque année, fait par le maire et la commune de Poitiers à Robert de Londres, échevin, d'un hébergement appelé le Vergnay, situé dans la châtellenie de Gençay (JJ. 56, n° 180, fol. 85 v°).

Mars 1318.

Philippus, Dei gratia, Francorum et Navarre rex. Notum

---

1. Voy. la note de la page 117.

facimus universis, tam presentibus quam futuris, nos infrascriptas vidisse litteras, tenorem qui sequitur continentes :

Universis presentes litteras inspecturis, major et communia Pictavensis, salutem in Domino et perpetuam presentibus liberam dare fidem. Noveritis quod, cum herbergamentum nostrum vulgaliter appellatum le Vergnay propè Belle, situm in castellania de Gençayo, sic modernis temporibus sui vetustate quamplurimum desolatum parietesque et edificia ejusdem fragilitate mirabili ruinosa, et jura, redditus, pertinencie et proventus dicti herbergamenti una cum quibusdam aliis redditibus et juribus, que habebamus et habere consueveramus in dicta senescallia, sint quasi deperdita et quamplurimum diminuta, maximè propter negligenciam aliquarum personarum, que retroactis temporibus predictum herbergamentum, pertinencias et redditus à nobis tenuerunt ad firmam. Quapropter de fidelitate et discrecione carissimi domini in Christo conscabini Roberti de Londres [1], clerici, civis Pictavensis, in Domino confidentes, sperantes per ipsum ad statum debitum reduci supradicta, eidem Roberto prefato pro se et suis heredibus et successoribus, in hiis à nobis cum deliberacione, tractatu et jurisperitorum consilio consideratis et inspectis considerandis et inspiciendis, sicut decet, predictum herbergamentum cum suis juribus, redditibus et pertinenciis universis et singulis et omnes alios redditus, sicut sita sunt prope Gençayum et in castellania de Gençayo, Pictavensis dyocesis, ad perpetuitatem tradimus, concedimus, accensamus et transferimus in eodem, sive predicta sint in domibus, vineis, terris, pratis, nemoribus, decimis, terragiis, molendinis, aquis, garennis, columbariis et aliis redditibus quibuscunque, et ea omnia et singula, que habemus et

---

1. Il fut maire de Poitiers en 1320 et en 1333. (*Armorial des Maires de Poitiers*, avec des notes historiques, de l'an 1200 à 1676, Bibl. nat. ms. fr. 20084.)

habere possumus et debemus, et habere consueverimus in eisdem, pro triginta libris in denariis bone pro tempore currentis Pictavis monete, nobis reddendis et persolvendis à dictis Roberto et suis, annis singulis, per medium ad festa Nativitatis Domini et sancti Johannis Baptiste, incipiendo tamen in instanti festo Nativitatis Domini, purè, liberè, pacificè et quietè, proviso tamen quod dicta bona et res tenebunt dicti Robertus et sui perpetuo in bono et legali statu, tali videlicet quod solucio dicte cause nostre in aliquo impediri vel retardari nequeat in futurum, et omnia alia deveria et onera in et super predictis debita, sicut solitum est, reddere, persolvere et subportare ultra censam sive pensionem dictarum triginta librarum, nichilominus teneantur, illis tamen redditibus, rebus et bonis ab hujusmodi tradicione et affirmacione exceptis imperpetuum totaliter et exclusis, que acquisivimus à domino Matheo de Ruppe Mellis [1], milite, vel que acquisita fuerint à dicto milite ad opus nostre communie aut commissa sunt regimini nostro, unà cum arreragiis inde debitis, quos redditus et proventus à dicto milite acquisitos specialiter et expressè nobis perpetuo reservamus. Item proviso pro nobis quod dicti Robertus vel sui non possint vel valeant quoquomodo in futurum super premissis, à nobis sibi traditis, aliquod honus, deverium, legatum vel aliud imponere vel levare, et quod unà cum melioracionibus, quas dicti Robertus et sui fecerint in eisdem, pro dicta causa seu pensione dictarum triginta librarum, nobis obligata et ypothecata perpetuo remaneant specialiter et per pactum.

Et sic nos promittimus, bona fide et sub obligacione nostre cause seu pensionis predicte, predicta dictis Roberto et suis tenere perpetuo et attendere fideliter et inviolabiliter observare, et in contrarium nullatenus facere vel

---

1. Mathieu de Rochemeaux.

venire à modo in futurum. Supplicantes excellentissimo principi, domino nostro regi Francie, sub cujus protectione et salubri regimine jura nostra servare speramus, et cujus jugo colla nostra, res et bona submittimus, ut tenemur, quod suum presentibus decretum interponere dignum ducat, ad majorem perpetui roboris firmitatem. Et in testimonium rei geste, has presentes litteras donamus et concedimus dictis Roberto et suis, magni nostri sigilli, quo communiter in grossis casibus unico utimur, appensione munitas. Datum die veneris ante festum Purificacionis beate Marie Virginis, anno gracie M. CCC. decimo septimo [1].

Presenz à ce accorder en l'eschevignage et la chambre de conseil : Guillaume Coyte-Marie, Guillaume Alemant [2], Guillaume Lenglois [3], Gervais de Tiffauges, mestre Jehan de Seys, P. Choyzi, Jehan Vaillant, Bertholemé Lubzac, Jordain Flory [4], Raymunt Magent, Jehan Saunier [5], Jehan de Meaux et Aymeri Odonet [6]. Datum ut supra.

Nos autem, ad supplicacionem dictorum majoris et communie, premissas tradicionem, concessionem, accensacionem et translacionem, ac omnia et singula supradicta rata habentes et grata, ea volumus, laudamus, approbamus et, auctoritate nostra regia, tenore presentium confirmamus, eisdemque nostrum assensum interponimus et decretum. Nostro et alieno in omnibus jure salvo. Quod ut ratum et stabile perpetuo perseveret, presentibus litteris nostrum

---

1. Le 27 janvier 1318 (n. s.).
2. Guillaume Allemant ou Lallemant fut onze fois maire de Poitiers, de 1297 à 1327 (Bibl. nat. *ms. cit.*). Cf. Beauchet-Filleau, *Dict. gén.*, t. I, p. 37.
3. Sur la liste des maires du ms. de la Bibl. nat., on trouve aussi le nom de Guillaume Langlois pour les années 1343 et 1344.
4. Jourdain Florie fut maire en 1321. (*Id.*)
5. Voy. un bail du 29 mars 1306 publié précédemment sous le n° XXIV.
6. Un Aimery Odonet, sans doute le père de celui-ci, avait été maire en 1290, en 1299 et en 1303 *(Ms. cit.)*.

fecimus apponi sigillum. Datum Parisius, anno Domini
m. ccc. decimo septimo, mense marcii.

LXXXII

Assiette des deux cents livrées de terre données par Philippe le Long
à Guy de Bauçay, seigneur de Chéneché (JJ. 56, n° 206, fol. 91).
Avril 1318.

Philippus, Dei gracia, Francorum et Navarre rex. Notum facimus universis, tam presentibus quam futuris, quod nos infrascriptas vidimus litteras, formam que de verbo ad verbum sequitur continentes :

A touz ceus qui verront et orront ces presentes lettres, Jehan de Oroer, chevalier le roy et son seneschal en Poitou et en Lymozin [1], et Jehan de Vaudreguehen, balli de Torainne, salut, ad memoire perpetuel. Apperte chose soit à tous que nous avons eues et receues unes lettres seellées du grant seal le roy nostre seigneur, de cire vert en laz de soie, contenant la forme qui s'ensuit : Philippus, etc. [2].

Derechief avons eu et receu unes autres lettres seellées du grant seel du dit roy. nostre seigneur, en cire blanche, contenanz les mouz qui s'ensuient :

Philippus, Dei gracia, Francorum et Navarre rex, senescallo Pictavensi et ballivo Turonensi salutem. Cum nos dilecto et fideli Guidoni de Bauceyo [3], domino de Cheniché, ducentas libratas turonensium per annum, obtentu sui grati servicii nobis diucius exhibiti, perpetuo et heredi-

---

1. Par lettres du 21 décembre 1316, Philippe le Long fit rentrer dans le domaine royal le comté de Poitiers et les autres terres qu'il possédait avant son avènement, et en même temps il réunit la sénéchaussée de Limoges à celle de Poitiers, comme elle l'avait été déjà sous Philippe le Bel, et la sénéchaussée d'Angoulême à celle de Saintes (*Ordonn.* t. XI, p. 444).

2. C'est l'acte de donation en date du 9 novembre 1317, publié plus haut (n° LXXV).

3. Par suite d'une erreur de transcription évidente, ce nom est écrit *de Blanceyo* sur le registre, tandis que dans les lettres de don des 200 livrées de terre on ne peut lire autre chose que Bauçay.

tariè duxerimus concedendas, prout in aliis nostris super hoc confectis litteris plenius videre poteritis contineri, mandamus vobis, tenore presencium committentes, quatinus dictas ducentas libratas terre seu redditus annui, juxta tenorem predictarum litterarum nostrarum super dicta concessione confectarum, in senescallia Pictavensi, in locis nobis minus dampnosis et eidem militi magis accomodatis, vocatis ad hoc procuratore nostro et illis quibus expedire videritis, prefato Guidoni assidere curetis, vestras eidem super dicta assisia concedentes litteras, à nobis postmodum confirmandas. Actum apud Lorriacum, die xiiij^a novembris anno Domini m. ccc. xvij.

Par l'autorité et par la vertu des queles lettres et selonc la forme et la teneur d'icelles, nous sumes alez avant et avons procedé à l'assise faire des dites deus cens livrées de rente bailliés, livrées et assises par nous, par l'autorité dessus dite, au dit mons. Gui de Bauçay, present et appellé à ce honorable home et discret mestre Jehan Pinet, procureur le roy nostre sire en la seneschaucie de Poitou, en la forme qui s'ensuit : Premierement nous avons ballié, assis et assigné au dit chevalier le bois de Monbuyl, si comme il se porte en longueur et en largeur, pour vi^{xx} xiij. livres tournois de rente, sauve le droit de l'usage à l'abbé de Pin, tel comme il l'i doit avoir, et rabatu l'usage que ledit mons. Gui avoit ou dit bois avant l'assise de la dite terre[1]. Item avons ballié le bois de Visay pour dis livres de rente. Item iij. pipes et demi mui de vin de rente assises tant à Vizay que à Cisset et environ pour xlviij. solz. Item xx. gelines vij. poucins et un chapon de rente deuz à Vizay et entour pour douze solz cinc deniers. Item nuef sestiers de seigle de rente deuz à Vizay et entour pour quatre livres douze

---

[1]. Ce droit d'usage lui avait été conféré par les lettres de décembre 1302 qui se trouvent dans ce volume sous le n° II.

deniers. Item sus Colin Billaut, à Brahen, en une vigne, demie mine de soigle pour vint et sept deniers de rente. Item en la rivière Saint Phillebert dis sextiers de soigle pour iiij. livres x. solz de rente. Item à Morri, sus les homes du dit lieu et sus une piece de terre, deus sextiers de soigle pour dis et huit solz. Item sus la baillie Ferrant et sus les molins Caillon en la parroisse d'Ayron, cinc sextiers et demi de soigle pour quarante nuef solz vj. deniers. Item sus le molin de Beruge trois boisseaus de soigle pour treze deniers et maille. Item sus une piece de terre assise au molin Caillon, demie mine de soigle pour vint et sept deniers. Item sus les homes de Voyllé seze sextiers d'avaine que les chanoines Sainte-Arragonde de Poitiers rendent en chascune feste Saint Michiel. Item aux Roiches de Quinçay et à Ringeres dis sextiers d'avaine. Item en la riviere Saint Philebert trois sextiers et demi d'avaine. Item à Beruge un sextier d'avaine. Item à Poytiers deus sextiers et demi d'avaine, que doivent bourgois de la ville. Item sus l'abbé du Pyn et sus les personniers, trois mines d'avaine. Item à Millé une mine d'avaine. Item à Maaillé sus les homes, une mine d'orge qui vaut avaine. Et toute ceste avaine baillons et avons baillé pour douze livres seze solz trois deniers de rente. Et est assavoir que le grain dessus dit, c'est assavoir soigle et avaine, nous avons baillié au dit chevalier pour le tiers plus que l'assise du païs ne monte ancienne.

Item à Vizay en cens, l'endemain de la Touz Sains, quatre livres dis solz. Item à Yverçay, à la Penthecouste, trois livres de cire pour vj. solz. Item à Chiré, le jour de la saint Jehan, quinze solz sis deniers de cenz. Item à Ciset, celui jour, vint et ij. solz trois mailles de cens. Item quinze livres de rente que les chanoines Sainte-Arragonde de Poitiers doivent le jour de la Saint-Michiel pour les homes de Voillé, des queles quinze livres vint solz demeurent aus diz chanoines pour le mengier de deus chanoines et de leurs clers. Item cent solz que les homes de Vousaille doivent au roy renduz en une bourse neuve. Item à la Reaté, le jour de la Saint-Hilaire d'iver [1] quinze solz et sis deniers. Item au jour de la Saint Michiel, la vignée de Cisset pour vj. solz. Item trois pieces de pré assises à Morri pour huit solz. Item le droit que li roys a en ij. pieces de pré assises à la Roaudiere et à Vizay, pour v. solz. Item le jour de la Saint-Symon et Jude [2] le poirrée de Vennés pour vint et quatre solz sis deniers. Item en un cortillage assis à Beruge v. solz de rente.

Et avons baillié, assis et assigné au dit chevalier toutes les choses et singuleres dessus nommées et prisiées, si comme dessus est dit, pour ij^c livres de tournois d'annuelle et perpetuelle rente, selonc la forme et la teneur de ces lettres dessus dites. En tesmoing des queles choses ainsinc faites par nous, par l'autorité dessus dite, nous seneschal et baillis dessus diz avons donné au dit chevalier ces presentes lettres seellées de nos propres seaus, sauve le droit du roy et de touz autres. Et est assavoir que à ces choses dessus dites faire, que nous diz seneschal et baillis dessus diz avons appelé les procureurs dessus diz, et avons appelé noble home mons. Renaut de Bilhé, chevalier, et Pierres de Bilhé [3], escuiers, Jehan Renaut, Guillaume de la Cheze, homes lieges du roy nostre sire, Guillaume, maistre du bois de Monsterel Bonin, Regnaut de Monceaus, jadiz maistre des diz bois, Huguet Maizeau, vallet, Gringoire du Chailloeau, jadiz prevost par lonc temps de Monsterel, Jehan Vigier, de Chiré, dit Bouchaut, et Jehan Ferrant, les queles personnes sont voisines des choses dessus dites, et qui par pluseurs foiz ont leue les choses dessus dites, et les quiex ont juré et dit par leur seremenz les choses

---

1. Le 13 janvier.
2. Le 28 octobre.
3. Ils appartenaient sans doute tous deux à la famille de Billy en Mirebalais.

dessus dites estre raisonnablement faites et au moins domageuses au roy et profitaubles au chevalier. Donné à Poitiers, l'an de grace mil ccc. et disesept, le samedi emprès la feste saint Nicolas d'iver [1].

Nos autem dictam assisiam seu assignacionem rerum prescriptarum, quamvis pro parte situatarum extra castellaniam Monsterolii Bonini, predicto militi, modo quo supra, hereditariè traditarum, nichilominus gratam et acceptam habentes, eam volumus, laudamus et perpetuo irrevocabiliter ex certa sciencia confirmamus. Salvo in aliis jure nostro et in omnibus quolibet alieno. Quod ut firmum et stabile perseveret, presentibus litteris nostrum fecimus apponi sigillum. Actum Parisius, anno Domini millesimo ccc. xviij., mense aprilis.

Per regem, ad relacionem episcopi Noviomensis [2], Joy. Collatio facta est.

Reddende camere compotorum.

LXXXIII

Lettres d'absolution accordées à Roger le Faye et à Jean Milhommes, changeurs de Poitiers, poursuivis pour infractions aux ordonnances rendues sur le fait des monnaies (JJ. 56, n° 172, fol. 81 v°.)

28 juin 1318.

Philippes, par la grace de Dieu roys de France et de Navarre. A touz ceus qui cestes presentes lettres verront, salut. Savoir vous faisons que, comme l'en eust proposé, aprochié et fait enqueste, informacion ou aprinse contre Rogier dit le Faye et Jehan Milhommes, changeurs de Poitiers [3], sus ce que il avoient en pluseurs maneres meffait

---

1. Le 10 décembre 1317.
2. Foucaud de Rochechouard, évêque de Noyon de 1317 à 1330.
3. Les noms de ces deux changeurs se retrouvent dans le premier registre du greffe du Parlement à l'occasion d'un accord qu'ils conclurent, sous l'arbitrage de Guy de Bauçay, seigneur de Chéneché, avec Gilles Michel, relativement à un herbergement sis à Poitiers, appelé la Vicanne, 25 janvier 1320. (Boutaric, *Act. du Parl.*, t. II, p. 302).

et mesprins en noz monnoies et en autres qui ne doivent ne ne devoient mie avoir cours en nostre royaume ne en la terre d'aucuns de nous feaus et sougiez, et mesmement sus ce que il avoient pourté ou envoié billon ailleurs que à nous monnoiages et tresbuchi, et ainsinques il avoient encouru les poinnes contenues ès royaus ordenances faites pour le commun profit sus le fait des monnoies. Et en la parfin nous amez et feaus, les genz de noz comptes de Paris, cognoissanz et sentanz que nous voulions miauz que l'en alast en ceste besoigne plus debonnairement que la qualité dès meffaiz, veue l'enqueste, informacion ou prinse, ne requeroit, et ainsinc laissanz la voie de rigour, par grace especial et de certaine science, nous, tant par mi ce comme par la somme de iiij^c livres de tournois qu'il ont paiées par composicion faite à noz amez et feauz tresoriers de Paris, avons quicté et absoulz et encores quictons du tout en tout les devant diz Rogier et Jehan de tout quanque par raison ou par occasion de meffait de monnoies ou de mes us d'icelles, par quelcunque manere ou cause que ce soit, l'en leur pourroit [ou] à l'un d'iceus demander, et dont il avoient esté ou peussent estre approchiez par tout le temps passé jusques à cest present jour. Et deffendons à touz noz justiciers, commissaires et subgiez, par la teneur de ces presentes lettres, que desorenavant sus ce ne par occasion d'aucune de ces choses ne les molestent ne achoisonnent, ne nulle autre personne pour occasion de eus ou de l'un d'iceus. Et volons et

---

Dans le texte de cet accord, le premier des deux changeurs est nommé Roger Faye et de Faye, mais non le Faye (X^{1a} 8844, fol. 26).

Le nom de Gilles Michel s'est déjà rencontré dans ce recueil (voy. le n° XXIII), à propos d'un droit d'usage dans la forêt de Moulière. Dans un contrat de vente passé, au mois d'août 1325, devant le garde du sceau royal à Poitiers, entre Charles, comte de Valois et d'Anjou, et Gilles Michel, de Saumur, ce dernier cède, moyennant quarante-cinq livres, en son nom et au nom de Denise, sa femme, une rente annuelle de quatre livres assise sur une maison d'Angers. (Arch. nat. J. 179^b, n° 99.)

commandons que, si aucuns des biens d'iceus Rogier et Jehan ou de l'un d'iceus sont pour ce tenu ou aresté, que tantost ces lettres veues, sanz nul delay, leur soit mis au delivre. Et en greigneur tesmoignage et fermeté de toutes ces choses, si comme elles sont contenues en ces lettres, nous, à la requeste des diz Rogier et Jehan, avons fait mettre à ces presentes lettres nostre seel. Donné à Paris, le xxviij° jour de juing l'an mil ccc. et dis et huit.

Par les tresoriers, Avril.

LXXXIV

Ce sont les noms des personnes qui sont mandées à Paris aus octaves de la Chandeleur [1] (JJ. 55, fol. 58).

12 novembre 1318.

Poytevins :

Le viconte de Toart [2]
Le sire de Belleville [3]
Le sire de Partenay
Mons. J. Larcevesque [4]
Le sire de Tyfauges [5]

Le sire de Berceule [6]
Mons. Guillaume Chabot [7]
Mons. de Bauçay [8]
Mons. Guy de Rochefort.

Cette liste est placée à la suite d'un mandement dont voici un extrait :

---

1. Le 7 juin 1319, les mêmes personnages reçurent individuellement des lettres closes du roi, ordonnant à chacun d'eux de se trouver, avec armes et chevaux, à Arras, dans la quinzaine de la Sainte-Marie-Madeleine suivante, parce qu'il devenait évident que les Flamands étaient résolus à recommencer les hostilités (JJ. 55, fol. 70).
2. Jean Ier, vicomte de Thouars (1308-1332), seigneur de Talmont.
3. Maurice de Belleville.
4. Jean Larchenaye et le sire de Partenay sont un seul et même personnage, Guillaume VI Larchevêque, père de Jean, étant mort en 1316.
5. Miles de Thouars, fils de Hugues, seigneur de Pouzauges et de Mauléon, possédait ce fief du chef de sa mère, Isabeau de Noyers, dame de Tiffauges. (Le P. Anselme, t. IV, p. 196.)
6. *Sic* pour Berceure. Il s'agit sans doute de Thibaut IV de Beaumont, seigneur de Bressuire.
7. Seigneur de Chantemesle, Champigny, Sainte-Gemme, etc., quatrième fils de Sebran Chabot, seigneur de la Grève, et de Marguerite de Rochefort, dame de Chantemesle (le P. Anselme, t. IV, p. 56, et M. Beauchet-Filleau, t. I, p. 561 et 573).
8. Hugues VI de Bauçay, dernier représentant de la branche ainée. (Voy. la note du n° LI, p. 114.)

Comme sur aucunes besoignes touchanz grandement l'honneur et le bon estat de nous et de nostre royaume, mesmement sur celle des Flamenz, entre nous et lesquels durent trieuves jusques à ces prochaines Pasques tant seulement, et nous voilliens avoir vostre avis et vostre conseil et des autres barons de nostre dit royaume, nous vous prions et avec ce vous requerons et mandons que aus octaves de ceste prochaine Chandeleur vous soiez à nous, à Paris, pour les causes dessus dites et ce ne lessez pas, si cher comme vous avez nous, nostre honneur et de nostre royaume. Donné à Bourges, le xij° jour de novembre l'an de grace mil ccc. et diz et huit.

LXXXV

Philippe le Long mande au sénéchal de Poitou de faire dresser secrètement et de lui envoyer en toute diligence un état des villes, châteaux, villages possédant une église, et autres lieux importants de sa sénéchaussée, en ayant soin de mettre à part ceux qui font partie du domaine [1] (JJ. 55, fol. 62).

23 décembre 1318.

Philippus, etc., senescallo Pictavensi vel ejus locumtenenti salutem. Ex causa scire volentes numerum et nomina civitatum, castrorum et villarum vestre senescallie, que parrochiales habent ecclesias, sive de nostro sint domanio, sive non, aut si que sint alie notabiles, licet in ipsis parrochiales ecclesie non existant, mandamus vobis quatinus cautè et secretè per vos et per bajulos ac vicarios dicte senescallie, quibus ut hoc secretè teneant sub juramento debito injungatis, in suis bajuliis et vicariis informacionem faciatis celeriter fieri de predictis; illas civitates, castra seu villas, que de nostro domanio fuerint,

---

[1]. Semblable mandement fut adressé aux sénéchaux de Lyon, de Beaucaire, de Carcassonne, de Rodez, de Périgord, de Saintonge et de Toulouse.

ponentes ac poni facientes ad partem, et tam numerum quam nomina, quam eciam condicionem et statum ipsarum, prout absque patenti et dispendiosa indagine summatim comprehendi poterunt, sive de domanio nostro sive non existant. Illis tamen que de domanio nostro fuerint ad partem positis, ut est dictum, et designatis expressè, nobis sub vestro clausa sigillo celeriter transmittatis, id ita secretè facientes et fieri facientes quod ad aliorum noticiam venire non possit. Ceterum, cum prelatis, abbatibus, prioribus conventualibus, baronibus et aliis magnis hominibus nobilibus, villisque et locis aliis nobilibus, villis insignibus dicte senescallie scribere sepius habeamus, mandamus et precipimus vobis quatinus ipsorum nomina sine dilacione mittatis, et quam dignitatem seu officium habeant rectores villarum et locorum insignium predictorum, ut sciri per hoc valeat qualiter et quibus scribendum fuerit, nobis plenè et seriosè scribatis, predicta cum quibus celeritate et diligencia poteritis completuri, ita quod super eis non possitis redargui de negligencia vel defectu. Super quibus et eciam super dampno quod incurreremus ob hoc, ad vos haberemus recursum. Datum Parisius, xxiij^a die decembris anno Domini m. ccc. xviij.

LXXXVI

Mandement au sénéchal de Poitou d'assembler les députés des villes de sa sénéchaussée pour délibérer sur la levée et l'envoi aux frontières de Flandres d'un corps de milice qui devra être entretenu, au besoin, pendant une année, aux frais de la province (JJ. 55, fol. 56).

5 janvier 1319.

Philippus, Dei gracia, etc. Magistro Yterio de Fano [1],

---

1. On pourrait lire aussi *de Favo;* on trouve en français la forme *du Fau,* ou du moins c'est ainsi que le nom de ce personnage a été interprété par M. Boutaric dans deux actes français analysés

— 191 —

clerico et senescallo nostro Pictavensi et Lemovicensi salutem et dilectionem. Exuberantis mansuetudinis plenitudo de fonte regie pietatis egrediens, nunc per pacis tractatus vanos [1], nunc per treugas diffusa est multociens in graciam recipiendi Flandrenses ad obedienciam, ad quam infaillibiliter velle venire aut per venie portam sive misericordie januam se dicebant, et ideo sperabatur quod ipsi, pendentibus treugis usque ad instans Pascha solummodo duraturis, apertam eis viam pacis firmarent et firmatam tenerent. Quorum animum ad hoc non credimus inclinari; existimantes itaque fore cavendum futuris periculis et ne preterito tempori, quod ex dictis eorum et factis variabile comprobatur, futurum respondeat, cum ipsos sub errore rebellionis in eorum cordibus indurato, lapso treugarum tempore, in assueta inobediencie perseverare pertinacia verisimiliter presumamus, cum civibus et habitatoribus civitatum et villarum plurium regni deliberare voluimus quibus viis et modis ipsorum Flandrensium protervia, que tam regno quam regnicolis nostris guerrarum dispendia suscitavit irreparabilia, refrenari valeret, in casu quo durantibus dictis treugis pacem initam non firmarent vel in sua rebellione persisterent obstinati. Et demum procuratoribus seu sindicis predictarum civitatum et villarum pro dicto convenientibus negocio coram nobis et nostro consilio, post tractatus aliquos, procuratores nonnulli seu sindici aliquarum civitatum et villarum predictarum subsidium certi numeri servientum pro custodiendo fronterias terre Flandrensis

---

par lui (*Act. du Parl.*, t. II, p. 239, 248). Il figure en latin sur plusieurs listes de conseillers au Parlement de 1314 au 14 juillet 1318, puis on le retrouve de nouveau en 1320 exerçant cette charge, de sorte qu'il ne demeura que peu de temps sénéchal de Poitou, si toutefois il le fut; car je suis plutôt porté à croire qu'Itier du Fau et le sénéchal de Poitou sont deux personnages distincts, et que le premier n'était chargé que d'une mission temporaire dans la province.

1. On peut lire aussi bien *varios*.

seu pro expedicione predicte guerre finaliter consummenda, prout neccesse vel magis profiscium videretur, cum summe devocionis affectu, que non immerito commendamus, liberaliter obtulerunt; alii vero procuratores seu sindici aliarum civitatum et villarum nobiscum venire et in prosequcione expedicionis finalis guerre illius personaliter nobiscum assistere, suo et villarum pro quibus venerant nomine, maluerunt offerre. Cujusmodi oblacionum promptitudinem gratam habuimus et habemus.

Verum quia inhabitatoribus et incolis civitatum et villarum predicte senescallie Pictavensis speramus non minorem devocionem vigere quam in villis aliis regni nostri predictis, volentes eorum, propter locorum distanciam, laboribus et expensis parcere ac eorum indempnitatibus providere, nuncusque supersedimus civitates et villas predicte Pictavensis senescallie, seu earum incolas coram nobis pro dicto guerre negocio facere conveniri. Nos itaque, dictum guerre negocium, ut ad finem actore Domino deducatur optatum, prosequi cum minori subditorum incomodo et cum longè majori explecto et validiori ac aptius ordinato aggressu quam lapsis temporibus, desiderabiliter affectantes, mandamus vobis et committimus per presentes quatinus vos ad civitates et villas predicte senescallie personaliter conferentes, earum incolas convocetis et cum eis tractetis de prestando subsidium certi numeri servientum pro expedicione predicti negocii, et quod numerum hujusmodi ad stabilitas fronteriarum Flandrensium, tam per terram quam per mare dispositas, transmittendum et ibidem per unius anni spacium, si neccesse fuerit, tenendum, faciant et exhibeant nobis certum et talem seu tantum qui nobis, ipsorum pensatis facultatibus, sufficere et honori cedere debeat eorumdem, et quicquid pro dictorum stipendiis servientum justum et necessarium fuerit, exigere et levare, levatumque in aliquo tuto loco apud aliquos viros fideles ipsius senescallie, quos ad hoc de consilio notabiliorum personarum dictorum locorum duxeritis eligendos, et à quibus recuperari valeat, quos ipsis fuerit liberatum de dicto subsidio vel traditum servientibus ipsis, cum tempus advenerit, ministrandum integraliter assignare, in usus alios minimè convertendum, studeant et procurent; ad quod celeriter exequendum sollicitudinis et diligencie vestre partes pro nobis interponere festinetis, ut, scita hujusmodi subsidii quotitate, super hoc providius ordinare possimus. Volentes quod, hiis paratis, per annum ab instante Paschate numerandum, ad solucionem ulterioris subsidii pro quacunque alia imminente neccessitate, occasione predicti Flandrensis negocii, non cogantur, nec sibi per illud quod nobis prestiterint, ut est dictum, futuris temporibus prejudicium aliquod generetur, super quo litteras vestras patentes, quas propter hoc auctoritate regia confirmare promittimus, si easdem pecierint, concedatis eisdem.

Si vero alique communitates aut ville predicte senescallie, seu earum incole, dictum certi numeri servientum subsidium denegarent prestare, volentes nobiscum potius venire et in prosecutione expedicionis finalis guerre illius personaliter nobis assistere, ipsos omnes et singulos, de quorum subsidio certiores fieri volumus, videlicet qualiter nobis prosequentibus in persona propria factum guerre valerent assistere et quam promptè remoto cujuslibet tarditatis obstaculo, nobis guerre negocium, quod rem publicam respiciens omnes et singulos subditos nostros tangit, aggredientibus subvenirent, ex parte nostra instancius requiratis, et omnibus et singulis districius injungatis ut ipsi certis diebus et locis, quos ad hoc successivè duxeritis prefigendos conveniant et compareant coram nobis in equis et armis et aliàs convenienter parati, secundum statum et facultates ipsorum, ut per ostensionem hujusmodi sine fictione aliqua sed in propriis equis et armis ac alio aparatu, in quibus nobis servient, cum tempus accesserit, faciendam, sciatur numerus armatorum, tam peditum quam equitum, et videatur eciam conveniens apparatus eorum, injungatisque ipsorum singulis quod sic se munitos teneant et paratos quod ad locum et diem per vos prefigendos eisdem, predictum nobiscum negocium aggressuri, veniant submota dilacione qualibet sufficienter parati. Et si aliqui premissa facere non curarent aut minus sufficienter facerent, ipsos ex hujusmodi inobediencia vel deffectu puniatis et adhuc nichilominus compellatis. Damus autem omnibus et singulis fidelibus et subditis nostris presentibus in mandatis, quatinus vobis circa hec pareant et intendant. Datum Parisius, v^a die januarii anno Domini millesimo ccc. xviij. [1].

LXXXVII

La garde du château de Loudun est donnée en survivance à Jean du Pont (JJ. 58[2], fol. 21 v°).

7 janvier 1319.

Dominus rex concessit Johanni de Ponte, fratri quondam Philippoti de Ponte, servientis armorum, custodiam castri de Loduno in ballivia Turonensi, ad emolumenta consueta, quamdiu placuerit domino regi, dum tamen ille qui dictum tenere solebat officium, viam universe carnis fuerit ingressus. Datum apud Sanctum Germanum in Laya, vij^a die januarii, anno Domini m. ccc. xviij.

Per dominum regem, ad relacionem domini M. Maulconduit, J. de Templo.

Registrata est per me P. Barriere.

---

[1]. Le même mandement fut adressé également aux sénéchaux de Saintonge, de Lyon et de Macon et au bailli de Bourges.

[2]. Ce registre ne renferme que des sommaires, sauf de rares exceptions.

LXXXVIII

Les religieuses de la Sainte-Trinité de Poitiers obtiennent la permission d'emporter, à leur commodité et au temps qui leur conviendra, les deux charretées de bois par semaine qui leur avaient été concédées par Philippe le Bel dans la forêt de Moulière (JJ. 59, n° 395, fol. 222).

Avril 1320.

Philippus, Dei gratia Francorum et Navarre rex. Notum facimus universis, tam presentibus quam futuris, quod religiose mulieres, abbatissa et conventus monasterii Sancte Trinitatis Pictavensis, ex concessione carissimi domini et genitoris quondam nostri, duas quadrigatas bosci in foresta de Moleria, percipiendas ab ipsis in qualibet septimana, habeant imperpetuum et percipiant, prout in litteris ejusdem genitoris nostri confectis super [hoc] dicitur contineri [1], dicteque religiose dictas duas bosci quadrigatas in qualibet septimana, secundum concessionem indè sibi factam, interdum levare non possint, et propter hoc nobis fecerint humiliter supplicari sibi per nos graciosè concedi ut quod in septimana levare non poterint aut noluerint, possint in alio, [quod] magis sibi placuerit, tempore, secundum aysanciam suam, levare et de dicta foresta extrahere, et ad suum locum defferre ; nos ipsarum supplicacioni benigniter annuentes, dictis religiosis, ob parentum et predecessorum nostrorum nostreque remedium animarum, de speciali gracia, presentibus duximus concedendum quod quicquid de dicto bosco sibi, sicut predicitur, concesso non valebunt in qualibet septimana, possint in alio quocunque tempore, insimul aut per partes, prout ipsis magis placuerit et viderint expedire,

---

1. Ces lettres de don de Philippe le Bel sont de juillet 1308 ; elles ont été publiées plus haut sous le n° XXII.

levare seu levari ac recipi facere et ad suum locum adduci. Dantes presentibus in mandatis magistris forestarum nostrarum dicteque foreste de Moleria custodibus, et eorum cuilibet, quatinus dictas religiosas earumve gentes nullatenus impediant in premissis nec impediri permittant, contra presentis gracie nostre tenorem. Quod ut ratum et stabile permaneat in futurum, presentibus litteris nostrum fecimus apponi sigillum. Salvo in aliis jure nostro et in omnibus quolibet alieno. Actum apud Vincennas, anno Domini millesimo trecentesimo vicesimo, mense aprilis.

Per dominum regem, ad relacionem confessoris, Barriere.

LXXXIX

Lettres de sauvegarde octroyées à l'abbaye de Lieu-Dieu en Jard
(JJ. 59, n° 360, fol. 203 v°).
Mai 1320.

Philippus, etc. Notum facimus universis, tam presentibus quam futuris, quod nos religiosos viros, abbatem et conventum monasterii Loci-Dei in Jarda, ordinis Premonstratensis, existentes, tam in capite quam in membris, in et de nostra gardia speciali, in nostra protectione et salva gardia speciali predicta cum bonis et rebus, possessionibus, hominibus et familia eorumdem suscipimus et ponimus per presentes, mandantes senescallo Pictavensi et ballivo Turonensi ceterisque justiciariis nostris, qui nunc sunt et qui pro tempore fuerint, prout ad eorum quemlibet pertinuerit, quatinus dictos religiosos, nec non homines eorumdem, in suis justis possessionibus, libertatibus et saisinis, sub nostris protectione et salva gardia speciali predictis debitè manuteneant et conservent, necnon ab injuriis, violenciis, vi armorum, oppressionibus et novitatibus indebitis quibuscunque defendant faciantque defendi, nec permittant contra ipsos in contemptu dicte gardie nostre aliquid actemptari seu eciam innovari, sed actemptata seu innovata, si que sint, ad statum pristinum et debitum indilatè reducant. Quod ut firmum et stabile perpetuo perseveret, presentes litteras sigilli nostri fecimus impressione muniri. Nostro et alieno in omnibus jure salvo. Datum Vernonis, anno Domini m. ccc. xx., mense maii.

Per dominum regem, Barriere.

XC

Vidimus et confirmation des lettres de Philippe le Hardi, en date du mois de décembre 1276, assignant à l'abbaye de Charroux une rente de quarante sous tournois pour célébrer, chaque année, l'anniversaire d'Alphonse, comte de Poitiers (JJ. 59, n° 616, fol. 336).

Janvier 1321.

Philippus, etc. Universis presentes litteras inspecturis salutem. Notum facimus nos vidisse quasdam litteras regias in hec verba :

Philippus, Dei gracia Francorum rex, universis presentes litteras inspecturis salutem. Notum facimus quod cum, juxta ordinacionem clare memorie, carissimi patrui nostri Alfonsi, quondam comitis Pictavensis et Tholose, executores sui testamenti decreverint assignari abbacie de Charrous xl. solidos turonensium annui redditus pro anniversario dicti comitis in dicta abbacia annuatim celebrando ; nos ipsius patrui nostri piam ordinacionem cupientes salubriter adimpleri, volumus et precipimus ut quicunque pro tempore fuerit senescallus Pictavensis dictos quadraginta solidos turonensium annui redditus, in termino Ascensionis Domini, dicte abbacie monasterio, vel ejus mandato, sine difficultate reddat annuatim et persolvat, nullo alio mandato super hoc expectato. In cujus rei testimonium, presentibus litteris sigillum nostrum fecimus apponi. Actum Parisius, anno Domini millesimo cc. septuagesimo sexto, mense decembris.

Nos autem premissa grata habentes, mandamus senescallo Pictavensi moderno et qui pro tempore fuerit, quatinus dicto monasterio premissum debitum solvant, et ipsum de eodem redditu gaudere faciant et permittant, eo modo quo religiosi de dicto loco gavisi pacificè extiterunt nuncusque. In cujus rei testimonium, nostrum presentibus litteris fecimus apponi sigillum. Actum Parisius, anno Domini m. ccc. vicesimo, mense januarii.

Per dominum regem, ad relacionem the[saurarii] Remensis, Gervasii.

XCI

Institution d'un marché hebdomadaire à Maillezais (JJ. 60, n° 7, fol. 2 v°).

Février 1321.

Philippus, Dei gratia Francorum et Navarre rex. Notum facimus universis, tam presentibus quam futuris, quod, cum supplicato nobis nuper, ex parte dilecti nostri Mailliacensis episcopi [1], ut eidem instituendi, faciendi et tenendi imperpetuum mercatum in qualibet die lune, in villa sua Malleacensi, licenciam concedere dignaremur, baillivo nostro Turonensi per nostras patentes litteras mandassemus quod se diligenter informaret si, sine nostro alienoque prejudicio sive dampno, possemus concedere mercatum predictum, idemque baillivus factam super hoc informacionem nobis, juxta mandatum nostrum, miserit sub suo clausam sigillo, quam videri fecimus diligenter. Quia per eandem nobis constitit dictum mercatum non esse nobis vel aliis prejudiciabile vel dampnosum, nos illud dicto

---

1. Les auteurs du *Gallia christ.* placent cette fondation sous l'épiscopat de Guillaume Sambuti. L'abbé Lacurie en parle également d'une façon vague, sans doute d'après les Bénédictins, mais il ne publie ni ne cite les présentes lettres. (*Hist. de Maillezais*, in-8°, 1852, ad ann.)

episcopo pro se suisque successoribus episcopis, instituendum, faciendum et tenendum, die et loco predictis, ex nunc imperpetuum, graciosè concedimus per presentes. Quod ut ratum et stabile permaneat in futurum, presentibus litteris nostrum fecimus apponi sigillum. Salvo in aliis jure nostro et in omnibus alieno. Actum Parisius, anno Domini M. CCC. vicesimo, mense februarii.

Per dominum regem, Barriere.

XCII

Philippe V concède au prieur et au couvent de la Celle le service de la chapelle du château de Poitiers avec tous les droits et revenus y attachés (JJ. 60, n° 197, fol. 125 v°).

Juin 1321.

Philippus, Dei gratia Francorum et Navarre rex. Notum facimus quod nos propter devocionis sinceritatem et specialis affectionis promptitudinem, quas ad prioratum, priorem et conventum de Cella Pictavensi habemus, et quas vice versa ipsi ad nos et progenitores nostros hactenus habuerunt, ac eciam propter hoc quia, prout ex fide dignorum relacione accepimus, in prioratu predicto divinus cultus multum commendabiliter exercetur, et propter alias multas causas, eosdem prioratum, priorem et conventum sincera in Domino prosequimur caritate et prerogativa amplectimur benivolencie specialis; hac igitur consideracione commoti, capellam castri nostri Pictavensis, cum omnibus suis juribus et pertinenciis universis, dictis priori et conventui, de gratia speciali ex nunc et in perpetuum concedimus et donamus et transferimus in eosdem, cum omni jure actionis, possessionis, proprietatis et juris alterius cujuscunque ad nos, racione dicte capellanie, jurium et pertinenciarum ejusdem quomodolibet pertinentis; hac lege in dono hujusmodi apposita et adjecta quod dicti prior et conventus capellaniam ipsam perpetuo faciant debitè deserviri et divinum officium in eadem perpetuo celebrari, pro nostra nostrorumque parentum salute et remedio animarum. Dantes senescallo et receptori Pictavensibus modernis et qui pro tempore fuerint, tenore presentium, in mandatis quatinus dictis priori et conventui de redditibus, fructibus, exitibus, emolumentis et juribus quibuscunque, ad dictam capellaniam spectantibus, respondeant et faciant integrè responderi. Quod firmum et stabile permaneat in futurum, nostrum presentibus fecimus apponi sigillum. Datum Pictavis, anno Domini M. CCC. vicesimo primo, mense junio.

Per dominum regem, ad relacionem domini J. Roberti, Thomas Fenier.

XCIII

Permission accordée à Jean Forget, chevalier, de bâtir une maison hospitalière et de fonder une chapelle dans le diocèse de Poitiers, avec amortissement des biens affectés à leur dotation (JJ. 60, n° 148, fol. 94 v°).

Juillet 1321.

Philippus, Dei gratia Francorum et Navarre rex. Notum facimus universis presentibus et futuris quod, cum dilectus Johannes Forgeti, miles, quandam elemosinariam instituere et construere et unam capellaniam fundare in dyocesi Pictavensi, et ipsas de bonis ipsius infrascriptis dotare proponat, primo videlicet de decem et novem sextariis et duobus boisellis frumenti rendualibus, ad mensuram Sancti-Aredii, que percipit in Ripparia et circa, in feodo Hugonis de Thouarcyo, domini de Mota, quod quidem bladum infrascripte persone, racione certorum bonorum immobilium sive hereditariorum, que tenent ab eodem milite, sibi tenentur solvere annuatim, videlicet Guillermus Boufardi, undecim prebendarios bladi; item Katerina Chauvele, unum prebendarium; item Johannes Angeberti, unam minam; item Thomassia de Pinsson et ejus liberi, tria sexteria bladi; item Petronilla de Pinsson et ejus liberi, tria sexteria; item Petrus Robillardi, tres minas; item dictus Corbiaus, sex boissellos; item Emericus Angeberti, septem boissellos; item Guillelmus et Petrus Angeberti, quatuor sexteria; item Guillelmus Arlinzea, unam minam; item Gaufridus Cornereas, septem boissellos; item Petrus Giraudons, unum prebendarium; item dictus Liborrea, duos boissellos; item Petrus Groer, tres minas, et super terram que fuit defuncte Berte, unam minam; que quidem predicta decem et novem sextaria et duo boisselli frumenti valent et estimata fuerunt valere, estimacione communi, secundum consuetudinem patrie, undecim libras et decem solidos turonensium annuatim. Item tria sexteria siliginis et tria sexteria avene, ad mensuram antedictam, que tenentur solvere dicta la Grise et ejus liberi annuatim, que appreciata fuerunt valere, secundum patrie consuetudinem, sexaginta solidos renduales. Item de duobus feodis vinearum sitis prope Rippariam, quorum unum vocatur feodum du Fier et aliud vocatur feodum de Touchia, cum omni jure, dominio et jurisdicione, que et quam idem miles habet et habere potest in feodis memoratis, et sunt dicta feoda situata et contigua chemino, per quod itur de Sancto-Maxancio apud Motam Sancti Aredii, ex parte una, et chemino per quod itur de Brulio ad Rippariam versus Villam Dei, ex altera, et de quadam pecia vinee sita in predicto feodo de Touchia, contigua, ex una parte, bosco de Touchia et fonti de Touchia, ex parte altera; que quidem duo feoda una cum dicta pecia vinee valent septuaginta solidos in denariis annuatim. Item de uno quarterio vinee contigue, ex parte una, nemori de Touchia, et vinee Robillardi ac vinee au Jarrias, ex altera parte, que valet duodecim solidos in denariis annuatim. Item de quadam pecia vinee situata propè pratum quod vocatur pratum ad Venatorem, propè Sanctum Enanum, que valet decem solidos in denariis annuatim. Item de decem solidis in denariis et duabus gallinis rendualibus, que dictus miles emit ab Hugueto Bonyn super quadam pecia terre, sita antè domum dictorum les Giraudons. Item de sex solidis in denariis rendualibus, quos debet dicto militi Bartholomeus Ganduceas super quamdam peciam terre, contiguam terre Johannis Paenes. Que omnia, ut predicitur, movent et sunt situata in feodo dicti Hugonis de Thouarcio, domini de Mota, et sub ressorto nostro de Sancto Maxencio. Item de sexaginta et unum solidis in denariis rendualibus, quos idem miles habet et percipit, anno quolibet, in loco qui dicitur la Rouche Fordere in villa de Sancto Maxencio predicta, retentis eidem militi in eisdem dominio et jurisdicione ac eciam octo denariis censualibus per annum, qui quidem sexaginta et unus solidi censuales de feodo nostro movere noscuntur. Item de tribus quarteriis prati sitis prope la Vite in castellania de Fontenayo, de feodo Morelli de Mengnyaco, militis, et de nostro retrofeodo moventibus, que valent quatuor solidos in denariis annuatim. Et sic valent et ascendunt predicta omnia in universo ad vinginti et quinque libras redditus annui, secundum consuetudinem patrie, estimacione communi. Nos ipsius militis in hac parte laudabile propositum commendantes, eidem, presencium tenore, concedimus ut ipse in predicta Pictavensi dyocesi dictas elemosinariam et capellaniam construere et fundare, ac eas de predictis omnibus et singulis dotare valeat et ea sibi perpetuo assignare volentes, et ob nostre progenitorumque nostrorum animarum remedium et salutem, tenore presencium concedentes quod dicta elemosinaria et cappellani dicte cappellanie, qui pro tempore fuerint, predicta omnia et singula, secundum quod eis per predictum militem assignata fuerint, tenere possint perpetuo et habere pacificè et quietè, sine coactione vendendi vel extra manum suam ponendi, aut prestandi nobis seu successoribus nostris, pro predictis seu predictorum aliquo, financiam qualemcunque. Quod ut firmum et stabile permaneat in futurum, presentibus litteris nostrum fecimus apponi sigillum. Salvo tamen in omnibus jure nostro et quolibet in aliis alieno. Actum Parisius, anno Domini millesimo trecentesimo vicesimo primo, mense julii.

Per dominum regem, ad relacionem thesaurarii Remensis, J. de Templo. Collatio est facta.

XCIV

Lettres constatant que, dans la vente de certains bois faite à Philippe le Bel par Jeanne Malline, celle-ci s'y est réservé, ainsi qu'à ses héritiers, un droit d'usage pour le chauffage et les réparations de ses maisons de Montmorillon (JJ. 60, n° 170, fol. 107 v°).

Août 1321.

Philippus, Dei gratia Francorum et Navarre rex. Notum facimus universis, tam presentibus quam futuris, quod cum dudum, tempore carissimi domini genitoris nostri, Johanna Malline[1] omne jus, quod ipsa habebat et habere poterat in boscis seu nemoribus Chavaingne et in foresta Dominarum de Monte Morillionis prefato domino genitori nostro, pro se et successoribus suis, regibus Francie, vendiderit[2], retento tamen ab eadem specialiter et expressè quod ipsa et heredes sui ac causam habituri ab eis, in maneriis seu domibus suis existentibus apud dictam villam de Monte Morillionis, quarum una, que fuit quondam Johannis Cabussin, sita est juxta domum Lamisselle et antè domum Micheleti Mercerii, et altera dictarum domorum sita est in vico Banni prope Carnificeriam, contigua domui Johannis Mestremoulaie, ex uno latore, et virgulto Douceti Amoureus, ex alio, haberent in et de nemoribus seu boscis

---

1. Dans les lettres de décembre 1311 (voy. plus haut le n° XXXVII), ce nom est écrit Meline.
2. Au sujet de cette vente, voy. la note de la page 79.

et foresta predictis pro ardere suo ac sustentacione et reparacione dictorum maneriorum vel domorum, ac pro edificando ibidem, prout oportunum fuerit et viderint expedire, quia dicta mulier litteras regias non habuit, sicut dicit, super retencione predicta, pro eo quod eas de sigillo acquitare non potuit pre nimia paupertate. Nos volentes in hiis bonam fidem servari super dicta retencione, de qua nobis fido relatu constitit, ipsi mulieri pro se et heredibus ac causam habituris predictis, presentes litteras duximus concedendas. Mandantes omnibus custodibus et servientibus dictorum boscorum seu nemorum et foreste, modernis et qui pro tempore fuerint, ut ipsos mulierem, heredes et causam habituros de bosco dictorum nemorum et foreste, pro usu et necessitate dictarum domorum, ad ardendum, ac ad sustentandum et reparandum nec non ad edificandum, ut est dictum, percipere et habere permittant absque difficultate quacunque. Quod ut firmum sit et perpetuo valiturum, presentes litteras nostri sigilli fecimus impressione muniri. Nostro in aliis et alieno in omnibus jure salvo. Actum apud Creciacum, anno Domini M. CCC. vicesimo primo, mense augusto [1].

Per dominum regem, Barrière.

XCV

Vidimus des lettres de saint Louis portant confirmation des privilèges que les rois d'Angleterre avaient accordés aux habitants de Niort (JJ. 61, n° 12, f° 4 v°) [2].

13 février 1322.

Karolus, Dei gracia Francorum et Navarre rex. Notum

---

[1]. L'original scellé de ces lettres est conservé aux Archives nat., avec cette note écrite sur le repli, douze ans après la date de l'expédition : *Retente sunt et cancellate, quia dictum usagium seu franchisia venditur regi pro* XXX. *l. t., captis super regem in thesauro ad sanctum Johannem* CCC. XXXIIj. Et comme preuve de cette assertion, on a joint à ces lettres l'acte original de la vente faite au roi par Jean de Malline ou Méline, à Poitiers, le 12 septembre 1331 (J. 181ᴀ. nᵒˢ 65 et 66).

[2]. La pièce n° 11 du même registre est également une transcription de ces vidimus, mais incorrecte et incomplète.

facimus universis, tam presentibus quam futuris, quod nos litteras inclite recordacionis, carissimi domini ac genitoris nostri Philippi, quondam Francorum regis, vidimus in hec verba :

Philippus, Dei gracia Francorum rex. Notum facimus universis, tam presentibus quam futuris, quod nos litteras, inclite recordacionis precarissimi domini ac genitoris nostri Philippi, quondam Francorum regis, vidimus in hec verba :

Philippus, Dei gracia Francorum rex. Notum facimus universis, tam presentibus quam futuris, quod litteras inclite recordacionis precarissimi domini et genitoris nostri Ludovici, regis Francorum, vidimus in hec verba :

Ludovicus, Dei gracia Francorum rex. Universis ad quos presentes littere pervenerint, salutem. Notum facimus quod nos concessimus dilectis et fidelibus burgensibus nostris Nyorti ut habeant communiam, cum libertatibus ad communiam pertinentibus, apud Nyortum, et usus suos et liberas consuetudines suas et libertates ac donationes, quas habuerunt et tenuerunt, temporibus Henrici et Richardi, quondam regum Anglie. Concessimus eciam eis quod eos extra manum nostram vel heredum nostrorum, vel fratrum nostrorum non ponemus, nisi de voluntate ipsorum. Quod ut ratum maneat in perpetuum, presentem cartam sigilli nostri auctoritate fecimus consignari. Actum apud Sanctum Maxencium, anno Domini M. CC. tricesimo mense julii [1].

Nos autem dictis nostris burgensibus de Nyorto omnia et singula supradicta, prout eis justè, racionabiliter et pacificè hactenus usi sunt, auctoritate regia confirmamus. Quod ut ratum et stabile permaneat in futurum, presentibus litteris

---

[1]. Ces lettres de saint Louis ont été publiées dans le *Recueil des ordonnances des rois de France*, t. XI, p. 327, et dans le *Trésor des privilèges de la ville de Nyort*, par Augier, s^r de la Terraudière, 1675, in-8º, p. 9, et 2e éd. 1866, in-8º, p. 14.

nostrum fecimus apponi sigillum. Actum apud Fonteneium, anno Domini m. cc. septuagesimo primo, mense marcii.

Nos vero dictis nostris burgensibus de Nyorto omnia et singula supradicta, prout eis justè, racionabiliter et pacificè acthenus usi sunt, auctoritate regia confirmamus. Salvo in omnibus aliis jure nostro et jure quolibet alieno. Quod ut firmum et stabile perseveret, presentes litteras fecimus muniri *(sic)*. Actum Engolisme, anno Domini m. cc. octogesimo quinto, mense marcii.

Nos vero dictis nostris burgensibus de Nyorto omnia et singula supradicta, prout eis justè, racionabiliter et pacificè usi sunt, auctoritate regia confirmamus. Salvo in omnibus jure nostro et quolibet alieno. Quod ut firmum et stabile perseveret, presentes litteras fecimus communiri. Actum Parisius, die xiij. februarii anno Domini m. ccc. vicesimo primo.

Per Petrum Remigii, J. de Meleduno.

XCVI

Lettres de sauvegarde octroyées à l'abbaye de Valence
(JJ. 61, n° 22, fol. 8 v°).

Mars 1322.

Karolus, Dei gracia Francorum et Navarre rex. Notum facimus universis, tam presentibus quam futuris, quod cum clare memorie Alfonsus, regis Francie filius, quondam comes Pictavensis, ad preces Hugonis quondam comitis Marchie [1], abbaciam de Valencia, Cisterciensis ordinis, Pictavensis dyocesis, in protectione et deffensione sua recepisset et fratres Deo servientes ibidem cum omnibus possessionibus et rebus suis, et in dicti comitis Picta-

---

1. Hugues XII de Lusignan, comte de la Marche (1249-1270). L'abbaye de Valence était placée, sous la protection particulière des comtes de la Marche, dont plusieurs voulurent y avoir leur sépulture.

vensis et suorum successorum protectione et deffensione usque ad hec tempora fuerunt, nos ad quem, jure successionis, comitatus devenerunt predicti, eisdem religiosis, ut eo liberius divinis vacare possint officiis, quo celsiori ac potenciori se senciunt protectione munitos, graciam volentes facere specialem, religiosos ipsos dictumque monasterium, tam in capite quam in membris, cum omnibus bonis, rebus et possessionibus suis, ac eorum familia, ad abbatis et conventus ejusdem monasterii supplicacionem, in protectione, defensione et salva gardia speciali nostris et successorum nostrorum regum Francie, suscepimus et ponimus per presentes. Dantes senescallis Pictavensi et Xanctonensi ceterisque justiciariis nostris regni Francie, qui nunc sunt et qui pro tempore fuerint, prout ad eorum quemlibet pertinuerit, quatinus religiosos predictos, res, bona, possessiones et familiam eorumdem in suis justis possessionibus, libertatibus, franchisiis, usibus, juribus et saisinis, sub nostris protectione et defensione gardiaque speciali predictis conservent, manuteneant et defendant ab omnibus injuriis, violenciis, oppressionibus, molestacionibus, vi armorum et quacunque potencia laicorum, novitatibusque indebitis quibuscunque, nec permittant in posterum contra ipsos aut eorum familiam, in corporibus aut bonis ipsorum, in nostre predicte specialis gardie contemptum, aliquas novitates fieri vel inferri, et si quas eis factas invenerint vel illatas, eas ad statum pristinum et debitum absque dificultate reducant. Quod ut firmum et stabile perpetuo perseveret, presentibus nostrum fecimus apponi sigillum. Nostro et alieno in omnibus jure salvo. Datum Parisius, anno Domini m. ccc. vicesimo primo, mense marcii.

Per dominum regem, ad relacionem decani Pictavensis [1], P. Justicia. Idem scripsit.

---

1. Jean de Cherchemont. (Voy. la note de la pièce CXXV.)

XCVII

L'abbaye de Saint-Liguaire, au diocèse de Saintes, est placée dans le ressort de la sénéchaussée de Poitiers (JJ. 61, n° 26, fol. 9 v°).

Avril 1322.

Karolus, Dei gracia Francorum et Navarre rex. Notum facimus universis presentibus et futuris quod, oblata nobis suplicacione religiosorum virorum abbatis et conventus monasterii Sancti Leodegarii, ordinis sancti Benedicti, Xanctonensis diocesis, continente quod cum eorum monasterium in Pictavensis et Xanctonensis senescalliarum ballivieque Turonensis confinis situatum existat, ipsi et ipsorum homines per dictarum senescalliarum ac ballivie rectores, servientes et officiales, asserentes quoslibet ipsos religiosos et homines suos justiciabiles existere, cothidiè ad judicium detrahuntur hinc indè fatiganturque multipliciter laboribus et expensis, quare nobis supplicabant humiliter ut ipsis super hoc providere vellemus. Nos igitur eorum supplicacionem attentè considerantes quod per hujusmodi vexaciones assiduas divinum in eodem monasterio posset officium impediri, cupientesque quod ipsi religiosi eo divino cultui vacare valeant, quo quiescius sublatis perturbacionum molestiis, sub nostre protectionis dextera fovebuntur, presentium auctoritate statuimus quod ipsi religiosi eorumque monasterium, homines atque possessiones quelibet eorumdem infra leuce unius circumquaque dictum monasterium comprehensas *(sic)* in et de senescallia Pictavensi, sub resorto Niortii, habeantur in perpetuum justicienturque de cetero et regantur, non obstantibus usibus et expletis quibuslibet per senescallum Xanctonensem et ballivum Turonensem, seu eorum servientes vel justiciarios in contrarium habitis quoquomodo. Inhibentes districtius senescallo Xanctonensi et ballivo Turonensi, ceterisque omnibus et singulis eorumdem senescallie et ballivie justiciariis et servientibus modernis et qui pro tempore fuerint, ne ipsi vel eorum aliquis dictos religiosos, aut eorum homines vel hospites, infra dicte leuce ambitum degentes, ad judicium vocare vel trahere, possessiones quoque aut bona eorum infra prescriptos terminos constituta pro quocunque casu justiciare de cetero, vel quamlibet in eos justiciam exercere audeant vel presumant. Quod ut ratum et stabile perseveret, presentes litteras sigilli nostri fecimus impressione muniri. Nostro tamen in aliis et alieno in [omnibus] jure salvo. Actum Parisius, anno Domini M. CCC. vicesimo primo, mense aprilis.

Per dominos Attrebatum [episcopum] [1] et J. de Soisiaco. Maillardus.

XCVIII

Sauvegarde accordée aux religieux du prieuré de Saint-Hilaire de la Celle (JJ. 61, n° 44, fol. 17).

Avril 1322.

Karolus, Dei gratia Francorum et Navarre rex. Notum facimus universis presentibus et futuris, quod divine collaudacionis honorem in monasterio prioratus Sancti Hilarii de Cella Pictavensis taliter celebrari, quod ipsius loci et servitorum Regis regum ibidem salutaris tranquillitas à pestiferis seculi turbinibus non habeat impediri, volentes, ad devotam dilectorum nostrorum prioris et conventus dicti loci supplicacionem, eosdem prioratum, prioremque et conventum cum gentibus et familia sua ac bonis ipsorum quibuscunque, tam in capite quam in membris, in nostra et regia salva et speciali gardia ac nostre et regie protectionis securitate, de speciali gratia, assumimus per presentes.

---

1. Pierre de Chappes, évêque d'Arras, conseiller du roi ; il avait été chancelier de France de 1317 à février 1321.

Quocirca universis justiciariis regni nostri eorumque loca tenentibus precipiendo mandamus quatinus dictos religiosos cum gentibus et familia bonisque suis omnibus ab injuriis, oppressionibus, vi armorum, potencia laicorum, molestiis, violenciis et jacturis, et indebitis novitatibus quibuscunque, deffendant, ac in suis justis possessionibus et saizinis manuteneant et conservent, non permittentes aliquid in dictorum religiosorum injuriam fieri vel inferri, nec quicquam in prejudicium vel contemptum dicte gardie nostre attemptari quomodolibet vel presumi, quod si contingeret, ad statum debitum reduci et nobis taliter emendari, quod exindè habeat temeritas perversorum tereri, faciant indilatè, necnon, prout ad ipsorum quemlibet pertinuerit, aliquem vel aliquos ex servientibus regiis super premissis et ea tangentibus, prohibita tamen eis cause cognicione, deputent, quociens oportunum fuerit et viderint expedire. Quod ut firmum sit et perpetuo valiturum, presentes litteras nostri sigilli fecimus impressione muniri. Nostro et alieno in omnibus jure salvo. Actum in Regali Abbacia prope Pontisaram, anno Domini m. ccc. vicesimo secundo, mense aprilis.

Per dominum regem, ad relacionem domini A. de Roia. Gervasii.

XCIX

Sauvegarde accordée au chapitre de l'église de Poitiers
(JJ. 61, n° 386, fol. 164).
Janvier 1323.

Karolus, Dei gratia Francorum et Navarre rex. Notum facimus universis, tam presentibus quam futuris, quod nos, more predecessorum nostrorum Francie regum, ecclesias et personas ecclesiasticas regni nostri plena volentes tranquillitate et quiete gaudere ut eo liberius divinis intendere possint obsequiis, quo ad suorum conservacionem jurium ab oppressionibus et molestiis quorumlibet regia protectione noverint se deffensos, dilectos nostros decanum et capitulum ac canonicos, capellanos et clericos, officiales et ministros, et quoslibet servitores ecclesie Pictavensis, quam sibi prosequimur speciali prerogativa favoris, unà cum hominibus et bonis ipsorum decani et capituli communibus, ecclesiasticis et temporalibus, ubilibet in regno nostro existentibus, in nostra regia protectione et speciali salva gardia suscipimus de gratia speciali, ac Johannem de Berron et Petrum de Aurelianis, servientes nostros, et eorum quemlibet in solidum, ita quod non sit melior condicio occupantis, speciales gardiatores, presentium auctoritate, constituimus et concedimus ad manutenendum eosdem decanum et capitulum, canonicos et clericos, officiales et ministros dicte ecclesie, familiares quoque domesticos et homines ipsorum decani et capituli in suis justis possessionibus, juribus, franchisiis, explectis, usibus, libertatibus et saisinis, necnon ad deffendendum eosdem ab injuriis, violenciis, oppressionibus, vi armorum et potencia laicorum, ac novitatibus indebitis quibuscunque, compellendum debitores ipsorum decani et capituli ad reddendum et solvendum sibi redditus suos et jura ac debita sua et legalia, recognita legitimè vel probata. Et si forsan iidem decanus et capitulum assererent aliquas injurias, violencias, spoliaciones sive dissaisinas aut aliquas oppressiones indebitas sibi aut concanonicis, officialibus, ministris, familiaribus, hominibus aut aliis gentibus suis esse factas, et occasione hujusmodi debatum oriri contingeret inter partes, ad ponendum debatum et res contenciosas hujusmodi ad manum regiam, tanquam superiorem, et per eandem manum faciendum recredenciam de rebus contenciosis, si et ubi ac quociens fuerit facienda hinc indè, nec non ajornandum partes coram senescallis vel ballivis nostris aut aliis judicibus temporalibus competentibus, in quorum jurisdicione res contentiose consisterent super ipso debato debitè processuras, et nichilominus omnia et singula faciendum que ad specialis gardiatoris officium pertinere noscuntur. Nolumus tamen quod iidem gardiatores, vel alter eorum, de hiis que judicialem requirunt indaginem se aliquatenus intromittant. Dantes nichilominus presentibus in mandatis omnibus et singulis justiciariis nostris, ut eisdem gardiatoribus et eorum cuilibet super premissis pareri faciant, quatenus ad eorum officium pertinuerit, et intendi. In cujus rei testimonium, presentibus nostrum fecimus apponi sigillum. Actum Parisius, anno Domini millesimo trecentesimo vicesimo secundo, mense januario.

Per dominum regem, ad relacionem vestram et domini Johannis Cerchemont. Gervasii.

C

Vidimus et confirmation des lettres d'Hugues de la Celle, commissaire du roi, données au mois de décembre 1315, et portant assignation à Guillaume de Maumont de certains revenus en compensation de la terre qu'il avait cédée à Philippe, comte de Poitiers (JJ. 61, n° 307, fol. 135).

Avril 1323.

Karolus, etc. Notum facimus universis, tam presentibus quam futuris, nos litteras carissimi domini germani nostri, Ludovici, quondam regis regnorum hujusmodi, sanas et integras vidisse [litteras], formam que sequitur continentes :

Ludovicus, Dei gracia Francorum et Navarre rex. Notum facimus universis, tam presentibus quam futuris, nos infrascriptas vidisse litteras, formam que sequitur continentes :

Hugo de Cella, domini regis Francie miles, notum facimus quod, cum idem dominus noster rex nobis sub certa forma per suas litteras commisisset ut domino Guillelmo de Malomonte, militi, pro terra quam habere solebat, per ipsum recepta et nunc tradita illustrissimo principi domino Philippo, comiti Pictavensi, recompensacionem faceremus apud Taunay Boutonne [1] et in terra Sancti Laurencii, que quondam fuit domini Guillelmi de Mastacio, militis, et in aliis locis dicto domino Guillelmo de Malomonte acomodis et prefato domino regi minus dampnosis; et nos execucioni dicte commissionis intendere non possemus, aliis arduis negociis occupati, discretis viris Johanni de Doys, preposito Engolismensi, et magistro Guillelmo Floridi, custodi sigilli regii apud Sanctum Johannem Angeliacensem constituti, super hoc commisimus vices nostras, certificati per venerabilem virum magistrum Guillelmum de Chanaco [2], predicti domini regis clericum, ac per Johannem Berengarii, olim ballivum Lemovicensem, oretenus et per litteras, qui Johannes emolumenta dicte terre, quam dictus dominus Guillelmus de Malomonte solebat habere, per plures annos receperat, nomine prefati domini regis, quod in summa septingentarum quater viginti tresdecim librarum, tresdecim solidorum, quinque denariorum et oboli rendualium debebat eidem domino Guillelmo fieri recompensacio supradicta. Ipsi vero prepositus et magister Guillelmus, prout nobis per suas litteras retulerunt, dictum locum et terram de Taunayo pro novies viginti et duabus libris rendualibus, dictamque terram de Sancto Laurencio pro octies viginti et una libris, novem solidis, quinque denariis et obolo rendualibus, cum omnibus pertinenciis dictorum locorum et terrarum assignaverunt predicto domino Guillelmo de Malomonte, juxta traditam sibi formam. Item assignaverunt eidem, de ipsius voluntate et ad ejus requestam, castrum et terram de Fourras cum suis pertinenciis pro quater viginti

---

1. La terre et seigneurie de Tonnay-Boutonne resta dans la maison de Maumont jusqu'au milieu du XVe siècle au moins, et les descendants de Guillaume en portèrent le titre. Aymar (son fils probablement), seigneur de Tonnay-Boutonne, épousa Marie, fille de Jean Larchevêque de Parthenay.
2. Guillaume de Chanac, d'une famille noble du Limousin, était à cette époque archidiacre de Paris; il devint évêque de cette ville le 18 août 1332 et en occupa le siège jusqu'au 27 novembre 1342.

libris rendualibus ; item coustumam vini tonellorum transeuntium apud Campum Dolentem pro ducentis libris rendualibus ; item coustumam vini et aliorum transeuntium ante castrum de Ruppeforti pro quater viginti libris rendualibus; item quedam ara sita in parrochia Sancti Johannis Angeliacensis pro quindecim libris rendualibus ; item sexaginta decem et octo libras renduales super emolumento consueto levari per prepositum regium Sancti Johannis predicti de nundinis et aliis redditibus regiis ejusdem loci, facta per predictos prepositum et magistrum Guillelmum estimacione legitima, secundum patrie consuetudinem, de premissis prenominato domino Guillelmo de Malomonte, ut premittitur, traditis et assignatis, prout hec omnia in dictorum prepositi et magistri Guillelmi, commissariorum nostrorum, predictis litteris continentur. Hec autem sic esse facta referimus ad finem quod auctoritate regia confirmentur, si ea confirmare placeat regie majestati. Datum et sigillo nostro sigillatum, die lune post festum Nativitatis Domini [1], anno Domini millesimo trecentesimo quinto decimo.

Nos itaque predictas recompensaciones, estimaciones et assignaciones factas, ut supra scriptum est, de rebus predictis prefato Guillelmo de Malomonte, militi, ratas et gratas habentes, easdem pro nobis et successoribus nostris ac heredibus volumus, laudamus, approbamus et, nostra auctoritate regia, tenore presencium confirmamus, resque predictas assignatas, ut premissum est, eidem Guillelmo, heredibus et successoribus suis garantizabimus et eciam defendemus, ita quod de ipsis rebus suam omnimodam poterunt facere voluntatem. Salvo, quantum ad superioritatem, ressortum, homagium ligium, fidelitatis juramentum nobis propter hoc debita, et in aliis jure nostro et cujuslibet alieno. Quod ut firmum et stabile permaneat in futu-

---

1. Le 29 décembre 1315.

rum, presentibus nostrum fecimus apponi sigillum. Datum apud Bussolium, anno Domini millesimo trecentesimo sexto decimo, mense maii.

In cujus visionis testimonium litterarum, quas in suo robore permanere volumus, presentibus litteris nostrum fecimus apponi sigillum. Actum Parisius, anno Domini millesimo trecentesimo vicesimo tercio, mense aprilis.

Per vos, Tesson.

CI

Confirmation du privilège accordé, l'an 1188, par Richard Cœur de Lion, comte de Poitiers, à Geoffroy Berland et à ses héritiers, privativement à tous autres, de louer des magasins aux marchands de draps qui viennent s'installer à Poitiers pour la foire du carême[1] (JJ. 61, n° 310, fol. 135 v°).

Avril 1323.

Karolus, Dei gratia Francorum et Navarre rex. Notum facimus nos infrascriptas vidisse litteras in hec verba:

Richardus, comes Pictavensis, filius regis Anglie, senescallis, prepositis, ballivis suis et omnibus has litteras videntibus, salutem et amorem. Notum sit omnibus, tam presentibus quam futuris, quod ego dedi et concessi Galfrido Berllandi [2] et heredibus suis quod omnes mercatores, qui ad feriam de Pictavi, que est in quadra-

---

1. M. Rédet a publié ces lettres, d'après un vidimus de 1361 conservé aux archives de la Vienne, à la suite de son mémoire sur les *Halles et les foires de Poitiers*. (*Mém. de la Société des Antiquaires de l'Ouest*, 1845.)

2. Hilaire Berland, sans doute le fils de ce Geoffroy, fut maire de Poitiers durant six années, de 1216 à 1221. Un autre Hilaire l'était également en 1256. Leurs armoiries, si l'on en croit le manuscrit de la Bibl. nat. plusieurs fois cité déjà (Fr. 20,084), étaient *d'azur semé d'étoiles d'or aux deux merlans adossés d'argent*. Les descendants de Geoffroy Berland furent pendant longtemps seigneurs du fief des Halles de Poitiers. L'un d'eux, Herbert II, fonda par acte du 14 août 1345 le couvent des Augustins de Poitiers. Il était fils de Herbert I, qui obtint cette confirmation du privilège de ses ancêtres

gesima, venerint, vendant pannos de Francia et de Flandria, omnes pannos laneos, et varium, et grisum et cenbelinos, et pannos siricos in domibus suis et in pertinenciis domorum, nec alibi sint ausi vendere hec supradicta, et ipse et heredes sui et omnes illi qui domos predictas habebunt et possidebunt, locent illas et porticus domorum mercatoribus, et accipiant indè precium, quantum habere poterunt. Testes hujus rei sunt : Andreas de Calvigniaco, Reginaldus Barnoini, Giraldus Chotart, tunc prepositus de Pictavi, magister Philippus de Chemillé, Soronetus, tunc prepositus de Mosterolio, Americus de Scamera, Savaricus Ysemberti, Willelmus Barraudi, Michaël Berllandi, Radulphus Acuchardi. Hoc actum fuit anno ab Incarnatione Domini millesimo c. lxxxviij. [1], Gregorio papa existente, Philippo, rege Francorum, Henrico, rege Anglorum, regnantibus.

Nos vero donacionem, concessionem et omnia et singula predicta rata habentes et grata, ea volumus, laudamus, approbamus et auctoritate nostra regia, tenore presentium, confirmamus. Nostro et alieno in omnibus jure salvo. In cujus rei testimonium, nostrum presentibus litteris fecimus apponi sigillum. Actum Parisius, anno Domini millesimo ccc. vicęsimo tercio, mense aprilis [2].

Per dominum regem, ad relacionem domini Alfonsi de Hispania, Feauz.

(A. du Chesne, *Hist. gén. de la maison des Chasteigners*, Paris, 1634, in-fol., p. 476, 477, et Beauchet-Filleau, *Dict. généal. du Poitou*.)

1. Il faut sans doute lire 1187, car le pape Grégoire VIII mourut le 17 décembre 1187 et fut remplacé par Clément III qui occupa le siège apostolique pendant trois ans.

2. Ces lettres ont été de nouveau confirmées par le roi Philippe de Valois au mois de septembre 1330 (JJ. 66, n° 747, fol. 311), et par le roi Jean en 1361.

CII

Mandement à tous justiciers de faire délivrer par qui de droit les biens et héritages de Jean Larchevêque, sire de Parthenay, saisis précédemment et placés sous la main du roi (JJ. 61, n° 396, fol. 167).

29 août 1323.

Charles, par la grace de Dieu, roys de France et de Navarre. A touz justiciers et commissaires, aus quels ces lettres venront, salut. Comme pour certaines causes nous eussions mis et feisseins en nostre main toute la terre et l'eritage de Jehan Larcevesque, seigneur de Partenay, chevalier [1], avec les fruis et les issues d'iceus, et, à la requeste des amis au dit seigneur, nous de grace especial leur aiens recreu jusques à nostre volenté la terre et heritage devant diz, les quels ou point et en l'estat qu'il [sont] orendroit, avec touz les fruiz et les levés qui en istront et seront receuz, il nous ont promis et sont tenuz à nous rendre toutefoiz que il en seront requis de par nous. Et à ce faire, tenir, garder et acomplir noz amés et feauz Geffroy, seigneur de Chasteaubriant [2], Ponz, visconte d'Aunay, Helion, seigneur de Bregerat, escuier, Jehan de Vendoume [3], Regnaut de Precigny [4], Yon du Pont,

---

1. Poursuivi comme hérétique à l'instigation d'un inquisiteur de la foi, Jean de Parthenay avait été arrêté, amené à Paris et emprisonné au Temple, pendant que ses biens étaient saisis. Mais il en appela au pape et fut conduit à Avignon sous bonne garde ; c'est alors que ses amis obtinrent les lettres de main levée publiées ici. Ces faits sont racontés par M. Ledain, *Hist. de la ville de Parthenay*, in-8°, p. 162-164.
2. Geoffroy de Châteaubriant, dit Brideau, seigneur du Lyon d'Angers, des Roches-Baritaut, etc., était neveu par alliance de Jean de Parthenay ; il avait épousé, en secondes noces, Marguerite, fille de Guy Larchevêque, seigneur de Soubise.
3. Second fils de Jean V, comte de Vendôme.
4. Renaud de Pressigny, chevalier, seigneur dudit lieu, de Marans, de l'Aleu et de l'Oumeau en Aunis, épousa Eustachie de l'Isle-Bouchard et mourut en 1334, laissant deux fils, Renaud et Guillaume, et deux filles. (A. du Chesne, *Hist. gén. de la maison des Chasteigners*, p. 170, 171. Voy. aussi Boutaric, *Act. du Parl.*, t. II, n°s 6664 et 7778.)

Savary de Vivonne [1], Jehan de Gaillon [2] et Pierre Barbe, chevaliers, nous aient obligié leurs personnes et touz leurs biens presens et avenir. Nous vous mandons et à chascun de vous que aus dessus nommez obligiés ou à leur certain commandement ou deputé à ce de par eus, vous delivrés sanz nul delay la terre et le heritage devant diz et les en laissiez joir paisiblement, et des fruiz et des issues qui d'ores en avant en vendront. Donné à Maunes, le xxix. jour d'aoust l'an de grace mil trois cenz vint et trois.

Par le roy, à vostre relacion et du mareschal. Barriere.

CIII

Privilège accordé à Jean Guérin, Poitevin, d'acquérir des terres dans les fiefs royaux, sans être tenu de financer, bien qu'il ne fût point noble (JJ. 61, n° 409, fol. 170).

Septembre 1323.

Charles etc. Savoir faisons à touz presenz et avenir que, pour consideracion des bons et aggreables services à nous faiz, avant que nous venissens au governement des devant diz royaumes, par nostre bien amé Jehan Gueryn, de Poitou, nous li avons octroié de grace especial et octroions par ces lettres que jusques à deux cenz livres de terre, tant acquises comme à acquerre par lui en noz fiez et arriere fiez, le dit Jehan, ses hoirs et ses successeurs, combien que il ne soient noble, puisseint paisiblement tenir à touz jours mais, sans paier finance à nous ou à noz successeurs et sanz ce que il puissent estre ne soient contrainz à les vendre ou mettre hors de leur main en aucun temps

---

1. Savary III, seigneur de Thors, des Essars, d'Aubigny et de Faye. Il épousa Mahaut de Clisson, veuve de Guy de Bauçay, seigneur de Chéneché, et vécut jusque vers le mois de septembre 1367. Son nom reviendra fréquemment dans les actes suivants.

2. Il était parent par alliance de Jean Larchevêque. Voy. plus haut le n° XLVI.

avenir. Et pour que ce soit ferme et estable à perpetuité, nous avons fait mettre nostre seel en ces lettres. Sauf nostre droit en autres choses et en toutes l'autrui. Donné à la Fontaine Saint-Martin, l'an de grace mil trois cenz vint et trois ou mois de septembre.

Par le roy, Barrière.

CIV

Remise faite à la Maison-Dieu de Montmorillon de cinquante setiers de blé sur les quatre-vingt-seize qu'elle devait au roi annuellement (JJ. 62, n° 69, fol. 38 v°).

Décembre 1323.

Karolus, Dei gratia Francorum et Navarre rex. Universis presentes litteras inspecturis, salutem. Notum facimus quod nos ad domum Hospitalis de Monte Maurilii, Pictavensis diocesis, ac ad personas Domino famulantes ibidem specialem devocionem habentes, ac sperantes nos eorum precibus apud Altissimum adjuvari, dicte domui sive hospitali, ac priori et fratribus ejusdem quinquaginta sextaria bladi, ad mensuram Montis Maurilii, de quater viginti et duodecim sextariis bladi, ad dictam mensuram, in quibus dicta domus, prior et fratres ejusdem nobis annis singulis tenebantur, racione accense molendinorum que molendina regia [1] vulgaliter nuncupantur, pro nobis successoribusque nostris, Francie regibus, concedimus in perpetuum et quictamus, pietatis intuitu ac de nostra liberalitate regia et gratia speciali. Senescallo ac receptori nostris Pictavensibus et aliis, quorum intererit, districtius inhibentes ne de cetero dicta quinquaginta sextaria bladi à dictis priore et fratribus exigere vel levare quoquo modo presumant, vel ipsos in aliquo propter hoc

---

1. Voy. plus haut, à la date de juillet 1308, le bail de ces moulins à la Maison-Dieu de Montmorillon.

molestare. Prefati vero prior et fratres promiserunt et tenentur ex causa predicta facere fieri in eorum monasterio unum altare et in eo pro nobis, singulis diebus, quamdiu erimus in hac vita, unam missam de Sancto Spiritu, et, post decessum nostrum, de *Requiem* pro anime nostre parentumque ac fratrum quondam nostrorum salute facere celebrari. Quod ut ratum et stabile permaneat in futurum, presentibus litteris nostrum fecimus apponi sigillum. Actum Lemovicis, anno Domini millesimo ccc. vicesimo tercio, mense decembris.

Per dominum regem, presente comite Cenomannensi [1], Barriere.

CV

Sauvegarde accordée aux prieur et frères de la Maison-Dieu de Montmorillon (JJ. 62, n° 70, fol. 38 v°).

Décembre 1323.

Karolus, Dei gratia Francorum et Navarre rex. Notum facimus universis, tam presentibus quam futuris, quod, licet ecclesiis et personis ecclesiasticis regni nostri protectionis regie liberius impartiamur auxilium, illis precipuè personis, que minus deffensionis ex se ipsis habentes nostra plus indigent, libencius eadem providemus. Nos itaque pro nobis successoribusque nostris, Francie regibus, religiosos viros nobis in Christo dilectos, priorem et fratres Domus Dei seu Hospitalis Montis Maurilii, Pictavensis diocesis, cum membris, domibus, familia, hominibus, rebus ac bonis suis quibuslibet, presentibus et futuris, in juridicione nostra duntaxat existentibus, ut tanto liberius ac devocius circa divina vacare valeant obsequia peragenda et pauperum in dicto loco confluencium necessitatibus subvenire, quanto conve-

---

1. Philippe de Valois porta le titre de comte du Maine jusqu'à son avènement au trône.

niencius et melius contra malignorum incursus eisdem fuerit de debita securitate provisum, in perpetua regia gardia speciali recepimus per presentes. Omnibus justiciariis et subditis dicti regni mandantes quatinus religiosos predictos in suis dicteque domus seu hospitalis et ejus membrorum justis possessionibus, juribus et saisinis sub dicta gardia speciali manuteneant et conservent, nec permittant eis vel suis gentibus aut familia, in personis, rebus vel bonis aliquibus eorumdem, injurias, violencias, gravamina sive dampna per quemque inferri, vel indebitas fieri novitates; et si quid contingeret in contrarium quomodolibet actemptari, in prejudicium dicte gardie, illud statim revocent et ad debitum statum reducant, et tam nobis quam eisdem religiosis competenter faciant emendari, necnon et pro premissis diligencius et promcius exequendis, deputent et concedant religiosis predictis, auctoritate regia, si et quociens opus fuerit et casus hoc exegerint, unum vel plures regios servientes, ad requisicionem eorum, qui tamen de hiis, que cause cognicionem exigent, se nullatenus intromittant. Quod ut ratum et stabile permaneat in futurum, presentibus litteris nostrum fecimus apponi sigillum. Actum in dicta Domo Dei seu Hospitali de Monte Maurilii, anno Domini millesimo trecentesimo vicesimo tercio, mense decembris.

Per dominum regem, ad relacionem domini Alfonsi [de Hispania]. Barriere.

CVI

Pierre de la Roche est autorisé à transférer, au profit de sa maison de Pruniers, le droit d'usage dans la forêt de Chavagne, qui lui avait été concédé d'abord pour sa terre du Poirat (JJ. 62, n° 75, fol. 41 v°).

Décembre 1323.

Karolus, Dei gratia Francorum et Navarre rex. Notum facimus universis presentibus et futuris quod, ad nostram accedens presenciam, Petrus de Rupe, armiger, nobis humiliter supplicavit quod, cum ipse pro quadam domo sua vocata le Payrac, sita inter forestam nostram de Monte Maurilii et forestam nostram de Chaveigne, usagium suum ad ardendum, edificandum et ad alia necessaria in dicta nostra foresta de Chaveigne haberet, ipsumque armigerum domum ipsam, propter animalia silvestria dictarum forestarum, que fructus et segetes terrarum ad domum eandem pertinencium consumebant et totaliter devastabant, oportuerit deserere, ut dicebat, quod predictum usagium pro quadam alia domo sua, vocata de Pruners, percipiendum de cetero et habendum in memorata foresta nostra de Chavaigne sibi concedere et in domum eandem de Pruners transferre, de regia clemencia, dignaremur. Nos igitur sufficienter informati quod nos translacionem hujusmodi usagii de dicta domo ejusdem armigeri de Payrac ad aliam domum suam de Pruners predictam, sine nostro incomodo et alieno prejudicio, transferre possumus, eidem armigero, de speciali gracia, quam sibi in hac parte facere volumus, presencium tenore concedimus, ut ipse de cetero predictum suum usagium in foresta predicta de Chaveigne pro dicta domo sua de Pruners percipiat et habeat, eo modo quo ipsum percipiebat et percipere consueverat abolim pro memorata domo sua de Pairac, antè confectionem presencium litterarum, dictum usagium de dicta domo in predictam domum de Pruners penitus et perpetuo transferentes, ac idem usagium ab eadem domo de Payrac totaliter abdicantes. Damus autem forestario foreste nostre predicte de Chaveigne moderno et qui pro tempore fuerit, presentibus in mandatis ut memoratum armigerum dictum usagium pro dicta domo sua de Pruners percipere et habere permittat de cetero pacificè et quietè, eo modo duntaxat quo ipsum percipere consueverat pro dicta domo sua de Peirac, absque contradictione quacunque, nec eundem armigerum dictum percipere usagium pro dicta domo sua de Peirac, permittat de cetero quoquo modo. Quod ut firmum et stabile permaneat in futurum, presentibus litteris nostrum fecimus apponi sigillum. Salvo tamen in aliis jure nostro et quolibet in omnibus alieno. Actum apud Montem Maurilii, anno Domini M. CCC. vicesimo tercio, mense decembris.

Per dominum regem, ad relacionem dominorum Michaelis Mauconduyt, Alberti de Roya et Andree de Florencia. Johannes de Templo.

CVII

Nouvelle assiette des deux cents livrées de terre données à Guy de Bauçay, chevalier, faite dans les châtellenies de Montreuil-Bonnin, de Lusignan et de Poitiers (JJ. 62, n° 145, fol. 82).

Juin 1324.

Charles, par la grace de Dieu, roy de France et de Navarre, savoir faisons à touz presens et avenir que, comme pieça nostre très chier seigneur et frere Phelippe, jadis roy des diz royaumes, eust donné et assigné à feu Guy de Bauçay, jadis chevalier, en remuneracion et recompensacion des bons et agreables services, que il avoit faiz à lui et à ses predecesseurs roys de France, deus cens livrées de annuel et perpetuel rente, à prendre, lever, avoir et recevoir par lui, par ses hoirs ou par ceus qui de lui auroient cause, sur toutes les revenues et emolumens, blez, vins, rentes en deniers, prez, yaues et generalment sur toutes les autres choses, profiz et redevances de nostre prevosté du chastel et chastelerie de Monstereul Bonnin et des appartenances d'icelle, si comme nous l'avons veu plus plainement estre contenu ès lettres de nostre dit seigneur et frere seur ce faites, seellées en soie et en cire vert, les quelles nous avons fait retenir cancellées en nostre chambre des comptes [1]. Et

---

[1]. Voy. les lettres du 9 novembre 1317 (n° LXXV). La première assiette de ces deux cents livrées de terre avait été faite par le sénéchal de Poitou le 10 décembre suivant (n° LXXXII).

depuis nous, considerans que nostre dit chastel estoit moult grandement desmembré et desformé par l'assiete que nostre dit seigneur et frere avoit faite au dit chevalier, en la maniere que dessus est dit, aiens revoquée et adnullée du tout, par deliberacion de nostre conseil, icelle assiete comme dommageuse et prejudicial à nous et à l'honneur du dit chastel, sans ce que nous veulliens revoquer le don principal fait au dit Guy et à ses hoirs des dites deus cens livrées de rente, comme dit est, ainçois aiens voulu que la dite rente li fust ailleurs assignée et assise convenablement, et seur ce aiens mandé et commis à nostre seneschal de Poitou que il se enfourmast et enquerist à grant diligence en quiex autres liex, emolumens et revenues mains domageuses à nous et plus proufitables et prouchaines à l'autre terre dudit chevalier, nous li pourriens asseoir la dite rente.

Lequel seneschal, en acomplissant nostre dit mandement, ala en sa personne au lieus ci après nommez et specefiez et enquerre ès quelles autres choses l'en' pourroit faire la dicte assiete au dit chevalier, et appéllé avecques lui certaines personnes de noz officiaus et des prevoz qui estoient et avoient esté aus lieus, avecques pluseurs et grant foison d'autres personnes sages et congnoissans en telles choses, iceuls fist jurer en leur demandant par leurs seremens en quelles et seur quelles choses, au mains de domage de nous et plus grant proufit dudit chevalier, l'en li pourroit asseoir les dites deus cens livres de rente à tournois.

Et premierement trouva le dit seneschal par l'informacion que il fist à Monstereul Bonnin par le rapport des personnes jurées, comme dit est, qui seur ce furent appellées avecques lui, que convenablement l'en povoit baillier et assigner au dit chevalier, en la chastelerie dudit lieu, les rentes, emolumens et revenues ci-après nommées et desclarcies, et nompas autres choses sans dommage de nous et notable appetiscement du dit chastel ;

c'est assavoir sept sextiers de seigle, à la mesure de Monstereul, sur les terrages de Visoi, et se plus valent, le plus demeure à nous. Item sus la baillie Ferrant et sus les moulins Caillon cinc sextiers et demi de seigle. Item à Beruges, un sextier d'avoine que doit Jehan de Torçay, chevalier. Item sus une pièce de terre assise ès moulins Caillon, demie mine de seigle qui vaut le quart d'un sextier. Item sus les hommes Saint Philebert dis sextiers de seigle. Item sus les diz hommes trois sextiers d'avoine. Item sus une vigne que tient Colin Billaut, demie mine de seigle, c'est le quart d'un sextier. Item sus les prez de Visay et de la Roaudière, cinc solz. Item sus un courtillage assis à Beruges, cinc solz. Item sus trois morceaus de prez assis à Saint Philebert et à Morri, huit solz. Les quiex prez et courtillages sont nostres. Item le vinage deu en la ville de Ciché trois muiz de vin, c'est pippe et demie de Poitiers, vaut la queue de Paris un petit plus. Item sus la dicte ville de Ciché vj. solz. Item sus les diz hommes de Ciché, L. solz qu'il doivent pour j. mengier. Item en deniers sus les tailles que doivent les hommes de Morri et de la riviere Saint Philebert, et que l'en doit à Vales pour raison du bois, et que l'en doit à Font-Marin, xv. livres x. solz, et se plus valent, le plus demeure à nous. Item à la Roauté, xv. solz vj. deniers. Item sus les hommes de Verines, xxiiij. solz vj. deniers. Item sus les hommes de la Pruille pour j. devoir que l'en appelle ramage x. solz iiij. deniers. Item la coustume que nous avons sus chascun faucheur, qui fauche en la prevosté de Monstereul Bonin, dedens le bonnes *(sic)* acoustumées, excepté le pré Beraut, cent solz. Item le four de la Cille [1] pour xxiiij. livres, estimé et avalué par les dites personnes, par leurs seremens à tant, an par autre, et que plus ne pourroit valoir, avec le chaufage et avecques les hommes destraingnables à cuire au dit four.

---

1. *Sic.* Il faut sans doute lire Latillé.

Et après ce demanda aus dites personnes le dit seneschal, par leurs seremens, que valoient et povoient valoir les choses dessus dites selonc commun pris, an par autre, et non pas à pris ancien. Les quiex avisez et eu deliberacion sus ce prisierent et estimerent valoir le sextier de seigle, selonc commun pris, douze solz sis deniers, le sextier d'avoine x. solz, la pippe de vin xxxv. solz et non plus. Somme du seigle : xxiij. sextiers valent, selonc commun pris, comme dit est, xiiij. livres vij. solz vj. deniers. Somme de l'avoine : quatre sextiers valent au pris dessus dit, xl. solz. Somme des rentes en deniers : l. livres xiiij. solz iiij. deniers. Somme de la value du vin : cinquante deus solz sis deniers. Somme de la prisiée de toutes les choses et parties ci dessus escriptes : soixante nuef livres quatorze solz quatre deniers.

Item ala ledit seneschal à Lesignen et trouva par l'informacion que il fist illecques par pluseurs et certaines personnes, qui seur ce furent appellez avecques lui en la maniere que fait l'avoit à Monstereul Bonin, comme dit est, que l'assiete que l'en povoit faire au dit chevalier, au dit lieu, au mains de domage de nous, et plus proufitable pour icelui chevalier, estoit ès choses qui s'ensuient. C'est assavoir les terrages des terres coultivées des essars de Lespau et de environ Bonneval, qui valent et pourroient valoir, an par autre, c'est assavoir cent sis prebendes trois bichez de seigle, et cinquante trois prebendes deux bichez d'avene, tout à la mesure de Lesignen, selonc ce que dient par serement les diz hommes qui les ont tenues par ferme. Item les coustumes dudit Espau, lxxij. prebendes d'avene. Item lxxij. chapons et un denier avec chascun chapon. Item sus le mettoier Pierre Belot, chevalier [1], deus prebendes d'avene. Item sus le dit moitoier deus deniers. Item pour j.

---

1. Sans doute le même que le prévôt de Loudun, nommé plus loin. (Voy. le nº CXIII.)

pré qu'il tient de nous ou lac de Mauperrier, vint et cinc solz. Item sus la prise de Gastine, que tiennent les Bernars, sis prebendes d'avene. Item sus la dite prise que tiennent les diz Bernars, trois prebendes de seigle, et illecques deus chapons et trois gelines. Item à Vaugirart douze prebendes d'avene, et illec douze chapons. Item la taille de la ville de Coulombier c. solz. Item le fouage de la dite ville, iiij. solz. Item sus Jehan Vidaut et sus ses perçonniers, xviij. solz. Item sus Pierre Faure, v. solz. Item sus l'aumonnerie de la Tombe Bernart et sus les appartenances, x. solz. Item sus les biens qui furent mestre Jehan le Barbier, sis deniers. Somme du seigle : cent et nuef prebendes trois bichez, prisiée la prebende, selonc commun pris, an par autre, six solz, valent xxxij. livres xviij. solz vj. deniers. Somme de l'avene : vij^{xx} et v. prebendes deus bichez, prisiée la prebende iiij. solz, an par autre, valent xxix. livres ij. solz. Somme des chapons iiij^{xx} vj., prisié le chapon douze deniers, avecques trois gelines, prisiée la geline viij. deniers, valent au dit pris iiij. livres viij. solz. Somme des rentes en deniers, viij. livres huit solz viij. deniers. Somme de toute la prisiée faite à Lesignen : soixante quatorze livres dissept solz deus deniers.

Et pour ce que le dit seneschal ne pot bonnement acomplir la dite assiete aus liex dessus diz, sans notable et evident dommage de nous, il ala à Poitiers et enquist par pluseurs et certaines personnes que il appella avecques lui en la maniere que il avoit fait à Monstereul Bonin et à Lesignen, seur lesquelles et en quelles choses l'en pourroit parfaire, en la chastellenie de Poitiers, ce qui deffailloit de l'assiete dessus dite. Et trouva par l'informacion que il fist illecques que l'en la povoit enteriner et acomplir au mains de dommage de nous et au proufit du dit chevalier, ès choses ci-après transcriptes. C'est assavoir sus le paage de Vouneil prisié par les dessus diz, selonc commun pris, an par autre, xv. livres. Item l'yaue d'Ousance et de Vouneil estimées valoir au pris dessus dit, xxv. livres. Item sus les revenues et emolumens de la char morte de Poitiers, xv. livres viij. solz vj. deniers à prendre par nostre main, les quiex emolumens de la char morte sont estimez valoir par an soissante livres. Somme de ceste derreniere prisiée faite à Poitiers cinquante cinc livres viij. solz. six deniers.

Somme de toutes les prisiées dessus dites faites tant à Monstereul Bonin, à Lesignen comme à Poitiers : deus cens livres de rente à tournois.

Laquelle prisiée faite par le dit seneschal, comme dit est, a esté rapportée en nostre Chambre des Comptes et illecques veue, leue et examinée par noz gens, et a esté trouvée convenablement faite, selonc la relacion d'icelui seneschal. Et nous la dite assiete aiens ferme, estable et agreable, icelle leons, approuvons, rateffions et de nostre auctorité royal confermons par la teneur de ces presentes, voulans que Goujon de Bauçay, damoisel, filz et hoir du dit feu Guy de Bauçay, jadis chevalier [1], ses hoirs et ceus qui de lui auront cause aient et praingnent paisiblement dores en avant perpetuelment à touz jours les dites deus cens livres de rente à tournois en la fourme et maniere, aus lieux, ès rentes et revenues que ci dessus est escript et devisé, sanz ce que il y aient aucune justice, haute ou basse, ne aucuns autres proufiz ou emolumens quiex que il soient, oultre les choses dessus nommées et especefiées, ainçois demeure du tout par devers nous avecques toutes les forfaitures, amendes, subsides, reliés, xiij^{mes}, ventes, saisines, hommages et autres proufiz et revenues qui pueent ou pourront estre trouvez pour le temps present et avenir ès liex dessus nommez et seur les choses dessus dites. Et seront le dit Goujon, ses hoirs ou ceus qui de lui auront cause tenuz à faire hommage à nous et à noz successeurs, roys de France, pour la rente dessus dite. Et pour ce que ce soit ferme chose et

---

1. Voy. la note du n° II de ce volume.

estable, nous avons fait mettre nostre seel en ces presentes lettres, sauf en autres choses nostre droit et en toutes le droit d'autrui. Donné à Paris, l'an de grace mil ccc. vint et quatre, ou mois de juing.

CVIII

Charles le Bel, à la requête de Maurice de Craon, décide que les terres du Bois-Pouvreau, de Saint-Héraye, de Sanxay et de Cherveux seront désormais du ressort de Saint-Maixent, malgré les prétentions contraires de Niort, de Lusignan et de Poitiers (JJ. 62, n° 172, fol. 93 v°).

Septembre 1324.

Charles, par la grace de Dieu, roy de France et de Navarre. Nous faisons savoir à touz presens et avenir que, comme Morice de Craon, ainsné filz de nostre amé et feal Almaurri, seigneur de Craon, nous ait supplié que comme noz gens de Niort, de Saint-Maxent, de Lezignen et de Poitiers, et chascun de euls veullent dire et maintenir que le ressort et la souveraineté de ses terres, c'est assavoir du Bois-Pouvrel, de Saint-Araye, de Sanczay et de Cherveux [1], appartient à euls et à chascun de eus pour le tout, et pour ce s'efforcent de jour en jour noz dites gens à exercer jurisdicion de ressort et chascun de eulz ès dictes terres, ès leus du dit Morice, pour la quelle cause les habitans et demourans ès dictes terres et leus ont pris ça en arrieres et prennent encore chascun jour grans dommages, que nous les ressors de toutes les dites terres et leus voussissons mettre du tout dessouz Saint-Maxent; nous enclinans en ceste partie à sa requeste, li ottroions par la teneur de ces lettres, de nostre

---

1. Ces terres formaient la part que Marguerite de Mello, dame de Sainte-Hermine, femme de Maurice VII de Craon, avait eue récemment dans la succession de son père, Dreux IV de Mello, seigneur de l'Orme. Par lettres de juin 1315, Louis X avait accordé à celui-ci l'adjonction de ces terres ainsi que d'autres châtellenies au ressort de Lusignan. (Voy. plus haut le n° L.)

grace especial et de nostre auctorité royal, que les dites terres et leus du dit Morice, toutes et chascunes soient dès ores en avant souz le ressort et du ressort de Saint-Maxent, sanz point de moyen, et les mettons toutes et chascune d'icelles souz le dit ressort à demourer perpetuelment à touz jours. Et donnons en mandement aus seneschaus de Poitiers, qui pour le temps seront, que dès ores en avant il ne contraingnent ou facent contraindre le dit Morice de Craon, ses hoirs ou ceus qui de lui auront cause, ne les subgiez des dites terres à ressortir ailleurs que à Saint-Maxent pour cause des dites terres. Et pour ce que ce soit ferme chose et estable, nous avons fait mettre nostre seel à ces presentes lettres, sauf en toutes choses nostre droit et l'autrui. Ce fu fait et donné à Chastiauneuf sus Laire, l'an de grace mil ccc. vint et quatre, ou moys de septembre.

Par le roy, à la relation mons. Thomas de Marfontaines. J. du Temple scripsit.

CIX

La terre et la châtellenie de Marcillac, appartenant à Amaury de Craon, sont placées dans le ressort de Poitiers (JJ. 62, n° 173, fol. 94).

Septembre 1324.

Charles, par la grace de Dieu, roy de France et de Navarre. Nous faisons savoir à touz presens et avenir que, comme nostre amé et feal Almaurri, sire de Craon [1], nous ait supplié que, comme d'ancien temps toute sa chastelerie et sa terre de Marcillac eust esté du ressort de Poitiers, et les seneschaus qui pour le temps ont esté aient fait pour leur volenté ressortir partie de la dicte chastelerie par devant euls à Niort et partie à Poitiers, pour quoy li subgiet de sa dite chastele-

---

1. Amaury III, seigneur de Craon, de Sablé, de Chantocé, etc., sénéchal héréditaire d'Anjou, de Touraine et du Maine, mort le 26 janvier 1332. (Voy. Ménage, *Hist. de Sablé*, in-fol., p. 243 et s.)

rie ont esté ça en arrieres mout grevé, que nous toute la dite chastelerie vousissons mettre du tout du ressort de Poitiers tant seulement [1] ; nous, oye sa dite supplicacion et voulans nous à li rendre gracieus en ceste partie, et eue seur ce deliberacion avec nostre conseil, considerans adecertes que en ce nul dommage ne nous en puet venir, au devant dit seigneur de Craon otroions, par la teneur de ces lettres, que toute sa chastelerie et sa terre de Marcillac dessus dite soit toute dès ores en avant souz le ressort et du ressort de Poitiers, sans point de moyen, et ycelle chastelerie et terre de nostre grace especial mettons, de nostre auctorité real, souz le dit ressort de Poitiers à demourer perpetuelment à touz jours. Et mandons aus seneschaus de Poitiers, qui pour le temps seront, que dès ores en avant il ne contraingnent ou facent contraindre le dit seigneur de Craon, ses hoirs ou ceus qui de lui auront cause, ne les subgiez de la dite chastelerie pour cause d'icelle ressortissent que à Poitiers. Et pour ce que ce soit ferme chose et estable à touz jours, nous avons fait mettre en ces presentes lettres nostre seel. Sauf en tout nostre droit et l'autrui. Ce fu

---

[1]. La question avait déjà été soulevée et réglée provisoirement quatre ans plus tôt. La châtellenie de Marcillac, relevant directement du roi, à cause du comté de Poitiers, avait toujours été et était réellement du ressort de la sénéchaussée de Poitou. Parfois cependant, sous les règnes précédents, dans l'intérêt des sires de Craon et de leur gré, leurs causes avaient été commises au prévôt royal de Niort, à cause de la proximité et pour obvier aux difficultés et aux frais d'un déplacement trop considérable. Mais quand la châtellenie de Niort fut comprise dans l'apanage de Charles, comte de la Marche, les officiers de ce prince, appuyant leur prétention sur des précédents de ce genre, voulurent exercer leur juridiction sur la terre de Marcillac et ajournèrent le seigneur et ses sujets par-devant eux. Amaury de Craon se plaignit au roi de cet abus, et Philippe le Long, le 16 avril 1320, manda expressément à son sénéchal de Poitiers d'enjoindre aux gens du comte de la Marche de mettre fin à leurs entreprises.

Cet acte subsiste avec les lettres de Regnault Clignet, chevalier, sénéchal de Poitou et de Limousin, adressées à Robert de Marines, sénéchal du comte de la Marche, pour faire connaitre à celui-ci la volonté du roi. Elles sont datées du samedi avant la Saint-Barnabé (11 juin) 1320. (Arch. nat., J. 190, n° 62.)

fait et donné à Chastiaunuef sus Laire, l'an de grace mil ccc. vint et quatre, ou moys de septembre.

Per dominum regem, ad relacionem domini Thome de Marfontaines. J. de Templo scripsit.

CX

Donation par Charles le Bel aux religieux de Notre-Dame de Plaisance, diocèse de Poitiers, de trente-quatre setiers de blé de rente, qu'il percevait annuellement sur les moulins de Montmorillon, à la charge par eux d'entretenir nuit et jour trois cierges ardents devant l'image de la Vierge et de célebrer chaque semaine une messe pour le roi, de son vivant et après sa mort (JJ. 62, n° 269, fol. 152 v°).

Novembre 1324.

Charles, par la grace de Dieu, roys de France et de Navarre, faisons savoir à touz presens et avenir que nous, à la supplicacion et à l'instance de nostre très chier et feal cousin le conte du Mans [1], et pour le salut et remede de nostre ame et de noz predecesseurs, donnons et octroyons perpetuelment et à touz jours à religieus hommes le prieur et les freres de l'eglise Nostre-Dame de Plaisance, en la dyocese de Poitiers, trente quatre sextiers de blé de rente, fourment et seigle, à la mesure de Montmorillon, que nous avions et prenions chascun an, à certains termes, seur les moulins de Montmorillon [2], pour ce que les diz religieus puissent mieulz soustenir les povres des aumosnes qu'il ont acoustumé à faire chascun jour. Et avec ce il seront et sont tenu, d'or en avant à touz jours mès, à mettre trois cierges de cire devant l'ymage de Nostre Dame de la dicte eglise ardanz en l'onneur de li, nuit et jour continuelment; et chascune sepmaine d'or en avant à touz jours, il sont et seront tenus de celebrer une messe pour nous, à nostre vivant, dou Saint Esperit, et,

---

1. Philippe de Valois.
2. Voy. les lettres de juillet 1308 et celles de décembre 1323 (n°ˢ XIX et CIV).

après nostre decès, de *Requiem*. Donnanz en mandement, par la teneur de ces lettres, à nostre seneschal de Poitou et au prevost de Montmorillon, ou à leurs lieus tenans, qui sont à present et seront pour le temps, que les diz religieus facent joir d'or en avant de la rente de blé dessus dite, que nous avions et prenions chascun an sur les moulins de Montmorillon, si comme devant est devisé, en tele maniere que li dit religieus facent perpetuelment jour et nuit ardoir devant l'ymage de Nostre Dame les trois cierges et celebrer chascune sepmaine une messe pour nous, si comme dessus est dit. Et pour ce que ce soit ferme chose et estable à touz jours, nous avons fet mettre nostre seel à ces presentes lettres. Données à Poyssi, l'an de grace mil trois cenz vint et quatre, ou moys de novembre.

Par le roy. J. de Vertus.

CXI

Lettres portant permission d'acquérir et amortissement d'une rente annuelle de dix-huit livres tournois, accordées à Guy Odart, chevalier, pour la dotation d'une chapelle qu'il se proposait de fonder, suivant les dernières intentions de son frère Hugues Odart, évêque d'Angers (JJ. 62, n° 87, fol. 53 v°).

Février 1325.

Karolus, Dei gratia Francorum et Navarre rex. Notum facimus universis, tam presentibus quam futuris, quod, cum dilectus noster Guido Odardi, miles, ceterique exequtores testamenti seu ultime voluntatis deffuncti Hugonis Odardi [1], quondam Andegavensis episcopi, fratris dicti

---

1. Les Odart étaient une des plus anciennes familles de chevalerie du Loudunais. Les deux frères nommés ici étaient fils de Guillaume, seigneur de Verrières, le second représentant connu de cette branche. Hugues Odart avait été d'abord chanoine de Saint-Quentin en Vermandois, archiprêtre de Saumur, puis de

militis, ad opus fundacionis et dotacionis cujusdam capelle ad Dei laudem et honorem, pro ipsius episcopi quondam anime remedio et salute, decem et octo libras turonensium annui redditus acquirere proponant, nobisque supplicari fecerit idem miles ut nos, ad opus dotacionis et fundacionis capelle predicte, acquirendi dictas decem et octo libras annui redditus in censivis nostris sine omni justicia, licenciam concedere dignaremur; nos, ad ipsius militis supplicacionem, ejusdem in hac parte laudabile propositum commendantes, divinique cultus augmentum cupientes augeri, eidem militi, de speciali gracia et auctoritate nostra regia, concedimus per presentes ut ipse et alii exequtores dicti quondam episcopi in censivis nostris sine justicia dictas decem et octo libras turonensium annui redditus acquirere possint, quodque capellanus qui pro tempore dicte deserviet capellanie in futurum, res acquisitas ad valorem dictarum decem et octo librarum turonensium annui redditus, quando fuerint acquisite, et de eisdem dicta capellania fundata fuerit et dotata, tenere et perpetuo possidere possit pacificè et quietè, absque coactione vendendi vel extra manum suam ponendi, aut prestandi nobis aut successoribus nostris inde financiam qualemcunque. Quod ut firmum et stabile permaneat in futurum, presentes litteras sigilli nostri fecimus impressione muniri. Datum apud Balgenciacum supra Ligerim, anno Domini M. CCC. vicesimo quarto, mense februarii.

Per dominum regem, ad relacionem Alfunsi. P. Caysnot.

Bourgueil, et chanoine d'Angers en 1297 ; il devint évêque de cette ville le 7 octobre 1314 et mourut au mois de décembre 1323. Les noms de son frère Guy, d'Aimery, son neveu, et d'autres membres de leur famille se trouvent à plusieurs reprises dans les *Olim*, à propos de l'inimitié qui existait entre eux et les deux frères Guy et Hugues de Bauçay. Des actes d'hostilité réciproques et multipliés furent déférés au Parlement et donnèrent lieu à plusieurs arrêts de cette cour entre le 6 mars 1311 et le 22 février 1314. *(Olim, t. IV, passim.* Voy. aussi *Gall. christ.,* t. XIV, col. 577, et Beauchet-Filleau, *Dict. généal. du Poitou,* t. II, p. 456 et s.)

CXII

Charles le Bel donne à son valet Robert Frétart, de Loudun, le manoir de la Robichonnière. (JJ. 64, n° 309, fol. 153 v°).

Septembre 1325.

Charles, par la grace de Dieu, roys de France et de Navarre. A touz ceux qui verront ces presentes lettres, salut. Sachent tuit que nous, de grace especial et de certaine science, avons donné et donnons à nostre amé varlet Robert Fretart [1] et à ses hoirs perpetuelment, et à touz ceux qui de eux auront cause, pour les bons et agreables services que le dit Robert nous a fait, le manoir que l'en dit la Robichoniere et les appartenances toutes seanz ou bailliage de Toureine, le quel manoir et appartenances nous sont avenues par la forfaiture de feu Pinceclo. Lequel manoir et appartenances tenoient de nous à ferme Fouquet et Estiene Garriaux, freres, bourgois de Tours, pour neuf livres de tournois chascun an de rente, à poier la moitié à la Nativité Nostre Seigneur et l'autre moitié à la Nativité saint Jehan Baptiste ensuivant, la quelle ferme et rente le manoir et appartenances dessus diz nous deleissons et baillons par vertu dudit don audit Robert et à ses hoirs et à touz ceux qui de eulx auront cause. Et en quictons et

---

1. Il était seigneur de Sautonne et devint chambellan de Philippe de Valois. Ce prince l'arma chevalier de sa propre main, le 12 juin 1328. On trouvera dans ce recueil d'autres actes de donation en faveur de ce personnage et en récompense des services signalés qu'il rendit au roi (voy. notamment les n°s CXLII, CXLIX, CLXI et CXCIII). Robert Frétart appartenait à une ancienne maison du Loudunais « qui n'avoit pas moins de réputation que de noblesse et de biens, dit du Chesne ; elle a esté aussi alliée aux plus anciennes et illustres familles du pays. » (*Hist. de la maison du Plessis-Richelieu*, p. 26-28, 66, 87.) Ses armes étaient de *gueules freté d'argent de six pièces*.

Robert Frétart, qui vivait encore en 1345, eut au moins deux fils : 1° Robert, l'ainé, seigneur de Sautonne après son père, fut tué à la bataille donnée près de Lusignan en 1369 ; 2° Robin Frétart, chevalier, qui mourut avant son père.

clamons quicte à touz jours les diz Fouquet et Estiene et leurs hoirs et touz ceux qui de eulx auront cause. Et voulons que le dit Robert et ses hoirs et ceux qui de eulx auront cause, depuis la date de ces lettres, en puissent paisiblement joir et user sanz nul empeschement, comme de leur propre chose. Et pour ce que ce soit perpetuelment ferme et estable, nous avons fait mettre nostre seel en ces presentes lettres. Donné à Chastiaunuef sus Laire, l'an de grace mil trois cenz vint et cinc, ou mois de septembre.

Par le roy, à la relacion mons. Alfons. Remigius.

CXIII

Confirmation de la vente faite, au nom du roi, par le bailli de Touraine, à Philipon Bureau, de deux pièces de terre sises à Loudun. Ces propriétés avaient été saisies sur Michel Sentier et Julienne Giraud, à la suite d'une condamnation à trois cents livres d'amende, qu'ils avaient encourue pour s'être approprié une somme d'argent par eux trouvée dans une cachette (JJ. 64, n° 56, fol. 29 v°).

Février 1326.

Karolus, Dei gratia Francorum et Navarre rex. Notum facimus universis, tam presentibus quam futuris, nos infrascriptas vidisse litteras et Thesauri nostri cedulam, tenores et formam qui secuntur inferius continentes :

A touz ceux qui verront et orront ces presentes lettres, Renaut de Banchevillier chevalier du roy nostre sire et son baillyf en Touraine [1], salut. Sachent touz que pour une cause de une condempnacion de troys cenz livres de tournois lors faite par Nicolas de la Poterie, jadis commis en ladite besoigne, sus Michiel Santier et Juliane la Giraude, de Loudun, par la vertu d'une enqueste faite sus eux par

---

1. Il devint peu de temps après sénéchal de Poitou. (Voyez la note du n° CXVIII et le n° CXXXVIII.)

maistre Martin du Four, adonc commis en ladite besoigne, pour cause d'une muce [1] d'argent, que il avoient trouvée en la maison où souloit demourer Vivant le Juif à Loudun, laquelle muce il avoient recellée, si comme il appert par la dicte enqueste faite sur ce, si comme nous trouvasmes par noz devanciers, et comme Vincent Saillantbien, lors receveur du roy nostre sire ou bailliage de Touraine, eust pris par la dicte amende deus pieces de terre qui estoient à ladite Juliane, pour faire et acomplir la dite execucion, et en avoit baillé l'une à cent solz de cens, et l'autre à gaignage à moitié. Et nous, eu sur ce deliberacion et conseil pour le profist dou roy nostre seigneur, regardé que sus les diz heritages avoit deu grans devoirs aus seigneurs, de qui elles estoient tenues, les vendismes à Phelipon Burriau pour le pris de cent livres monnaie courant en Touraine, les diz heritages dont l'une piece de terre est seans devant la Maladerie de Loudun, jongnant au chemin par où l'en vait de Loudun à Nozillé, et l'autre piece de terre joint au chemin par où l'en vait de Loudun à Montcontour; la quelle vente dessus dite nous feismes au dit Phelippon sus condicion que, se il y avoit nul qui venist avant pour plus y donner dedenz le temps acoustumé, il y seroit receu. Et commendasmes à Pierre Belot, prevost de Loudun, que il feist crier et savoir la dite vente en la maniere acoustumée. Lequel prevost nous tesmoigna que il [l']avoit fait faire, et sur ce nus ne s'aparut pour plus y mettre ne donner, pour quoi nous avons baillié et livré au dit Phelippon les diz heritages par pure vente pour le pris dessus dit, ou non du roy nostre seigneur, à tiex redevances et devoirs, comme l'en a acoustumé à paier enciennement aus seigneurs de qui les diz heritages sont tenuz, et commendasmes au dit Phelippon que il apportast la dite somme d'argent par

---

1. Cachette.

devant noz seigneurs de la Chambre des Comptes, au prochien Parlement, au jour du bailliage de Touraine, affin de requerre et supplier noz seigneurs que il vousissent confermer et ratiffier la vente dessus dite pour l'imposicion du seel nostre seigneur le roy et son decret royal. Ce fu fait et donné à Loudun, souz nostre seel, le jeudi emprès la Saint Michiel[1] l'an de grace mil ccc. et vint et cinq.

Tenor cedule talis est :

Thesaurarii domini regis Parisius receperunt et reddiderunt eidem de Philippo Buyreau, pro empcione certarum terrarum eidem pro rege per ballivum Turonensem, Reginaldum de Banchevillier, militem, venditarum, anno ccc. vicesimo quinto, que quidem terre fuerant eidem regi acquisite à Juliana Geralde, de Louduno, socia Michaelis dicti le Saintier (sic), in deductionem cujusdam emende de contra Michaelem et Julianam taxate per Nicolaum Poteria, pro celacione et latitacione peccunie per eos reperte in domo in qua quondam morabatur Vivandus Judeus in villa de Louduno, ballivie Turonensis, pro c. libris turonensium, iiij^{xx} libris parisiensium. Scriptum veneris ultima die januarii, anno Domini m. ccc. vicesimo quinto.

Nos autem de dictis centum libris turonensium, quas Thesauro nostro solvit idem Philippus, sicut per dicti Thesauri cedulam superius insertam apparet, contenti, omnia et singula in supradictis litteris contenta, rata habentes et grata, ea volumus, laudamus, approbamus ac tenore presencium, auctoritate nostra regia, confirmamus. Salvo in aliis jure nostro et in omnibus quolibet alieno. Quod ut firmum et stabile perpetuo perseveret, presentibus litteris nostrum fecimus apponi sigillum. Actum Parisius, anno Domini m. ccc. vicesimo quinto, mense februarii.

Per gentes compotorum. Julianus.

---

1. Le 3 octobre 1325.

CXIV

Sauvegarde accordée aux religieux de l'abbaye de Notre-Dame des
Alleus, diocèse de Poitiers (JJ. 64, n° 92, fol. 48).

Février 1326.

Karolus, Dei gratia Francorum et Navarre rex. Notum facimus universis presentibus et futuris quod, inter curas et urgentes sollicitudines, quibus in regendis subditis nobis plebibus frequenter distrahimur et animus noster afficitur, ad hec precipuè nostre mentis aspirat affectus, per que status ecclesiasticus nostris temporibus sub commisso nobis regimine in transquillitate manuteneatur et pace, et ipsius regni ecclesie, quarum servitores divinis sub devote religionis observencia nocte dieque insistant obsequiis, sub protectione regia à suis releventur pressuris et per regalem potenciam à noxiis defendantur, ut eo liberius et fervencius circa divina vacare valeant, quo habundancius per nos circa premissa senserint se adjutos; sanè ex parte religiosorum virorum, dilectorum nostrorum abbatis et conventus monasterii de Allodiis, veteris ordinis sancti Benedicti, Pictavensis dyocesis, nobis fuit expositum quod multe ipsis tam in personis quam in bonis eorum à nonnullis perversis et malivolis inferuntur injurie oppressionesque varie similiter et jacture, propter quod nobis, ex parte eorumdem religiosorum, extitit humiliter supplicatum ut super hoc eisdem providere de oportuno remedio, de benignitate regia dignaremur. Nos igitur eorumdem religiosorum devotis in hac parte supplicacionibus inclinati, et ut ipsi eorumque predictum monasterium à talibus injuriis, violenciis, oppressionibus et jacturis defendi valeant et teneri, predictos abbatem et conventum, ipsorumque predictum monasterium, tam in capite quam in membris, ac personas singulares ejusdem monasterii, unà cum rebus, juribus, possessionibus, bonis ac familia eorumdem per presentes previlegium *(sic)* in nostris et successorum nostrorum regum Francie, protectione suscipimus et gardia speciali, in eisdem protectione et salva ac speciali gardia perpetuo remansuros. Dantes Pictavensi et Xanctonensi senescallis, et Turonensi ballivo, et eorum cuilibet, omnibusque et singulis justiciariis nostris, qui nunc sunt et qui pro tempore fuerint, presentibus in mandatis quatinus religiosos ipsos eorumque predictum monasterium ac singulares personas ejusdem in suis juribus, possessionibus, franchisiis et libertatibus sub dicta salva gardia manuteneant, ipsosque abbatem et conventum tam conjunctim quam divisim, eorumque successores ac familiam eorumdem, ex parte nostra, defendant ab omnibus injuriis, violenciis, oppressionibus et novitatibus indebitis quibuscunque, vi armorum et potencia laycorum. Et si indebitas novitates aliquas contra ipsos aut eorum familias factas esse vel fuisse invenerint, eas ad statum pristinum et debitum sine quavis difficultate reducant, sibique pro predictis, quocienscunque super hoc ab eisdem religiosis requisiti fuerint, specialem gardiatorem concedant, qui tamen de hiis que cause cognicionem exigunt seu judicialem requirunt indaginem, se nullatenus intromittant. Quod ut firmum et stabile perpetuo perseveret, presentibus litteris nostrum fecimus apponi sigillum. Salvo in omnibus jure nostro et quolibet alieno. Actum et datum Parisius, anno Domini M. CCC. vicesimo quinto, mense februarii.

Per dominum regem, ad relacionem magistri Philippi de Messia. Julianus.

CXV

Règlement de juridiction pour l'abbaye de Charroux. Il est déclaré qu'elle fera partie désormais du ressort de Saint-Germain-sur-Vienne dans le comté de la Marche [1] (JJ. 64, n° 93, fol. 48).

Mars 1326.

Karolus, Dei gratia, Francorum et Navarre rex. Notum facimus universis presentibus et futuris quod, orta materia questionis seu discencionis inter senescallum nostrum Pictavensem, abbatem et conventum Karoffensem, Pictavensis diocesis, ex una parte, et senescallum nostrum Marchie ex altera, super eo quod ipsi religiosi dicebant se ressortiri debere Pictavis, racione corone Francie, coram senescallo predicto, cum monasterium predictum à Karolo magno fundatum fuerit, et ipsi cum omnibus menbris suis in ressorto dicte corone semper hacthenus fuerint, senescallo Pictavensi una cum eis asserente quod à ressorto predicto amoveri minime debebant; senescallo Marchie in contrarium asserente et dicente eos coram ipso ressortiri debere, cum comitatus ad regem pervenerit, et sibi quodam modo sit unitus, quare non videbantur predicti religiosi à ressorto corone quomodolibet separari, si coram eodem ressortiri haberent. Tandem predictis religiosis consencientibus, taliter duximus ordinandum, quod, licet ipsi à primitiva fundacione sua fuerint de ressorto corone, quia comitatus Marchie ad manum nostram pervenit, quod sint de ressorto Marchie et in villa Sancti Germani super Viennam, que est in Marchia, sit locus ressorti, tam agendo quam deffendendo, nec alibi trahi possint pro bonis et rebus, que tam ipsi quam priores eorum habent in Marchia, et quod per senescallum Marchie unicus serviens deputetur, qui jura ressorti super his exerceat, cum ad hoc se casus

---

1. Voy. plus loin le n° CXLVIII.

obtulerit, adjecto quod, si comitatus Marchie futuris temporibus à predicta corona Francie separetur, dictis religiosis locum in dominio dicte corone, ubi ressortiri habebunt, eis magis propinquum, assignabimus vel assignari faciemus, ibidem in posterum inseparabiliter remansuris. Quam quidem ordinacionem ratam habentes et gratam, eam laudamus, aprobamus et ex certa sciencia, auctoritate nostra regia, tenore presentium, confirmamus. Et ut hec perpetuo roboris obtineant firmitatem, nostrum presentibus litteris fecimus apponi sigillum. Datum Parisius, anno Domini millesimo ccc. vicesimo quinto, mense marcii.

Per cameram compotorum, Julianus.

CXVI

Mandement royal ordonnant la mainlevée d'une rente de soixante livres appartenant aux religieux de l'abbaye de Charroux (JJ. 64, n° 94, fol. 48 v°).

Mars 1326.

Karolus, Dei gratia, Francorum et Navarre rex. Notum facimus universis presentibus et futuris, quod, cum carissimus dominus et genitor noster, dominus Philippus quondam rex Francie, assignasset religiosis abbati et conventui monasterii Karoffensis, Pictavensis diocesis, LX. libras turonensium annui et perpetui redditus in villa de Caroffio pro duobus homagiis, videlicet vicecomitis Lemovicensis et domini de Ponte [1], qui abbati predicto, racione sui predicti monasterii, ab antiquo juramento fidelitatis tenebantur astricti, racione certorum feodorum moventium ab abbate et monasterio supradictis. Qui predicti nobiles

---

1. Cette rente de soixante livres avait été donnée à l'abbaye en échange des fiefs du vicomte de Limoges et du sire de Pons et assignée sur des cens et redevances dus au roi à Charroux. Les lettres de confirmation de l'assiette faite par Hugues de la Celle, en 1310, sont publiées dans ce volume sous le n° XXXV.

nunc sunt fideles nostri nobisque, sicut pridem dicto abbati fuerant, sunt juramento fidelitatis astricti ex causa permutacionis predicte, prout in quadam littera predicti domini et genitoris nostri in cera viridi et serico sigillata, quam in suo robore volumus perpetuo remanere, plenius continetur, predictumque redditum eisdem, ut premissum est, assignatum longo tempore pacificè possedissent, gentes nostre predictos religiosos in percepcione dicti redditus impedierunt, et ipsi religiosi commissiones multas à curia nostra super hiis pluries impetrarunt. Tandem, quia vocatis senescallo et procuratore nostris Marchie, inquisicione prehabita diligenti, predicta invenimus esse vera et ad eos predictum redditum ex causa predicta spectare débere, volumus quod predicti religiosi ex nunc perpetuo ipso redditu gaudeant, ipsumque levent, percipiant, possideant et explectent, omni impedimento cessante in locis et rebus, modo et forma contentis in littera predicti domini genitoris nostri. Promittentes eisdem de predictis sexaginta libris legitimum et perpetuum facere garimentum, saisinas seu impedimenta, si que apposita fuerant, penitus amoventes. Inhibentes omnibus et singulis subditis nostris ne predictos religiosos in predictis de cetero molestare seu inquietare presumant. Mandantes tenore presencium senescallo nostro Marchie moderno et qui pro tempore fuerit, vel ejus locum tenenti, quatinus ipsos religiosos dicto redditu de cetero et in perpetuum gaudere permittant, ipsisque vel eorum mandato de arreragiis indè debitis integrè satisfaciant, nullo à nobis vel quocunque alio super hoc expectato mandato. Quod ut firmum et stabile perpetuo perseveret, presentibus litteris nostrum fecimus apponi sigillum. Datum Parisius, anno Domini M. CCC. XXV., mense marcii.

Per cameram compotorum, Julianus.

CXVII

Charles le Bel accorde aux religieux de Charroux une rente annuelle de vingt-cinq livres, au lieu de deux mines de sel qu'ils prétendaient leur être dues, chaque semaine, par les gens du comte de la Marche (JJ. 64, n° 585, f. 333 v°).

Mars 1326.

Karolus, Dei gracia, Francorum et Navarre rex. Notum facimus universis presentibus et futuris quod, audita supplicacione religiosorum abbatis et conventus monasterii Karrofensis, Pictavensis dyocesis, nobis exposita et tradita, super eo quod ipsi, ut dicebant, habuerunt et habere consueverunt duas minas salis ad mensuram de Karrofio, qualibet septimana, que reddebantur et solvebantur eisdem per gentes comitis Marchie in villa de Karrofio, et essent et fuissent in publica possessione percipiendi easdem à tanto tempore cujus contrarii memoria non existit, gentes tamen nostre, quo *(sic)* comitatum tenuimus, de dicto sale noluerunt eis ex tunc in aliquo respondere, ymo à solucione predicti salis penitus cessaverunt. Verum quia per comissarios nostros, inquisicione super hiis prehabita diligenti, vocatis qui fuerant evocandi, nobis extitit facta fides quod predicti religiosi jus habent in premissis quodque possessionem earum longo tempore habuerunt, et ad eos spectat et spectare debet ex causa predicta, per gentes nostras camere compotorum, de mandato nostro, dictis religiosis consencientibus, taliter extitit ordinatum quod predictis religiosis assignabuntur per certos commissarios, à nobis super hoc deputandos, viginti quinque libre turonensium renduales in peccunia et sine jurisdicione aliqua pro dictis duabus minis salis in villa de Karrofio, vel alibi, in locis competentibus et propinquioribus, eisdem magis acomodis et nobis minus dampnosis. Volentes et tenore presentium concedentes quod dicti religiosi dictas viginti quinque libras annui et perpetui redditus, dum eis assignate fuerint, perpetuo habeant et per manum suam levent et percipiant sine impedimento vel inquietacione quacunque super eis, per nos vel heredes seu successores nostros de cetero quomodolibet apponendo, et sine coaccione vendendi vel extra manum suam ponendi, vel prestandi financiam pro eisdem. Quam quidem ordinacionem ratam habentes et gratam, eam laudamus, approbamus et, ex certa sciencia, auctoritate nostra regia, tenore presentium, confirmamus, et promittimus eisdem de predictis viginti quinque libris perpetuum et legitimum facere garimentum. Quod ut firmum et stabile perpetuo perseveret, nostrum presentibus litteris fecimus apponi sigillum. Datum Parisius, anno Domini millesimo ccc. vicesimo quinto, mense marcii.

Per cameram compotorum, Julianus.

CXVIII

Confirmation d'une composition passée entre les habitants de Saint-Sauvant, d'une part, et le sénéchal de Poitou, au nom du roi, d'autre, par laquelle, moyennant certaine redevance en nature, lesdits habitants sont dispensés à l'avenir, sauf dans quelques cas réservés, des corvées de bois de chauffage qu'ils devaient porter au château de Lusignan (JJ. 64, n° 360, fol. 183).

Mars 1326.

Karolus, Dei gracia, Francorum et Navarre rex. Notum facimus universis, tam presentibus quam futuris, nos infrascriptas vidisse litteras, formamque sequitur continentes :

A touz ceux qui verront et orront cestes presentes lettres, Pierre Raymont de Rabastenx [1], chevalier le roy et son

---

1. Les actes publiés dans ce volume relatifs à Pierre Raymond de Rabasteins nous permettent d'établir qu'il était sénéchal de Poitou dès le 15 septembre 1322 et qu'il agissait encore en cette qualité le 10 juin 1325, le 12 février 1330, en mai et le 20 septembre 1331. D'autre part, on sait que Renaud de Banchevillier occupait cette

seneschal en Poitou, salut. Les lettres du dit nostre seigneur le roy avons receues, contenans la fourme qui s'ensuit :

Karolus, Dei gracia, Francorum et Navarre rex, senescallo Pictavensi vel ejus locum tenenti, salutem. Ex parte plurium habitatorum ville et parrochie Sancti Silvani nobis fuit expositum conquerendo quod pridem, vivente Hugone Bruni quondam comite Marchie [1], habitatores predicti in castro de Lezigniaco, dicto comite presente ac personaliter existente, ibidem et non aliàs ligna deferre pro ardere suo dumtaxat cum quadrigis et animalibus suis, racione certarum borderiarum, quas habent in villa et parrochia predictis, consueverunt, licet compulsi, ut dicunt. Postmodum autem defunctus Hugo de Cella [2], miles, quondam et gentes ipsius in castro predicto existentes pro tempore, ac, post ipsum militem, castellanus dicti castri et nonnulli servientes habitatores prefatos, borderias ipsas habentes, ut premittitur, ad portandum in dicto castro, pro suo ardere, ligna, que in forestis nostris capiunt, pluribus annis compulerunt et adhuc, ut asseritur, compellunt indebitè et injustè, non solum in ipsorum conquerencium prejudicium, verum eciam in forestarum nostrarum consumpcionem dampnosam, si sit ita. Quocirca mandamus vobis qua-

---

charge le 13 novembre 1325 et en 1327 (voy. le n° CXXXVII). Il faut donc admettre, ces dates n'étant point suspectes, que Pierre Raymond fut sénéchal de Poitou à deux reprises différentes (on le trouve, dans l'intervalle, gouverneur de Navarre), à moins qu'il ne s'agisse de deux personnages distincts, le père et le fils, par exemple. Des lettres du 12 novembre 1333 (n° CLXXXI) mentionnent Pierre Raymond de Rabasteins *jadis sénéchal de Poitou*. Il fut ensuite sénéchal d'Agenais (lettres du 8 mai 1336, JJ.70, fol. 2 v°), et un autre acte enregistré également au Trésor des Chartes nous apprend qu'il vendit, le 18 septembre 1337, moyennant quatre mille livres tournois, à Arnaud-Guillaume de Barbasan la ville et le château de Montgaillard en Bigorre (JJ. 68, fol. 28 v°, n° 48).

1. Hugues XIII de Lusignan, dernier comte de la Marche, mort vers le 1er novembre 1302.

2. Hugues de la Celle avait été commis à la garde du château de Lusignan par lettres du 27 février 1309, et était en même temps gouverneur du comté de la Marche. Voy. plus haut le n° XXVII et la note de la p. 40.

tinus, si, vocatis procuratore nostro et aliis evocandis, constiterit ita esse, habitatores ipsos per castellanum et servientes predictos, seu per alterum ipsorum ad portandum hujusmodi ligna in castro predicto, forestas nostras consumendo in juris nostri prejudicium, non permittatis aliquatenus compelli, taliter id acturi quod ob vestri defectum, ad nos propter hoc non referatur querela, quodque foreste nostre predicte non valeant per exercicium predictum in aliquo pejorari. Datum Parisius, xv^a die septembris anno Domini millesimo ccc° vicesimo secundo.

Par la vertu des quelles lettres, nous, appellez le procureur le roy et les autres qui fesoient à appeller, enquise diligement la verité sur les choses contenues ou dit mandement, et trouvée la complainte des diz habitanz contenue ou dit mandement, quant à toutes autres personnes que le conte ou la contesse de la Marche, quant il estoient ou dit chastel, estre vraie, et que les choses dessus dites estoient ou temps passé et seroient ou temps avenir en grant domage et grant degastance des forez le roy; à la parfin, nous et mestre Pierre Grollier, procureur le roy, d'une partie, et les diz habitanz, d'autre, pour ce que nous avons trouvé que les diz habitanz ou temps que le conte et la contesse de la Marche, toutes foiz que il venoient, fesoient le dit biain [1] sanz compulsion non deue, regardé le gast des dites forez et pour le proufit le roy, des choses et sus les choses dessus dites, retenue la volenté du roy et son conseil, heue diligente deliberacion, et du conseil de Guillaume Boutou [2], nostre lieu tenant, et de Aymeri Brugeluge, receveur le roy nostre seigneur ès seneschaucies de Poitou et de Lymozin, et de Jordain Richart, et de Jehan Vilain,

---

1. Corvée.
2. Suivant toute apparence, il était membre de l'ancienne famille du bas Poitou, qui possédait dès cette époque la terre de la Baugisière et la conserva jusqu'à la Révolution. *(Dict. généal. du Poitou, t. I, p. 436.)*

de Niort, et de pluseurs autres dygnes de foy, avont fait telle composicion. C'est assavoir que chascune de neuf borderies et demie que il y [ont] sera chargiée de rendre et paier chascun an, à Lezignen, en la feste de la Saint Michiel, au seigneur de Lezignen, ou à son mandement, un provendier de fourment et deus boissiaus pour la demie borderie, et ainsi demourront quite en paiant le dit blé chascun an dudit biain de bois pour ardoir, reservé au roy et à la reyne, se il venoient au dit chastel de Lezignen, que il pourroient prendre le dit bian, se il leur plaisoit, et en celi cas que il prenroient le dit biain, ne paieront riens dou dit blé de celle année; et reservé au roy le biain des diz habitanz que il doivent et ont acoustumé ancienement à faire aus refections et appareillemenz du dit chastel. Et se il avenoit que le chastel de Lezignen venist à autre personne que à la personne du roy par quelcunque cause ou titre ou maniere que ce feust, les diz habitanz ne seroient tenuz de faire le dit bian, fors tant seulement à la refection du dit chastiau, si comme est dessus dit, mes que paier le dit froument de rente ou terme dessus dit. Donné et fait en tesmoign de verité, souz le seel royal, dont nous usons à Poitiers et en la seneschaucie de Poitou, par assisse et exercions de jurisdicion, ensembleement o le seel royal establi à Poitiers et en la seneschaucie devant dite, du quel est garde à present Symon Mestreas, clers, citeyens de Poitiers. Nous adecertes le dit Symon, garde du dit seel, du commandement des diz monseigneur le seneschal, et à la requeste des dites parties, le dit grant seel royal aus presentes choses avons appousé, en tesmoignage de verité, l'an de grace mil trois cenz et vint et cinc, le lundi avant la saint Barnabé, apoustre[1]. Sauf et reservé en tout et par tout la volenté et le conseil du dit nostre seigneur le roy. Donné et fait l'an et le jour, comme dessus.

---

1. Le 10 juin 1325.

Nos autem composicionem predictam ac omnia et singula in predictis litteris contenta, rata habentes et grata, ea volumus, laudamus, approbamus ac tenore presencium, auctoritate nostra regia, confirmamus. Salvo in aliis jure nostro et in omnibus quolibet alieno. Quod ut firmum et stabile perpetuo perseveret, presentibus litteris nostrum fecimus apponi sigillum. Actum Parisius, anno Domini millesimo ccc. vicesimo quinto, mense marcii.

Per cameram compotorum, Julianus.

CXIX

Sauvegarde accordée à l'abbaye de Sainte-Croix d'Angle (JJ. 64, n° 117, fol. 64 v°).

Avril 1326.

Karolus, Dei gratia, Francorum et Navarre rex. Notum facimus universis, tam presentibus quam futuris, quod inter curas et urgentes solicitudines quibus in regendis subditis nobis plebibus frequenter distrahimur et animus noster afficitur, ad hec precipuè nostre mentis aspirat affectus, per que status ecclesiasticus nostris temporibus sub commisso nobis regimine in transquilitate manuteneatur et pace, et ipsius regni ecclesie, quarum servitores sub devote religionis observancia nocte dieque insistunt obsequiis, sub protectione regia à suis releventur pressuris et per regalem potenciam à noxiis deffendantur, ut eo liberius et fervencius circa divinum cultum vacare valeant, quo habundancius per nos senserint se adjutos. Sanè ex parte religiosorum virorum, dilectorum nostrorum abbatis et conventus monasterii de Anglia, Pictavensis dyocesis, à nonnullis emulis suis ne eisdem in personis aut bonis eorum quomodolibet injuriari presumant sibi verissimiliter timere asserencium, nobis fuit humiliter supplicatum ut ab injuriis, violenciis, molestiis, gravaminibus et jacturis deffendi valeant et tueri, ac pace et securitate pleniori gaudere, nos ipsos in et sub nostra protectione regia et gardia speciali suscipere dignaremur. Nos igitur ipsorum in hac parte supplicacioni favorabiliter annuentes, prefatos abbatem et conventum, eorumque monasterium predictum, tam in capite quam in membris, et singulares personas ejusdem monasterii, una cum domibus, granchiis et possessionibus, bonis, rebus et familiis eorumdem in et sub nostris successorumque nostrorum regum Francie, protectione, salva et gardia speciali, tenore presencium, quatenus nobis immediatè sunt subjecti, suscipimus in eisdem protectione et gardia speciali perpetuo remansuros. Dantes senescallo Pictavensi, qui nunc est et qui pro tempore fuerit, vel ejus locum tenenti, presentibus in mandatis, quatinus religiosos prefatos, monasteriumque suum predictum, tam in capite quam in membris, domos, granchias et possessiones eorum, ac singulares personas ipsius monasterii in suis usibus, juribus, franchisiis, libertatibus et saisinis veris et justis, in quibus ipsi sunt eorumque predecessores fuerunt ab antiquo, pacificè sub dicta regia protectione et gardia speciali manuteneat et conservet, nec permittat eis aliquas indebitas novitates inferri, ipsosque abbatem et conventum, tam conjunctim quam divisim, et eorum successores ac familias eorum ab omnibus injuriis, violenciis, oppressionibus, vi armorum, laicali potencia, molestiis et gravaminibus quibuscunque defendat faciatque deffendi, et, quantum ad predicta diligenter exequenda, eis, quociens opus fuerit et ipsi requisierint, gardiatorem specialem ex parte nostra deputet et concedat eorum sumptibus. Qui tamen gardiator de hiis que cause cognicionem exigunt vel judicialem requirunt indaginem se nullatenus intromittat. Quod ut firmum et stabile permaneat in futurum, nostrum presentibus litteris fecimus apponi sigillum. Datum Pissiaci, anno Domini millesimo ccc. xxvj., mense aprili.

Per dominum regem, ad relacionem domini Andree de Florencia et visa per eum, Aubigni.

CXX

Sauvegarde octroyée aux religieux Augustins de l'abbaye de Notre-Dame de la Reau (JJ. 64, n° 230, fol. 128 v°).

Avril 1326.

Karolus, Dei gratia, Francorum et Navarre rex. Notum facimus universis, tam presentibus quam futuris, quod inter curas et urgentes solicitudines, quibus in regendis subditis nobis plebibus frequenter distrahimur et animus noster afficitur, ad hec precipuè nostre mentis aspirat affectus, per que status ecclesiasticus nostris temporibus sub commisso nobis regimine, in transquilitate manuteneatur et pace, etc.[1]. Sane ex parte religiosorum virorum, dilectorum nostrorum abbatis et conventus monasterii Beate Marie de Regali, ordinis Sancti Augustini, Pictavensis dyocesis, à nonnullis emulis suis, ne eisdem in personis aut bonis eorum quomodolibet injuriari presumant sibi verissimiliter timere asserencium, nobis fuit humiliter supplicatum ut ab injuriis, violenciis, molestiis, gravaminibus et jacturis defendi valeant et tueri, ac pace et securitate pleniori gaudere, nos ipsos in et sub nostra protectione regia et gardia speciali suscipere dignaremur. Nos igitur ipsorum in hac parte supplicacioni favorabiliter annuentes, prefatos abbatem et conventum, eorumque monasterium predictum, tam in capite quam in membris, et singulares personas ejusdem monasterii unà cum domibus, granchiis et possessionibus, bonis, rebus et familia eorumdem, in et sub nostra successorumque nostrorum regum Francie, protectione salva et gardia speciali, tenore presencium, quatenus nobis immediatè sunt subjecti, suscipimus in eisdem pro-

---

1. Même préambule qu'à la pièce précédente.

tectione et gardia speciali perpetuo remansuros. Dantes senescallo Pictavensi, qui nunc est et qui pro tempore fuerit, vel ejus locum tenenti, presentibus in mandatis quatinus religiosos prefatos monasteriumque predictum, tam in capite quam in membris, domos, granchias et possessiones eorum, ac singulares personas ipsius monasterii in suis usibus, juribus, franchisiis, libertatibus et saisinis veris et justis, in quibus ipsi sunt eorumque predecessores fuerunt ab antiquo, pacificè sub dicta regia protectione et gardia speciali maneneat et conservet, nec permittat eis aliquas indebitas novitates inferri, ipsosque abbatem et conventum, tam conjunctim quam divisim, et eorum successores ac familiam eorum ab omnibus injuriis, violenciis, oppressionibus, vi armorum, laicali potencia, molestiis et gravaminibus quibuscunque defendat faciatque defendi; et, quantum ad predicta diligenter exequenda, eis quociens opus fuerit et ipsi requisierint, gardiatorem specialem ex parte nostra deputet et concedat, eorum sumptibus. Qui tamen gardiator de hiis que cause cognicionem exigunt vel judicialem requirunt indaginem se nullatenus intromittat. Quod ut firmum et stabile permaneat in futurum, nostrum presentibus litteris fecimus apponi sigillum. Datum Pissiaci, anno Domini millesimo ccc. vicesimo sexto, mense aprili.

Per dominum regem, ad relacionem domini Michaelis Mauconduit, Malicorne.

CXXI

Confirmation des lettres de quittance générale données par Jean, vicomte de Thouars, à Guillaume Biron, administrateur de ses domaines (JJ. 64, n° 159, fol. 92).

Mai 1326.

Karolus, Dei gratia, Francorum et Navarre rex. Notum facimus universis, tam presentibus quam futuris, nos quasdam vidisse litteras, formam que sequitur continentes;

A touz ceulx qui cestes presentes lettres verront et orront, Jehan, viconte de Thouars, seigneur de Thalemont[1], saluz en nostre Seigneur. Sachent touz que, comme mons. Jehan Biron, chevalier, ot pluseurs receptes et mises faiz en temps que il vivoit, tant de nostre terre que de la terre à nostre chere compaigne, Blanche de Brebant, dont Diex ait l'ame, que de la terre à Loys et Jehan nos effanz[2], que d'ailleurs, et Guillaume Biron valet, fil et heritier du dit mons. Jehan Biron, chevalier, hait pluseurs receptes fait du nostre et pluseurs mises depuis la mort dudit chevalier, son pere, tant par eaus que par d'autres ou non d'eaus, des quiés receptes et mises tant le dit chevalier, en tamps de sa vie, que ledit Guillaume son fil depuis, nous ont rendu bon compte et leyau en la presence de pluseurs de noz genz à ceu appellez, des quiex comptes nous nous tenons pour bien paié; nous adecertes à certaines des dites receptes et mises et des diz comptes, heue seur ce diligente deliberacion, avons quitté et encores quittons et clamons quiptes pour nous et pour les noz, tant en nostre non que comme tuteur ou curateur ou lyeau administreur de nos effanz dessus diz, ledit Guillaume Biron, tant en son non que comme heritier du dit mons. Jehan Biron, chevalier, son pere, de toutes les receptes et mises dessus dites, de tout le temps passé jusques à la date de cestes presentes lettres. Et voulons que nous ne les noz, ne ceus qui de nous ou des noz ont ou aront cause, tant en temps present que en temps avenir, ne puichons jamais riens demander audit Guillaume ne aus sons, ne ne peuchons jamais riens du dit Guillaume ne des sons saizir, prendre, ne empescher par les causes dessus dites. Et se il avenet que nous ou les noz saizisions, prenons ou empeschions aucunes choses apparte-

---

1. Voy. la note des lettres publiées plus haut sous le n° XXXI, p. 60.
2. Louis, l'ainé, succéda à son père dans la vicomté; Jean fut seigneur de la Chèze-le-Vicomte et épousa Marguerite de Parthenay.

nans au dit Guillaume ou aus sons par les causes dessus dites, et il ou les siens explectessent, ceu qui par les causes dessus dites leur seroit saizi, pris ou empesché, que pour ceu nous ne les noz ne peuchons le dit Guillaume ne les sons traire à amande. En tesmoign de quiex choses, nous, en non que dessus, supplions à la royau majesté que il au dit Guillaume ou aus sons, tant en son nom, que comme heritier dou dit mons. Jehan Biron, son pere, veuget doner lettre de confirmacion de son grand seyau des choses contenues en cestes presentes lettres, en plus grand fermeté des choses dessus dites. Et en houstre en havons donné au dit Guillaume et aus sons cestes presentes lettres saellées, à nostre requeste, dou seyau nostre segneur le roy de France, establi en la chastelenie de Fontenay, ensemblement o le nostre propre seyau.

Ge adecertes Guillaume Morissonea, clerc, garde en celi temps do dit seyau nostre seigneur le roy establi à Fontenay, à la requeste do dit noble viconte, et à la relacion de Laurens Gautier, clerc mon juré, qui les dites choses en lieu de mey oit et enregistra, et le dit noble volens et consentens aus devant dites choses et chescune d'icelles tenir et garder fermement et loyalment sans venir encontre, par le jugement de la court nostre seigneur le roy dessus dit, jura et condempna, si comme il me raporta. Auquel mon juré ge hai ajousté pleniere foy, le devant dit seyau en ces presentes lettres hai apposé ensemblement o le seyau do dit noble, en testimoyne de verité. Ceu fu fait et donné, presens et oyans mons. Giles Boet, gouverneur de l'eglise de Louzi en Thoarçoys, mons. Guillaume Renaut, gouverneur de l'iglize de Giroart, maistre Jehan Cornet et Pierre de Valée, tesmoigns à ceu appellés, le lundi après le dyomenche que l'en chanteit *Jubilate*[1], l'an deu grace mil trois cenz vint et sex.

---

1. Le troisième dimanche après Pâques, c'est-à-dire le 14 avril.

Nos autem premissa omnia et singula, prout superius sunt expressa, rata habentes et grata, ea volumus, laudamus et nostra auctoritate regia confirmamus. Nostro et alieno in omnibus jure salvo. Quod ut firmum et stabile perpetuo perseveret, nostrum hiis presentibus litteris fecimus apponi sigillum. Actum Parisius, anno Domini millesimo ccc. vicesimo sexto, mense maii.

Per vos, G. Buyn.

CXXII

Confirmation d'autres lettres, par lesquelles Jean, vicomte de Thouars, maintient à Guillaume Biron les faveurs accordées à son père, Jean Biron, chevalier, c'est-à-dire la seigneurie et la haute justice des terres de Moricq et de la Bouchardière, un droit d'usage dans la forêt d'Orbestier et la dispense, sauf en cas de guerre, des deux estages qu'il devait faire à Talmont à cause desdites terres (JJ. 64, n° 160, fol. 92 v°).

Mai 1326.

Karolus, Dei gratia, Francorum et Navarre rex. Notum facimus universis, tam presentibus quam futuris, nos quasdam vidisse litteras, formam que sequitur continentes :

A touz ceaus qui cestes présentes lettres verront et orront, Jehan, viconte de Thoars, seigneur de Ré, de Thalemont et de Maulyun, saluz en Deu nostre Seigneur. Sachent touz que, comme mons. Jehan Birum, chevalier, fust nostre homme liges doues foiz, c'est à savoir de Moric et des appartenenses et de la Bouchardiere et des appartenances, et pour chequn hommage il nous deust un estage faire en nostre ville de Thalemunt, et en faisant ses diz estages le dit mons. Jehan Birum, chevalier, houst en nostre forest d'Orbestier son usage à son chaufage et à son autre user, qui mestier li fust, demorens en ses diz estages, si comme dessus est dit ; et le dit mons. Jehan Birum houst chesqun an en nostre fié de Voe en nostre ylle de Ré, cent souz de rente par nostre main ; et nous, regardans et consi-

derans nostre profit, pour cause et pour raisun d'eschange
et de permutacium, houssiun quipté et delessé au dit mons.
Jehan Birum et au siens, et à ceaus qui de li ou des siens
ont ou auront cause, les diz estages en telle maniere que
le dit chevalier ou les siens demourront franc et quipte et
delivrés dès jà des deus diz estages, pour raisun des diz
cent souz à nous et au nouz dou dit mons. Jehan Birum
quiptez et delessiez, sans ce que nous ne les nouz, ne ceaus
qui de nous ou des nous ont ou auront cause, y puissons
mes riens demander ne lui ne les siens parforser de faire
les estages dessus diz, se il n'appareseit que nous ou les
nous houssiun guerre evidente en nostre terre de Thalemunt; et lors luy et les siens serient et fussent tenu de faire
les diz estages, et durant la dite guerre, le dit chevalier et
les siens houssent et haurient le dit usage en nostre dite
forest; et en hostre houssium donné audit mons. Jehan
Birum et au siens pour son bon servige et leyau à nous
desjà fait, dou quel nous nouz tenuns pour bien à paié,
toute aute justice et toute seignourie en toute la terre que
il tient de nous, c'est assaveir Moric et ses appartenances,
la Bouchardiere et ses appartenances, en point et en la maniere que nous li avions et en l'estat que nous haviuns et
haveir poviuns, sauve et retenu à nous et au nous tout
ressort, sanz ce qu'il puissent avouer les choses dessus dites
d'autrui, si comme il appareit en une lettre seleye dou
sea nostre seigneur le roy de France, establi à Fontenay,
ensambleyement o le nostre sea propre. Pour quey nous
Jehan, viconte dessus dit, suppliuns à la reyau majesté que
il à Guillaume Birum, valet, fil et heritier dou dit mons.
Jehan Birum, chevalier, et au siens, et à ceaus qui de lui ou
des siens hont ou hauront cause vullet doner lettre de con-
firmaciun de son grant seyau des choses continueyes en
cestes presentes lettres, en plus grant fermeté des choses
dessus dites. En texmoygn des qués choses, nous Jehan,
viconte dessus dit, en avom donné au dit Guillaume et au

siens cestes presentes lettres, e en non que dessus selleyes dou sea nostre seigneur le roy de France establi, en la chastelenie de Fonteney, ensenbleyement o le nostre sea propre.

E ge adecertes Guillaume Morisonea, clerc, garde do dit sea nostre seigneur le roy en celi temps, à la requeste du dit noble, et à la relacion de Lorens Guautier, clerc mon juré, qui les dites chozes oyt et enregistra, e par le jugement de la court nostre seigneur le roy le dit noble juga et condempna ès chozes dessus dites, lui voulens et consentens. Auquel mon juré ge hai ajousté pleniere foy, en dites lettres le dit sea hai apousé en texmoign de verité. Guarens à ce appellez mons. Giles, prestre, gouverneur de l'eglise de Lousi en Thoarseys, e maistre Jehan Cornet et Pierre de Valeye. Donné à Thalemunt sus mer, le lundi enprès *Jubilate*, l'an de grace mil trois cenz vint et sex [1].

Nos autem premissa omnia et singula, prout superius sunt expressa, rata habentes et grata, ea volumus, laudamus, approbamus et nostra auctoritate regia, tenore presentium, confirmamus. Nostro et alieno in omnibus jure salvo. Quod ut firmum et stabile perpetuo perseveret, nostrum hiis presentibus litteris fecimus apponi sigillum. Actum Parisius, anno Domini millesimo ccc. vicesimo sexto, mense maii.

Per vos. G. Buyn.

CXXIII

Ratification des lettres de donation de la moitié d'un herbergement appelé la Dousse, faite par Hugues d'Anché et sa femme à l'abbaye de Notre-Dame de Valence, et du contrat de vente par les héritiers de Pierre d'Anché au même monastère de l'autre partie dudit herbergement (JJ. 64, n° 206, fol. 115).

Juin 1326.

Karolus, Dei gratia, Francorum et Navarre rex. Notum

---

1. Le 14 avril 1326.

facimus universis, tam presentibus quam futuris, nos infrascriptas vidisse litteras in hec verba :

. Universis presentes litteras inspecturis, Hugo de Anchiaco [1] et Johanna de Bosco, ejus uxor, cum auctoritate ipsius antè omnia sibi prestita, eternam in Domino salutem. Noveritis quod nos dicti conjuges, non vi, non dolo, nec machinacione aliqua, sed mera et spontanea voluntate nostra ad hoc inducti, et ob devocionem quam semper habuimus et habemus ad oraciones et beneficia, que jugiter fiunt in monasterio Beate Marie de Valencia, Cisterciensis ordinis, Pictavensis dyocesis, et ut nos et parentes nostri et successores simus participes omnium beneficiorum et oracionum que fiunt et de cetero fient in monasterio predicto, pensata utilitate nostra diligenter et cognita, pro salute animarum ipsarum et parentum nostrorum, et ut abbas et conventus monasterii predicti, qui nunc sunt et qui pro tempore fuerint, nobis conjugibus predictis providere teneantur in neccessariis alimentorum nostrorum, quamdiu ego Johanna predicta vixero tantummodo, damus et concedimus, cedimus et quictamus ex nunc et in perpetuum pro nobis, heredibus et successoribus nostris et à nobis causam habentibus et habituris, in puram et perpetuam elemosinam, donacione perpetua, simplici et absoluta facta inter vivos, et sine spe vel animo revocandi, sed semper valitura, Deo et monasterio predicto, et fratribus ibidem Deo servientibus et de cetero servituris, medietatem herbergamenti vocati *la Daousse* cum omnibus pertinenciis ejusdem. Quam medietatem habebam ego dictus Hugo pro indiviso cum herede defuncti Petri de Anchiaco, fratris mei, et que medietas mihi advenit ex successione seu escheta defuncti domini Johannis

---

1. M. Beauchet-Filleau a recueilli un grand nombre de notes et une partie de la généalogie suivie de cette ancienne famille de Poitou (*Dict. généal. des familles de l'ancien Poitou*, t. I, p. 53). Hugues d'Anché et sa femme y sont mentionnés précisément à propos de l'acte publié ici.

de Anchiaco, presbiteri, fratris mei, qui predictum herbergamentum cum omnibus pertinenciis suis acquisierit, tempore quo vivebat, à defuncto Hugone de Vignau, valleto, et ejus uxore, prout in litteris super acquisicione confectis et aliàs legitimè potest plenius apparere, sive sint pertinencie dicti herbergamenti domibus, cortilagiis, pratis, vineis, nemoribus, redditibus et rebus aliis quibuscunque. Item et partem nobis competentem tam ex hereditate nostra quam aliàs, quam habebamus et habere et percipere consueveramus in decima terrarum et vinearum, et aliarum rerum ad dictum herbergamentum pertinencium, sive sit dicta decima in blado, vino, canapo, lignis, agnis, porcellis aut rebus aliis quibuscunque, et transtulimus et adhuc transferimus pro nobis, heredibus et successoribus nostris, in dictos religiosos et monasterium predictum ac eorum successores, quicquid juris, actionis, proprietatis, possessionis et dominii, ac eciam exercicii habebamus, habere poteramus et debebamus, et que nobis competebant et competere poterant contra quascunque personas et quecunque bona, racione seu occasione premissorum.

Et de predictis omnibus et singulis nos devestivimus et dissaizivimus pro nobis et successoribus nostris, et possessionem et saizinam tradidimus fratri Constantino de Paprolio, procuratori dictorum religiosorum litteratoriè destinato, recipienti et sollempniter stipulanti pro ipsis religiosis, corporalem, nichil nobis, heredibus et successoribus nostris in premissis omnibus et singulis retinentes, excepta tantummodo provisione supradicta, habenda, possidenda perpetuo et explectanda purè, liberè, pacificè et quietè. Et promittimus nos predicti conjuges pro nobis, heredibus et successoribus nostris, predictis religiosis et successoribus eorumdem predicta omnia et singula ab omnibus et versus omnes et singulos deffendere perpetuo et garire ab omnibus impedimentis, perturbacionibus, oneribus, obligacionibus, alienacionibus, evictione et aliis impedimentis quibuscunque, que eisdem religiosis ob factum seu culpam nostram, seu occasione nostra, aut predecessorum nostrorum, in premissis omnibus et singulis, aut in parte eorumdem quoquomodo possent in futurum fieri vel inferri. Et promittimus nos predicti conjuges et nostrum quilibet premissa omnia et singula, prout superius sunt expressa, tenere, attendere fideliter, firmiter et inviolabiliter observare, et contra per nos seu alium vel alios non facere nec venire in futurum, casu aliquo contingente, juramento à nobis et quolibet nostrum ad sancta Dei Euvangelia prestito corporali, et sub obligacione omnium bonorum nostrorum, mobilium et immobilium, presentium et futurorum, nec non et omnia dampna, custus, missiones et expensas, que et quas ipsi sustinebunt aut eis facere contigerit ob defectum garimenti predicti, eisdem religiosis emendare, reddere, ressarcire ad simplex juramentum procuratoris eorumdem, sine aliqua alia probacione facienda. Volumus eciam nos predicti conjuges et supplicamus dominis à quibus res predicte movere dignoscuntur, ut ipsi et eorum quilibet ipsos religiosos ad possessionem et saisinam rerum predictarum recipiant et admittant, nobis presentibus vel absentibus, nostra eciam absencia non obstante. Renunciantes in hoc facto nostro specialiter et expressè omni excepcioni decepcionis, doli mali, fraudis, lesionis, circumvencionis, vis, metus, et de uno acto et alio scripto, et privilegio crucis sumpte vel sumende, omni auxilio et beneficio juris canonici vel civilis, et omni juri introducto in favorem mulierum, et omnibus aliis racionibus, deffensionibus, allegacionibus, que de jure vel de facto possent contra presentem litteram proponi, obici seu dici. In cujus rei testimonium, nos dicti conjuges supplicamus Hugoni Bruni, clerico, gerenti sigillum castellanie de Lezigniaco pro domino rege Francorum, in dicta castellania constitutum, ut hiis litteris dictum sigillum duceret apponendum.

Nos vero dictus Hugo Bruni, ad supplicacionem dictorum

conjugum, qui jurisdicioni et cohercioni curie dicti sigilli se supposuerunt, hiis presentibus litteris sigillum predictum apposuimus, in testimonium veritatis. Salvo jure dicti domini regis et quolibet alieno. Et ipsos ad observacionem premissorum per judicium curie dicti domini regis judicavimus. Datum, testibus presentibus et ad hoc specialiter evocatis Hugone Villani de Plessis et Johanne, filio Aymerici Meschini, prepositi de Brugesilles, clericis, die dominica qua cantatur *Letare Jherusalem* [1], anno Domini millesimo ccc. vicesimo quinto.

Item. Universis presentes litteras inspecturis et audituris, Hugo Bruni, clericus, gerens sigillum castellanie de Lezigniaco pro domino rege Francie in dicta castellania constitutum, eternam in Domino salutem. Noveritis quod in jure personaliter constituta, Margareta, relicta defuncti Petri de Anchet, clerici, tutrix seu curatrix Petri, Johanne et Margarete, liberorum ejusdem et dicti defuncti Petri, ut asserebat, spontaneè, non cohacta, confessa fuit et publicè recognovit, tam pro se quam pro dictis liberis et nomine tutorio eorumdem, se vendidisse et perpetuo concessisse, et adhuc vendidit perpetuo et concessit pro se et dictis liberis, heredibus, successoribusque suis et dictorum liberorum, religiosis viris, abbati et conventui monasterii Beate Marie de Valencia, Cisterciensis ordinis, Pictavensis dyocesis, et successoribus eorumdem, precio tercentum librarum, monete currentis, de qua peccunie summa dicta relicta, tam pro se quam pro dictis liberis et nomine eorumdem, se tenuit à dictis religiosis plenariè pro pagata, medietatem, quam ipsa et dicti liberi habebant in herbergamento vocato *la Daousse*, quod quondam fuit defuncti Hugonis de Vignello, valeti, cum omnibus juribus et pertinenciis sibi pertinentibus in medietate herbergamenti predicti, quecunque et ubicunque sint, et quocunque nomine censeantur, sive sint

---

1. Le 4ᵉ dimanche de Carême, c'est-à-dire le 2 mars 1326.

terris, pratis, vineis, nemoribus, decimis, terragiis, redditibus bladi et denariorum, homagiis, auxiliis aut rebus aliis quibuscunque; item et decimam seu partem decime sibi pertinentem, quam ipsa relicta et liberi habebant ex successione parentum et predecessorum dictorum liberorum in terris, vineis et rebus aliis, ad dictum herbergamentum pertinentibus, prout habere et percipere consueverunt ipsi et predecessores eorumdem, sive sit dicta decima blado, vino, linis, canapis aut rebus aliis quibuscunque. Quod herbergamentum cum suis juribus universis acquisierat defunctus dominus Johannes de Anchiaco, presbyter, à predicto Hugone de Vignello et ejus uxore, prout in litteris super et de acquisicione confectis plenius dicitur contineri; et que eciam medietas herbergamenti predicti, cum omnibus juribus et pertinenciis ejusdem, eidem relicte et predictis liberis advenit ex successione seu escheta predicti domini Johannis, avunculi dictorum liberorum, de quo dicebat ipsa relicta ipsos liberos et heredes dicti presbyteri pro media parte habenda, possidenda perpetuo et explectanda purè, liberè, pacificè et quietè, et transtulit in dictos religiosos et eorum monasterium et successores eorumdem predicta relicta, pro se, heredibus, successoribusque suis et dictorum liberorum ex nunc et in perpetuum, quicquid juris, accionis, possessionis, proprietatis, dominii ac eciam exercicii, ipsa relicta et liberi predicti habebant, habere poterant et debebant in premissis omnibus et singulis, quoqunque jure, titulo, sive causa, necnon omnia jura, nomina et actiones, que et quas ipsa et dicti liberi habebant, habere poterant et debebant contra quascunque personas et quecunque bona, tam nomine suo quam dictorum liberorum, racione seu occasione premissorum, et que eisdem competebant et competere poterant quoquomodo, nichil sibi, aut dictis liberis, heredibus, successoribusque eorumdem, juris, possessionis, proprietatis seu dominii retinens in premissis seu aliqua premissorum.

Et promisit pro se et dictis liberis, heredibus, successoribusque eorumdem, eisdem religiosis et monasterio, et eorum successoribus perpetuo universa et singula supra dicta ab omnibus et versus omnes deffendere et garire ab omnibus impedimentis, oneribus, perturbacionibus, evictione, saisina, que eisdem religiosis aut successoribus suis in premissis omnibus et singulis, seu aliqua premissorum possent quoquomodo fieri vel inferri, ob factum seu culpam vel occasione ejusdem relicte et dictorum liberorum, aut patris eorumdem liberorum, seu avunculi predicti eorumdem, reddendo à dictis religiosis et successoribus suis deveria, elemosinas et onera consueta et antiqua dominis, quibus reddi consueverunt, pro premissis; juramento ab ipsa prestito corporali et sub obligacione omnium bonorum suorum et dictorum liberorum, sibi commissorum, presentium et futurorum. Necnon promisit dicta relicta, sub juramento et obligacione predictis, facere et curare cum effectu quod predicti liberi predictam vendicionem et omnia et singula premissa, quando ad etatem legitimam pervenerint, rata et grata habebunt perpetuo et ea ratificabunt et per sufficientes litteras confirmabunt, et quod contra non facient vel venient in futurum, casu aliquo contingente. Et facta sufficienter ratificatione à dictis liberis, dicta relicta quicta et libera ex tunc perpetuo remanebit de garimentis predictis faciendis, excepto jure sibi competenti. Que premissa omnia et singula promisit dicta relicta pro se et dictis liberis sub juramento et obligacione predictis, tenere, attendere fideliter, firmiter et inviolabiliter observare, et contra non facere vel venire per se vel per alium in futurum, casu aliquo contingente, nec non et omnia dampna, custus, missiones et expensas, que et quas ipsi sustinebunt aut eis facere contigerit, ob defectum garimenti et confirmacionis predictorum, eisdem emendare, reddere, ressarcire ad simplex juramentum procuratoris eorumdem, sine aliqua alia probacione facienda. Et de predictis omnibus et singulis dicta relicta se devestivit et disaisivit, pro se et dictis liberis, et fratrem Constantinum de Pranpolio, procuratorem dictorum religiosorum litteratorie destinatum, investivit, et eidem recipienti et sollempniter stipulanti pro ipsis possessionem tradidit corporalem. Voluit eciam et supplicavit dominis, à quibus res predicte movere dignoscuntur, ut ipsi et eorum quilibet ipsos religiosos ad possessionem et saisinam rerum predictarum recipiant et admittant, dicta relicta presente vel absente, ejus eciam absencia non obstante. Renuncians siquidem ipsa relicta, pro se et dictis liberis, in hoc facto suo, omni excepcioni decepcionis, doli mali, fraudis, lesionis, circumvencionis, vis, metus, et de uno acto et alio scripto, et privilegiis crucis sumpte vel sumende, epistole divi Adriani, omni auxilio et beneficio juris canonici et civilis, ac excepcioni non numerate peccunie, non habite, non solute, excepcionique decepcionis ultra medietatem justi precii, et juri seu legi dicenti generalem renunciacionem non valere, et omnibus aliis et singulis, que contra premissa vel aliquid premissorum, tam de jure quam de facto, dici, obici possent, vel proponi. Que eciam relicta fuit de et super premissis omnibus et singulis judicata et condempnata judicio curie dicti domini regis per juratum et notarium nostrum infrascriptum, ad relacionem cujus super hoc fidem plenariam adhibemus. Nos Hugo Bruni predictus sigillum predictum hiis presentibus litteris duximus apponendum, salvo jure dicti domini regis et quolibet alieno. Datum, testibus presentibus et ad hoc specialiter evocatis, Hugone Aufferrant et Petro Marcelli de Sancta Solina, die lune post *Ramos Palmarum*, anno Domini millesimo ccc° vicesimo quinto [1].

Nos autem donacionem et acquisicionem hujusmodi, que solum circiter triginta quinque libras annui et per-

---

1. Le 17 mars 1326.

petui redditus valere dicuntur, et omnia alia et singula in prescriptis contenta litteris, quatenus ritè, justè et legitimè facta sunt, retenta nobis in hiis omnimoda justicia, volumus, laudamus, approbamus et nostra auctoritate regia, tenore presencium, confirmamus. Volentes et eisdem religiosis concedentes quod predicta omnia tenere et possidere pacificè et quietè perpetuo valeant, absque cohaccione vendendi vel extra manum suam ponendi aut prestandi financiam nobis, seu successoribus nostris propter hoc qualemcunque. Quod ut firmum et stabile permaneat in futurum, nostrum presentibus litteris fecimus apponi sigillum. Nostro in aliis et alieno in omnibus jure salvo. Actum apud sanctum Christoforum in Halata, anno Domini millesimo ccc. vicesimo sexto, mense junii.

Per dominum regem, ad relacionem vestram. Tesson.

CXXIV

Don par le roi de la terre de la Laurière à Jourdain de Loubert, chevalier. Son fils avait épousé la fille d'Amé de la Celle, neveu et héritier d'Hugues de la Celle, à qui ladite terre avait appartenu (JJ. 64, n° 307, fol. 153).

Novembre 1326.

Charles, par la grace de Dieu, roys de France et de Navarre. Nous faisons assavoir à touz presens et avenir que comme nostre très chier seigneur et pere, dont Diex ait l'ame eust donné à Hugues de la Celle, jadis son chevalier et conseillier, et transporté en li et en ses hoirs, et pour certaine cause, Loriere et la terre de la Loriere[1], qui fu jadis du conte de la Marche, et le dit Hugues de la Celle, ou temps qu'il vivoit, et, lui mort, Amé de la Celle, chevalier, neveu et hoir dudit Hugues de la Celle, fussent

---

1. Par lettres du mois d'août 1311 (JJ. 46, fol. 60 v°). Voy. à ce sujet la note de la pièce n° XXVII.

tenant et possidant de la dicte terre, pour cause dou don et transport royal dessus dit, si comme nostre amé et feal Jordan de Lobert, vallet, fiz de nostre amé et feal Jordain de Lobert [1], chevalier, ou non de la fame de celui Jordain de Lobert, varlet, fille du dit Amé de la Celle et son hoir pour sa partie, disoit ; et les diz Hugues et Amé de la Celle, chevaliers, alez de vie à mort, mesmement ou vivant dudit Amé, nous eussions fait mettre la dite terre en nostre main et pour certaine cause ; et le dit Jordain, vallet, tant comme heritier en partie, pour sa fame, des diz deus chevaliers morz, si comme il disoit, nous eust requis o grant instance que nous ostissons nostre main de la dite terre et la feissons baillier et delivrer à plain, comme à lui appartenist, allegant et proposant pluseurs raisons, par lesquelles il disoit que nous devions acomplir sa requeste. Nous, oye la requeste et les raysons du dit Jordain, et consideré que les raysons du dit Jordain n'estoient ne valables ne recevables à la fin dessus dite, avons fait dire et pronuncier que nous ne ferions ne n'estions tenuz de faire sa requeste, et que à lui, ou nom que dessus, ne à autre ne appartenoit, fors que à nous. Toutevoies nous, consideranz et regardanz les bons et agreables services que le dit Jordain de Lobert, chevalier, pere du dit Jordain, varlet, a faiz à nous et à noz predecesseurs roys de France, et fait continuelment, des quielx il n'a eue nulle remuneracion, en recompensacion des diz services, de grace especial et de certaine science, donnons et octroions au dit Jordain de Lobert, chevalier, et à ses hoirs Loriere, la dite terre de la Loriere avecques touz les

---

1. Jourdain de Loubert devint sénéchal de Poitou et de Limousin, après Pierre-Raymond de Rabasteins, l'an 1333 au plus tard (voy. plus loin le n° CLXXXV), et il exerçait encore cette charge le 24 mars 1340. Dans des lettres du mois de janvier 1342 (n. s.), on le trouve mentionné avec la qualité de *souverain chevetaine*, député du roy en Poitou, Saintonge, Limousin et lieux voisins, et sénéchal de Saintonge (JJ. 72, fol. 185).

droiz et appartenances d'icelle, et tout le droit, toute l'action, possession, propriété et domaine que nous y avons et povons avoir, avons transporté et transportons ou dit Jordain de Lobert, chevalier, et en ses hoirs et en ceus qui ont et auront cause de lui, sauf et retenu pour nous, et pour noz successeurs l'oumage, la souveraineté et le ressort des choses dessus dites tant seulement. Et que ce soit ferme et estable perpetuelment, nous avons fait mettre nostre seel en ces presentes lettres. Donné à Paris, l'an de grace mil trois cenz vint et sis, ou mois de novembre.

Par le roy, à la relacion de mons. M. de Trie, mareschal de France. Gyem.

CXXV

Donation à Jean de Cherchemont, doyen de Poitiers, chancelier de France, d'un enclos qui avait autrefois servi de cimetière aux Juifs d'Orléans (JJ. 64, n° 87, fol. 45 v°).

Janvier 1327.

Karolus, Dei gratia, Francorum rex. Notum facimus universis presentibus et futuris quod nos, attendentes obsequia fructuosa et fidelia quibus dilectus et fidelis magister Johannes Cerchemont [1], decanus Pictavensis, clericus et

---

1. Jean de Cherchemont, seigneur de Venours, était né très probablement à Menigoute, où il fonda une chapelle collégiale sous l'invocation de Saint-Jean-Baptiste (voy. le n° CXXXI). Cette œuvre fut l'objet constant de sa sollicitude et de ses largesses. Il fut d'abord avocat au Parlement, puis clerc du roi et conseiller de cette cour, charge qu'il occupait dès 1316. Un curieux mandement du roi adressé au sénéchal de Poitiers, le 8 mai 1314, nous apprend qu'une femme nommée Peronnelle de Vallesa, convaincue de sortilèges contre Jean de Cherchemont, alors chanoine de Sainte-Radegonde, fut justiciée à Paris, et qu'un neveu de Pierre Lemarchand, chanoine de la même église, poursuivi pour le même crime, fut reconnu innocent *(Olim,* t. III, fol. 152 v°, Boutaric, *Actes du Parl.*, t. II, n° 4449). Devenu doyen de l'église de Poitiers, chanoine de Paris et trésorier de la cathédrale de Laon, Cherchemont fut choisi, l'an 1319, pour chancelier de Charles, comte de Valois, père de Philippe VI. Moins de deux ans après, il fut élevé à la dignité de chancelier de France et exerça cet office à deux reprises différentes, la première fois, depuis le mois de février 1321

cancellarius noster, predecessoribus nostris et nobis se reddidit, et nobis continuè reddit gratum, eidem quamdam plateam sitam in villa Aurelianensi, muribus circondatam, in qua platea fuit quondam cimiterium Judeorum, presencium tenore, damus et concedimus de gracia speciali, ab eodem, suis heredibus et successoribus de cetero et imperpetuum pacificè possidendam. Quod ut firmum et stabile permaneat in futurum, presentibus litteris sigillum secreti nostri cum magno sigillo nostro, quod idem magister Johannes defert, apponi fecimus ad omnem suspicionem tollendam et ad majoris roboris firmitatem. Actum apud Vicennas, anno Domini millesimo ccc. vicesimo sexto, mense januarii.

Per dominum regem, ad relacionem domini G. Flote. Julianus.

CXXVI

Don à Ponce de Mortagne, vicomte d'Aunay, de la maison d'Antirac et de ses dépendances confisquées sur Amanieu de la Mote, et d'autres biens de la valeur de deux cents livres tournois de rente annuelle (JJ. 64, n° 286, fol. 140 v°).

Janvier 1327.

Karolus, Dei gracia, Francorum et Navarre rex. Notum facimus universis presentibus et futuris quod nos attentis sincere devocionis obsequiis, que dilectus et fidelis noster

---

(n. s.) jusqu'à la mort de Philippe le Long, la seconde, du 19 novembre 1323 jusqu'à son décès, arrivé subitement, le 25 octobre 1328, dans un voyage qu'il fit en Poitou. Son corps fut porté à Menigoute et inhumé par les soins de l'évêque de Poitiers.

Des inimitiés que lui avaient suscitées, paraît-il, son orgueil et sa dureté, le poursuivirent au delà de la tombe. Les plaintes qui s'élevèrent de différents côtés au sujet de graves extorsions dont il se serait rendu coupable, donnèrent lieu à une enquête sévère sur les actes de son administration. On verra plus loin la procédure qui fut dirigée contre ses héritiers et la sentence d'absolution qui réhabilita sa mémoire.

Une notice sur Jean de Cherchemont, accompagnée de sa généalogie, a été publiée par Fr. Du Chesne, *Hist. des chanceliers de France*, in-fol., 1680, p. 286-292, et par le P. Anselme, *Hist. généal.*, t. VI, p. 309. Voy. aussi *Gall. Christ.*, t. II, col. 1217.

— 269 —

Poncius de Mauritania, miles, vicecomes de Onayo [1], nobis ac predecessoribus nostris impendit, laboribusque continuis propter nostrorum et regni nostri inimicorum insultus eorumque nefandas reprimendo audacias, retroactis temporibus, sustinere habuit et adhuc sustinet incessanter, nos domum d'Antirac cum suis pertinenciis, que fuerunt Esmanevi de Mota [2], ac quedam alia bona, que fuerunt

---

1. Le vicomte d'Aunay avait été quelques années auparavant gouverneur du royaume de Navarre pour les rois Philippe le Long et Charles le Bel. Les registres du Trésor des Chartes renferment une ordonnance en dialecte navarrais, relative à l'église de Pampelune, qu'il rendit au mois de septembre 1321, confirmée par le roi de France en juillet 1322 (JJ. 61, n° 116, fol. 45 v°), et un document des plus intéressants pour l'histoire de la Navarre sous l'administration de ce personnage. C'est une sentence rendue en faveur de celui-ci par Jean Pasté, doyen de Chartres, et Hugues de Vissac, chevalier, qui s'intitulent inquisiteurs et commissaires réformateurs, envoyés par le roi dans la Navarre. Les principales villes de ce royaume, mécontentes de plusieurs actes du gouvernement du vicomte d'Aunay, s'empressèrent, aussitôt qu'il fut relevé de ses fonctions, de porter plainte contre lui devant les enquêteurs de Charles le Bel. Ils l'accusaient d'une façon générale de les avoir trompés, d'avoir violé son serment et les promesses du roi de France, en contrevenant à leurs *fueros ;* puis précisant ils ajoutaient que « *par menaces de peinnes espoventables les avoit meuz et fait aler en la terre d'Ypusque ou royaume de Castelle, pour eus combatre contre les Ypusquains* », tandis que leurs privilèges portaient formellement qu'on ne pourrait jamais les contraindre à porter les armes hors de leurs frontières. De plus, après les avoir engagés témérairement contre un ennemi supérieur en nombre, il les avait lâchement abandonnés, de telle sorte qu'ils avaient subi des pertes énormes en morts, blessés et prisonniers. En conséquence, ils voulaient au moins être remboursés des sommes qu'ils avaient dépensées pour cette malheureuse expédition et actionnaient leur ancien gouverneur en paiement de dommages et intérêts. Pampelune réclamait cinq mille livres, Estella trois mille, Saragosse deux mille, etc., et le total des revendications s'élevait à une somme considérable. Cent trente-sept témoins furent entendus d'une part et cent trente-sept de l'autre. Le vicomte d'Aunay se défendit victorieusement et obtint cette sentence d'absolution qui s'étend d'une manière intéressante sur la procédure suivie, et où nous avons puisé ce résumé des faits de la cause. Elle est du 24 juillet 1323, et la confirmation royale porte la date de février 1324 (JJ. 62, n° 48, fol. 26 v°).

Ponce de Mortagne avait épousé Claire de Lezay, fille de Jean Ier de Lezay, seigneur des Marais. Il vivait encore en 1352 (voy. Arch. nat., K. 184, liasse 1, n° 10). Sa fille unique Marguerite était mariée à Jean de Clermont, seigneur de Chantilly, maréchal de France, qui fut tué à la bataille de Poitiers.

2. Amanieu de la Mote, seigneur de Roquetaillade, compromis dans la prise d'armes de la noblesse de Gascogne unie aux Anglais, affaire connue dans l'histoire sous le nom de *guerre des bâtards* (1326).

domine de Blavia et Guillelmi ac Mathei Girars, fratrum, Petri Guillermi ac Guillermi de Lumesens, inimicorum nostrorum, nobisque nunc propter eorum rebellionem, ut dicitur, confiscata et acquisita existunt, et que omnia simul ducentas libras turonensium annui et perpetui redditus valere dicuntur, eidem vicecomiti, premissorum obtentu et de gracia speciali, tenore presentium, si et quatenus nobis, ut predicitur, acquisita et confiscata sunt, usque ad valorem et estimacionem predictam duntaxat, concedimus et donamus, habenda, tenenda, possidenda et explectanda cum omnibus juribus et pertinenciis eorumdem ab eodem vicecomite et ejus heredibus et successoribus, sub modo et condicione predictis et non aliàs, perpetuo pacificè et quietè. Ex nunc ipsum vicecomitem de ipsis, tenore presentium, investimus et mandamus senescallo nostro Xanctonensi, quatenus eumdem vicecomitem aut ejus procuratorem pro eo in dictorum bonorum possessionem corporalem usque ad valorem et estimacionem predictam inducat, ipsumque et suos predictis omnibus et singulis gaudere et uti liberè faciat et permittat. Quod ut firmum et stabile permaneat in futurum, presentibus litteris nostrum fecimus apponi sigillum. Retentis nobis superioritate et homagio et salvo in aliis jure nostro et in omnibus quolibet alieno. Datum Parisius, anno Domini millesimo ccc. vicesimo sexto, mense januarii.

Per dominum regem ad relacionem vestram. Julianus.

CXXVII

Confirmation d'une composition conclue entre Nicolas le Blanc, chanoine de Poitiers, et Guillaume Pouvreau, sénéchal de Saintonge, commissaires du roi, d'une part, et les héritiers de Zacharie Bouet, d'autre, à cause des biens que ledit Bouet avait acquis de Hugues d'Allemagne, seigneur d'Andillé (JJ. 64, n° 370, fol. 191).

Janvier 1327.

Karolus, etc. Notum facimus universis, tam presentibus

quam futuris, nos infrascriptas vidisse litteras, formam que sequitur continentes :

Nos Nicholaus Albi, canonicus Pictavensis, domini regis clericus ejusque comissarius in hac parte in senescalliis Xanctonensi et Engolismensi una cum nobili et discreto viro, domino Guillelmo Pouverelli, domini regis milite ejusque senescallo in Xanctonia, deputatus super financiis acquestuum factorum in feodis nobilibus, habens potestatem in premissis solus et insolidum, in absencia college nostri predicti. Notum facimus universis quod heredes Zakarie Boeti [1] deffuncti in financia posuimus pro domino rege ad summam duodecim librarum monete currentis pro rebus, quas dictus defunctus Zacarias acquisivit ab Hugone d'Alemaigne [2], domino de Andilhé, defuncto, quas res vidimus plenius contineri seu confrontari in quodam instrumento facto inter dictos Zakariam et Hugonem de et super contractu dictorum conquestuum seu acquisitorum, quod instrumentum sigillatum est sigillo regio apud Rupellam custodito et est de data diei lune ante festum Annunciationis beate Marie Virginis anno ab Incarnacione Domini millesimo trecentesimo primo, mense marcii [3], et incipit instrumentum in tercia linea *terre et la quau piece de vigne se tiennent d'une part au chemin si com l'on vait de ma ville Andilhé à mon moulin à vant*, et finit in eadem *et decheps ala*. Que res fuerunt estimate ad quatuor libras renduales, quibus quidem heredibus concessimus auctoritate regia et concedimus quod ipsi et heredes sui de cetero res predictas tenere valeant et habere, absque eo tamen quod ipsi compellantur easdem extra manum

---

1. Voy., dans le *Dict. généal. du Poitou* de M. Beauchet-Filleau, quelques détails sur la famille Bouhet ou Bouet.

2. Parmi les notes publiées dans le même ouvrage sur la maison d'Allemagne, on trouve mentionnés plusieurs personnages portant ce prénom aux XIIIe et XIVe siècles.

3. Le 19 mars 1302 (n. s).

suam ponere, vel pro premissis aliam financiam facere, dum tamen dictam peccuniam solvant receptori per nos deputato apud Ruppellam pro castellania dicte ville et ejus ressorto ; qui quidem receptor habet copiam potestatis nobis duobus commissariis à domino rege concesse super financiis predictis. Et premissa concessimus dictis heredibus, salvo in aliis jure domini regis et quolibet alieno. In quorum testimonium, nos Nicolaus predictus dedimus eidem istas presentes litteras, sigillo nostro quo utimur et usi fuimus in negocio dictarum financiarum sigillatas. Supplicantes nostro predicto college ut presentibus sigillum suum apponat, cum super hoc fuerit requisitus. Datum die lune ante festum beati Luce Euvangeliste, anno Domini millesimo ccc. vicesimo quinto [1].

Item quasdam alias litteras litteris suprascriptis annexas sub hiis verbis :

Ge Arnaut de la Broce, prevost de la Rochele, commissaire deputé de honorable et discret homme mons. Nicholas le Blanc, chanoine de Poitiers, clerc le roy de France, commissaire deputé d'icelui seigneur en la seneschaucie de Xanctonge sus les finances des acquez faiz en fiez nobles, fois assavoir à touz ceuz qui ces presentes lettres verront et orront, que j'ai eu et receu des hoirs feu Acquaire Boué douze livres de monnoie courant en deniers comptanz pour la finance des choses que li diz Acquaires Bouet avoit acquises en noble fié de Hugue de Lemoigne, jadis seigneur d'Andilhé, si comme il est contenu ès lettres aus quelles ces presentes sont annexées ; et des dites douze livres je me tieng pour bien paiez, et en quit et clam quictes à perpetuité, en nom que dessus, les diz hoirs et touz leurs biens. Et en tesmoign de ceste chose, je en ai donné aus diz hoirs cestes presentes lettres seellées de mon seel. Ce fu fait le jeudi après la

---

1. Le 14 octobre 1325.

feste saincte Katerine, l'an de grace mil trois cenz vint et cinc [1].

Nos autem omnia et singula in suprascriptis contenta litteris rata habentes et grata, ea volumus, laudamus, approbamus et tenore presencium, auctoritate nostra regia, confirmamus. Salvo in aliis jure nostro et in omnibus quolibet alieno. Volentes quod dicti heredes premissa de cetero teneant et perpetuo possideant sine cohactione vendendi vel extra manum suam ponendi vel prestandi nobis aliam financiam pro eisdem. Quod ut firmum et stabile permaneat in futurum, presentibus litteris sigillum nostrum duximus apponendum. Datum Parisius, anno Domini millesimo ccc. vicesimo sexto, mense januarii.

Per Cameram Compotorum. Julianus.

CXXVIII

Confirmation par Charles le Bel de la sauvegarde octroyée par Philippe V aux religieux de l'abbaye de Saint-Michel-en-l'Herm (JJ. 64, n° 395, fol. 204).

Janvier 1327.

Karolus, Dei gracia, Francorum et Navarre rex. Notum facimus universis nos litteras carissimi germani et predecessoris nostri vidisse et transcribi fecisse, tenorem qui sequitur continentes : Philippus, etc. [2]. Nos vero predictam salvam et specialem gardam in premissis litteris comprehensam ratificamus, approbamus et eciam confirmamus. Mandantes senescallis Pictavensi et Xanctonensi ceterisque justiciariis nostris, qui nunc sunt et qui pro tempore fuerint, ut tenorem premissarum litterarum in omnibus et sin-

---

1. Le 28 novembre 1325.
2. Ces lettres sont datées de Saint-Germain-en-Laye, au mois de décembre 1316 ; le texte en est publié plus haut, sous le n° LVI.

gulis articulis suis diligenter observent et studeant facere à cunctis subditis nostris inviolabiliter observari. Quod ut firmum et stabile permaneat in futurum, presentibus litteris nostrum fecimus apponi sigillum. Actum Parisius, anno Domini m. ccc. vicesimo sexto, mense januarii.

Per dominum regem, ad relacionem domini Andree [de Florencia]. Molinis.

CXXIX

Commission de lieutenant du roi en Poitou et en Saintonge donnée au comte d'Eu pour mettre ces provinces en état de défense (JJ. 65 [1], fol. 11 v°).

7 Février 1327.

Charles, par la grâce de Dieu, roy de France et de Navarre, à touz ceus qui ces presentes lettres verront, salut. Saichent tuit que nous, confians à plain de la loyauté, sens et diligence de nostre chier cousin et feal, le conte de Eu [1], avons fait et establi, faisons et establissons par ces presentes lettres le dit conte nostre lieutenant, en nostre presente guerre de Gascoigne, ès parties de Xanctonge et de Poitou, et li donnons auctorité et plain povoir de oster de par nous et mettre à sa volenté capitaines et autres genz d'armes, chastelains et gardes des chastiaus, fors, maisons et autres lieus, de les garnir de genz d'armes et de toutes autres choses, des queles et en la maniere que bon li semblera, et de contrester par force d'armes ou autrement à noz enemis et rebelles de nostre royaume, et eus punir et corriger, selonc ce que il verra bon à faire, et de faire en tout et partout et en touz cas tout autretant comme nous pourrions faire, se nous y estions

---

1. Raoul I de Brienne, comte d'Eu et de Guines, quelques années plus tard connétable de France, mort le 19 janvier 1345 (n. s). Il avait épousé Jeanne de Mello, fille ainée de Dreux IV de Mello, possesseur de fiefs en Poitou. (Voy. la note 3, p. 112.)

en nostre personne. Et requerons touz les nobles et nonnobles de nostre royaume, et avec ce leur mandons et
commandons par ces presentes lettres que, à la requeste
du dit conte, li doignent aide et force d'armes, faveur et
conseil. Et mandons et commandons à touz noz seneschaus des dites parties de Xanctoinge et de Poitou, et
au seneschal d'Engolesme, et à touz noz autres justiciers
et subjez que, sur les dites choses et celles qui en peven:
despendre, obeissent diligemment au dit conte. En tesmoign de la quelle chose, nous avons fait mettre nostre
seel en ces presentes lettres. Donné à Sancoy, le sep-
tiesme jour de fevrier l'an de grace mil trois cenz et sis [1].

CXXX

Confirmation d'un accord conclu entre Jean d'Harcourt, vicomte de Châtellerault, et Jean Larchevêque, seigneur de Parthenay, touchant l'exécution de certaines clauses du contrat de mariage de leurs enfants, Jean d'Harcourt et Isabelle de Parthenay (JJ. 64, n° 454, fol. 242).

Mars 1327.

Karolus, Dei gratia, Francorum et Navarre rex. Notum facimus universis, tam presentibus quam futuris, nos infrascriptas vidisse litteras, tenorem qui sequitur continentes :

A touz ceulx qui ces presentes lettres verront, Robert d'Artoys, conte de Beumont, sire de Conches, de Dampfront et de Meun [2], salut. Nous faisons à savoir que comme

---

1. Ces provisions sont insérées dans des lettres de rémission accordées par le comte d'Eu à Geoffroy du Dognon, écuyer, de la châtellenie de Blanzac, dans le comté d'Angoulême, et à Pierre Viguier, d'Aubeterre, aussi écuyer, données à Talmont, le 19 mai 1327, et confirmées par le roi Philippe de Valois, en mars 1328.
2. Robert d'Artois, comte de Beaumont-le-Roger, pair de France, seigneur de Conches et de Mehun-sur-Yèvre, né en 1287, beau-frère du roi Philippe de Valois. Banni du royaume pour différents crimes, il se réfugia à la cour d'Edouard III, roi d'Angleterre, qu'il excita à prendre les armes contre la France, envahit la Bretagne et mourut à Londres, en 1343, de blessures reçues au siège de Vannes.

ou traictié dou mariage fait entre Jehan de Harecourt, filz ainsné de noble monseigneur Jehan, sire de Harecourt et viconte de Chastielayraut [1], d'une part, et damoisselle Yssabel, fille de noble monseigneur Jehan Larcevesque, seigneur de Partenay, d'autre part, le dit seigneur de Partenay eust donné et promis à asseoir et assigner au dit Jehan avoecques la dite damoiselle Ysabel, sa fille, mil livres de de rente à value de terre souffisante, assises et assignées environ Montfort et Bonne estable, et ou cas que il auroit hoir ou hoirs masles qui empescheroient par quoy les diz Jehan et Ysabel ne peussent avoir sa succession, il leur eust donné avecques ce deus mille livres de rente à avoir et prandre de eulx tantost après le decès du dit seigneur de Partenay ; et aucuns descors meuz entre les dites parties sur ces choses et especialment sur la maniere de assigner aus diz Jehan et Ysabel les dites deus mile livrées de rente, les dites parties se feussent mises de haut et de bas des descors dessus diz et tout ce qui en depent en nostre dit, ordenance, pronunciacion et volenté, en promettant sur telle painne comme nous voudrions enjoindre, establir ou ordener, à tenir, garder et acomplir enterinement, sanz jamais venir encontre, touz ce que nous dirions, ordenerions ou prononcerions sur ces choses haut et bas, à nostre plaine volenté. Nous, desiranz la bonne pais et le bon acort des dites parties, à l'instance et supplicacion d'icelles, nouz chargames de ces choses et feismes les dites parties appeller pardevant nous à nostre hostel à Paris, au mardi devant la saint Gregoire [2] qui fu l'an mil ccc. vint et trois, pour oir nostre dit, ordenance ou pronunciacion sur

---

1. Jean III d'Harcourt, vicomte de Châtellerault, marié à Alix de Brabant, mourut le 9 novembre 1326. Son fils Jean IV, dont il est ici question, avait épousé Isabelle Larchevêque, dame de Vibraye, de Montfort-le-Rotrou, d'Apremont et de Bonnétable, par contrat du 22 juillet 1315. Il fut tué à la bataille de Crécy (26 août 1346).
2. On compte au moins dix fêtes de divers saints du nom de Grégoire.

les choses dessus dites et pour aler avant sus ycelles, si comme nous vourrions dire, ordener et pronuncier à nostre plaine volenté, par la vertu dou dit povoir à nous donné des dites parties en ce cas. Et nous, consideranz que le dit cas s'estoit offert et que le dit seigneur de Partenay avoit hoir masle engendré ou né en mariage de lui et de sa fame, de la volenté et de l'exprès consentement des dites parties pour ce presentes par devant nous, en nostre dit hostel à Paris, l'an et le jour dessus diz, heu sur ces choses conseil et planiere deliberacion avoecques sages en droit, en fait et en coustume, deismes, prononçasmes et ordenasmes, disons encores, prononçons et ordenons de ces choses et sur ycelles en la maniere qui s'ensuit :

C'est assavoir premierement, que les diz Jehan et Ysabel et leurs hoirs auront, tendront et poursuivront heritablement à touz jours les dites deus mille livres de rente à tournois, les quelles leurs seront assises et assignées à value de terre souffisant tantost après le decès dou dit seigneur de Partenay, au plus près que l'en pourra des dites mil livres de rente, et le dit seigneur de Partenay levera et prendra les fruiz et les esmolumenz des dites deus mile livres de rente, le cours de sa vie et comme usufructuaire tant seulement, et sanz ce que il y puisse reclamer autre droit, seigneurie, ne possession, et par ce meismes dit, ordenance ou pronunciacion, nous adjugons de maintenant aus diz Jehan et Ysabel les dites deus mile livres de rente en saisine et en proprieté, sauf au dit seigneur son usfruit tant seulement. Et ordenons, disons et prononcions avecques ce que les diz Jehan et Ysabel, tantost après le decès dou dit seigneur de Partenay, de leur propre auctorité et sanz requerre justice, puissent entrer en la saisine des dites deuz mil livrées de rente, et les fruiz et les emolumenz d'icelles prandre, lever et appliquier à leurs usages, et d'icelles entrer ez foy et hommages des seigneurs de qui elles sont tenues, et les recevoir de ceulx qui les devront pour rayson de ces choses, non contrestant la coustume disant que le mort saisist le vif hoir plus prochain, et non contrestant toutes coustumes et touz establissemenz ou usages de païs, convenances et toutes autres choses que l'en puisse opposer ou alleguer au contraire. Enseur que tout, nous deismes, ordenasmes et prononçasmes, disons encore, ordenons et pronuncions que le dit seigneur de Partenay, que li hoir ou les hoirs du dit seigneur de Partenay, ne pourra donner, vendre, ne engager, ne aliener ou estranger, en quelque maniere que ce soit, les dites deus mille livrées de rente, en tout ne en partie, ne faire convenance, obligacion ne autre chose quelle que elle soit, par quoy les dites deus mille livrées de rente ne demeurent enterinement et paisiblement aus diz Jehan et Ysabel, comme leur propre heritage à touz jours, et par quoy il ne puissent entrer en la possession d'icelles, et de ce joir paisiblement, sanz contradiction ne empeschement que l'en puisse mettre au contraire. Et seront le dit seigneur de Partenay et ses hoirs tenuz à delivrer, garentir et defendre aus diz Jehan et Ysabel, et à leurs hoirs et à ceux qui auront cause de eulx, les dites deus mille livrées de rente envers touz et contre touz et oster touz empeschemens mis au contraire, à leurs propres couz et despens.

Derechief nous deismes, ordenasmes et pronunçasmes, disons encore, ordenons et pronuncions que li hoir ou les hoirs du dit seigneur de Partenay, tantost après son decès, seront tenuz à mettre et establir certainnes personnes convenables, non souppeçonneuses, les quelles seront nommées et esleues de comun assentement des dites parties, pour diviser et mettre à part les dites deux mille livrées de rente aus diz Jehan et Yssabel, ou à leur commandement, au plus prez que l'en porra des dites mil livres de rente, en telle maniere que il en puissent esploitier et joir paisiblement, sanz contradicion ne empeschement d'autrui ; et se les diz hoirs sont negligenz ou deffaillanz de mettre ou establir les dites personnes à faire la dite division, ou se les dites personnes, puiz que elles seront à ce nommées sont deffaillanz du parfaire en tout ou en partie, mon seigneur le roy dez lorz, tantost et sanz delay establira certain comissaire, un ou pluseurs, pour ces choses et chascune d'icelles parfaire et acomplir enterinement à la propre requeste des diz Jehan et Yssabel, et sanz les diz hoirs à ce appeller; toutes les autres choses contenues et expressées en toutes les lettres faites et acordées sur le traitié et les convenances du dit mariage et sur touz les articles qui en deppendent, demouranz en leur vertu. Et pour que toutes ces choses soient plus diligamment acomplies et gardées, nous condempnons le dit siengneur de Partenay et ses hoirs en sa personne à lez garder, tenir et complir enterinement, sur painne de mil livres tournois, ès quelles nous les condempnons, auz diz Jehan et Yssabel, toutes foiz et quantez foiz eulz ou aucun de eulz vendront, ou feront, ou s'efforceront de faire ou de venir encontre aucune de ces choses, ou seront defaillant de lez enteriner, garder et acomplir en tout ou en partie, et la dite painne comise ou non comise, paiée ou non paiée, nous ordenons, disons et prononçons que toutes les choses dessus dites demouront en leur vertu et condempnons le dit siengneur de Partenay et ses diz hoirs à rendre, restorer ou restablir aus diz Jehan et Yssabel et à leur hoirs ou à ceuls qui auront cause de eulz, touz les cous, dommages, despens et interez que il auront, soustendront ou encourront par deffaut de l'acompleissement de ces choses ou d'aucune d'icelles, des quelx nous voulons et ordenons que eulz ou l'un de eulz, ou leur procureur, ou le porteur de ces lettres presentes, en leur nom et pour eulz, soient creuz par leurs simples seremenz, sanz autre prueve faire. Et totes les costumes, ussages, establissamenz de pais, toutes les alienacions, convenances et toutes les autres choses contraires auz choses dessus dites, ou que l'en porroit alleguier ou opposer en contre ycelles, ou que le dit seigneur de Partenay feroit ou porroit fere contraires à ce, ou par quoy elles peussent estre empeschiés en tout ou en partie, nous cassonz, anullons et metons à noyent et les pronunçons pour non valables.

Disons encore, ordenons et prononcions que toutes ces choses soient approuvées et confremées par mon seigneur le roy et par ses lettres pendanz, seellées en cire vert et en las de soye à grigneur fermetté et plus grant seurté d'icelles. Les quelles choses dessus dites, toutez et chascune d'icelles, en la maniere que nous les avons dites, ordenées et pronuncées par dessus, les dites parties pour ce presentes par devant nous voudreent, loerent, agreerent et approverent de leur commun assentement, voulanz et consentanz expressement que toutes ces choses soient approuvées et confermées de mon seigneur le roy, si comme nous l'avons dit et ordonné par dessuz. Et promist le dit siengneur de Partenay par sa foy balliée sur ce corporelment en nostre main à garder, tenir et acomplir toutes les choses dessus dites et chascune d'icelles sanz jamez venir en contre, obligant quant à ce soy, ses hoirs, ses biens et de ses hoirs, moebles et non muebles, presenz et avenir, où que il soient touz, pour vendre et despendre jusquez à plain acomplissement de ces choses et de chascune d'ycelles. Et renonçant quant à ce à toutes raysons, excepcions, barres, deffenses et à toutes autres choses que il pourroit dire ou alleguier au contraire, et au droit disant general renunciacion non valoir. En tesmoing des quelles choses, nous, à la requeste des dites parties, avons fait metre nostre seel en ces lettres. Et supplions au dit mon seigneur le roy, par la teneur d'ycelles, que il voeille ces choses loer, approuver et conferrer, et sur ce faire baillier ses lettres pendanz aux dites parties, en la maniere dessus dite. Ce fu fait en nostre dit hostel à Paris, l'an et jour dessuz diz.

Nos autem certiorati de contentis in dictis litteris, sigillo carissimi consanguinei nostri, Roberti de Attrebato, comitis Bellimontis predicti, sigillatis, per relacionem ipsius comitis indè nobis factam, cui fidem plenariam adhibemus, ea rata et grata habemus, laudamus, approbamus et tenore presencium confirmamus. Quod ut ratum et stabile perseveret, presentibus nostrum fecimus apponi sigillum. Nostro et alieno in omnibus jure salvo. Actum apud Vicenas, anno Domini M. CCC. XXVj., mense marcio,

Per dominum regem, ad relacionem domini Andree de Florencia. Gervasii.

CXXXI

Lettres d'amortissement des biens acquis à Venours par Jean de Cherchemont, chancelier de France et doyen de Poitiers, pour la dotation de la chapelle collégiale de Menigoute (JJ. 64, n° 713, fol. 415).

Mars 1327.

Charles, par la grace de Dieu, roys de France et de Navarre. Savoir faisons à touz presenz et avenir que, comme nous, regardé et consideré la bonne volenté [et] devocion de nostre amé et feal clerc et chancellier, maistre Jehan Cerchemont, doyen de Poitiers, li quiex, en honneur de nostre seigneur Jhesu Crist et de sa benoite glorieuse mere et du glorieus martir, saint Jehan Baptiste, et des sainz et des sainctes, a edifié, fondé et donné une chapelle collegial à Menigout, en la dyocese de Poitiers, li eussions otroié, de grace especial, pooir et licence de acquerre deuement de quelcunque persone que ce fust, non contrestant toutes ordenances contraires, à l'usage et profit de la dite chapelle onze vinz livres parisis de rente sus nostre tresor de Paris, et eussions voulu et octroié que les dites onze vinz livres parisis de rente li feussent assises et assignées, en deschargent nostre dit thresor, sur nostre maison de Venours, qui fu Guy de Lezignen, jadis conte de la Marche et d'Engolesme [1], laquelle tient à present Beatrix de

---

1. Guy de Lusignan prit ce titre de comte de la Marche et d'Angoulême à la mort de Hugues XIII, son frère aîné, bien que celui-ci l'eût deshérité ; mais il ne fut jamais reconnu comme tel par Philippe le Bel.

Bourgoigne [1], contesse des diz contez, pour cause de douaire, et sus touz les droiz, rentes et revenues, que la dite contesse tient des appartenances de la dite maison pour la cause dessus dite, se à ce povoit souffire, et se souffire ne pooit, li remanent fust assis et assigné au plus près d'ileuc, en lieus plus profitables aus chanoines et serviteurs de la dite chapelle et moins domageus à nous, et eussons commis au seneschal de Poitou, ou à son lieutenant, que il feist la prisiée des dites choses à value de terre, non mie à pris ancien, et que, faite la dite prisiée il les assignast et asseist au dit maistre Jehan, pour la cause dessus dite, et li en baillast possession et saisine, le dit seneschal a fait les dites prisiez, assiete et assignation, par vertu et selonc la teneur de la commission à li faite sur ce par seremenz de bones genz du païs, les quiex il a appellez à ce, sachanz et cognoiscenz en tiex choses, si comme il appert tant par ses lettres comme par sa relacion, faite de bouche en nostre Chambre des Comptes à Paris. Et ont esté prisiez le dit manoir de Venours et les autres choses dessus dites à value de terre et baillées, assises et assignées à Regnaut Viguier, procureur du dit maistre Jehan pour la cause dessus dite, pour le pris de cent quinze livres cinc soz deus deniers tournois de annuel et perpetuel rente, si comme il appert par les singulieres parties contenues en un roole seellé du seel du dit seneschal, baillié en nostre dite Chambre des Comptes. Et sunt les dites parties singulieres teles :

Premierement, à la Nativité Nostre Seigneur, à Venours, de tailliée quatre livres sept solz dis deniers. Item en celi lieu, quinze gelines, estimez chascune, un an par autre, huit deniers ; somme pour les dites gelines, dis

---

1. Béatrix, fille de Hugues IV, duc de Bourgogne, et de Béatrix de Navarre, avait épousé, en août 1276, Hugues XIII de Lusignan, dernier comte de la Marche, qui mourut vers le 1er novembre 1302, sans laisser d'enfants.

solz. Item dou Bruil aus Martinaus, à cele meisme feste, cinquante solz. Item à celle meisme feste, en celi lieu, quatorze gelines, chascune huit deniers, valent neuf solz quatre deniers. Item à Venours, deus cenz oeus avaluez, un an par autre, deus solz neuf deniers. Item une livre de cire avaluée, un an par autre, deus solz sis deniers. Item à la feste saint Pere et saint Pol, ou dit lieu de Venours, cinc solz sept deniers maaille. Item des tailliées de Venours, à la feste de la mi-aoust, quatre livres quatre solz dis deniers. Item soixante neuf poucins estimez chascun quatre deniers, valent en somme vint et trois solz. Item des tailleez dou Bruel aus Martinaus, à celle feste, quarente et deus solz neuf deniers. Item dis sept poucins estimez chascun quatre deniers, valent cinc solz huit deniers. Item les cinq feres avaluez l'une par autre et an par autre, le droit qui appartient à Venours, chascune vint solz; somme cent solz. Item de la terre assise à Chiron Bourrer, à la feste Saint Micheau, sis deniers. Item des gardes des vignes de Venours, cinq solz. Somme des choses dessus dites : vint et une livres neuf solz neuf deniers maaille.

Item en blé des courtillages aus Mengous, deus prevendes de froument. Item des cortillages de la Coillardée, une provende de celi blé. Item des courtillages aus Courtaus, cinq provendes de froument. Item des courtillages aus Mengous, quatre provendes. Item des courtillages aus Chauvez, trois provendes. Item des courtillages aus Martinaus, quatre provendes. Item des courtillages aus Hairaus, deus provendes. Item des courtillages Regnaut Vinaut, deus provendes. Item des courtillages aus Bouins, trois provendes. Item des cortillages as Renaudineas, une provende. Item les choses fahu Aymeri Savari, une provende. Item Guyot Renau et Jehan Minaut, un boissel. La somme des blez dessus diz ne croist ne n'amendre par fertilité ne par sterilité de temps. Item les terrages de Venours en froumens pevent valoir, un an par autre, douze provendes. Somme des blez dessus diz : quarente provendes un boissel. Des quiex blez chascune provende est avaluée, an par autre, sept solz sis deniers. Somme de la dite value en peccune : quinze livres vint et deus deniers maille. Item la rente perpetuel de Venours en segle, seze provendes deus boisseas. Item la guaignerie de Venours affermée vint et sept provendes de segle, et tant peut valoir an par autre. Item les terrages de la soigle sunt avalué, an par autre, vint et quatre provendes. Item la modure du molin à vent à Chadeler, rabatuz touz missions et despens, est avalué, un an par autre, quinze provendes de modure. Somme de seigle et de modure : quatre vinz deus provendes et deus boissiaus avalués chascune cinc solz, tant segle que modure, valent vint livres douze solz sis deniers. Item les terrages de Venours en baillarges, metures, pois, feves, jarroces et veces sont avalués, un an par autre, douze provendes, avaluée chascune provende quatre solz, valent quarente et huit solz. La rente de Venours en avaine, quarente sis provendes un boissel. Item la gaignerie de la metairie en avene est avaluée, un an par autre, dis et huit provendes. Item des terrages en avene, an par autre, vint et quatre provendes. Somme des avoines dessus dites, quatre vinz huit provendes un boissiau, les quiex sont avalué chascune provende, l'une par l'autre et an par autre, quatre solz. Somme en argent : dis sept livres treze solz. Somme en argent de la value de touz les blez : cinquante cinq livres quinze solz quatre deniers maille. La vendage des vignes de Venours est avaluée, un an par autre, à un tonniau de vin, pour le quel vin et la quelle vendage sont avaluez an par autre, soixante solz. — Somme des sommes dessus dites quatre vinz cinc solz [1] deus deniers.

---

1. *Sic.* Il faut lire : quatre vinz livres, cinq solz deus deniers.

Et toutes les choses dessus dites tient la contesse de la Marche par son douaire [et] l'arbergement de Venours. La somme de l'assiete de la dite terre de Venours, sanz le paage de Lezignen, estoit quatre vinz dis livres cinc solz deus deniers. Item pour le herbergement de Venours et les bois non copables et copables, et la garene de Venours et du Bruil as Martinaus, et toute justice haute, moiene et basse, ventes et honneurs sont estimé à trente livres. Item les corvées ou biains de Venours, des persones, bestes et charretes sont estimé à cent solz, qui n'avoient pas esté estimé en la premiere estimacion, par oubli ou par non savoir. Et ainsi est l'estimacion des choses de Venours, que la contesse tient, sanz le paage de Lezignen, sont estimé cent quinze livres cinc solz deus deniers. Et ainsi demeure à asseoir et assigner, de la dite somme de onze vinz livres parisis, sis vinz dis neuf livres quatorze solz diz deniers tournois.

Toutes lesquelles choses et chascune d'icelles contenues et comprinses en la dite assiete, nous, de nostre auctorité royal et de certaine science, baillons, donnons et assignons, par la teneur de ces lettres, au dit maistre Jehan, au profit de la dite chapelle, si comme dit est. Et voulons et octroions que les chanoines et les serviteurs de la dite chapelle et leur successeurs tiegnent et possedent des ores en avant, paisiblement, à touz jourz mais, sanz estre constrainz de les vendre ne de les mettre hors de leur mains, ne à faire finance à nous ou à noz successeurs pour cause des dites choses. Retenu en ces choses à nous et à noz successeurs la souveraineté et le ressort. Et pour ce que ces choses soient fermes et estables à touz jours mais, nous avons fait mettre en ces presentes lettres le seel de nostre secret avecques nostre grant seel, lequel le dit maistre Jehan porte, à plus grant fermeté et à oster toute souspeçon. Donné à Paris, l'an de grace mil trois cens vint et sis, au moys de mars.

Par la Chambre des Comptes, du comandement du roy. Julianus.

Collacion est faite des parties singulieres contenues au roole que le seneschal de Poito a baillé par devers la Chambre des Comptes.

CXXXII

Confirmation de la taxe imposée par le commissaire du roi en Poitou à Hugues Thomas, écolâtre de Saint-Hilaire-le-Grand, pour certains acquêts de son oncle, Jean de Menoc, chanoine et fondateur d'une chapelle dans l'église de Poitiers (JJ. 64, n° 543, f° 302 [1]).

Juillet 1327.

Karolus, etc. Notum facimus universis, tam presentibus quam futuris, nos infrascriptas vidisse litteras, formam que sequitur continentes :

Universis presentes litteras inspecturis, Raimbaudus de Rechignevoysin [2], archidiaconus in ecclesia Eduensi, domini nostri regis Francie clericus ac commissarius ab eo deputatus in senescalliis Pictavensi, Marchie, Lemovicensi, super financiis novorum acquestuum [3], salutem in Domino. Noveritis virum discretum, magistrum Hugonem Thome, nepotem quondam bone memorie deffuncti magistri Johannis de Menoc, quondam canonici Pictavensis, pro acquisitis, legatis et donatis capellanie per dictum deffunctum magistrum Johannem fundate in dicta ecclesia Pictavensi, videlicet pro herbergamento de

---

1. Cette pièce est transcrite une première fois, mais d'une façon incorrecte, au fol. 274 v° du même registre.
2. Il était *rapporteur d'enquêtes* au Parlement, en juillet 1316. (Ordonnance publiée par Boutaric, *Act. du Parl.*, t. II, p. 143.) On le trouve encore parmi les conseillers de cette cour en 1325. M. Beauchet-Filleau entre dans quelques détails sur les missions dont le roi chargea Raimbaud de Rechignevoisin et publie deux actes des années 1325 et 1326 analogues à celui-ci *(Dict. généal. du Poitou,* t. II, p. 590).
3. Sa commission datée du 20 janvier 1325 (n. s.) et insérée dans des lettres de novembre 1327 est publiée plus loin (n° CXXXV).

Exomante et pertinenciis ejusdem et juribus universis movente ab episcopo Pictavensi et in alta sua justicia existente; item pro terragiis de Bagnous et decima ab Aloneto de Cuersayo [1] moventibus; item et de herbergamento de Poilevoisin, juribus et pertinenciis ipsius in castellania de Sivrayo existentibus; item pro herbergamento de Thuchis, ab eodem magistro Hugone ad opus sui acquisito, cum juribus et pertinenciis ipsius, quod herbergamentum de Thuchis à domino rege tenet ad homagium ligium, finasse nobiscum juxta instructiones regias, licet diceret se non teneri ad aliquam financiam de predictis, eo quod de acquisitis capellanie predicte erant et sunt in alta justicia episcopi et ecclesie Pictavensis, et de predicto herbergamento de Tuchis dicto domino nostro regi homagium faciebat, et pro eo eciam quod dicebat se nobilem et posse probare, ad quinquaginta libras monete currentis solvendas, prout sibi injunximus, receptori regio aut ejus locum tenenti Pictavis constituto. In cujus rei testimonium, sigillum nostrum litteris presentibus duximus apponendum. Datum Pictavis, die sabbati post octabas festi beati Andree, anno Domini millesimo ccc. vicesimo sexto [2].

Item memoire est que nous Aymeri Brugeluge, receveur de Poitou, avons eu et receu de honorable homme et sage, maistre Hugue Thomas, maistre escole Saint Hylaire le Grant de Poitiers, cinquante livres de monoie courant pour rayson des finances faites à mons. Raimbaut de Rechignevoisin, si comme il est contenu ès lettres où ces presentes sunt annexées, des quelles l. livres nous nous en tenons pour poiez et l'en promettons à tenir quipte envers le roy

---

1. Le nom de ce personnage ne se trouve pas parmi les membres de l'ancienne famille de Curzay qui ont été l'objet d'une notice dans le *Dict. général. du Poitou.*

2. Le 13 décembre 1326; la fête de saint André, se célébrant le 30 novembre, tomba cette année-là un dimanche.

nostre sire. Donné le dymanche après la feste Nostre Seigneur, l'an mil trois cenz et vint et sept.

Nos autem omnia et singula in suprascriptis litteris contenta, rata et grata habentes, ea volumus, laudamus, approbamus et tenore presencium, auctoritate nostra regia, confirmamus. Concedentes de gracia speciali capellano instituto in dicta capellania, et ejus successoribus, quod ipsi premissa tenere possint absque coactione vendendi vel extra manum suam ponendi, vel prestandi nobis aut nostris successoribus aliam financiam pro eisdem. Nostro in aliis et alieno in omnibus jure salvo. Quod ut firmum et stabile permaneat in futurum, presentibus litteris nostrum fecimus apponi sigillum. Datum Parisius, anno Domini millesimo ccc. vicesimo septimo, mense julii.

Per Cameram Compotorum. Julianus.

CXXXIII

Confirmation de l'accord conclu entre le commissaire du roi et Etienne Denis, chapelain, au sujet de la taxe due pour les acquisitions faites au profit d'une chapelle fondée dans l'église de Poitiers par Aimery Guichard (JJ. 64, n° 674, fol. 393 v°).

Juillet 1327.

Karolus, Dei gratia, Francorum et Navarre rex. Notum facimus universis presentibus et futuris nos infrascriptas vidisse litteras, formam que sequitur continentes :

Universis presentes litteras inspecturis, Raymbaldus de Rechignevoisin, archidiaconus in ecclesia Eduensi, domini nostri Francie regis clericus ac commissarius ab eo deputatus in senescallia (sic) Pictavensi, Marchie et Lemovicinii pro faciendo levari financias rerum et possessionum acquisitarum in dictis senescalliis per ecclesias aut pro ecclesiis et eciam per personas innobiles, salutem et presentibus dare fidem. Litteras dicti domini regis nos recepisse noveritis, continentes inter cetera clausulam subsequentem :

« Item et per personas certas et ad hoc ydoneas, per vos specialiter deputandas, super quo vobis concedimus potestatem, secundum instructionem, quam super hoc vobis mittimus, sub nostro contrasigillo inclusam, faciatis levari financias de acquisicionibus per ecclesias aut pro ecclesiis in feodis, retrofeodis, allodiis, censivis et retrocensivis nostris, et eciam de acquisitis per personas innobiles in feodibus nobilibus, que fieri nequeunt absque nostro interveniente consensu, juxta instructionem super hoc vobis missam. »

Virtute quarum litterarum et clausule, dominus Stephanus Dyonisii, presbyter, pro redditibus et rebus acquisitis capellanie sue, in cathedrali ecclesia Pictavensi fundate per defunctum magistrum Aymericum Guichardi[1], quondam succentorem dicte ecclesie Pictavensis, videlicet de novem libris quindecim solidis quatuor denariis et obolo, sitis et assignatis in et super domibus et suis pertinenciis Symonis Moteerelli, clerici, sitis in parrochia Sancti Michaelis Pictavensis; item de quadraginta solidis in denariis et una coccia frumenti ad mensuram Pictavensem redditus, sitis et assignatis in et super domibus et omnibus bonis defuncti Bartholomei Guastinelli et Hylarie, ejus uxoris, in parrochia Sancti Pauli Pictavensis et alibi sitis; item de quadraginta solidis redditus in denariis, sitis et assignatis in et super domibus et suis pertinenciis, sitis in Aguilleria Pictavis, Johannis Magent et ejus uxoris, que fuerunt defuncti Petri de Plesencia; item de sexaginta solidis et decem sextariis frumenti ad mensuram Pictavensem redditus, venditis à Johanne Guessant, aliàs dicto le Juge, clerico, et ejus uxore, sitis et assignatis in et super domibus suis et aliis bonis sitis Pictavis et alibi; item de uno tonnello vini redditus, sito super domo et bonis Petri Bardon, sitis apud Le-

---

1. Voy. sur la famille Guichard le *Dict. généal. du Poitou*, t. II, p. 185 et s.

gud[iacum] et alibi ; item de tribus jugeribus vinearum et quadam parva domo moventibus à capitulo Pictavensi et abbatissa Sancte Trinitatis Pictavensis ; item in terra dicti capituli apud Biarnum prope Pictavim, de decem solidis redditus ; item de una coccia frumenti ad dictam mensuram apud Cissec, debita à Johanne Garins, parrochiano de Cisset ; item apud Vivoniam, de tribus sextariis frumenti ad dictam mensuram, et quinque solidis redditus debitis ab heredibus Petri Coillebaut ; item à Johanne de Roet, de Jaunayo, de tribus sextariis frumenti redditus ad dictam mensuram ; item de decem libris bladi et denariorum redditus per medium, apud Bellum Montem debitis à Guillelmo Reneame, — finavit nobiscum, deductis honeribus de quibus fuimus informati, ad viginti libras monete currentis, pro fructibus duorum annorum, juxta instructionem novissimè missam, solvendas receptori regio aut substituto suo Pictavis, prout promisit et sibi injunximus, videlicet decem libras infra instantem Nativitatem Domini, et alias decem libras infra sequentem Nativitatem beati Johannis Baptiste. In cujus rei testimonium, sigillum nostrum una cum sigillo regio Pictavis constituto, presentibus litteris duximus apponendum. Datum Parisius, die jovis ante festum Omnium Sanctorum[1]. Et nos Helyas Foucaudi, gerens dictum sigillum regium, ipsum sigillum, una cum sigillo dicti commissarii, ad supplicacionem dicti capellani, presentibus litteris duximus apponendum. Datum ut supra, anno Domini millesimo ccc. vicesimo sexto.

Nos autem omnia et singula in suprascriptis litteris contenta, rata habentes et grata, ea volumus, laudamus, approbamus et tenore presentium, auctoritate nostra regia, confirmamus. Concedentes dicto capellano et ejus successoribus quod ipsi premissa tenere possint absque cohactione

---

1. Le 30 octobre.

vendendi vel extra manum suam ponendi, vel prestandi nobis, aut successoribus nostris, aliam financiam pro eisdem. Nostro in aliis et alieno in omnibus jure salvo. Quod ut firmum et stabile permaneat in futurum, presentibus litteris nostrum fecimus apponi sigillum. Datum Parisius, anno Domini m. ccc. vicesimo septimo, mense julii.

Per Cameram Compotorum. Julianus.

CXXXIV

Confirmation d'une composition faite entre Hélie de Rechignevoisin, délégué de Raimbaut de Rechignevoisin, enquêteur royal en Poitou, pour la vicomté de Thouars et la châtellenie de Fontenay, d'une part, et l'abbaye de Fontenelles, d'autre, touchant la taxe due pour certains acquêts de ladite abbaye (JJ. 64, n° 630, fol. 360).

Septembre 1327.

Karolus, Dei gratia, Francorum et Navarre rex. Notum facimus universis, tam presentibus quam futuris, nos infrascriptas vidisse litteras, formam que sequitur continentes :

A touz ceux qui ces presentes lettres verront et orront, Helies de Rechignevoisin [1], deen de Thouars, commissaire en la chastellenie de Fontenay et ou ressort sus les finances des acquès faiz par personnes d'eglise en fiez, rerefiez, alleuz, censives ou recensives du roy nostre seigneur, deputé de honorable homme mons. Raymbaut de Rechignevoisin, arcedyacre d'Avalon en l'église d'Austun, clerc nostre seigneur le roy et son comissaire en la seneschaucie de Poytou, de la Marche et de Lemosin, sur les dites choses et sur autres pluseurs grans negoces, salut. Sachent touz que comme nous par vertu de nostre dite commission, dont la teneur est tele :

---

1. Ce personnage n'a pas été connu des auteurs du *Dict. généal. des familles de l'anc. Poitou.*

Raymbaut de Rechignevoisin, arcedyacre en l'eglise d'Austun, clerc nostre seigneur le roy et son commissaire de Poytou, de la Marche et de Lemosin sus les finances des acquès faiz par personnes d'eglises en fiez, arierefiez, alleuz, censives ou recensives du roy nostre seigneur, et sur les finances des acquès faiz en fiez nobles par personnes nonnobles, et sur la correction des sergens et sur pluseurs autres negoces, à nostre amé et feau le doien de Thouars, salut et dilection. Nous avons receu les lettres du roy nostre seigneur, par les queles il nous mandet et comet pluseurs negoces, entre les autres les finances des acquès faiz par les eglises et persones nonobles, si come il est contenu en la clause qui s'ensuit : « Item et per personas certas et ad hoc ydoneas per vos specialiter deputandas super hoc vobis concedimus potestatem, secundum instructionem quam super hoc vobis mittimus sub nostro contrasigillo interclusam, faciatis levari financias de acquisitis per ecclesias aut pro ecclesiis in feodis, retrofeodis, allodiis, censivis temporalibus, et eciam de acquisitis per personas innobiles et in feodis nobilibus, que fieri nequeunt absque nostro interveniente consensu, juxta instructionem super hoc vobis missam [1] ». Par la vertu des queles lettres et clause, nous vous mandons et commettons que vous vous transportés par toute la visconté de Thouars et par tout le ressort, et vous donnons plain povoir et mandement especiau de contraindre toutes personnes des eglises par prise de tout leur temporel, ou quel temporel vous mettés gardes souffisans pour le roy, si que il ne s'en puissent joir, jusques à tant que il aient finé, et toutes personnes nonnobles, pour prise de touz leurs biens et de corps, se mestiers est, à finer ou vous de toutes les choses que il ont acquises en fiez, rerefiez, alleuz, censives ou recensives du roy nostre seigneur,

---

[1]. La commission de Raimbaut de Rechignevoisin, dont cet article est extrait, se trouve insérée dans l'acte suivant.

puis LX. ans en ça, selonc la teneur de l'instruction de nous à vous ballié, et de finer et de accorder ou vous, vous donnons ce povoir que nous y avons, et de la finance que il feront leur donnés lettres souz vostre seel, si il la vous requerent. Et à faire toutes les choses contenues ès dites clauses nous vous commettons noz foiez [1], mandons et commandons à tous nos officiers et sergens du roy nostre seigneur que à faire toutes les choses dessus dites il vous soient obeissent et aidables par la maniere que vous leur commanderés, sur paine de perdre leur office et à touz jours. Lequel office nous voulons et vous donnons plain povoir que vous leur puissez souspendre et oster du tout en tout, se il ne vous sont obbeissent aussi comme à nous. Donné à Poytiers, souz nostre seau, le juedi après l'Anunciacion Nostre Dame l'an mil ccc. vint et sis [2];

Enseguissons et voussissons contraindre l'abbé et le convent de l'abbaye des Fontenelles à finer ou nous pour nostre seigneur le roy des choses qui se ensuient; c'est assavoir d'un abergement appellé Ardene et des appartenances appartenans au dit abergement, acquis des hoirs feu Phelippe Prevost, pour une obligacion que les diz religieus par dessus de neuf sextiers de seigle avoient et sexante et dix sols en deniers. Item de trois sextiers de froment et un de soigle et un tonniau de vin, acquis de Aynour Paiene pour titre de don. Item de Symon Feotrier troiz sextiers de soigle et un d'avoine acquis pour titre de don. Item un moulin de aygue acquis de Symon Feotrier pour achat. Item de cinq sexterées de terre et de deux quarterées de vigne, et de troiz journaux de prez acquiz de Pierre Filheceau pour titre de don. Item d'un chapon acquis de Juffroy Travers pour don. Item de un chapon de la Verouill[iere] pour don. Item de quatre sexterées de terre ac-

---

1. Du latin *vices*.
2. Le 27 mars 1326.

quise de la Traverse pour titre d'achat. Item de neuf boissiaux et de troys boyciaus de vigne, et de une maison et de un courtil acquis de Vincent Garnaudeau. Item de tout le droit que Marguerite Benestonne avoit ou terrage de la Nousiere et dou complant des vignes dou fié Chabot, que la dite Marguerite leur donna, et deux journaux de pré que elle mesmes leur donna. Item de vint souls acquis de Tybaut Lunea pour don. Item de une mine de soigle acquise de Aymeri Grener, prestre, pour don. Item de une maison et de un pré acquis de la Josepte pour achat. Item de cinq soulz acquiz de Barlot pour don. Item dé cinq soulz acquiz de Pierre de Chechia pour don. Item de vint soulz acquiz de la Traverse et de ses hoirs pour achat. Item de quatre sexterées de terre acquises de Guiber de Saint-Cire. pour eschange ; frere Helie du Temple, chanoine de la dite abbaye et procureur du dit abbé[1] et convent, souffisamment fondé, a finé ou nous, pour nostre seigneur le roy, pour le dit abbé et convent, des choses dessus declarées, le dit procureur en droit par devant nous personelment estant, à cent livres de la monnoie courant, rabastuz les devers et les charges de euls dessus les dites choses ; la quele charge est tele que les diz religieus ont à porvoir sur les dites choses cinq personnes, leur viage, et de toutes choses qui leur seront neccessaires et pluseurs autres devers. La quele somme de peccune dessus dite le dit procureur doit et a promis à paier ou non que dessus au receveur le roy nostre seigneur en Poito, ou à son lieutenant à Fontenay, ès termes ci dessouz declairez, c'est assavoir cinquante livres dedanz la Toussainz prochaine et les autres cinquante dedanz l'Ascension prochaine enseguant. Pour quoi nous, eu sur ce conseil et planiere deliberacion, avons absouls le dit procureur ou non de l'abbé et dou convent dessus diz,

---

1. L'abbé était probablement à cette date Géraud, ou Guerreau (*Gall. Christ.*, t. II, col. 1435).

et les diz abbés et convent, en la personne du dit procureur, de la finance des dites choses, senz ce que il ne leur successeur puissent estre contraint de en finer, ne de les mettre hors de leur main pour cause de finance. En tesmoin des queles choses, nous avons donné à l'abbé et au convent dessus diz et au dit procureur ces presentes lettres, du seau reau establi à Fontenay pour nostre dit seigneur, à nostre requeste, seellées, ensembleement ou nostre seau. Donné à Fontenay, le xxiiij° jour du mois de joing l'an de grace mil ccc. vint et sis.

Item quandam aliam litteram dictis litteris anexam, cujus tenor sequitur in hec verba :

Sachent tous que, comme l'abbé et le convent de Fontenelles eust autrefoiz finé ou nous, Helies de Rechignevoisin, doyen de Thouars, commissaire en viconté de Thouars et ou ressort sur les finances des acquez faiz par personnes d'eglise des choses declarées en lettres, au quieux cestes presentes sont annexées, à la fourme qui y est contenue, nous, non contrestant la dite finance, par vertu de la derniere ordenanee faite du roy nostre sire et de son conseil sur les dites finances, avons remis les diz religieus par la finance des dites choses de deux années tant solement à quatre vins xj. livres quatre solz de monnoie corent, les queles il doit et a promis à paier au receveur le roy en Poito, ou à son lieutenant sur ce establi, dedenz les termes qui sont contenuz en dites lettres. Donné à Roche sur Yon, souz le sceau le roy jadis establi à la Roche sur Yon ensembleement ou le nostre, en tesmoin de verité, le xxij° jour de novembre l'an mil ccc. vint et six.

Nos autem omnia et singula in suprascriptis contenta litteris, rata habentes et grata, ea volumus, laudamus, approbamus et tenore presencium, nostra auctoritate regia, confirmamus. Volentes quod ipsi et eorum successores premissa tenere valeant perpetuo, pacificè et quietè, absque coactione vendendi, vel extra manum suam ponendi, vel prestandi nobis aut nostris successoribus aliam financiam pro eisdem. Nostro in aliis et alieno in omnibus jure salvo. Quod ut firmum et stabile permaneat in futurum, nostrum presentibus litteris fecimus apponi sigillum. Actum Parisius, anno Domini m° ccc° vicesimo septimo, mense septembris.

Per Cameram Compotorum. P. Julianus.

CXXXV

Confirmation de la composition faite entre les commissaires du roi et le chapitre de Saint-Junien, touchant la taxe due pour certains acquêts dudit chapitre. Les pouvoirs de Raimbaut de Rechignevoisin, commissaire du roi dans le Poitou, le Limousin et le comté de la Marche, y sont insérés (JJ. 64, n° 560, fol. 321 v°).

Novembre 1327.

Karolus, Dei gratia, Francorum et Navarre rex. Notum facimus universis presentibus et futuris nos infrascriptas vidisse litteras, formam que sequitur continentes :

Universis presentes litteras inspecturis, Raymbaudus de Rechignevoisin, archidyaconus Avalonensis in ecclesia Eduensi, domini regis Francie clericus, et Iterius de Podio Ademari domicellus, senescallus Marchie et Lemovicensis [1], commissarii deputati à domino nostro rege in senescalliis predictis pro faciendo levari financias rerum et possessionum acquisitarum in dictis senescalliis per ecclesias aut pro ecclesiis et eciam per personas innobiles, salutem et presentibus dare fidem. Litteras ipsius domini regis nos recepisse noveritis, formam que sequitur continentes :

Karolus, Dei gratia, Francorum et Navarre rex. Dilecto et fideli nostro magistro Raymbaudo de Rechignevoisin,

---

1. Itier de Puy-Aymar n'était déjà plus sénéchal de la Marche et de Limousin à la fin d'octobre 1326, mais bailli d'Auvergne (voy. plus loin le n° CLI), et au mois de mai 1333, on le retrouve avec la qualification de bailli de Touraine (n° CLXXXI).

archidiacono Avalonensi in ecclesia Eduensi, clerico et consiliario nostro, et senescallo Pictavensi, Marchie et Lemovicensi, salutem et dilectionem. Cum nos, ad significacionem [1] dilectis et fidelibus communitatibus et universitatibus et aliis singularibus personis subditis nostris, tam immediatis quam mediatis, qualiter rex Anglorum, levitate ductus et motibus inconsultis, contra nos rebellionis assumpsit audaciam, propter quod pro honore nostro et regni nostri juribus compellimur contra ipsum et suos neccessario habere conflictum [2], et ad inducendum predictos fideles et subditos nostros ad prestandum nobis tale et tantum peccuniarum subcidium, quod ipsi ab omni inquietacione, racione dicte guerre, eis imminente exclusi, negociacionibus vacare possent liberè et quietè, et nos gentibus armorum expertis in talibus possemus ipsius regis rebellionibus obviare, vos per nostras alias litteras duxerimus deputandos ; desiderantes insuper et ex corde quod inter predictos subditos nostros pacis conformitas et justicie equitas inobserventur, quodque jura nostra per vestram diligenciam atque prudenciam, de quibus summè confidimus, conserventur illesa, in hiis potissimè que ad nos, racione boni regiminis et exhibicionis justicie, pertinere noscuntur, ut per potencie nostre magnitudinem regna nostra et subditos nobis populos gubernare possimus potencius delinquenciumque excessus corrigere et subditorum nostrorum predictorum injurias propulsare ; ea propter vobis, clerico nostro predicto, unà cum quolibet dictorum senescallorum in sua senescallia, presentium tenore, committimus et mandamus,

---

1. *Sic.* Il faudrait lire *significandum* ou ajouter *faciendam*.
2. Les hostilités entre Édouard II, roi d'Angleterre, et Charles le Bel, étaient commencées depuis le milieu de l'année précédente. Aux mois d'août et de septembre 1324, Charles, comte de Valois, oncle du roi, s'était emparé d'une grande partie de l'Agenois et de la Guyenne. A la date de ces lettres, on était en pleines trêves, mais les exigences d'Edouard faisaient craindre la reprise de la guerre pour le printemps. Cependant les prévisions du roi ne se réalisèrent pas ; la paix fut conclue le 31 mai suivant.

auctoritatem vobis et potestatis plenitudinem concedentes, ut super omnibus fore factis, excessibus et offensis in locis nobis commissis, de carissimorum dominorum genitoris et germanorum nostrorum temporibus, perpetratis contra quascunque personas, de quibus cognicio et correctio ad nos pertinent, per viam denunciacionis seu per famam publicam aut aliàs quoquomodo ad noticiam vestram deductis, quantum ad nos pertinere potest, cum personis predictis aut earum amicis, finare, componere et emendas peccuniarias recipere possitis, prout, juxta facti qualitatem et personarum condicionem, videritis faciendum, licet eciam delinquentes predicti cum amicis illorum, contra quos delinquerunt, concordasse dicantur, vocatis ad hoc vobiscum officialibus nostris dictorum locorum et aliis de quibus videbitis expedire, per quos plenius sciri poterunt qualitas et condicio delictorum ac personarum delinquentium facultates, et quod illis, cum vel pro quibus finaveritis vel composicionem feceritis, vestras possitis concedere litteras, per nos postmodum confirmandas. Caventes insuper et ad nostrum domanium revocantes omnia et singula, que per informaciones factas aut faciendas inveneritis, sive in domanio sive in justicia, et per quascunque personas de nostro domanio usurpata [1] esse indebitè vel substracta.

Item per personas certas et ad hoc ydoneas per vos specialiter deputandas, super quo vobis concedimus potestatem, secundum instructionem quam super hoc vobis mittimus sub nostro contrasigillo inclusam, faciatis levari financias de acquisitis per ecclesias aut pro ecclesiis in feodis, retrofeodis, allodiis et censivis temporalibus, et eciam de acquisitis per personas innobiles in feodis nobilibus, que fieri nequeunt absque nostro interveniente consensu, juxta instructionem super hoc vobis missam. Item, ut supra, mandamus vobis ut in locis et villis dictarum [se-

---

1. On lit dans le registre *usurpatas*.

nescalliarum], de quibus videbitis expedire, faciatis publicè proclamari, quod si alique ecclesie vel aliqui pro ecclesiis aut innobiles ex nunc in antea, quocunque titulo, absque assensu nostro aut absque financia nobis prestita, de qua docere valeant, in locis predictis acquirant, nisi, infra annum et diem à dicte acquisicionis tempore, ad nos seu gentes nostras pro financia prestanda venerint, rem taliter acquisitam reputabimus forefactam et nobis fore commissam. Dantes nostris dictorum locorum justiciariis in mandatis ut anno et die predictis à tempore dicte acquisicionis elapso, res predictas forefactas taliter et commissas ad manum nostram, absque alterius mandati nostri expectacione, apponant. Et quia hoc tenet communis oppinio quod in senescalliis illis sint plures usurarii manifesti et de diversis nacionibus qui, contra et ultra ordinaciones regias, suas exercuerunt et continuè exercent usuras, propter quod populus miserabili indigens effectu et excessivè nedum dampnificatus, sed pocius quasi exul et depaupertatus existit, totaque eorum substancia usurarum voragine est consumpta, vobis, ut supra, committimus et mandamus quatinus hujusmodi tales usurarios coram vobis, tam ex officio quam ad instanciam partis, personaliter evocetis, et ipsos ad restituendum quibus et ubi videritis, et ad emendam nobis, si et prout casus se offerret, concedentes prestandas *(sic)* viriliter compellatis. Volumus eciam et vobis committimus quod vos super dictis emendis cum predictis usurariis, sic per vos aut coram vobis accusatis, denunciatis aut convictis finare possitis aut componere, prout videritis faciendum.

Et quia eciam audivimus quod in senescalliis illis tanta est notariorum multitudo, quorum nonnulli pro cartis, instrumentis, actis, processibus et aliis scripturis, quos faciunt contra statuta et ordinaciones regias de et super scripturis editas, exigunt adeo excessivè quod partes ad invicem contrahentes, propter metum salarii excessivi, cartas seu intrumenta, que sigilli nostri munimine roborari deberent, apud ipsos notarios plerumque dimittunt et sic sigilli nostri emolumentum per eos defraudatur, et nichilominus suum predictum salarium taliter excessivum et inmoderatum extorquent et exigunt ab invitis; nonnulli eciam alii notarii adeo innorantes et imperiti et in notarii officio adeo inexperti existunt quod plerumque propter suam impericiam, instrumenta cornuta et absque intellectu conficiunt, propter quorum inefficaciam hii pro quibus confecta sunt sepissimè defraudantur, que omnia ad subditorum nostrorum cedunt non modicum detrimentum. Quare vobis, ut supra, committimus et mandamus quatinus omnes senescalliarum predictarum notarios coram vobis personaliter evocetis, omnibus primitùs ab officio notariatus suspensis illis, quos insufficientes et in notariatus officio inexpertes inveneritis, non obstante quod nostris aut alterius cujuscunque litteris super hoc sint muniti, predictum interdicatis officium, ipsòsque nichilominus et alios, quos in dicto officio tam contra dictas ordinaciones regias quam alias inveneritis delinquisse, juxta delicti qualitatem et personarum condicionem, prout vobis visum fuerit, puniatis; illos tamen, quos sufficientes inveneritis et ydoneos ad dictum officium peragendum, ad dictum restituatis officium, vestras litteras vestris sigillis sigillatas super restitucione et ydoneitate concedentes eisdem, juxta instructionis super hoc vobis misse tenorem.

Quia eciam insinuacione populi clamosa nobis intonuit tantam in dictis senescalliis fore multitudinem servientum et in tantum à tempore ordinacionis super restringendo servientum numero edite, exercuisse, quod, propter eorum multitudinem, subditorum et fidelium nostrorum illarum partium exhauritur substancia, et ab ipsis quasi à canibus corroduntur, mandamus vobis, firmiter injungentes, quatinus, omnibus predictis servientibus à suo primitùs suspensis officio, illos quos in dicto officio inveneritis delinquisse à dicto officio penitus amoventes, eosdem, juxta delicti qualitatem, tam civiliter[1] puniatis et de ipsis conquerentibus condignam faciatis prestari emendam; illos tamen quos sufficientes inveneritis, ad predictum restituatis officium, vestras eis litteras tam super eis restitucione quam super sufficiencia concedentes, juxta instructionis per nos super hoc vobis misse continenciam et tenorem. Premissa omnia et singula adeò diligenter et celeriter exequendo quod non possitis de negligencia reprehendi sed pocius debeatis merito de vestra bona diligencia commendari. Damus autem omnibus justiciariis et subditis nostris, tenore presentium, in mandatis ut in premissis omnibus et singulis supradictis, et ea tangentibus, vobis efficaciter pareant et intendant diligenter. In cujus rei testimonium, presentibus litteris nostrum fecimus apponi sigillum. Datum Parisius, die vicesima januarii anno Domini m. ccc. vicesimo quarto.

Virtute quarum recognoscimus prepositum et capitulum Sancti Juniani pro financiis decem sextariorum siliginis ad mensuram Sancti Juniani, et sexaginta et decem solidorum per dominum Amelium de Monte Cuculli, quondam canonicum dicti loci, et quinque solidorum rendualium per Petrum Radulphi, quondam burgensem dicti loci, legatorum eisdem preposito et capitulo, necnon et quadraginta solidorum rendualium acquisitorum per ipsos seu eorum procuratorem ab Arnaudo Seschaut, domicello, et undecim solidorum rendualium acquisitorum, ut supra, ab Hugone Guitardi, tanquam procuratore domini condam episcopi Ostiensis, et quinque solidorum rendualium acquisitorum à Stephano Prati et ejus uxore, nobiscum concordasse pro sex anuatis ad quadraginta unam libras et sex solidos monete currentis, quam quidem pecunie summam nos Raimbaudus predictus integrè

---

1. Il faut sans doute suppléer *quam criminaliter*.

recepimus à procuratore predictorum prepositi et capituli, nomine dicti domini nostri regis. In quorum omnium fidem et testimonium, presentes litteras sigillis nostris sigillatas eisdem duximus concedendas, si et quando voluerint, per dictum dominum regem postmodum confirmandas. Datum die jovis ante festum beati Michaelis, anno Domini m. ccc. xxv [1].

Nos autem premissa omnia et singula in suprascriptis litteris contenta, rata habentes et grata, ea volumus, laudamus, approbamus et tenore presentium, auctoritate nostra regia, confirmamus. Concedentes eisdem preposito et capitulo ut ipsi et eorum successores premissa tenere possint perpetuo, sine coactione vendendi vel extra manum suam ponendi aut prestandi nobis vel successoribus nostris aliam quancunque financiam pro eisdem. Salvo in aliis jure nostro et in omnibus quolibet alieno. Quod ut firmum et stabile permaneat in futurum, nostrum presentibus litteris fecimus apponi sigillum. Datum Parisius, anno Domini m. ccc. vicesimo septimo, mense novembris.

Per Cameram Compotorum. P. Julianus.

CXXXVI

Ratification d'un accord conclu entre les enquêteurs de Charles de France, comte de la Marche, dans cette province et en Poitou, d'une part, et la Maison-Dieu de Montmorillon, d'autre, touchant la finance que devait payer cette communauté pour des acquêts de terres relevant du comté de la Marche (JJ. 64, n° 644, fol. 371).

Décembre 1327.

Karolus, Dei gratia, Francorum et Navarre rex. Notum facimus universis, tam presentibus quam futuris, nos infrascriptas alias vidisse litteras per nos, ante susceptum per nos dictorum regnorum regimen, dum eramus comes Marchie

---

1. Le 26 septembre 1325.

et Bigorre, ac dominus Creciaci et de Feugeriis, fratribus Domus Dei de Montemaurilii concessas, quarum tenor sequitur in hec verba :

Charles, fuiz de roy de France, conte de la Marche et de Bigorre, sires de Creci et de Feugeres. A touz ceus qui verront ces presentes lettres salut. Nous faisons assavoir à touz que nous avons veues unes lettres seellées du seel de nostre amé et feal Robert Berfunée, ès quelles la teneur de deus pares de lettres de nous à lui envoiées sont encorporées, des quelles lettres la fourme s'ensuit :

A touz ceus qui verront ces presentes lettres, Robers Berfunée, bourgois de Chastiaulandon, enquesteur en la Marche et en Poitou pour exellent prince nostre seigneur mons. le conte de la Marche, salut. Sachent tuit que les lettres de mon dit seigneur avons receues contenans la fourme qui s'ensuit :

Charles, fuiz de roy de France, conte de la Marche et de Bigorre, sires de Creci et de Fougieres, à Robert Berfunée et Jehan de Meleun, nostre clerc, salut et dilection. L'en nous a donné à entendre que aucuns ou temps passé en noz terres de la Marche et de Poitou ont recelé, usurpé et estrangié hors de nostre main aucuns de noz fiez, arieresfiez, amortissemenz et mains mortes, et les ont mises et transportées en main d'église et en main nonnoble, et que aucuns ont marcheandé et faiz contrauz, et font encore de jour en jour, qui sont deffendus, comme en prestant à usure et en faisant pluseurs autres marchiez enormes, et que aucuns changeurs et autre gent ont rechacié argent et billon, et ont porté ou fait porter l'argent rechacié et le billon hors de noz dites terres à autre monnoie que à la nostre, contre l'ordenance et le statut et les criz fais de par nous, et ont aucun aproprié à eux ce qui est nostre, et a l'en faiz pluseurs mesfaiz en noz dites terres, des quiex [recherche] ne punicion n'en a esté faite ; et a l'en fait toutes les choses dessus dites et fait l'en encore de jour en jour, ou très grant préjudice de nous et de noz subjez, pour quoy nous vous mandons, estroitement comandons et commettons que vous de toutes les choses dessus dites, de circunstances, deppendences et appartenances d'icelles, et de toutes persones queles que elles soient et de quelque condicion ou estat que elles soient, soient crestien ou juyf, clerc ou lay, vous enquerez discretement et diligemment; et tout ce que vous aurez trouvé estre mis hors de nostre main ou estrangé, comme dit est, ramenez ou remetez à estat deu, et touz ceulx et toutes celles que vous trouverrez avoir abusé et indeuement marcheandé, et avoir rechacié billon et porté ou fait porter argent rechacié ou billon hors de noz dites terres à autre monoye que à la nostre, contre la dite ordenance, si comme dit est, et avoir fait aucuns mesfaiz, dont il n'auroient esté puni ne corrigié, si comme dit est, avec les diz receleurs, usurpeurs et estrangeurs, en quelque cas que ce soit, corrigiez et punissiez deuement par l'esplectemenz de leur biens et de leur cors à mettre en prison fermée, se mestiers est, et faire punicion selonc la qualité et la quantité des malfaiteurs et de leurs mesfaiz. Et ou cas où il escharra amende sanz autre punicion, constraigniez les ou faites contraindre à amender par l'explectement de leurs biens et par la prise de leur corps, si comme dit est. Quant à ceux qui voudront finer des amendes et des fiez et des autres choses dessus dites, finez à eulx et recevez la finance en donant lettres souz voz seaus de la dite finance et de la recepte, par les quelles nous les confermerons, et après à ceux qui les requerront, confermerons par voz dites lettres, selonc le mesfait de chascun et les finances faites. Et les finances par devers vous envoiez ou apportez par devers nous ou à noz genz sanz delay; et tiex sergenz bons, feaus et convenables, comme vous verrez estre neccessaires et profitables à faire execucion ès cas dessus diz, ordenez et deputez de par nous et de par vous. De ce faire nous vous donnons povoir, auctorité et mandement especial par la teneur de ces presentes lettres, mandons et commandons à touz noz subjez, prians et requeranz à touz autres, que à vous et aus sergenz deputez de par vous il entendent et obeissent en ce faisant diligemment. Donné à Paris, le xiij^e jour de juignet, l'an de grace mil trois cenz dis et nuef.

Item unes autres lettres, dont la fourme est telle :

Charles, fuiz de roy de France, conte de la Marche et de Bigorre, sires de Creci et de Feugières, à nostre amé Robert Berfunée, salut. Nous vous mandons que, ces lettres veues, vous aillez en nostre terre de Poitou et de la Marche et procedez en la commission de nous donnée à vous et à Jehan de Meleun, nostre receveur en la dite terre, et se le dit Jehan de Meleun ne puet aler avecques vous à present, si faites la besoigne tout par vous, et les finances qui ont esté faites par vous ou seront faites, faites tant que nous en soions paiez et y establissiez certains sergenz de par vous pour constraindre touz ceulx qui nous pevent riens devoir ou devront pour cause de vostre commission. Et nous donnons en mandement, par la teneur de ces lettres, à nostre seneschal et à touz noz autres justiciers que à vous obeissent ès choses appartenanz à vostre dite commission et à ces presentes lettres. Et voulons que pour lettres qui vous soient envoiées de nous ou d'autre, vous n'obeissiez en riens que vous ne procedez en vostre dite commission et en ces presentes lettres, se elles ne sont seellées dou seel de nostre secret et saigniées par nous. Donné à Paris, xij. jours en fevrier, l'an mil ccc. et vint.

Par la vertu des quelles lettres, religieus homes le prieur et les freres de la Maison-Dieu de Montmorillon, de la dyocese de Poitiers, ont finé à nous de la terre et possessions que il ont acquis de noble prince le conte d'Eu et de touz autres acquez, des quiex les diz religieus estoient tenu à finer, tant par eulx acquis, comme par leurs predecesseurs, pour raison de leur dite maison et des membres d'icelle, estanz et seanz ès dites terres de mon dit seigneur ou ès ressorz d'icelles, en la Marche ou en Poitou tant seulement, pour le pris de quatre cenz livres, des quiex les dessus diz religieus ont promis à paier et doivent paier à honorable homme et sage, sire Pierre Remy, thresorier de mon dit seigneur [1]. Pour quoy nous voulons que les diz religieus puissent tenir toutes les choses dessus dites et chascune d'icelles sanz ce que il puissent estre contrainz de les mettre hors de leur main, ou aucunes d'icelles, sanz faire autre finance de ce ou temps avenir, retenue la volenté monseigneur et sauve son droit et l'autrui. En tesmoign de ce, nous avons seellé ces lettres de mon propre seel. Donné à Montmorillon, dimenche xvııj. jour de octobre, l'an de grace mil trois cenz vint et un.

Les queles choses dessus dites nous loons, greons, ratefions, approvons et confermons en la fourme et en la maniere que il est dessus expressemenz devisé, et voulons avec ce, de grace especial, pour Dieu et pour aumosne et pour le salut de nostre ame et de noz predecesseurs que les diz religieus puissent acquerir en noz dites terres de la Marche et de Poitou, ou ès ressorz d'icelles, vint livres de terre, sanz ce qu'il soient contraint de en paier finance ne dez autres choses et acquez dessus diz. En tesmoign de ce, nous avons fait mettre nostre seel en ces presentes lettres. Donné à Paris, xvıj. jourz en decembre, l'an de grace mil trois cenz vint et un.

Nos autem volentes quod predicta sic per nos, ut comes Marchie et Bigorre ac dominus Creciaci et de Feugeriis, dictis fratribus, sicut premittitur, concessa habeant imperpetuum roboris firmitatem, ea omnia, prout in prescriptis litteris continentur, rata habemus et grata, eaque volumus,

---

[1]. Pierre Rémy, trésorier de Charles le Bel, fut arrêté aussitôt la mort de ce prince; condamné à mort et à la confiscation de ses biens, il fut exécuté le 25 avril 1328.

laudamus, ratificamus et approbamus, ac de speciali gracia et ex certa sciencia, auctoritate nostra regia, tenore presentium, confirmamus. Nostro in aliis et alieno in omnibus jure salvo. Quod ut firmum et stabile permaneat in futurum, presentibus litteris nostrum fecimus apponi sigillum. Actum apud Novamvillam in Hez, anno Domini millesimo ccc. vicesimo septimo, mense decembris.

Per dominum regem, ad relacionem cantoris Claromontensis et domini Thome de Marfontanis. Jac. de Boulayo.

CXXXVII

Permission accordée à Jean Tadé, chevalier, d'appliquer à la dotation d'une chapelle, qu'il se proposait de fonder à Martaizé, une rente annuelle de dix livrées de terre à lui appartenant dans la châtellenie de Loudun (JJ. 65 1, n° 103, fol. 77 v°).

Juin 1328.

Philippus, Dei gratia, Francorum rex. Notum facimus universis, tam presentibus quam futuris, quod nos ad supplicacionem dilecti et fidelis nostri Johannis Tadé, militis, concedimus eidem, de gratia speciali per presentes, quod ipse decem libratas terre seu annui et perpetui redditus de terra quam habet in castellania de Loduno, in baillivia Turonensi, de nostro movente retrofeodo, ad assisiam patrie capiendas sine justicia, possit convertere et assignare in dotacionem unius capellanie, quam in honorem sancti Johannis Baptiste fundare proponit pro salute anime sue in parrochia de Marteysé, quodque capellanus, qui pro tempore fuerit in ipsa capellania institutus, dictas decem libratas terre sive annui et perpetui redditus tenere possit imperpetuum ac pacificè possidere, sine cohactione vendendi vel extra manum suam ponendi et absque prestacione financie cujuscunque. Quod ut ratum et stabile perpetuo perseveret, nostrum presentibus litteris fecimus apponi sigillum. Nostro in aliis et alieno in omnibus jure salvo.

Actum apud Espiers, anno Domini millesimo ccc. vicesimo octavo, mense junii.

Per dominum regem, ad relacionem domini de Soocourt. Barriere.

CXXXVIII

Confirmation de la nouvelle assiette du douaire de Béatrix de Bourgogne, veuve du dernier comte de la Marche, faite par le sénéchal de Poitou sur le domaine de Lusignan, la terre de Venours, qui lui avait été d'abord assignée, ayant été cédée par le roi à son chancelier, Jean de Cherchemont (JJ. 65 ^{1}, n° 258, fol. 166).

Juillet 1328.

Philippus, Dei gratia, Francorum rex. Notum facimus universis, tam presentibus quam futuris, nos infrascriptas vidisse litteras, tenorem qui sequitur continentes :

A touz ceus qui verront ces presentes lettres, Regnaut de Bencheviller, chevalier du roy nostre sire et son seneschal en Peitou [1], salut en Dieu nostre seigneur perdurable. Sachent tuit nous avoir vehu et receu unes lettres patentes du roy nostre sire, contenans la forme qui s'ensuit :

Karolus, Dei gratia, Francorum et Navarre rex. Senescallo

---

1. Il avait été précédemment bailli de Touraine, charge qu'il remplissait encore le 3 octobre 1325 (voy. le n° CXIII). Une commission émanée de lui, en qualité de *sénéchal de Poitou*, et adressée à l'évêque de Maillezais et à deux autres personnages, les invitant à répartir une imposition sur les habitants de Niort, pour la construction d'un port dans cette ville, a été publiée par M. Lacurie (*Hist. de Maillezais*, in-8°, 1852, p. 374). Cet acte provenant des Mss. de dom Fonteneau, t. XX, fol. 163, porte la date du 13 novembre 1325, et Banchevillier, parlant de son prédécesseur, s'exprime en ces termes : « *Noble homme et sage mons. Pere Raymond de Rabastens, chevalier dudit roy nostre sire, nagaires nostre prédécesseur, seneschal de Poyto, et orendroit gouverneur de Navarre, à cui, comme à seneschal de Poyto, ledit roy nostre sire avoit mandé par ces lettres qu'il se enquist diligamment se le dit port.. se porroit faire bonnement en ladite ville...* » On a vu plus haut que Pierre Raymond de Rabasteins était en effet sénéchal de Poitou en juin 1325 (note du n° CXVIII). Renaud de Banchevillier dut lui succéder dans cet office à la fin d'octobre ou au commencement de novembre de cette même année.

Pictavensi vel ejus locum tenenti salutem. Cum nos locum de Venours cum suis pertinenciis ac certos redditus aree de Chenay, qui ad dilectam et fidelem nostram B. de Burgondia, Marchie et Engolisme comitissam, sui racione dotalicii pertinebant, dilecto et fideli clerico et cancellario nostro, magistro Johanni Cherchamont certis de causis assideri fecerimus [1], nos dicte comitisse petenti sibi premissorum restitucionem fieri, debitè providere volentes, vobis tenore presentium committimus et mandamus quatinus omnia supradicta in valore pecunie, secundum modum et formam quibus eadem ipsi cancellario nostro assisa fuerunt, prefate comitisse assidere et assignare in castellania nostra de Lesigniaco vel alibi in locis proximioribus eidem castellanie, si in ea loca ad hoc convenientia reperiri non valeant, nobis quanto minus incommodè et sibi magis proficuè fieri poterit, celeriter absque difficultate qualibet studeatis, habenda et percipienda ab ipsa, quamdiu dumtaxat vitam duxerit in humanis; super hiis que feceritis in premissis vestras eidem litteras concedentes, à nobis postmodum, si et prout expedire videbitur, confirmandas. Datum apud Espiers, sub sigillo secreti nostri, cui in hiis fidem adhiberi volumus, die decima octava augusti, anno Domini millesimo ccc. vicesimo sexto.

Item depuis avons receu autres lettres patentes du roy nostre sire contenans la fourme qui s'ensuit :

Charles, par la grace de Dieu, roy de France et de Navarre, au seneschal de Poitou ou à son lieux tenant, salut. Comme par certaine cause et de certaine science aions fait asseoir et assigner pour certain pris à nostre amé et

---

1. Par lettres du mois de mars 1327 (n. s.). Voy. plus haut le n° CXXXI et la note. Deux transactions, l'une de 1311 et l'autre de 1322, conservées au Trésor des Chartes (carton J. 374, n°s 11 et 23), prouvent que des changements avaient été apportés à plusieurs reprises déjà dans la constitution du douaire de Béatrix de Bourgogne.

feal chancelier, mestre Jehan Cerchamont, la terre et les appartenances de Venours en la chastellenie de Lesignen, en la quele terre nostre chere et amée Beatrix de Bourgoigne, contesse de la Marche, prenoit et avoit à sa vie certain douaire, lequel nous avons volu et voulons et mandons par nos autres lettres que il li soit assis et assigné ailleurs convenablement en la dite castellanie, nous, qui ne volons retarder la dite assiete, mes avancier, vous commetons et mandons que, senz autre mandement attendre, aillieus en cele chastellenie vous assiez et assignez à la dite contesse à vie le dit doaire, en choses mains dommageuses pour nous et plus profitables par li souz autel valoir comme elle avoit et tenoit en la terre de Venours dessus dite. Et ce faites diligenment et ben, que en vous ne soit trouvé point de defaut, en donnant vos lettres de l'assiete que vous li feriez, à estre confermées par nous, selonc ce que nous verrons que soit à faire. Donné souz le seel de nostre secré et par cause, le tiers jour de decembre, l'an mil troys cenz vint et six.

Item avons receu unes lettres de nos seigneurs et maistres les maistres des comptes nostre signeur le roy, contenans la forme qui s'ensuit :

Les genz des comptes nostre sire le roy à Paris, au seneschal de Poitou ou à son lieu tenant, salut. Nous avons receu les lettres nostre signeur le roy, contenans la fourme qui s'ensuit :

Karolus, Dei gratia, Francorum et Navarre rex. Dilectis et fidelibus gentibus compotorum nostrorum Parisius, salutem et dilectionem. Cum nos dilecto et fideli magistro Johanni Cerchamont, clerico et consiliario nostro per nostras alias litteras de gracia concesserimus speciali quod ipse, non obstantibus ordinacionibus contrariis quibuscunque, ducentas libras turonensium renduales super Thesauro nostro Parisius, à quocunque eas ibidem habente licitè possit acquirere, sibi in predicti exoneracione Thesauri, in locis competentibus per nos postmodum assignandas, capelle sue de Manigoute integraliter convertendas, ipseque pretextu gracie nostre predicte emerit ab Eelipdi, filia et herede in solidum Petri de Folleyo, de Johannis de Golesmes, militis, mariti et procuratoris sui, hoc fieri tractantis, auctoritate, licencia et consensu, undecim viginti libras parisiensium annui et perpetui redditus, quas dicta Aelipdis, racione successionis patris sui predicti, percipiebat in Thesauro nostro predicto, nosque empcionem predictam, licet graciam nostram excederet de LX. libris parisiensium rendualibus, per nostras alias litteras ratifficandam duxerimus ac eciam confirmandam, nostram primam graciam de dictis ducentis libris turonensium, valentibus octies viginti libras parisiensium redditus, ampliando; mandamus vobis quatinus pro dictis undecim xx^{ti} libris parisiensium annui redditus domum nostram de Venours et omnia jura et emolumenta, que dilecta et fidelis Beatrix de Burgondia, comitissa Marchie et Engolisme, de pertinenciis et juribus dicte domus et in area de Chenayo tenet, dictum nostrum exonerando Thesaurum, assideatis et assignetis magistro Johanni predicto ad opus capelle predicte, et id quod de dictis xi$^{xx.}$ libris parisiensium redditus restiterit, assideatis et assignetis eidem in locis propinquioribus, nobis minus dampnosis et servitoribus dicte capelle magis accomodis, vestras de assisa et assignacione hujusmodi speciales litteras concedentes, dicte vero comitisse pro predictis compensacionem debitè alibi fieri faciatis, quamdiu tamen vitam duxerit in humanis. Datum apud Sanctum Christoforum in Hallata, sub sigillo secreti nostri, VI. die junii, anno Domini millesimo ccc. vicesimo sexto.

Et comme il vous ait esté mandé du roy que vous sceussiez la valeur de la meson de Venours et des drois et emolumenz que la contesse de la Marche a ès appartenences de la dite maison et en l'ayre de Chenay, et combien il puevent valoir de rente par an en deniers, vous nous avez envoié la prisée des dites choses qui se montent cent et dis livres tournois de rente par an, et si n'i est mie contenu le pris de [la] dite meison e des bois appartenanz à ycele qui ont acoustumé estre coupé et à estre retenu par la reparacion de la dite meyson et d'un moulin qui est illecques. Si vous mandons que vous informez diligeanment du pris de la dite meison et du dit boys, combien il valent de rente par an en argent, et du dit boys et des autres choses, des queles vous nous avez envoié la prisée, baillez possecion et saisine au dit maistre Jehan Cerchamont ou à ses genz, et allez avant à li parfere l'assiete des xi$^{xx.}$ livres parisis de rente en lieus plus prochains à la dite mayson, mains dommageus au roy et plus profitables aus chenoines et serviteurs de la dite chapelle de Manigoute; et l'ayssiete que vous en aurez fait nos envoiez par devers nous, et des choses que vous preferez et li assereez en acomplisseement des diz unze vinz livres parisis de rente vous li baillez aussi bien la possecion et la saisine, comme de ce que vous en avez desjà prisé, si comme dessus est dit. Donné à Paris, le diz et huitesme jour de juing, l'an vint et six.

Item avons receu unes autres lettres closes, directes au dit seneschal de Poitou, ou à son lieutenant, de par les mestres des comptes nostre sire le roy de France à Paris, seellées de six seaus de six maistres des diz comptes, si comme en premiere face apparesoit, contenans la fourme qui s'ensuit :

Les gens des comptes nostre seigneur le roy à Paris, au seneschal de Poitou, ou à son lieutenant, saluz. Nous vous avons pluseurs fois mandé de par le roy que voz acomplissez à honorable homme, monssenheur Jehan Cerchemont, doyen de Poitiers et chancelier de France, l'asseite qui li a esté commenciée à faire de unze vinz livres parisis de annuel et perpetuel rente, les quiex li roys a ordenné qui li fussent assises en descharjant son Tresour de Paris d'une autele somme de annuel et perpetuel rente, que le [dit] chancelier a acquises sus le dit Tresour, de la licence et commandement du roy, à l'euvre et profit de sa chapelle de Mainigouste; et vous a aussi esté mandé que vous asseissiez à madame Beatrix de Bourgoigne, contesse de la Marche et d'Engoulesme, autant de rente comme avez ballé ou baillerez au dit mossenheur Jehan Cerchemont en la dite assiete, la terre que elle tient en le chastellerie de Lesignen pour cause de son douayre. Et vous n'en avez riens fait, dont nos nous donnons grant mereville. Pour quoy, en reprenant vostre necligence, nous vous mandons et estroitement commandons que ces choses vous fetes et acomplissez en la manere que autrefoiz vous a esté mandé, et vous faisons bien assavoir que, se vous ne les faites, nouz les ferrons faire par un autre à voz couz et despenz et vous punirons de necligence. Donné à Paris, le quinseme jour de juing, l'an mil ccc. cenz [vint] et sept.

Par la vertu et auctorité des queles lettres, nous alasmes à Leseignen et procedames à asseoir et assigner à la dite contesse, en solucion et recompensacion des choses qui avoient esté baillées et assignées au dit monssenheur Jehan Cerchemont, chancelier de France, les queles la dite dame Bieatrix, contesse de la Marche, tenoit, possedoit et explectoit à doaire de sa vie tant seulement, en la chastellerie de Lesignen et ou ressourt, et aus appartenances de celle en la maniere qui s'ensuit : c'est assavoir que nous avons appellé aveques nous à asseoir et assigner à la dite contesse, maistre Guillaume Sergent, nostre lieutenent, Aurant (*sic*) Vigier, castelain, Jehan d'Espaingne, prevost de Lesignen, Guillaume le Geront, Pierre Audebert de Peliz, de la ville de Leiseignen, les quiex saivent les rentes et emolumens de la chastellerie de Lesignen, et les quiex rentes et emolumens estoient mains dommageuses au roy nostre sire et plus profitables à la dite contesse, comme ou temps passé il ou aucuns d'eus les avoient levé, les quieux chastellain, prevost, Guillaume le Geront et Pierre Audebert nous feismes jurer au sains euvangelis de nous loialment et profitablement conseiller sus l'assiete faire à la dite contesse. La quelle assiete nous avons fait à la dite contesse ou le conseil et avis des personnes dessus dites en la maniere qui s'ensuit. C'est assavoir que en recompensacion de LX. provendiers et un boissel de froment de rente, que l'en avoit pris sus la dite contesse au dit lieu de Venours et appartenances, les quiex l'en avoit assis et assigné au dit monssegneur le chancelier, pour la cause contenue aus lettres dessus dites, en laquelle somme ne sont pas comptez seze provendiers de froment de l'ayre de Chenay, avons baillié et assigné à la dite contesse les moulins de Vaucheron et du Pont et les bienneurs de Saint-Sauvain pour LVI. provendiers de froment et la tierce partie de deux boissaus; et encorre demeurre asseoir à la dite contesse quatre provendiers de froment de la somme dessus dite.

Item et en recompensacion de six vinz diz provendiers et trois boissels de soille prise sus la dite contesse par la cause dessus dicte, sanz le blé que la dite contesse a en l'ayre de Chenay, avons baillé et assigné à la dite contesse les diz molins de Vaucheron et du Pont, et sus les molins Huguet Berengier et sus les borderiers et sus le bailliage du boys mort, et en le bailiage aus Ayrons et les terrages de Nogres et le terrage d'une piece de terre assise auz Beles Croiz, appartenenz la dite piece de terre à l'aumonerie de la Font de Soy, avaluez, un an par autre, tant de soille que de mousture neuf vinz provendiers doux boissels et les ij. pars de ij. boyssels, et enssi excedet la somme du dit blé appartenant au dit chastiau de Leseignen la somme de la dite dame cinquante provendiers du blé precedent. Et est assavoir que la dite contesse prandra mairen ou bois et ou forest le roy de la dite chastellerie de Leseignen à la reparacion des diz molins et des mesons et appartenences d'iceus toutes fois que mestier sera. Et à recompenser à la dite contesse de troys cens vint et sept provendiers un boisseu d'avoine que l'en a pris sus li par la causse dessus dite, avons baillié et assigné à la dite contesse toute l'aveine de rente et l'aveine chauche et comble et l'avoine des pasturages et touz les boys et de toutes les forez de la chastellerie de Lesignen, appartenans au dit chastiau, pour neuf vins deux provendiers et deux bossels d'aveine. Et en terre demoure à asseoir et assigner à la dite contesse de la somme dessus dite ·vij^{xx}· iiij. provendiers, troys boissels d'aveine, et baillera et affermera la dite contesse les dis pasturages des dis boys et forez, ou sez genz par non d'ele.

Item avons baillé et assigné à la dite contesse xiij. provendiers de soille de rente de la somme de la soille excessive dessus dite en recompensacion de xvi. provendiers de bailhorge de rente, que l'en avoit pris sus la dite contesse par la cause dessus dite, et encorres excedet la somme que la dite soille xxxvij. provendiers de soille, les quiex xxxvij. provendiers de soille nous li avons baillé et assigné en solucion et en recompensacion de xlvi provendiers et un boissel d'aveyne que l'on li devoit asseoir de la somme des diz vij^{xx}· iiij. provendiers et iij. boysseaus d'aveine. Et encourres demouret à parfaire à la dite contesse de la somme dessus dite iiij^{xx}· xviij. provendiers deux boissels d'aveine, qui sont aprecié xviij. livres xiiij. sols; et en recompensant à le de quatre provendiers de froment qui demouroient à asseoir à la dite contesse de la somme du froment dessus dit, qui sont apreciez trante sous, avons ballé et assigné à la dite contesse le pré du Moyne et le pré de Vaumacon pour vint et quatre livres de rente ou touz les droiz servitutes appartenantes aus diz prez et pour rayson d'iceux. Et einsi excedet la somme de l'argent de la dite recompensacion lvi. solz à recompenser à la dite contesse de iiij^{xx}· xiiij. livres ix. solz vij. deniers maille et de xxix. gelines et de iiii^{xx}· xvi. poucins de rente pris sus son douayre pour la cause dessus dite tant en argent que pour les biens et corvées de Venours avaluez à c. solz de rente, que pour l'erbergement de Venours, ou les boys coupables et non coupables, ou la garainne du dit lieu et du Bruil aus Martinaus, et toute justice haute, meenne et basse en la terre de Venours, vendes, honneurs et hondremens avaluées et appreciées xxx. livres de rente en l'assiete que l'en a faite au dit monssegneur le chanselier, non contée la justice ne la jurisdicion de Chenay ni de lecques entourn, ni les rentes d'ilecques entour.

Et est premierament assavoir que la dite contesse doit au roi de retour lvi. solz pour l'assiete que l'en li a fait du blé par dessus qui vaut tant plus. Et en recompensacion des dites xxix. gelines iiii^{xx}· xvi. poucins dessus diz, li avons baillé et assigné xiiij. chapons que le roy a de rente en la chastellerie de Lesignen pour xxi. gelines, en descomptant de la somme de xxix. gallines. Et ensi ne demoroet asseoir à la dite contesse que huit gelines, pour les quiex viij. gelines et por xvi. poucins appreciez à huit gelines, li avons baillé et assis xvi. gelines que le roy a de rente en la dite chastellerye. Et einssi demeure asseoir iiii^{xx}· poucins qui valent, appreciez chascun iiii. deniers, xxvi. sous et huit deniers, et pour tant l'a l'en conté en l'assiete que l'en a faite au chancelier, et baillasmes et assignasmes à la dite contesse pour les diz iiii^{xx}· poucins xxvi. sols viij. deniers sus les mesmes en descomptant des diz lvi solz qu'elle devoit retourner, si comme dessus est dit. Et einsi ne demeure que xxix. solz iiij. deniers, et baillasmes à la dite contesse en recompensacion de la somme des diz iiii^{xx}· xiiij. livres ix. solz vij. deniers maille les diz xxix. solz iiij. deniers que elle devoit du retour dessus diz. Et li baillasmes la taillie que li roys a chascun an à Lesignen pour xlvij. livres de rente, et les menues rentes en argent que li roys a en la dite chastellerie pour xiij. livres de rente, et les vignes et les complans et touz les droiz appartenanz à ycelles et pour raison d'ycelles appartenanz au dit chastiau de Lesignen, pour iiij. toneus de vin, c'est assavoir un toneau en recompensacion d'un tonneau que l'en li devoit pour raison des vignes de Venours, les queles l'en a assis por un tonneau de vin de rente à monssegneur le chancelier, et les trois tonneaus pour ix. livres en deniers, en descontant de la grosse somme des dictes iiii^{xx} xiiij. livres ix. solz vij. deniers maille, et huit livres et un quarton de cire appartenant au dit chastiau, c'est assavoir une livre en recompensacion d'une autre livre que l'en a prise sus le et baillé et assigné au dit chancellier, et les vij. livres et le quarton appreciez, cascune livre doux sous sis deniers et le quarton à l'evenant, pour xviij. solz un denier et maille. Et avons baillé à la dite contesse le seau de Lesignen o tout le profit d'iceluy avecques la jurisdicion et cohercion et o toutes les choses appartenanz au dit seau et pour raison du dit seau pour xxx. livres de rente ; le quel seau la dite contesse aura par devers soy ou le baudra ou l'affermara, s'il li plet, à son peril.

Et deduction faite de la somme de iiii^{xx} xiiij. livres ix. solz vij. deniers contre les choses dessus dites que l'on a baillé à la dite contesse, en laquelle somme est comptée et empliée la haute, moenne et basse justice de Venours et d'ilec entour pour cent sous de rente, car pour tant l'a l'en compté et baillié en l'assiete que l'en a fait au chancellier, restat qu'elle devroit au roy de retour vi. livres xvij. solz x. deniers, pour ce que l'en ne li peust pas rondemant asseoir la dite somme.

Item d'abondant, en la presence du tabellion publique et tesmoigns cidessus estez à ce appellez et priez, appellasmes par devant nous à Poitiers les diz Audebert de Peliz, Pierre Jalet, Guillaume le Segeron [1] et Jehan de

---

1. *Sic.* Ce nom est écrit de trois façons différentes dans le même

Barjasont[1] procureour de la dite contesse, les quiex Audebert, Pierre et Guillaume nous feymes encorre jurer au sanz euvangelis de bien et loiaument nous conseiller et aviser dessus les choses dessus dites, et si elles estoient ben loiaument et deuement faites et assignées au mains de doumage au roy et au profit de la dite contesse, les quiex distrent par leurs seremens qu'il creent qu'elles fussent ben et loiaument faites et assignées, si comme dessus est dit. Et ce fait, nous par la vertu du poeir à nous commis par la vertu des dites letres, asseismes et assignames à la dite contesse les choses dessus dites en recompensacion des choses baillées au dit chancelier, si comme dessus est dit, et baillasmes au procureur dessus dit de la dite contesse, en non de procureur, la saisine et la possecion des choses dessus dites, à tenir et expleitier de la dite contesse à sa vie tant seulement, selonc la teneur des dites letres, franches et quictes de tous devoirs, rentes, charges, obligacions et de touz faiz reaux et personnaux. Et est assavoir que, combien que en cete some et en cetui appreciement soit contée et appreciée la haute justice, moenne et basse de Venours et d'ilecques entour pour c. sous de rente, et pour tant a esté assise et assignée en l'assiete que l'en a fait au dit monssegneur le chancelier, la dite contesse ne prent ne ne acceptet, ne n'est s'entencion de faire recompensacion en argent ne en rente pour la dite haute, meenne et basse justice, et requiert à avoir la dite justice ous choses dessus dites à le baillées et assignées, einsi comme elle l'auroit ens chouses prises de son douaire, les quex l'en a baillées au dit monssenheur le chancelier. Et voussit et requist que la dite justice fust descomptée de la somme dessus dite. Et einsi, ou cas

---

acte. Plus loin on le trouvera orthographié le Geron et accompagné du titre de prévôt de Lusignan, tandis que précédemment cette qualité est attribuée à Jean d'Espagne (p. 343).

1. Il est nommé plus bas de Barasant.

ou la dite justice li seroit assise, elle devroit de retour au roi c. sous pour la dite justice et vi. livres xvij. solz x. deniers par dessus ; et einsi seroit la somme du retour que la dite contesse devroit au roy xi. livres xvij. sous dis deniers. Et nous li deismes que ele alast devers la court et la court en ordenneroit si comme elle verroit qui seroit à fayre ; car de nous, nous ne l'ousereons faire.

Les quiex choses einsi faites, nous seneschal dessus dit avons commandé au tabellion ci dessouz escript ces presentes letres publier et seigner de son saignet acoustumé aveques le scel duquel nous usons en la dite seneschaucie, lequel nous avons apposé en ces presentes lettres, et en oultre le scel royal establi à Poitiers avons commandé y estre appousé, en tesmoing de verité. Ces choses furent faites à Poitiers, en nostre chambre atouchant à la Sale le roy, le jour du lundi avant la Magdalene l'an M. CCC. XXVII.[1], environ l'œure de tierce, en l'indiction xme, regnant le dit roy nostre signeur, presens maistre Guillaume Sergent, nostre lieutenant, Aymar de Bienpuey, clerc, mons. B. Furet, chanoigne d'Angolesme, Richon du Luc, valet, mons. George de la Font, Guillaume de Lavauceau, tesmoings à ce appellez et priez.

Item. A touz ceuz qui ces presentes lettres verront et orront, Renaut de Bancivillier, chevalier le roy de France et son seneschal en Peitou, saluz. Les lettres du dit nostre sire le roy avons vehu et receu, contenans la fourme qui s'ensuit :

Charles, par la grace de Dieu, roys de France et de Navarre, au seneschal de Poytou, ou à son lieutenant, salut. De par Beautrix, contesse de la Marche et de Engolesme, nous a esté monstré en complaignant que, comme en la terre et ès lieus que elle tenoit en douaire elle eust toute justice haute et moenne et basse, les quelles choses nous

---

1. Le 20 juillet.

avons fait asseoir et bailler à nostre amé et feal clerc et chancellier, maistre Jehan Cerchamont, pour autre rente que il prenoit en nostre Tresour à Paris, vous ne li avez baillé nulle justice ès choses que vous li avez baillées et assises pour son dit douayre en recompensacion des autres choses assignées à nostre dit clerc, de quoy elle se dit estre dommagée et grevée grandement. Pour coy nous vous mandons que autele justice et tout autant comme elle avoit ès choses baillées à nostre devant dit clerc, vous li baillez et delivrez ès chouses que vous li avez assignées pour la dite recompensacion, en rebatement du douaire, de celles choses ce que la justice sera prisée, et li paiez sanz nul delay, toute exequcion cessant, ce qui li est deu, pour cause des dites choses, qui ne li ont pas esté assises ne delivrées si tost comme elles deussent, et le baillez en prest, tant comme il nous plaira et sans ce qu'il nous tourne à nul prejudice, nostre tour appellée Tronpe, qui est à Lesignen hors du chastel, pour mettre et tenir ses prisonniers. La quele chose nous li ouctroions de grace à sa requeste. Donné en l'abbeie de Bonport, le tierz jorn de septembre, souz nostre scel du secret pour cause, l'an de grace mil troys cenz vint et sept.

Par la vertu des queles lettres, nous avons baillié, delivré, assis et assigné à la dite contesse toute justice, haute, moyenne et basse ès lieus, ès choses et ès personnes que nous li avons baillié, assis et assigné pour cause de la dite recompensacion, si comme la dite assiete et assignacion à lye par nous faite sont plus pleinerement contenues, specifiées et declairées ès lettres, ès quelles ces presentes sont annexées. Pour la quele assiete et assignacion de justice, tele et tant comme le roy l'avoit ès lieus et ès chouses par nous bailliées et assignées à la dite contesse, pour la cause de la dite recompensacion et pour six livres dis sept sous et dis deniers, que la dite contesse devoit au roy de retour, pour ce que l'en ne li poust pas rondement assoir la somme de la dite recompensacion, si comme il est plus plainerement specefié et declairé ès dites lettres, restat que la dite contesse doit [et] est tenue paier chascun an au roy unze livres de monnoie courrant en chascune feste de Touz sainz sus toutes les choses que elle a et tient à present pour cause de don, douayre en et sus la parroisse de Bouyllé [1] et sus les chouses que elle a [en la] chastellerie de Lesignen par son dit douayre. Aus quex choses faire et asseoir et assigner nous appellasmes pour nous feaument conselher et enfourmer noble homme et sage mons. Guillaume Pourvereau, chevalier, Huget de la Forest, Huget Ayrem, Guillaume de Cursay le jeune, vallez, Guillaume le Geron, prevost de Lesignen, Jehan d'Espeigne, clerc, et pluseurs autres. Les quiex distrent par leurs loiautez que il creoient que les choses dessus dites fussent bien et loiaument faites et loiaument et raisonnablement rabatu pour la dite justice du douayre des choses que à la dite contesse avoient esté baillées et assignées pour son douayre. Les quex chouses ainssint faites, nous baillasmes à Jehan de Barasant, clerc, procureour de la dite contesse, en non de procureour, la saisine et la possecion de la haute, meienne et basse justice des lieus, des bens et des personnes et des chouses à lye bailleies et assignées pour cause de la dite recompensacion, si comme les chouses sont specifiées ès letres dessus dites, à tenir et expleiter de la dite contesse à sa vie tant seulement, toutes les chouses et chescunes dessus dites franches et quictes de touz deniers, rentes, charges et obligacions, faiz reaux et personnaux. Mandons et commandons à touz nous souzmis, et prions à touz autres que les choses dessus dites et en ycelles la dite contesse et ses genz pour nous de lye lessent user et spleiter paisi-

---

1. Il faut lire sans doute Vouillé.

blement senz contredit. Et en oultre avons baillé à la
dite contesse la tour Trompe assis à Lesignen hors du
chastel, pour cause de prest, pour tenir ses prisonniers,
tant comme il plaira au roy nostre sire et sanz ce que il
tiegnent nul prejudice au roy, si comme la fourme du
dit mandement contient. Les chouses dessus dites furent
faites ou nous et par nous seneschal dessus dit, par vertu
des lettres du roy nostre sire dessus dites, et ou Jehan
de Barasant, clerc, procureour de la dite contesse et en
nom de procureur aiant povoir sus ce, si comme il apparust par procuracion seellée du scel à la dite contesse,
monstrée, leue et exibée par devers nous, dont la teneur
s'ensuit :

Universis presentes litteras inspecturis, Beatrix de Burgondia, comitissa Marchie et Engolisme, salutem in Domino. Noveritis quod nos statuimus, constituimus et ordinamus procuratores nostros generales ac eciam, si opus fuerit, speciales, discretos viros magistros Gaufridum Raimundi et Johannem de Barasant, dilectos clericos nostros, et quemlibet eorum insolidum, ita quod non sit melior condicio occupantis, sed quod per alterum illorum incoatum fuerit per alium continuari, mediari, terminari valeat et finiri, ad supplicandum pro nobis et nostro nomine nobili et potenti viro, domino senescallo Pictavensi, et requirendum eumdem ut assignet nobis vel eisdem procuratoribus nostris, nostro nomine et ad opus nostri, redditus quos, secundum tenorem mandati regii, nobis assidere et assignare tenetur, nec non ad recipiendam assignacionem, quam idem senescallus, seu ille cui ipse eam faciendam comittet, de dictis redditibus duxerit faciendum. Ratum habens et habitura et firmum quicquid per dictos procuratores nostros et eorum quemlibet, nomine nostro, in premissis et premissa tangentibus actum, gestum fuerit, seu eciam procuratum ; et his omnibus quorum interest et interesse potest et debet, et quibus significandum est, significamus per presentes litteras, sigillo nostro sigillatas. Datum die jovis post festum beate Luce Euvangeliste, anno Domini M. CCC. vicesimo sexto [1].

Et nous diz seneschal le scel des causes, duquel nous usons en la dite seneschaucie, en cestes presentes letres avons appousé, et en oultre le royau establi à Poitiers, à la requeste du dit procureour, avons commandé y estre appousé, en tesmoing de verité. — Et nous Helies Foucaut, pourtant le dit scel royau establi à Poitiers, du commandement et ad la relacion du dit monssenheur le seneschal, en ces presentes lettres avons apposé, sauve le droit le roy et tout autrui. Donné et fait à Lesiegnen, ou priouré du dit lieu, le jorn de lundi après la sainte Luce, vierge, en l'an mil trois cenz vint et sept [2].

Quas assietas et assignaciones et possecionum tradiciones, ratas et gratas habentes, eas volumus, laudamus, approbamus et tenore presentium, auctoritate regia, confirmamus, homagio et superioritate et ressorto nobis retentis in eis, et salvo in aliis jure nostro et in omnibus quolibet alieno. Quod ut firmum et stabile permaneat in futurum, presentibus nostrum fecimus apponi sigillum. Datum Parisius, anno Domini M. CCC. XXVIII. mense julii.

CXXXIX

Lettres d'anoblissement octroyées à Philippe du Peile, de Latillé
(JJ. 65¹, n° 184, fol. 124 v°).

Septembre 1328.

Philippus, Dei gratia, Francorum rex. Notum facimus, tam presentibus quam futuris, quod nos dilectum nostrum

---

1. Le 23 octobre, la Saint-Luc, fêtée le 18, tombant cette année-là un samedi.
2. Le 14 décembre 1327, lendemain de la fête.

Philippum du Peile de Latilleyo, in senescallia Pictavensi, meritorum suorum obtentu, contemplacioneque quorumdam familiarium nostrorum, amicorum ejusdem, volentes illa prosequi regii prerogativa favoris, que sibi sueque posteritati cedat imposterum ad incrementum honoris, ipsum Philippum, si ex altero solum et eciam si ex neutro parentum suorum latere nobilis existat, presentium tenore, nobilitamus, de plenitudine nostre regie potestatis, ac eidem graciosè concedimus ut ipse ejusque posteri successivè, quandocunque et à quocunque eis placuerit, milicie cingulo valeant decorari, quodque tam ipse quam ejus tota posteritas in omnibus casibus habeantur de cetero pro nobilibus et tractentur, et ad omnes actus nobilium ubilibet admittantur, nec non privilegiis et libertatibus nobilium quibuscunque pacificè gaudeant et utantur, et tam acquisita quam eciam acquirenda teneant et retineant imposterum, ac si essent ex utroque latere de nobilibus procreati, juribus aut consuetudinibus quibuscunque contrariis non obstantibus in hac parte. Quod ut ratum et stabile perpetuo perseveret, presentibus litteris nostrum fecimus apponi sigillum. Datum apud Insulam, anno Domini millesimo trecentesimo vicesimo octavo, mense septembris.

Per dominum regem, ad relacionem vestram et domini Thome de Marfontaine. Charrolles.

CXL

Rappel de ban accordé à Etienne Bosier, de Montreuil-Bonnin
(JJ. 65², n° 88, fol. 22).

Octobre 1328.

Philippus, etc. Notum facimus universis, tam presentibus quam futuris, quod, cum Stephanus Bosier de Monsterolio Bonin per dilectum magistrum Thomam Ferrandi, clericum nostrum [1], commissionis nostre cujusdam pretextu inter multas alias, à regno nostro, pro eo quod familia sua duas vel tres quadrigatas de bosco, quod dilecto et fideli magistro Johanni Cerchemont, cancellario nostro, apud Monsterolium Bonin donavimus, furata fuit et ad domum suam adduxit, bannitus sit, et nobis fecit humiliter supplicari ut cum eo super hoc misericorditer agere dignaremur, nos hujusmodi supplicacioni inclinati, dictum bannum et quidquid ex eo sequtum est et eciam sequi posset, revocamus sibique remittimus, et ad famam, patriamque et bona immobilia, quibus ex dicto banno privatus fuerat, restituimus de speciali gracia et plenitudine regie potestatis. Nostro in aliis et alieno in omnibus jure salvo. Quod ut firmum et stabile perpetuo perseveret, nostrum presentibus litteris fecimus apponi sigillum. Actum anno Domini M. CCC. [vicesimo] octavo, mense octobris.

Per dominum regem, ad relacionem vestram. G. Juliot.

CXLI

Philippe de Valois permet à Guyon de Velort, son écuyer, de fonder une chapelle et de la doter de dix livres tournois de rente (JJ. 65 [2], n° 115, fol. 30 v°).

Décembre 1328.

Philippes, etc. Savoir faisons à touz, etc., que comme Guyon de Velort [2], nostre amé escuier, entende à fonder une chappelerie en l'onneur de Dieu et de touz sainz pour le remede de s'ame et des ames de ses predecesseurs, nous, consideranz la bonne devocion, la quelle nous aprovons et loons, de grace especial octroions au dit Guyon

---

[1]. Il était d'Angoulême. On trouve des détails intéressants, dans le troisième registre criminel du Parlement (X 2A 3, fol. 63, 64, 65, 67, 71, 81), sur un procès que lui intentèrent plusieurs bourgeois de cette ville, et sur les graves accusations qui pesaient sur son frère Perrot, poursuivi pour enlèvement et pour viol (1321 à 1325).

[2]. Famille du Loudunois. Voy. plus loin les lettres d'amortissement de janvier 1330.

que la dite chappelerie il puisse donner et fonder de diz livres tornois d'annuel rente et les assoir et assigner sus sa terre, sanz fiez et sanz haute justice, pour le vivre et la sustentacion du chappellain, qui sera establiz pour la deservir, les queles diz livres de rente nous voulons et octroions de grace special que, puis que elles seront assises et assignées, le chappellain qui sera establiz pour le temps à la dite chappellerie deservir ait, tiengne et perçoive perpetuelment à touz jourz, sanz estre contraint de les vendre et metre hors de sa main, et sanz en paier pour icelles aucunes finances à nous ne à noz successeurs. Et pour ce que ce soit ferme chose, etc. Donné à Vicennes, l'an mil ccc. xxviii., au moays de decembre.

Par le roy. Ja. de Vert[illy].

CXLII

Permission accordée à Robert Frétart, chevalier, chambellan de Philippe de Valois, d'appliquer une rente annuelle de dix livres tournois à la dotation d'une chapelle qu'il avait l'intention de fonder (JJ. 65², n° 1, fol. 1).

Janvier 1329.

Philippes, par la grace de Dieu, rois de France. Savoir faisons à touz presenz et avenir que, comme nostre amé et feal chevalier et chambellain, Robert Fretart[1], ait volenté et entente de fonder une chapellanie pour le salu de s'ame et de la doer de diz livres de rente à tornois ou de rente annuel et perpetuel, nous, à sa supplicacion, octroions par ces lettres de grace especial et pour considera-

---

1. Du Chesne rapporte que Robert Frétart « fonda une chapelle en l'église d'Aunay, dépendante de l'abbaye de Fontaine-le-Comte, par lettres du jeudi après la feste de S. Martin d'hyver, l'an 1345, où il fait mention de Guillaume Frétart, son frère, de feu Robin Frétart, chevalier, son fils, et de Philippe de Montejan, dame de Bas-Sillé et de la Grange, veuve d'iceluy » (*Hist. de la maison du Plessis-Richelieu*, p. 27, 28). Est-ce la même chapelle qu'il se proposait de fonder et qu'il songeait à doter dès 1329 ?

cion du bon servise que il nous a fait longuement et loyaument et fait chascun jour, que la dite chappellanie, quelque part qu'il li plera à la fonder, il puisse doer des dites diz livres de terre ou rente à assise de païs, et que le chappellain qui pour le temps y sera establiz pour la deservir ait et tienge perpetuelment et paisiblement en nom de la dite chappellanie la dite terre ou rente, sanz ce qu'il soit contrainz à la vendre ou mettre hors de sa main, et sanz paier finance quele que elle soit. Et à perpetuel fermeté de ceste chouse, nous avons fait mettre nostre seel en ces lettres. Sauve nostre droit en autres chouses et l'autrui en toutes. Donné à Paris, l'an de grâce mil ccc. vint et huyt, ou moys de janvier.

Par le roy. Barriere.

CXLIII

Vidimus et ratification d'une composition pécuniaire accordée entre les enquêteurs royaux en Touraine et l'abbesse de Fontevrault pour certains acquêts de l'abbaye dans le Loudunois (JJ. 65[2], n° 326, fol. 113).

Février 1329.

Philippus, etc. Notum facimus universis, tam presentibus quam futuris, nos infrascriptas vidisse litteras, formam que sequitur continentes :

A touz ceus qui verront et orront les presentes lettres, Thomas de Reins [1], inquisiteur et reformateur donné dou roi en la ballie de Touraine et ou ressort d'icele, et Robert Recuchon [2], chevalier dou dit seigneur, bailli de Touraine, adjoint et appelé au dit Thomas de par le dit seigneur, salut. Sachent tuit que nous avons receu les lettres du dit segneur contenant la fourme qui s'ensuit : Phi-

---

1. Thomas de Reims, clerc du roi et conseiller au Parlement dès 1316. (Voy. Boutaric, *Act. du Parl.*, t. II, n° 4490[b]). On le trouve encore avec ce titre en 1325.
2. Il fut aussi conseiller au Parlement en 1323 et 1324, avant de devenir bailli de Touraine.

lippus, etc.[1]. Par la vertu des quelles nous feismes appeler par devant nous religieuse dame l'abbaesse de Fontevraut pour venir finer à nous, pour le roy, des choses que l'eglise de Fontevraut a aquis. Pour la quelle se comparu religious homme, frere Helie, prieur de Saint-Ladre et nous confessa que la dite eglise a acquis les choses qui s'ensuient :

C'est asavoir quatre sextiers et trois boissous de froment acquis ou fié au seigneur de Bauçay.

Item ou fié Guion Goulart[2] un setier de froment chinenois.

Item douze seitiers de froment de l'aumosne feu Guillaume de Saint-Michel.

Item maistre G. du Chasteau et frere P. Bouscheron ont acquis par la meson de Thocau (?) troys seitiers deus boessaus de seigle, vint et deus boessaus et demi d'avoine ou fié mons. G. de Piquigny, les quex le dit mons. G. avoit sur les heritages Marion la Forrée.

Item dou dit (sic) Nogier de Bournan quatre seitiers de seigle ou fié mons. G. de Piquigny.

Item nj. seitiers de seigle assis sus les heritages qui furent Marion la Fourrée, les quex tient Perrenin de Chaumes.

Item un provendier de froment en la fraresche aus Jubins, lequel [tient] Henry de Beauparc, et est ou fié de l'Ospital.

Item cinquante et sept soulz troys chapons ou fié P. de Rigné.

Item quatre seitiers de froment ou fié G. Pleneau.

Item un seitier de froment ou fié de Nozilli.

Item nuef seitiers de froment, deus seitiers une mine de

---

1. Suivent les pouvoirs des deux commissaires royaux ; ils sont chargés de rechercher, dans un but fiscal, les crimes, délits et excès impunis, les usurpations du domaine royal, les acquêts de fiefs par des communautés religieuses et de biens nobles par des roturiers. Leurs lettres d'institution ne rentrent pas dans notre cadre ; elles sont datées de Paris, le 17 février 1326 (n. s.).

2. Guyon Goulard épousa Marguerite, fille de Guillaume de Beaumont, seigneur de Glenay, et de Marie de Montfaucon. Cf. la généalogie de la maison de Goulard dans le *Dict. généal. du Poitou. Appendice*, t. II, p. 833 et suiv.

seigle et cinq seixtiers une mine de seigle ou fié Phelipon de Mosseure.

Item deus juez de vigne ou fié au seigneur du Boàis Rougues [1].

Item un juet de vigne ou fié Robin Frétart [2].

Item une mine de froment ou fié Joubert Fretart [3].

Item cinq seitiers de froment ou fié as Guilloz Mariau.

Item iij. juez de terre ou fié au seigneur de Clounay.

Item demi juet de terre ou fié P. d'Ainçay.

Item un juet et demi de terre ou fié Guillaume de la Metairie.

Item j. juet de terre ou fié Jehan de la Bruere.

Item troys euves [4] de terre ou fié de Saint-Cassien.

Item deus juez de terre ou fié mons. G. de Beçay [5].

Item un juet de terre ou fié Bouchart Marceau.

Item deus juez de terre ou fié Jouhan Bodin, de Thoax.

Item viij. juez de terre et de vigne mouvanz dou seigneur de Verrieres et de la dame de Venez à ij. solz j. denier.

Item un seitier de froment de rente ou fié Thomas Savari à deus deniers.

Item une mine de froment de rente mouvant de Hugues Savari.

Item une mine de froment movant dou dit Thomas à j. denier.

---

1. La seigneurie du Bois-Rogue, relevant du château de Loudun, a donné son nom à une branche de la maison de Coué, dont plusieurs auteurs font remonter l'origine aux Couhé de Lusignan, sans en fournir d'ailleurs aucune preuve certaine. Hugues de Coué était alors seigneur du Bois-Rogue.

2. Fils de Robert Frétart, chambellan de Philippe de Valois. (Voy. les notes des pages 235 et 326.)

3. Il était seigneur de Turzay et rendit aveu de cette terre au roi, en 1334, à cause du château de Loudun dont elle relevait. (A. Du Chesne, *Hist. de la maison du Plessis-Richelieu*, p. 27).

4. Lisez *euvres*.

5. Geoffroy de Bessay ou Bessé, chevalier, qui, suivant M. Beauchet-Filleau (t. I, p. 337), avait épousé Jeanne de Lusignan et était seigneur de Bournezeaux, des Pineaux, de Beaulieu et de Sainte-Pezenne.

Item iij. seitiers de froment de rente movant de Michel Savari à sis deniers.

Item un seitier de froment, de Jehan Rousseau à un denier.

Item iij. mines de froment mouvant dou dit Hugues et des hoirs feu Henry de la Foire, chevalier, et dou doien de Saint Lo d'Angers à iiij. deniers et obole.

Item viij. boessaus de froment mouvans dou seigneur de Bernezay [1] à deus deniers.

Item dis boessaus de froment mouvans dou seigneur de Berrie à xij. deniers.

Item xj. solz que doit P. de Poant movanz dou sire de Bauçay.

Item cinq juez de terre joignanz à la treille de l'Aumonerie movanz de la dame de Venez à dis deniers.

Item demi juet de terre seant à la Pierre Couverte, movant dou seigneur de Verrieres à un denier.

Item demi juet de terre seant ou bandeau joignant au chemin par lequel l'en vet de Lodun à Monstereul, movant des hoirs Pierre de la Vote à deus deniers.

Item une minée de terre seant au fonz Loissart, joignant à la terre Jehan le Retondeur, movant de Henry de Curçay à un denier.

Item treilles assises au Martray contenans v. oevres et une minée de terre et de pré joignant as dites treilles, movanz de la dame de la Mote de Bauçay, à diz et huit deniers.

Item maisons assises ou fié de Bauçay assis à Loudun [2],

---

1. Guillaume de Bernezay. Cf. la note de la p. 15.
2. Voici quelques renseignements sur l'étendue du fief de Bauçay, à Loüdun : « Un des seigneurs de Bauçay amena de Jerusalem des Frères-Mineurs, auxquels il fit bâtir un couvent à Loudun, dont toutes les salles, chambres, cloître et treillée et la chapelle de Saint-Georges sont au fief de Bauçay, ensemble tout le territoire desdits frères, excepté un peu de la porte et le petit cimetière, qui sont des Odarts, depuis l'église Saint-Pierre du Marché de Loudun, qui est aussi dedans ledit fief de Bauçay. C'est pourquoy la plus grand part de cette lignée de Bauçay est enterrée audit couvent. L'église aussi des Carmes de Loudun, le cloitre, salles et vignes, et l'église Saint-Pierre du Martray, et partie du cimetière dudit Martray, et porte de l'église de Notre-Dame du chastel de Loudun, sont pareillement dedans le fief de Bauçay. » (Bibl. nat., Cabinet des titres, *dossier Bauçay*.)

entre la maison mons. Guillaume de Cumin (?) et la meson Jehan le Ferron, movant dou seigneur de Baucai à sis sols, qui bien valent j. seitier de froment de rente outre le devoir.

Item cinq seitiers de froment de rente, que doivent, c'est assavoir les hoirs Marie la Trestaude iij. seitiers movant de Martin le Boutet à iij. deniers et les autres ij. seitiers sunt assis ou fié à la dame de Saint Marçolle movant de li à v. deniers et obole.

Item iiij. seitiers de froment que doit Pierre Fretart par composicion de pais faite entre la dite abbasse par reson de Michel Bigot, son donné, et le dit Pierre.

Des queles chouses desus dites et de chascune d'icelles le dit frere Helie, ou non de la dite abbasse et convent, veu et consideré [ce] que les dites chouses pevent valoir par commune estimacion chacun an, a finé à nous, et nous à li pour le roy nostre seigneur, à LX. livres, les queles Gillet le Jeune, establi à ce de par nous et de par honorable homme et sage Jehan de Montgison, receveur en Touraine, a receues, si comme il nous a tesmoigné. Pour quoi nous voulons et octroions pour le roy nostre seigneur que la dite abbasse et son convent les choses desus dites et chescune d'icelles, et leurs successeurs, puissent tenir et esploiter paisiblement desorenavant à touz jourz mes, sanz metre hors de leurs mains et sanz estre contrains à en faire finance. En tesmoign de ce, nous avons mis noz seaux en ces presentes lettres aveques le sael dou roy nostre seigneur, dont l'en use à Loudun, le quel nous y avons fait apposer en greigneur confirmacion de verité. Donné à Loudun, le dimanche avant la saint Denys[1], l'an de grace mil ccc. vint et sis.

Nos autem premissa omnia et singula, prout facta sunt et in dictis litteris continentur, rata et grata habentes, ea volumus, laudamus, approbamus et auctoritate regia,

---

1. Le 5 octobre 1326.

tenore presencium, confirmamus, volentes et concedentes abbatisse et conventui predictis ac eis succedentibus quod in perpetuum res superius designatas, de quibus, ut premittitur, finaverunt, teneant et possideant absque coactione vendendi vel alienandi, vel extra manus suas ponendi, aut proindè nobis aut successoribus nostris prestandi financiam qualemcunque. Nostro tamen in aliis, etc. Quod ut ratum, etc. Actum Parisius, anno M. CCC. XXVIII. mense februarii.

Per vos. Molins.

CXLIV

Lettres de sauvegarde octroyées à l'abbaye de l'Absie-en-Gâtine (JJ. 66, n° 50, fol. 14 v°).

Mars 1329.

Philippus, Dei gratia, Francorum rex. Notum facimus universis presentibus et futuris quod nos dilectos nobis in Christo viros religiosos, abbatem et conventum monasterii de Absia in Gastina, ordinis sancti Benedicti, senescallie Pictavensis, ne sibi suisque gentibus in personis aut bonis injurie, oppressiones, dampna et gravamina imposterum inferantur, favore regio volentes prossequi et sperantes ut quanto melius et utilius nostra prospexerint magnificencia se adjutos foreque ipsorum indempnitati provisum, tanto tucius ac devocius debeant et valeant Altissimo famulari, religiosos ipsos ac eorum successores monasteriumque predictum, prout inmediatè nobis subsunt, cum familia, gentibus, bonis ac rebus suis omnibus, in nostra regia protectione ac gardia speciali suscepimus imperpetuum ac suscipimus per presentes. Dantes eisdem in mandatis Pictavensi et Xanctonensi senescallis, Turonensique ballivo ac universis et singulis aliis justiciariis regni nostri presentibus et futuris, ut religiosos predictos ipsorumque successores, familias, gentes et bona sub predicta nostra gardia manuteneant et conservent in suis dictique monasterii libertatibus, juribus justisque possessionibus et saisinis, et ab omnibus injuriis, violenciis, oppressionibus, vi armorum, laycorum potencia et novitatibus indebitis quibuscunque defendant,quodque si quid contra dictam gardiam seu in ipsius prejudicium à quoquam fuerit actemptatum, ad statum reducant debitum nobisque et dictis religiosis condignas propter hoc emendas prestari faciant, prout ad ipsorum quemlibet pertinebit ; deputent eciam eisdem, si super hoc fuerint requisiti, ad premissa facilius exequenda, aliquem vel plures de servientibus nostris, quos tamen de hiis que cause cognicionem requirent, nolumus intromittere quoquomodo. Quod ut ratum et stabile permaneat in futurum, presentibus litteris nostrum fecimus apponi sigillum. Actum apud Luperam juxta Parisius, anno Domini millesimo trecentesimo vicesimo octavo, mense marcii.

Per dominum regem, ad relacionem domini Aymerici Guenaut. Solungy scriptor.

CXLV

Lettres par lesquelles Philippe de Valois décharge la mémoire de Jean de Cherchemont, chancelier de France, des prétendues extorsions pour lesquelles ses héritiers étaient poursuivis. Cependant, comme il était mort avant d'avoir rendu ses comptes, ceux-ci durent payer au roi seize mille royaux d'or pour tout règlement (JJ. 66, n° 1088, fol. 465).

Avril 1329.

Philippes, etc. A touz ceus qui ces presentes lettres verront et orront, salut. Savoir faisons à touz que, comme l'en nous eust rapporté que feu maistre Jehan Cerchemont, jadis chancellier de noz très chers seigneurs Charles, conte de Valoys, nostre pere, et de Philippe et Charles, jadiz roys de France, noz predecesseurs, et après de nous, avoit grevé durement noz subgiez par la cause et par l'impression de son office, et avoit fait pluseurs extorsions et noveletez en faisant pluseurs griez en diverses manieres. Item l'en disoit qu'il avoit fait ou fait faire pluseurs crimes et pluseurs excès, declairez ès fais contenuz en certains articles balliez par devers nous contre le dit feu maistre Jehan, des quiex nous avons fait baillier la copie souz nostre contreseel aus executeurs du testament du dit feu. Sur quoy nous, esmeu pour l'amour et le bien de justice, voulans pourveoir en ceste partie à nous et à noz subgiez, baillasmes et deputasmes certains commissaires à enquerre la verité des diz articles, et establismes certain procureur pour nous à poursuivre les choses dessus dites contre les executeurs et heretiers dudit feu maistre Jehan par devant les diz commissaires [1]. Les quelz commissaires ont fet diligemment pluseurs procès, inquisicions et informacions sus les choses et articles dessus diz, sur ce qui les touche le dit nostre procureur poursuiant et promovant. Sur lesquels articles, inquisicions et informacions, oys les relacion et rapport des diz commissaires à nous faiz diligemment, et considerez les diz relacion et rapport et informacion faiz tant par les diz commissaires que par nous, et autrement eu sur toutes les choses dessus dites et chascune d'icelles pleniere deliberacion en nostre grant conseil, nous avons trouvé le dit feu maistre Jehan Cerchemont estre et avoir esté du tout innocent et sanz coulpe de et sur toutes les choses dessus dites et chascune d'iceles. Pour quoy le dit maistre Jehan

---

1. On accusait le chancelier défunt d'avoir exigé de l'argent des tabellions et autres officiers qui se faisaient délivrer des *lettres en cire verte*, en outre de la taxe fixée par les ordonnances, et de s'être approprié les droits de registre qui étaient dus aux secrétaires chargés de rédiger et d'écrire ces commissions. Les poursuites auraient été faites, suivant Du Chesne, à l'instance des secrétaires du roi et des autres officiers de la chancellerie, et cet auteur parle comme d'un acte connu sous la date du 14 février 1329 (n. s.), de l'ordre d'enquête dressé par le procureur général. Il ajoute que l'information faite en conséquence dans le Languedoc fut *rapportée et enregistrée au Trésor des Chartes (Histoire des chanceliers, p. 288).* Je n'ai pas trouvé ce document.

Cerchemont, en tant comme il nous touche, prononçons et tenons pour innocent et non coulpable des choses dessus dites et de chascune d'iceles, et, de nostre auctorité roial, toute infame de fait ou autre, se aucune en avoit esté contre le dit maistre Jehan, ostons et restituons à toute bonne fame li et la memoire de li. Et pour ce que le dit maistre Jehan Cerchemont fu preoccupé de mort, avant que il nous rendist compte des emolumenz de nostre dit seel, nous eussions approchié et fait approchier ses hoirs et ses executeurs pour nous rendre compte des diz emolumenz et pour euls affiner de toutes les choses, dont li dit maistre Jehan ot onques à fere à nous, à nostre chier seigneur et pere, et à noz predecesseurs rois de France, et il ne nous en peussent rendre compte, pour ce que ce n'estoit pas leur fait, les diz hoirs et executeurs nous prierent et supplierent que nous vousissiens incliner à faire composicion ou finance à certaine somme d'argent avecques eux pour la cause dessus dite, et pour descharger l'âme du dit feu maistre Jehan de ce que il pourroit estre chargié par cause des choses dessus dites. Nous esmeuz en pitié feismes, par deliberacion de nostre grant conseil et de noz amez et feaulz les gens de noz comptes et tresoriers, composicion avecques eulz sur ce parmi la somme de seze mile royaulz d'or, de la quelle somme nous nous tenons à bien paiez et quictons le dit maistre Jehan, ses executeurs et heretiers, et ceulz qui de eulz auront cause, en tant comme à nous appartient, de touz les emolumenz du dit seel, et de toutes les autres choses en quoy les diz executeurs et heretiers povoient et pevent estre tenuz, tant à nous comme à noz predecesseurs, pour cause du dit feu maistre Jehan. Volans enseurquetout et declarans que les diz biens du dit feu maistre Jehan, ses diz heritiers et executeurs soient et demeurent quictes et delivrés dores en avant de toutes les dites choses et que yceus hoirs et les biens du dit feu et touz ceus qui ont ou auront cause de eulz ne seront [ne] ne puissent estre molestez dores en avant par nous ou par ceulz qui auront cause de nous par quelconque cause que ce soit touchant les choses dessus dites, en tant comme à nous appartient. Sauf en autres choses nostre droit et en toutes choses le droit d'autrui. Et pour ce que ces choses soient fermes à touz jours, nous avons fait mettre nostre seel en ces presentes lettres. Données à Saint Germain en Laye, l'an de grace mil ccc. vint et nuef, au mois d'avril [1].

Par le roy, à la relacion des gens des comptes. R. de Molins.

CXLVI

Accord conclu, en présence du roi, entre le sire de Parthenay et Jean d'Harcourt, touchant une clause du contrat de mariage de ce dernier avec Isabelle de Parthenay (JJ. 67, n° 97, fol. 34 v°).

1er mai 1329.

Philippes, etc. Savoir faisons à touz presenz et avenir que, comme ou traitié du mariage de nostre amé et feal le seigneur de Harecourt et de Ysabeaul, sa fame à present [2], file de nostre amé et feaul le seigneur de Partenay, certainnes convenances eussaint esté tractées et acordées entre les dites parties par leur consoil de leurs amis, et sus ycelles convenances eust esté et fust entre eus aucun descort, c'est assavoir que li diz sires de Harecourt dysoit et maintenoit que deux miles livres à tournois de rente annuelle et perpetuelle que li diz sires de Partenay li avoit promises et données pour cause dou dit mariage, à avoir du dit seigneur de Harecourt après le deceps du dit seigneur de Partenay, ou cas que il auroit hoir ou hoirs males, et le

---

1. En 1329 la fête de Pâques tomba le 23 avril et en 1330 le 8 avril, de telle sorte qu'il est difficile de déterminer la date exacte de ces lettres; tout ce qu'on peut dire, c'est qu'elles furent expédiées ou bien du 23 au 30 avril 1329, ou bien du 1er au 7 avril 1330 (n. s.).

2. Voy. la note de la page 276.

cas se estoit jà offert [1], li devoient estre assises à Chastiaux, à Vaujoieus et à Saint Christofle en Tourainne, et ou cas où il ne suffiroient, que le demourant seroit assis à Saint Blançay ; et li diz sires de Partenay dysoit qu'il avoit promis au dit seigneur de Harecourt, au traitié du dit mariage, deus mille livres de terre à value en deniers, à avoir après son deceps, si comme dit est, et li devoient estre assises à Saint Christofle et à Saint Blançay et parfaites, se defaute y avoit, à Chastiaux et à Vaujoieus ; et sus ce chascune des dites parties, à fin de venir à sa entente, proposoit pluseurs raisons de fait, et hespicialment li diz sires de Harecourt se disoit sus le traitié du dit mariage pluseurs lettres, obligacions et une sentence donnée sus descourt meu autre foiz entre les dites parties sus ce par nostre très chier et amé frere R. d'Artois, conte de Beaulmont, confermée par nostre très chier seigneur et cousin, jadis le roy Charle, par lettres seelées de son grant seel en laz de soie et cire vert [2].

Finablement les dites parties presentes pour ce par devant nous, aus Loiges en Laye, le premier jour de may l'an de grace mil ccc. vint et neuf, pour bien de pais et pour nourrir et garder amour entre aus, acorderent sus les diz debaz, par le consoil de leurs amis, et nous, de leur assentement et pure et franche volenté, ordennasmes, juigasmes, sentenciasmes et pronunçasmes en la maniere qui s'ensuit, veues les dites lettres et oyes toutes les raisons que l'une partie et l'autre vost dire et proposer. C'est assavoir que les dites deus mile livres de rente seront dès maintenant assises et assignées au dit seigneur de Harecourt à Saint Cristofle et à Saint Blançay, et parfornies, se deffaut y a, à Chasteaux et à Vaujoieus, et en appartendra et appartient dès

---

1. Dans l'accord de 1323 (p. 277) il est déjà parlé de la naissance du fils de Jean Larchevêque de Parthenay.
2. Elles sont publiées plus haut, sous le n° CXXX.

orendroit au dit seigneur de Harecourt et à sa fame et à leurs hoirs, engendrez et nez du dit mariage, la proprieté et saisine ; du droit d'ycelle proprieté toutes voies li diz sires de Partenay, tant comme il vivra, en demourra en la foy et en l'onmage des seigneurs, dont elles sont tenues, et en aura et percevra touz les fruiz et emolument tout le court de sa vie tant seulement, et ne les pourra li diz sires de Partenay vendre, donner, obliger, aliener, ne chargier, ne forfaire en quelque maniere ne par quelconque cas ou cause que ce soit, par quoy elles ne viengnent delivrement et quictement, après son decès, au dit seigneur de Harecourt, à sa fame et à leurs diz hoirs. Et pour ce que la dame de Saint Blancey [1] tient en douaire les dites terres de Saint Cristofle et de Saint Blancey, où les dites deus mile livres devoient estre assises, et le dit sire de Harecourt, sa fame ou leurs hoirs en devoient avoir saisine corporelle, comme drois proprietaires de touz les fruiz et emolument après le deceps du dit seigneur de Partenay, et entrer en foy et en hommage des seigneurs, desquels il sont tenuz, se il avenoit que li diz sires de Partenay morust avant que la dite dame de Saint Blançay, li diz sires de Harecourt, sa fame ou leurs hoirs haront, penront et leveront chascun an par la main des hoirs du dit de Partenay, tant comme la dite dame vivra, deux mile livres en deniers chascun an, et la dite dame morte, li diz sires de Harecourt, sa fame, ou leurs hoirs venront paisiblement à la saisine de culir et lever les dites deux mile livres de rente, maintenant assises sus les choses et en la maniere dessus dite comme de leur droit et propre heritage, et dès lors les hoirs au dit seigneur de Partenay demourront quictes vers le dit seigneur de Harecourt, sa fame et leurs hoirs des autres deux mile livres en deniers

---

1. Isabelle de Clermont-Nesle, veuve de Hugues Larchevêque, sire de Montfort, dame de Semblançay (voy. p. 93, note 2).

dessus dites. Et à ces choses tenir, garder et acomplir senz faire ne venir en contre, comment que ce soit ne par quelconque cause, li diz sires de Partenay obliga par devant nous li et ses hoirs touz ses biens et les biens de ses hoirs, moebles et heritages presenz et avenir, et renonça à touz droiz, us et coustumes, espicialment à la costume par la quele le mort saisist le vif et à toutes autres par les queles les choses dessus dites ou aucune d'ycelles ne pourroient avoir leur plein effet, selonc ce que il est dist par dessus, et touz yceus drois, us et coustumes, espicialment celle par la quelle le mort saisist le vif, et toutes autres, en tant comme elles pourroient estre contraires aus choses dessus dites ou que aucuns enpeschement y pourroient estre mis, nous, de nostre auctorité et plain povoir royal, ostons du tout et yceluy droit transportons, du consentement du dit seigneur de Partenay, au dit seigneur de Harecourt, à sa fame et à leurs hoirs, à ce que il puissent penre la saisine des dites choses, si comme dessus est, tout aussi comme se il fussent li plus prochains hoirs naturels. Et d'abondant nous, à la requeste du dit seigneur de Partenay, avons mis et mettons nostre decret et nostre auctorité royal ès dites choses, de nostre plain povoir, à tele maniere que li diz sires de Partenay et ses hoirs ne soient jamais oiz ne receuz par quelque voie que ce soit, en nostre court ne en autre, contre les choses dessus dites ou aucunes d'ycelles, par quoy plain effet ne s'en puist ensevir, et dès maintenant nous ostons tout povoir et toute juridicion à touz justiciers et officiers de nostre reaume, quant à ce que contre les choses dessus dites il ne pussent riens faire ne en riens ne leur soit obeyneant plus que se il fussent privées personnes. Et pour ce que les choses dessus dites soient fermes et estables à perpetuité, nous avons fait mettre nostre seel en ces presentes lettres. Donné au dit lieu de la Loge en Laye, l'an et le jour dessus diz.

Par le roy en son conseil. Barrière.

CXLVII

Ratification d'une contribution de deux cents livres tournois, payée par l'abbé de Saint-Maixent pour se racheter, cette fois seulement, de l'obligation qui lui incombait de fournir au roi cinquante sergents à pied en temps de guerre (JJ. 67, n° 72, fol. 25).

Mai 1329.

Philippus, etc. Notum facimus, etc. quod, cum senescallus noster Pictavensis dudum, ultima guerra nostra Flandrorum existente, injunxisset ex parte nostra et precepisset abbati Sancti Maxancii ut ipse quinquaginta servientes pedites in certo apparatu [1], quos, racione sue abbacie et hominum suorum, tenetur et debet facere regibus Francie, tempore guerrarum, mitteret nobis apud Attrabatum, die qua ibidem nostrum feceramus mandamentum, dicto abbate dicente et proponente coram dicto senescallo se ad servientes predictos non teneri nisi in guerris, quas reges Francie inter flumina Ligeris et Dordoigne contingeret habere, et tunc ex debito per quadraginta dies ad servientes hujusmodi et non amplius tenebatur. Tandem, multis altercacionibus hinc indè habitis, idem abbas pro se et hominibus suis, racione dicte guerre Flandrorum, finavit cum dicto senescallo pro nobis ad ducentas libras turonensium illa vice, nostra super hoc voluntate retenta, prout in litteris dicti senescalli super hoc confectis plenius continetur. Nos autem financiam hujusmodi ratam et gratam habentes, intencionis nostre nequaquam existere declaramus quod, per eandem financiam, privilegiis, franchisiis, seu libertatibus dicti abbatis et abbacie sue ac hominum suorum, nec nobis aut successoribus nostris eciam futuris temporibus prejudicium aliquid generetur,

---

1. Cf. les lettres de Philippe le Hardi confirmées par Philippe le Long, n° LXVI, p. 157.

aut jus novum nobis propter hoc acquiratur. Quod ut firmum et stabile perpetuo perseveret, presentem paginam nostri sigilli fecimus appensione muniri. Datum Parisius, anno Domini millesimo ccc. vicesimo nono, mense maii.

Per Cameram Compotorum, virtute mandati regis. R. de Molinis.

CXLVIII

L'abbaye de Charroux est soustraite au ressort de la sénéchaussée de la Marche et placée dans celui de Poitiers, ainsi que tous les membres en dépendant (JJ. 66, n° 113, fol. 38).

Juillet 1329.

Philippus, Dei gratia, Francorum rex. Notum facimus universis, tam presentibus quam futuris, quod, cum, regnante carissimo domino consanguineo nostro rege Karolo, inter senescallum Pictavensem et religiosos abbatem et conventum monasterii Karroffensis, ex una parte, senescallumque Marchie, ex altera, discordia mota esset super eo quod religiosi predicti, à Karolo magno fundati, dicebant se Pictavis coram Pictavensi senescallo, racione corone, sub cujus ressorto monasterium ipsum cum omnibus menbris suis est et fuit hactenus, ressortiri, ac eisdem religiosis et senescallo asserentibus monasterium et menbra hujusmodi à dicto ressorto nequaquam separari debere, senescallo Marchie in contrarium asserente et dicente quod, quia monasterium ipsum situm est infra terminos comitatus Marchie, et comitatus ipse ad regni domanium devenerat et coronam, dictos religiosos et monasterium debere coram eo ressortiri, nec propter hoc monasterii predicti ressortum à corona separatum censeri ; tandem idem dominus, de consensu partium, ordinavit quod, licet monasterium ipsum ex fundacione sua sit de ressorto corone, quia tamen comitatus Marchie, infra cujus terminos dictum monasterium situm est, devenerat ad coronam et confusus domanio regni erat, prefatum monasterium prioratusque et menbra ipsius, pro bonis suis sitis in Marchia, esset de ressorto Marchie sub corona et apud Sanctum Germanum propè Viennam, agendo et deffendendo, ressortiri haberent, ita tamen quod, si comitatum ipsum à corona et regni domanio separari contingeret, locus ressorti in regni domanio sub corona religiosis, monasterio, prioratibus et menbris suis, pro bonis eorum que sunt in Marchia, assignaretur predictis[1]. Cum igitur comitatus Marchie supradictus sit à corona et regni domanio separatus et translatus in consanguineum nostrum, carissimum et fidelem Ludovicum, ducem Borbonnii[2], per nos et dominum supradictum, nos religiosis et monasterio, prioratibusque et menbris predictis, in domanio et sub corona hujusmodi providentes, locum de Pictavis coram senescallo nostro Pictavensi vel tenente locum suum, qui est et pro tempore erit, pro dicto ressorto, agendo et deffendendo, eisdem religiosis, monasterio, prioratibus et menbris pro bonis suis, que sunt in Pictavia et Marchia, assignamus, inibi perpetuo et inseparabiliter remansuris. Nostro in aliis et alieno in omnibus jure salvo. Quod ut firmum et stabile perpetuo perseveret, nostrum litteris presentibus fecimus apponi sigillum. Actum in monasterio de Oratorio in Andegavia, anno Domini m. ccc. vicesimo nono, mense julio.

Per dominum regem, ad rellacionem domini Aymerici Guenaut. G. Julioti.

---

1. Ce règlement de juridiction, portant la date de mars 1326, est publié dans ce volume sous le n° CXV.

2. Par lettres du 27 décembre 1327, le comté de la Marche fut érigé en pairie en faveur de Louis Ier, duc de Bourbon, grand chambrier de France, qui en échange abandonna au roi Charles le Bel le comté de Clermont.

CXLIX

Vidimus d'un don de deux cents livres parisis de rente viagère fait par Philippe de Valois à Robert Frétart, son chambellan, qui venait d'être fait chevalier, et transformation de cette somme en rente héréditaire (JJ. 66, n° 53, fol. 15).

Août 1329.

Philippes, par la grace de Dieu, rois de France. Savoir faisons à touz presenz et avenir que, comme nous eussons donné, de nostre grace especial, à nostre amé et féal chevalier et chambellan, Robert Fretart, ij^c livres parisis chascun an, tant comme il vivra, à penre en certains lieux et à certains termes, si comme il est plus à plain contenu en noz lettres, des quelles la teneur est tele :

Philippes, par la grace de Dieu, roy de France. A touz ceuls qui ces lettres verront, salut. Savoir faisons que nous, attendeuz les bons et aggreables servises que nous a fait longuement et loialment et fait continuelment chascun jour nostre amé et feal chevalier et chambellain, Robert Fetart *(sic)*, en recompensacion et pour consideracion d'iceuls servises, pour les quiex nous sommes moult tenuz à lui, et pour ce que l'estat de chevalerie, lequel nous li avons fait penre et donné ceist jour d'uy, il puisse maintenir convenablement à nostre honeur et au sien, nous li avons donné et donnons, de nostre propre movement et de nostre grace especial et liberalité roial, deux cenz livres parisis par chascun an, tant comme il vivra, et dès maintenant les li assignons sus la prevosté de Loudun et sus l'emolument du seel et de l'escripture de la ville et chastelerie de Loudun, à penre la moitié à la Touz Sainz et l'autre moitié à Pasques, par la main du balli et du receveur de Tours ou de l'un de eux ; et ou cas que les dictes choses ne souffiroient pour les dictes deux cenz livres parisis paier par chascun an, si comme dit est, nous ce qui en defaudroit li assignons sus touz les autres emolumenz et profit de la ballie et de nostre recepte de Tours, à penre en la maniere et aus termes dessus diz. Si donnons en mandement par ces lettres aus diz balli et receveur et à chascun de euls qui ores sont et qui pour le temps seront, que à nostre dit chevalier et chambellain, tant comme il vivra, ou à son certain commandement, paient et delivrent sanz nul contredit et delay, et senz attendre nul autre mandement, les dictes deus cens livres parisis chascun an, aus termes et en la maniere que dit est, et commencera le paiement du premier terme à ceste Touz Sains prochaine. Donnons ausi en mandement à noz genz des comptes à Paris que les dictes deux cenz livres parisis rabatent chascun an aus diz balli et receveur et à chascun d'euls de leur recepte, et alloent en leurs comptes, sanz ce que il aient autre mandement de nous, quar nullement nous ne voulons que empeschement ou delay li soit mis en nostre present don, le quel nous li avons fait et faisons de certaine science et pour les causes dessus dictes. En tesmoing de la quele chose, nous avons fait mettre nostre seel en ces lettres. Donné à Villers Coste Rest, le xiie jour de juing, l'an de grace mil trois cens vint et huit.

Nous, eu consideracion aus bons et aggreables servises que nostre dit chevalier et chambellain nous a fait longuement et loialment et profittablement, et fait chascun jour continuelment, pour les quiex nous nous reputons à estre moult tenuz à luy et aus siens, en recompensacion des diz servises et pour ce que il puisse estre plus honorablement avecques nous et tenir l'estat que nous li avons donné, et que de son bon servise ceuls qui auront cause de luy se doient sentir ou temps avenir, les dictes deux cenz livres parisis de annuele rente li avons donné et donnons par ces lettres, de nostre grace especial et liberalité royal, à heritage perpetuel pour luy, pour ses hoirs et pour ses sucesseurs, et pour ceuls qui de luy ou de euls auront cause, à penre chascun an aux lieux et aus termes dessus diz, à tenir et à percevoir de euls et à en faire toute leur volunté, comme de leur propre heritage. Et pour les dictes deux cenz livres parisis nostre dit chevalier et chambellain nous a fait hommage, le quel seront tenu à faire à nous et à noz successeurs, rois de France, ses diz hoirs et successeurs et ceuls qui de luy ou de euls auront cause [1]. Et nous donnons en mandement par ces lettres aus balli et receveur dessus diz presenz et avenir, et à chascun de euls, que à nostre dit chevalier et chambellain et à ses hoirs et successeurs, et à ceuls qui de luy ou d'euls auront cause, ou à leur certain commandement, paient chascun an aus diz termes les dictes ij$^{c.}$ livres parisis, senz nul delay et contredit et senz attendre nul autre mandement quel que il soit. Donnons ausi en mandement à noz genz des comptes à Paris, qui sont à present et qui seront pour le temps avenir, que les dictes ij$^{c.}$ livres parisis rabatent chascun an, aus diz termes, aus diz balli et receveur de leur recepte et alloent en leur compte sanz nul empeschement. Quar le dit don nous avons fait et faisons de certaine science. Si voulons que il le vaille et tiegne en la maniere dessus dicte, sanz nul contredit et non contrestant chose que on peust opposer

---

1. Ces lettres sont transcrites une seconde fois au fol. 292 du même registre JJ. 66, mais la phrase « *Et pour les dictes deux cenz livres..., auront cause* » n'existe pas dans la seconde copie. Elle est remplacée par celle-ci, plus explicite : *Et c'est assavoir que nostre dit chevalier et chambellain, ses hoirs, ses successeurs et ceus qui auront cause de eus tendront la dite rente de nous et de nos successeurs et de ceus qui ont et auront cause de nous et de eus, à deux paire de gans blans rendables chascun an, en la ville de Lodun, au bailly de Toureine ou au receveur loyal ou à celui qui sera establiz à faire les paiemenz dessus diz, c'est assavoir une paire de gans à la Touz Sainz, en fesant le paiement de la dite rente, et une autre paire de gans à Pasques, en fesant l'autre paiement d'icelle rente, chascun an à tourjous mès, sens double, sens rachat, senz foy ne hommage, senz ost, senz chevauchée ne autre servitute ne redevance, et senz autre obeissance ne recognoissance quelle que elle soit, forz tant seulement les deux paire de gans blans dessus diz.* » Pour le reste, les deux textes sont exactement semblables.

ou dire à contraire. Et pour ce que il soit vaillable, ferme et estable à touz jours, nous avons fait mettre nostre seel en ces lettres. Donné à la Fontaine Saint Martin ou Mainne, l'an de grace mil trois cenz vint et nuef, ou moys d'aoust.

Par le roy. Barriere.

CL

Confirmation d'un accord conclu à la suite d'une enquête entre l'abbé de Charroux et les gens du roi du comté de la Marche, touchant la justice de Charroux (JJ. 66, n° 123, fol. 45).

Août 1329.

Philippus, Dei gratia, Francorum rex. Notum facimus universis, tam presentibus quam futuris, nos infrascriptas vidisse litteras, formam que sequitur continentes.

Universis presentes litteras inspecturis, Raymbaudus de Rechignevoisin, archidiaconus in ecclesia Eduensi, domini regis Francorum clericus, et Hugo Pouverelli, armiger ipsius domini, senescallus in Lemovicinio et Marchia, salutem et presentibus dare fidem. Litteras domini regis recepisse nos noveritis in hec verba :

Karolus, Dei gratia, Francorum et Navarre rex, dilecto et fideli magistro Raymbaudo de Rechignevoesin, archidiacono Avalonensi in ecclesia Eduensi, clerico et consiliario, et senescallo Marchie, nostris, vel ejus locum tenenti, salutem et dilectionem. Vobis tenore presentium committimus et mandamus quatinus inquestam inceptam per predecessorem tuum, senescallum Marchie, et decanum de Cappella Taillhefer, adjunctum suum, super alta et bassa justicia, quam religiosi abbas et conventus monasterii Karroffensis asserunt se habere in burgo et villa de Karrofio, perficiatis juxta tenorem articulorum aliàs eis sub contrasigillo nostro missorum, vocato procuratore nostro Marchie, et faciatis eis, pace vel judicio, cum qua poteritis celeritate, justicie complementum, taliter quod ad nos ob vestri negligenciam vel defectum non sit propter hoc ulterius recurrendum. Datum Parisius, die sexta marcii anno Domini m. ccc. vicesimo quinto [1].

Virtute quarum litterarum, ad requestam nostram, Iterius de Podio Ademari, quondam dictarum senescalliarum [senescallus], nunc baillivus Arvernie, et vir discretus dominus Regnaudus de Ageduno, decanus Capelle Tailhefer nobis exhibuerunt quosdam articulos sub contrasigillo curie domini regis clausos, missos et per ipsos apertos, inter quos continetur articulus, cujus tenor sequitur in hec verba :

Item comme les diz religieux orent esté en possession et en saisine par si lonc temps qui peut et doit souffire à bonne saisine avoir acquise, de avoir toute justice et seigneurie, basse, moyene et haute sur touz leur hommes de la ville de Charros et en leur bourc de la dicte ville, excepté l'execucion des personnes qui pour leur mesfaiz sont condempnez à mort, et voz genz de la Marche les aient enpechié et encore empechent en leurs dictes possessions et saisine à tort et sanz cause, en leur prejudice et domage, jasoit ce que sur ce les diz religieux aient empetré et heu pluseurs mandemens de vostre cort, suppliens humblement les diz religieux que le trouble et empeschement mis en leur dicte justice et seigneurie, si comme dit est, soit de tout ostez sans delay, et qu'il soient tenuz et gardez en leur dicte possession et saisine, et defendus de toute force, injure et violence et de toutes nouveltez.

Qui articulus solus mencionem faciebat de hiis que in supra dictis litteris regiis continentur. Exhibuerunt eciam quamdam inquestam super dictis articulis et presertim super articulo predicto nobis commisso per

---

1. Ces lettres ont été publiées par M. Beauchet-Filleau à l'article Rechignevoisin de son *Dict. généal. des familles de l'ancien Poitou*, t. II, p. 590.

ipsos factam, vocatis ad hoc et presentibus propter hoc procuratoribus abbatis et conventus monasterii Karoffensis et domini regis in senescallia Marchie, nosque, auditis propositis hinc et indè, visis dictis articulis et inquesta, dictaque inquesta perfecta per nos, ut dicebat, visis eciam quibusdam litteris et privilegiis ex parte dicti monasterii exhibitis, receptisque probacionibus, quas partes hinc indè producere voluerunt, deliberacione habita super hoc diligenti cum dictis ballivo et decano, qui predicta diu palpaverant et cause merita cognoscebant, et cum pluribus aliis peritis et jura regia foventibus in hac parte, dictas partes ad transactionem et pacem super contentis in commissione et articulo supradictis reduximus in hunc modum. Videlicet quod, nobis et aliis supra dictis mediantibus inter dictas partes, concordatum extitit ac eciam ordinatum quod dictis abbati et conventui in hominibus et burgo suis de Karroffio, omnimoda alta, media et bassa justicia perpetuo remanebunt, nec in exercicio ipsius omnimode alte, medie et basse justicie per gentes vel officiales dicti domini regis, racione comitatus Marchie vel comitis qui pro tempore fuerit, impedientur de cetero quoquomodo, exceptis casibus homicidii, furti seu latrocinii, adulterii, raptus seu violencie mulieris, incendii, abortizacionis facte per violenciam, per quam opporteat ipsam mulierem incidi; quorum casuum omnimodo justicia ad dominum regem, racione dicti comitatus, perpetuo remanebit. Reservata eciam dicto domino regi, racione dicti comitatus, exequcione in casibus, in quibus dictis abbati et conventui, virtute presentis transacionis alta justicia remanet, in quibus casibus sequetur mors per condempnacionem ipsorum abbatis et conventus, vel ab ipsorum justiciariis in hac parte. Acto insuper et eciam concordato inter nos et partes predictas quod [per] presentem transacionem seu pacem litteris, privilegiis, consuetudinibus, libertatibus ac juribus dictorum abbatis et conventus eorumque monasterii nullum fiat prejudicium, nec domino regi, quoad jura comitatus Marchie, nisi quatenus per contenta in presentibus transactione et litteris derogatur, et quod jus superioritatis regie dicto domino regi remaneat semper. In cujus rei testimonium, nos Raymbaudus predictus sigillum nostrum magnum cum contrasigillo parvo, quo in istis commissionibus utimur, et nos senescallus predictus sigillum nostrum, quo utimur, unà cum sigillo dicti domini regis apud Karroffum constituto, quod presentibus litteris rogavimus apponi in testimonium veritatis, duximus apponenda.

Et ego Helias Galteri, clericus, custos sigilli dicti domini regis apud Karroffum constituti, ad requisicionem predictorum dominorum Rambaudi et senescalli, sigillum predictum unà cum sigillis ipsorum presentibus litteris apposui, in testimonium veritatis. Datum die lune ante festum Omnium Sanctorum [1], anno Domini M. CCC. vicesimo sexto.

Nos autem omnia et singula in suprascriptis contenta litteris, rata habentes et grata, ea volumus, laudamus, approbamus, et tenore presencium, auctoritate nostra regia, ex certa sciencia confirmamus. Nostro in aliis et alieno in omnibus jure salvo. Quod ut firmum et stabile perpetuo perseveret, presentibus litteris nostrum fecimus apponi sigillum. Actum apud Sanctum Remigium in Varenna juxta Ligerim, anno Domini M. CCC. vicesimo nono, mense augusti.

Per dominum regem, ad relacionem vestram et domini Guidonis Caprarii. P. Fortis.

CLI

Confirmation et vidimus des lettres d'Alfonse de Poitiers, portant établissement d'un marché à Champagné-Saint-Hilaire (JJ. 66, n° 263, fol. 99).

Août 1329.

Philippus, Dei gratia, Francorum rex. Notum facimus

---

1. Le 27 octobre 1326.

universis, tam presentibus quam futuris, nos infrascriptas vidisse litteras, formam que sequitur continentes :

Alfonsus, filius regis Francorum, comes Pictavensis et Tholose. Universis presentes litteras inspecturis, salutem in Domino. Tanto libencius petencium supplicacionibus inclinamur quanto perpendimus in hiis que petuntur utilitates ecclesiasticas ampliari. Notum itaque facimus quod nos, venerabilium virorum decani et capituli ecclesie beati Hilarii Pictavensis precibus inclinati, pro salute anime nostre et ob devocionem precipuam, quam habemus ad ecclesiam memoratam, eisdem decano et capitulo ac hominibus suis de Campigniaco, nomine ejusdem ecclesie, liberè concedimus et liberaliter indulgemus pro nobis, heredibus ac successoribus nostris, ut in eadem villa de Campigniaco exerceatur mercatum in die sabbati qualibet ebdomada in futurum, ita quod euntes ad dictum mercatum, seu redeuntes de eodem, vel ibidem commorantes ad solucionem novi pedagii seu alterius exactionis indebite minimè compellantur, alia tamen debita et consueta servicia seu redevancias, que alibi, in locis in quibus mercatum exercetur, prestari consueverunt exercentes dictum mercatum, solvere teneantur. In cujus rei testimonium, presentes litteras sigilli nostri fecimus impressione muniri. Salvo in aliis jure nostro et salvo in omnibus jure quolibet alieno. Datum Pictavis, anno Domini millesimo ducentesimo sexagesimo nono, mense marcii.

Nos autem contenta in dictis litteris, quatenus dicti decanus et capitulum eis pacificè usi sunt, rata habentes et grata, ea volumus, laudamus, approbamus et tenore presencium, auctoritate nostra regia, confirmamus. Nostro in aliis et alieno in omnibus jure salvo. Quod ut firmum et stabile permaneat in futurum, presentibus litteris nostrum fecimus apponi sigillum. Actum Turonis, anno Domini millesimo ccc. vicesimo nono, mense augusti.

Per dominum regem, ad relacionem vestram. Fortis.

CLII

Sauvegarde royale accordée à l'église collégiale de Menigoute, fondée par Jean de Cherchemont, chancelier de France (JJ. 66, n° 46, fol. 13 v°).

Novembre 1329.

Philippus, Dei gratia, Francorum rex. Notum facimus universis, tam presentibus quam futuris, quod, licet in regendis subditis nobis plebibus nostre regie circunspectio majesta[ti]s universaliter curam gerat, ad sacrosanctas Dei ecclesias ecclesiasticasque personas nostre regie consideracionis oculos propensius dirigentes, predecessorum nostrorum vestigiis inherendo, predictis ecclesiis et personis de favorabilibus remediis providere, quibus mediantibus per nostre regalis potencie dexteram à noxiis defendantur violenciis quibuslibet et pressuris, ac status ecclesiasticus sub nostro regimine in transquilitate manuteneatur et pace, ut persone prefate tanto fervencius, liberius et diligencius divinis possint obsequiis intendere et vacare, quanto magis adversus inquietaciones predictas senserint se defensas, dignum, Deo gratum, acceptabile pariter et salutiferum arbitramur. Hac igitur consideracione commoti, cappellam seu collegiatam ecclesiam de Menigousto, quam dilectus et fidelis magister Johannes Cerchemont, noster quondam et nostrorum predecessorum cancellarius, de suo construxit pariter et dotavit, pro sua suorumque benefactorum et parentum salute et remedio animarum, ipsius ecclesie vel cappelle thesaurarios, canonicos, familiares, servitores et quascunque alias personas inibi servientes presenti tempore et futuro, cum omnibus bonis suis spiritualibus et temporalibus, juribus, jurisdidicionibus et rebus aliis quibuscunque spectantibus quomodolibet ad eosdem, in nostra salva ac speciali protectione seu gardia, de speciali gracia, suscipimus per presentes.

Dantes Pictavensi et Xanctonensi senescallis ceterisque justiciariis nostris, prout ad ipsos pertinuerit, in mandatis ut dictos thesaurarios, canonicos et familiares eorundem sub nostra salva et speciali protectione seu gardia predicta in suis justis possessionibus, franchisiis et libertatibus, costumis, usibus, bonis, proprietatibus, dominiis, jurisdicionibus, rebus et juribus aliis quibuscunque manuteneant, protegant et defendant ab omnibus injuriis, oppressionibus, vi armorum, potencia quorumcunque et novitatibus aliis indebitis quibuscunque, quas, si facte fuerint vel illate, ad statum pristinum et debitum revocent et reducant reducive faciant et effectualiter revocari. Et si forsan inter eos et adversarios quoslibet eorumdem super premissis vel aliquo premissorum debatum oriri contingat, rebus contenciosis ad manum nostram, tanquam superiorem, positis factaque recredencia per eandem, si et ubi fuerit facienda, exhibeant super dicto debato celeris et mature justicie complementum ; debita quoque clara et liquida, de quibus nulla questio referetur, recognita legitimè vel probata per confessionem spontaneam debitorum, testes, litteras, instrumenta vel alia legitima documenta, que predictis thesaurariis et canonicis ceterisque personis superius designatis à suis subditis debebuntur, faciant sibi solvi, debitores eorum juxta et secundum obligacionum super hiis confectarum continenciam compellendo ; et si forsan debitores ipsi in contrarium se opponant, manu nostra tanquam superiore munita de bonis opponencium usque ad quantitates petitas, in litteris comprehensas, sigillis nostris regiis sigillatas, super causa opposicionis non diferent justicie plenitudinem exhibere. Et pro premissis melius exequendis, unum vel plures de servientibus nostris eisdem thesaurariis et canonicis in speciales gardiatores deputent requisiti, sumptibus eorumdem, qui premissa et alia faciant, impleant et cum diligencia exequantur, que ad specialis gardiatoris possunt et debent officium pertinere. Nostre tamen intencionis necquaquam existit quod gardiatores ipsi de hiis que cause cognicionem exigunt se ullatenus intromittant, sed sit eisdem omnis cause cognicio interdicta. Quod ut firmum et stabile permaneat in futurum, nostrum presentibus fecimus apponi sigillum. Nostro et alieno in omnibus jure salvo. Actum apud Sanctum Germanum in Laya, anno Domini millesimo ccc. vicesimo nono, mense novembris.

Per dominum regem, ad relacionem archidiaconi Lingonensis et domini G. Bertrandi. Gervasii.

CLIII

Lettres d'amortissement des rentes destinées à la dotation de la chapelle fondée par Guyon de Velort, écuyer du roi, à Saint-Pierre du Bouchet, dans le Loudunois (JJ. 66, n° 93, fol. 32 v°).

Janvier 1330.

Phelippe, par la grace de Dieu, rois de France. Savoir faisons à touz presens et avenir que, comme nostre escuier, Guion de Velort ait fondé ou entencion de fonder une chapellenie, pour le salu de s'ame et de ses bienfaiteurs à Saint-Pierre du Bochet, en la chastellenie de Lodun, ou dyocese de Poytiers, et de la douer de vint sextiers de froment assis sus terres et prés en la parroisse de Saint-Pierre devant dit, prisiez les vint sextiers à assise de païs cent soulz ou environ de annuel et perpetuel rente, nous, à la supplicacion de nostre dit escuier, et pour ce que nous soiens participanz en touz les biensfaiz qui en la dite chapellenie se feront, avons octroié et octroions, de grace especial, par ces lettres, que le chapellain de la dicte chapellenie, qui pour le temps y sera establiz, puisse tenir et tiegne à touz jours paisiblement, en nom et pour cause de la dicte chapellenie, les diz vint sextiers de froment, sanz estre constrains à les vendre ou mettre hors de sa main, et sanz paier finance quelle que elle soit. Et que ce soit ferme et estable à touz jours, nous avons fait mettre nostre seel en ces lettres. Sauve nostre droit en autres choses et l'autrui en toutes. Donné à Arcies en Champaigne, l'an de grace mil ccc. vint et neuf, ou mois de janvier.

Par le roy, à la relacion mons. Drue de Roye. Barrière.

CLIV

Ratification d'une sentence d'absolution rendue par le sénéchal de Poitou, en faveur de Pierre Prevôt, de Germont, ci-devant châtelain et sénéchal de Lusignan pour le roi (JJ. 66, n° 91, fol. 32).

Février 1330.

Philippus, Dei gratia, Francorum rex. Notum facimus universis, tam presentibus quam futuris, nos infrascriptas vidisse litteras, tenorem qui sequitur continentes :

A touz ceus qui ces presentes lettres verront, Pierre Raymon de Rabastaing, chevalier le roy et son seneschal en Poitou, salut. Sachent touz que, comme Pierre Prevost, de Germont, jadis chastellains, juges et seneschaus pour le dit nostre seigneur le roy du chastel et de la chastellenie de Lesignan [1], eust esté approchié par les refformateurs envoiez darrenierement en Poyto sur pluseurs ravissemens de fames, murtres et roberies et sur pluseurs autres fais criminels et civiles, les quiex l'en disoit que il avoit fait aviseement et appenseement, luy estant ou dit office et paravant et par après, par puissance et auctorité de celuy, et sur ce l'eussient appellé au droit le roy et banni du royaume de France pour ce qu'il n'estoit venuz ne ne s'estoit comparuz par devant euls, appellé souffisanment et par intervalles et dilacions que raison donne, et, après le dit banniment, eust esté trouvé ou dit royaume et pris, mis et tenuz en la prison le roy de Bourges, luy

---

1. Voy. le n° LXXIX.

einssi estant en la dicte prison, ses amis se traissirent par devers le roy nostre seigneur et li supplierent à moult grant instance que il li pleust à rappeller le dit ban, et li rois nostre sires, enclinans à leur supplicacion, rappella le dit ban et tout ce qui s'en estoit ensuvi, et le restabli à sa bonne renommée, aus païs et à ses biens, et le ranvoia en la prison de son chastel de Lesignan, et nous manda que, appellez ceus qui feroient à appeller, nous oyssiens bien et diligemment le dit Pierre en ses raisons et justes et loyaus defenses sus les cas des quieux il estoit approchiez, et li feissiens acomplissement de justice, si comme il appert par ses lettres, des quelles la teneur s'ensuit :

Philippus, Dei gratia, Francorum rex. Universis presentes litteras inspecturis, salutem. Notum facimus quod, cum Petrus Prepositi, de Jazonolio, aliàs dictus de Germont, dudum castellanus et judex castellanie nostre de Lezigniaco, super pluribus criminibus sibi impositis debitè vocatus per inquisitores super reformacione patrie ad senescalliam Pictavensem novissimè destinatos, secundum patrie consuetudinem, ad regia jura nostra, non comparuerit et propter hoc bannitus fuerit de regno nostro per inquisitores eosdem, ac postmodum in regno nostro repertus, banno non obstante predicto, de mandato nostro captus et nostro Bituricensi carceri mancipatus, in quo adhuc existit, super criminibus supradictis se asserit innocentem et juri stare paratum, nobisque fecerit humiliter supplicari ut super banni remissione predicti vellemus misericorditer agere cum eodem; nos eidem in hac parte benigno compacientes affectu, bannum predictum et quicquid ex eo vel ob id est secutum dicto Petro remittimus, de gracia speciali, et eundem ad famam, patriam et ad bona, quibus pro premissis privatus fuerat, restituimus per presentes. Ballivo Bituricensi mandantes quatinus dictum Petrum, suis sumptibus, sub secura mittat custodia, in castro nostro predicto de Lezigniaco carceri mancipandum, ac senescallo Pictavensi, ut postea super premissis, vocatis evocandis et dicto Petro in suis legitimis defensionibus ad plenum audito, super premissis exhibeat celeris ac mature justicie complementum. In cujus rei testimonium, presentibus litteris nostrum fecimus apponi sigillum. Actum Parisius, xviii[a] die decembris anno Domini millesimo ccc. vicesimo octavo.

Et einsi le dit Pierre estant en la dicte prison de Lesignan nous requeroit et fasoit requerir par ses amis moult souvent et par pluseurs fois que nous procedissiens à sa delivrance et à li faire raison, selonc l'usage et la coustume du païs, et touz jours perseverent en sa defense et disoit soy estre innocent et sanz coulpe des cas dessus diz. Et sur ce nous feismes crier et assavoir par pluseurs criz sollempnement et publique[ment], en noz assises de Lezignan, à touz generaument que quicunques vodroit aucune chose dire ou proposer, par quelque voie ou maniere que ce fust, contre le dit Pierre, que il venist et se traissist avant et nous l'orrions et ferions acomplissement de justice, si comme mandé nous estoit et à nostre office devoit et povoit appartenir. A la parfin après pluseurs jornées sur ce assignées au dit Pierre, aus quels jours ny à autres nul ne s'aparut par devant nous qui se vosist faire partie contre le dit Pierre par voie d'acusacion ou denonciacion applegiée, ou autrement par maniere deue, selonc l'us et coustume du païs, li et aucuns de ses amis se traissirent par devers nous et nous requeirent que, pour eschiver leur travail et despens, nous vossissions pranre aucune finance peccuniere du dit Pierre pour le roy et retorner les cas criminels, se aucuns en y avoit, à civiles et li metre son corps et ses biens au delivre, et nous offrirent à donner au roy pour cause de la dicte finance huit cenz livres tournois. Lequel traitié et offre nous seignifiames par devers noz seigneurs de la Chambre des Comptes à Paris, afin d'en avoir deliberacion aveques euls, les quiex nous en rescrisirent par la maniere contenue en leurs lettres, dont la teneur est telle :

Les genz des comptes nostre seigneur le roy à Paris, au seneschal de Poyto, salut. Nous avons receues voz lettres contenans que, comme Pierre Prevost, de Germont, fust detenuz en la prison du roy nostre seigneur à Lezignan pour aucuns fais et cas qui li estoient imposez, les amis du dit Pierre se sont traiz par devers vous pour faire aucune composicion ou finance pour le dit Pierre aveques vous pour les choses dessus dictes, et sunt, si comme vous nous avez escript, à acort de finer aveques vous et paier la somme de huit cens livres de monnoie courant à present à quatre ans, la quelle finance vous ne vossistes recevoir juques à tant que vous sceussiez nostre volanté sur ce. Savoir vous faisons que la dite finance nous plaist en la maniere que vous la nous avez escripte, fors que tant que nous voulons que elle se paie à deus termes, c'est assavoir quatre cenz livres à la saint Remi prochaine venant, et les autres quatre cenz livres à la saint Remy ensuivant. Et à ce s'est acordée par devant nous la fame du dit Pierre. Pour quoy nous vous mandons que la dicte finance et composicion vous perfaciez et acomplissiez avec le dit Pierre et ses amis, et ycelle parfaite et acomplie, et receue bonne seurté et caucion du dit Pierre de paier la dicte somme d'argent aus termes assignez, delivrez son corps et ses biens, et sus les dictes finance et delivrance li octroyez voz lettres pendans et ouvertes et les nous envoiez pour estre confermées souz le seel du roy. Toutevois faites bien mencion en voz dictes lettres que parmi ceste finance l'en remet au dit Pierre le cas criminel à civile tant seulement, sauf le droit à ceus qui aucune chose li vodront demander civilement, les quieux vous oyez diligemment et leur faites raison. Donné à Paris, le xvij^e jour d'octobre l'an xxix.

Les queles lettres receues et leur teneur veu et diligemment considéré, eue deliberacion aveques le conseil du

roy de la seneschaucie de Poito, considerées les choses dessus
dictes, consideré ausi que les cas dont il estoit approchiez
estoient viex et anciens, obscurs et doubteus, et que l'en
n'en puet mie avoir pleine prove, avons receu la dicte
finance et tourné les cas dessus diz, se aucuns en y avoit,
criminels à civiles, et ausi l'avons absoulz et absolons
par la teneur de ces lettres de touz les fais, cas, forfaitures dessus diz et de touz autres criminels et civiles, des
quieux le dit Pierre peust estre ensuivy d'office pour tout
le temps passé juques au jour de la date de ces presentes lettres, retenue la volanté du roy nostre seigneur
et sauf ausi le droit à touz ceuls qui aucune chose li vodront demander pour les choses dessus dictes à fin civile
tant seulement. En tesmoing de ce, nous avons mis nostre
propre seel en ces lettres, en l'absence du seel de la dite
seneschaucie de Poito. Données l'an de grace mil ccc. vint
et neuf, le lundi après les huitievés de la Purification
Nostre-Dame [1].

Nos autem omnia et singula in dictis litteris contenta,
presertim financiam de qua in litteris predictis fit mencio,
factam per senescallum nostrum Pictavensem cum predicto Petro Prepositi, de Germonte, modo et forma in
eisdem litteris comprehensis, ratam et gratam habentes,
eam volumus, laudamus, approbamus, ratificamus et tenore
presentium, auctoritate nostra regia, confirmamus, et eidem
Petro omnem penam criminalem et civilem, quam, occasione delictorum et casuum impositorum sibi de et
super omnibus et singulis contentis in dictis litteris, incurrisse dicitur, et omnem quam incurrisse potuit quoquo
modo et forma in ipsis litteris contentis, de nostra benignitate regia, ex certa sciencia, remittimus, et ipsum ab eisdem absolvimus de gracia speciali. Nolentes quod propter
hoc aliquam infamie maculam incurrat, quin ymo famam

---

1. Le 12 février 1330 (n. s.).

eidem integram, premissis non obstantibus, de nostre regie majestatis plenitudine, reservamus, et eciam, si opus fuerit, ipsum restituimus ad eandem. Nostro in aliis et alieno in omnibus jure salvo. Quod ut firmum et stabile permaneat in futurum, presentibus litteris nostrum fecimus apponi sigillum. Datum Parisius, anno Domini millesimo ccc. vicesimo nono, mense februarii.

Per Cameram Compotorum. Julianus.

CLV

Echange fait entre le roi et Jean Larchevêque de Partenay, et extinction d'une double rente annuelle de vingt-cinq livres qu'ils se payaient mutuellement (JJ. 66, n° 323, fol. 126 v°).

Mai 1330.

Phelippes, par la grace de Dieu, roys de France. Savoir faisons à touz presenz et avenir que nous, à la supplicacion de nostre amé et feal Jehan, dit Larcevesque, seigneur de Partenay, nostre chevalier et conseiller, avons fait eschange et permutacion avecques luy de vint et cinc livres de rente en deniers, que il nous devoit chascun an à héritage, c'est assavoir vint livres de tournois sus la cense de Saint Rogacien en Aunis et cent souz tournois sus la cohue de Vovant, avec vint et cinc livres tournois que le dit seigneur de Partenay, ou nom de ses enfanz, nez de feu Maguerite, fille jadis Guy le Vidame, sa fame [1], avoit et prenoit chascun an à héritage sur nostre tresor à Paris. Et parmi cest eschange le dit seigneur et si hoirs demeurent quictez à touz

---

1. Sauf M. B. Ledain qui a eu connaissance de l'acte publié ici, les historiens et les généalogistes ont ignoré ce premier mariage de Jean Larchevêque et lui attribuent seulement deux femmes, Marie de Beaujeu et Jeanne Maingot de Surgères. Marguerite, fille de Guy, vidame de Chartres, première femme du sire de Parthenay, mourut le 26 mai 1326 et fut ensevelie aux Cordeliers de Parthenay, où son tombeau existait encore au XVIe siècle (B. Ledain, *la Gâtine historique*, Paris, 1876, in-4°, p. 149). On verra plus loin (n° CLXII) que, selon toute vraisemblance, un fils portant le même prénom que son père naquit de cette union.

jours dorez en avent des dictes vint et cinc livres de rente que il nous devoit chascun an sus les choses dessus dictes, et nos successeurs demorent quicte perpetuelment des dites vint et cinc livres de rente que il, ou nom de ses diz enfenz, prenoit chascun an en nostre tresor et de touz les arrerages que il nous en poroit demander. Et pour ce que ceste chose soit ferme et estable à touz jours, nous, à la requeste dou dit seigneur de Partenay, avons fait metre nostre seel en ces presentes lettres. Sauf ès autres choses nostre droit et en toutes choses l'autrui. Donné à Paris, l'an de grace mil ccc. et trente, ou mois de may.

Par le roy, à la relacion M. des Asseris. de Molins.

CLVI

Confirmation d'un accord conclu entre Hugues, vicomte de Thouars, et l'abbaye de Saint-Jean-d'Angély touchant l'ost réclamé par le premier sur les habitants d'Esnandes (JJ. 66, n° 147, fol. 56 v°).

Juin 1330.

Philippus, Dei gratia, Francorum rex. Notum facimus universis, tam presentibus quam futuris, nos infrascriptas vidisse litteras, formam que sequitur continentes :

Universis presentes litteras inspecturis, Hugo, vicecomes Thoarcensis [1], salutem imperpetuum. Noverit universitas vestra quod, cum nos peteremus exercitum ab hominibus abbatis et conventus Sancti Johannis Angeliacensis apud Nenendam [2] commorantibus, et super modo faciendi

---

1. Hugues de Thouars, seigneur de Pouzauges et de Mauléon, troisième fils de Guy II, vicomte de Thouars, et de Marguerite de Brienne, épousa en secondes noces Jeanne de Bauçay, et mourut en 1334, suivant Besly. Un acte du cartulaire de Saint-Laon de Thouars, du mercredi après *Jubilate* (20 avril) 1334, nous apprend qu'à cette date son fief était en rachat par suite de son décès, qui doit être fixé au 11 mars précédent (*Soc. de Statist. des Deux-Sèvres*, 1875, p. 91). Le P. Anselme ne lui donne pas, à tort, comme on le voit, le titre de vicomte *(Hist. généal., t. IV, p. 189 et 196).*

2. *Sic,* pour *Henendam,* comme dans la suite de cet acte ; c'est Esnandes.

exercitum esset inter nos contencio et predictum abbatem et conventum, tandem mediante amicorum utriusque partis consilio, talis inter nos transactio intervenit quod per manum prioris de Henende persolvent annuatim predicti homines nobis vel mandato nostro, in crastino Nativitatis sancti Johannis Baptiste, decem libras talis monete qualis ad costumas et census reddetur in Ruppella, et nos ad petendas predictas decem libras mandatum nostrum apud Henendem tenemur destinare ad priorem. Nos vero pro istis decem libris dictos homines ab omni exercitu quictavimus et constituimus imperpetuum liberos et immunes, ita eciam quod ultra decem libras nomine exercitus cujusquam ad predictos homines vel ad res ipsorum manus extendere non possemus. Si vero contingeret nos contra predictos homines querelam habere, per priorem de Henenda reciperemus justiciam de ipsis, nisi questio ad nostram curiam, racione nostri feodi, pertineret. Et si fortè predicti homines super feodo nostro injuriosi nobis existerent, nos pignora non acciperemus nec per violenciam caperemus vel saisinam faceremus in ea parte ville de Henende, que ad abbatem et conventum Angeliacensem noscitur pertinere, vel eorum dominio, nec eciam personis vel rebus ibidem contentis, violenciam inferemus, set ad feodum nostrum recursum solummodo haberemus. Et ne contra hec à nobis vel successoribus nostris aliquid in posterum actemptetur, sepedictis abbati et conventui presentem cartulam dedimus, sigilli nostri munimine roboratam. Actum apud Rochellam, anno graciȩ millesimo ccc. vicesimo octavo, quinta feria post dominicam qua cantatur *Jubilate* [1].

Quas quidem litteras in Parlamento nostro videri, legi et publicari fecimus et pro publicatis eas habuimus, presentibus religiosorum predictorum Sancti Johannis Angelia-

---

1. Le 29 avril 1328.

censis ac domini d'Ancenys [1], quem, ut dicitur, tangunt littere predicte, procuratoribus. Et ad perpetuam rei memoriam, hiis presentibus sigillum nostrum duximus apponendum. Datum Parisius, in Parlamento nostro, anno Domini millesimo ccc. tricesimo, mense junii.

Per cameram. Hangest.

CLVII

Ratification d'une sentence d'absolution rendue par Aimery de Chandenier, chevalier, ou son sénéchal, en faveur de Guillaume de la Bretonnière, arrêté à la suite d'une rixe avec Guillaume Arnaut [2] (JJ. 66, n° 734, fol. 299).

Août 1330.

Philippes, par la grace de Dieu, roys de France. A touz ceus qui ces presentes lettres verront, salut. Savoir faisons à touz que nous avons veu unes lettres contenanz la forme qui s'ensuit :

A touz ceaux qui verront et orront cestes presentes lettres, Aymeri de Chamdener [3], chevalier, sire de la dite ville, saluz en nostre Seigneur. A touz appareisse que, comme en nostre court de Chamdener fust pris et arrestez Guillaume Armans, sergent de noble homme monseigneur Savary de Vivone, seigneur de Aubigné et de Tors, et noz sergenz eussent pris et mené le dit Guillaume Armant en nostre prison, en la verie de Chamdenier, pour ce que l'en

---

1. Geoffroy II d'Ancenis, seigneur d'Ancenis, d'Esnandes et de Martigné-Briand (Voy. A. du Chesne, *Hist. de la maison des Chasteigners*, p. 34). Il obtint, en juin 1331, une sentence contre les religieux de Saint-Jean-d'Angely relativement à la justice d'Esnandes (JJ. 69, fol. 41). Après sa mort cette terre passa à sa fille cadette, Catherine, femme de Regnault de Vivonne, comme le prouve un accord passé, le 10 mars 1363, devant Jean Mignot, *portant le scel establi à Saint-Maixent pour monseigneur le prince d'Acquitaine et de Gales*, entre les dits conjoints et Guillaume, sire de Rochefort et d'Ancenis, stipulant au nom de sa femme, Jeanne, fille ainée de Geoffroy d'Ancenis (*Arch. nat.*, J. 183, pièce n° 165).
2. Le texte porte tantôt Armant et tantôt Arnaut.
3. A. du Chesne donne quelques renseignements assez peu précis sur ce personnage *(Hist. des Chasteigners*, p. 100), et les autres généalogistes sont encore plus réservés.

nous avoit donné entendre que le dit Guillaume Armant avoit feru et plaié grevement de son propre esmouement d'une espeie en la teste Guillaume de la Bertonere, en jour de nostre marchié de Chamdenier et durant le dit marché plenierement, et lequel dit Guillaume de la Bertoniere havoit feru et plaié d'un coteau à pointe le dit Guillaume Armant en la jouhe, si comme l'on nous avoit donné entendre; pour le quel cas noz sergens avoient pris le dit Guillaume de la Bertonnere estant en habit seculier et en robe roiée, et le tenoient pris et arresté en et souz bonne garde en nostre ville de Champdenier. Nous, voulans des forfaiz dessus diz savoir verité et yceux non volens demeurer non pugnis, ains volens faire acomplissement de droiture et les diz forfaiz pugnir, si comme de raison seroit, au dit Guillaume de la Bertonniere pris et arresté pour le dit cas desclairasmes et feismes declairier par maistre Guillaume Chauveau, nostre seneschal, que le dit Guillaumé de la Bertonniere avoit feru et plaié le dit Guillaume Arnaut *(sic)* d'un coteau à pointe par mi la jouhe, le quel dit Guillaume de Bertonniere cognut et confessa le dit Guillaume Arnaut havoir feru dou dit coteau par mi la jouhe, disent et proposent que le dit Guillaume Arnaut de son propre esmouement l'avoit feru et plaié mout grevement d'une espeie par mi la teste, et à sa defense le dit Guillaume de la Bertonniere, luy plaié et blecié de l'aspeie dou dit Guillaume Arnaut, là où il se sentit feru de la dite speie et blecié, prestement, pour ce que autrement il ne se pooit delivrer de luy, l'avoit feru du dit coteau par mi la jouhe, disent et proposent que faire le devoit et povoit, selon rayson, et disent et proposent que desclairier et pronuncier devions luy avoir feru lehuement le dit Guillaume Arnaut en sa defense et que absouldre l'en devions et delivrer de l'arrest où nous le tenions ; et en oultre nous requeroit le dit Guillaume de la Bertonniere, que nous l'y faissons amender au dit Guillaume Arnaut, ce que celi l'avoit ainsi feru et blecé de s'espée, et que en oultre nous sur ce punissons le dit Guillaume Arnaut selon ce que raison ou coustume donrroit ; offranz le dit Guillaume de la Bertonniere à nous infourmer et prouver de toutes et chascunes les choses dessus dites, tant que il lui souffiroit et comme raison seroit. Les quelles choses dessus dites, ainssi dictes et proposées de la partie du dit Guillaume de la Bertoniere, furent dictes et desclairiées par le dit maistre Guillaume Chauvea, nostre seneschal, en la presence de pluseurs personnes dignes de foy, au dit Guillaume Arnaut, le quel dit Guillaume Arnaut le dit nostre seneschal fist admener par devant soy et mettre hors de prison premierement et avant toute ovre, et avant que il li declairast les dites choses ; les quelles choses ainsi desclariées au dit Guillaume Arnaut, voussit et en fut jugiez par le dit nostre seneschal de sa volenté que le dit nostre seneschal en sceust de brief et de plain la verité, si les dictes choses avoient esté par la maniere dessus dicte, desclairiée de la partie du dit Guillaume de la Bertonniere. Le quel jugement ainssi fait, fust commis à maistre Jehan Molinea et à maistre Guillaume Barbier, barbiers, cognossans et acoustumez et approvez à cognoistre et regarder les plaies des diz bleciez, les quiex maistres et barbiers regarderent les diz plaiez, et, les dictes plaies regardées, jurerent les diz barbiers aus sains evangiles que les dictes parties n'avoient de riens peril ne doubte de mort pour cause des dictes plaies. Les quelles choses ainssi faites, fist jurer le dit nostre seneschal Jehan Artuys et Agnete sa fame, Jehan de Cherveos, Bien venue, fame Jouffroi le seler, de Champdenier, et Guillaume Bracheo de dire verité sur ce qu'il saivent des dites choses, en la presence dou dit Guillaume Arnaut et de pluseurs dignes de foy ; les quiex gar[ans] le dit Guillaume de la Bertonniere amena et nomma, offranz de amener pluseurs autres garens devant nostre dit seneschal, à prover des choses dessus dictes proposées de sa partie, tant à sa defense que autrement, tant qu'il li souffiroit. Les quiex garenz examinez par le dit nostre seneschal, deposerent par la manière qui s'ensuit :

Premierement Jehan Artuys, de l'age de vint et cinc anz ou environ, jurez et requis et diligemment examinez sur les choses dessus dites, dit par son serement que entour l'ore de ressie basse, que le dit Guillaume de la Bertonniere estoit chez le dit Jehan Artuys et à Champdenier, ou quel leu vint le dit Guillaume Arnaus et dit au dit Guillaume de la Bertonniere : « Tu as dit que je ne suis que un garson, mes tu mens, je vaus mieulx que tu ne fais, que tu es mauveis ribaus, pissecheus ». Et le dit Guillaume de Bertonniere li dist qu'il mensteit. Et lors li diz Guillaume Arnaut dist au dit Guillaume de la Bertonniere que il le comparroit et mist la maen à l'espée. Et lors li diz Guillaume de la Bertonniere dist au dit Arnaut que il ne le ferroit pas de l'espée. Et lors cilz qui parle et Jehans de Ternant se mistrent entre eulx et ruserent l'un et l'autre. Et lors traissit le dit Arnaut l'espée et ferit le dit Guillaume de la Bertonniere parmi la teste, tant que le sanc en saillit. Et lors le dit Guillaume de la Bertonniere, qui estoit si près tenuz du dit Guillaume Arnaut que aler ne s'en povoit, traixit le coteau et le ferit parmi la johe tant que le sanc en saillit, et tantost que le dit Guillaume de la Bertoniere pohut avoir l'eschance de s'en aler, s'en foit vers l'eglise, et le dit Guillaume Arnaut le segueit, l'espée en poing. — Demandé qui estoit presenz, dit par son serement que il y estoit et sa fame, Jehan de Cherveos, son valet, Guillaume Bracheos, la fame Joffroi le seler et pluseurs autres.

Agnesse, fame du dit Artuys, jurée examinez sur toutes et chascune les choses dessus dites, dist par son serement en tout et par tout et par la maniere que son dit seigneur.

Jehan de Cherveos, de eage de xx. anz ou environ, jurez et examinez sur toutes et chascune les choses dessus dictes, dist par son serement en tout et par tout comme le premier garant, fors que tant que il ne deist pas que il oist onques que le dit Arnaut deist que il en comparreit.

Bien venue, fame Joffroi le seler, jurée, etc., dist par son serement qu'elle n'oit onques que le dit Arnaut deist au dit Guillaume de la Bertonniere les vilennies que les diz garanz precedenz ont garanti, mes bien oit que il havoit noize entre eulx, et en tout le demourant dist en tout et par tout comme le premier garant.

Guillaume Bracheos, jurez et requis, etc., dist par son serement en tout et par tout comme le premier garant.

Les quelles desposicions des diz garens et maistres barbiers ores furent leues et desclairies par le dit nostre seneschal au dit Guillaume Arnaut, et fut requis le dit Guillaume Arnaut si riens il vouloit dire contre les diz tesmoins ou leurs diz, le quel dist que non, ains cognut et confessa toutes et chascunes les choses dessus dictes du dit Guillaume de la Bertonniere proposées, tant en sa defense que autrement, estre vraiez, et de ceu fut jugiez par le dit nostre seneschal, et en gaja l'amende de tout ceu qui nous touche à nostre dit seneschal. La quelle amende ainssi gagiée, nostre dit seneschal assigna jour au dit Guillaume Arnaut au lendemain du jour que le dit fait avoit estié, c'est assavoir dou semedi apres les octaves Nostre Dame Chandeleur derrenement passée[1], que le dit fait avoit esté, comme dessus est dit, en nostre plein marchié, par devant nous à faire et recevoir ce que raison seroit.

En quel jour de landemain emprès le jour du dit fait, establi en droit par devant nous le dit Guillaume Arnaut, d'une partie, et le dit Guillaume de la Bertonniere d'autre, tant pour la cause de sa deffense que autrement, feismes lire les deposicions des diz barbiers et des diz tesmoins; et les queles leues, le dit Guillaume Arnaut confessa de sa bonne volenté les choses deposées et proposées de la partie du dit Guillaume de la Bertonniere, tant en sa deffense que autrement estre vraies, et l'en jujasmes. Pour quoy le

---

1. Le 10 février 1330 (n. s.)

dit Guillaume de la Bertonniere nous requerenz o grant instance que nous li feissons droit en oultre, eu conseil et deliberacion o pluseurs saiges, de la volenté du dit Guillaume Arnaut, deismes, pronunciasmes et declarasmes que le dit Guillaume de la Bertonniere avoit leuement, à sa defense, feru le dit Guillaume Arnaut dou dit coteau parmi la jouhe, et que le dit Guillaume Arnaut avoit feru de son propre esmouement et non dehuement, et à tort, le dit Guillaume de la Bertonniere de l'espée, et condampnasmes le dit Guillaume Arnaut à amender et à gager l'amende au dit Guillaume de la Bertonniere. Lequel Guillaume Arnaut sur ce gaja l'amende au dit Guillaume de la Bertonniere dou dit forfait, à l'ordenacion de Guillaume Roiger, valet, et en fut jugiez.

Et comme les diz Guillaume Arnaut et Guillaume de la Bertonniere notoirement faisoient ou noms de homes saens, non contrestant les dictes plaies, et se portassent comme homes saens, delivrasmes par jugement et absolsimes le dit Guillaume de la Bertonniere dou dit fait et dou dit arrest, en quel nous le tenions, et le dit Guillaume Arnaut, de l'asentiment du dit Guillaume de la Bertonniere, recrehumes ou caucion juratoire, de venir et obeir sur ce à noz prochaines assises ou avant, toutes les fois que nous l'en requerrions ou que mestier seroit. En tesmoing des quiex choses, nous en avons donné aus dictes parties ces presentes lettres seellées souz nostre seau, ensemblement ou le seau dou devant dit maistre Guillaume, nostre seneschal.

Et je, le dit Guillaume Chauveau, seneschal dou dit monseigneur de Champdener, qui les dictes choses et chascunes d'icelles ay requis et diligenment examinez pour nom du dit monseigneur, mon dit seel, en greigneur confirmacion de verité, à cestes presentes lettres ay apposé. Données le xj. jour de fevrier l'an de grace m. ccc. xxix.

Nous adecertes les dictes lettres et toutes les choses et chascune d'icelles contenues ès dictes lettres aians agréables et fermes, ycelles voulons, loons et approvons et par la teneur de ces presentes lettres, de certaine science et de nostre auctorité royal, confermons. Sauve en tout et par tout nostre droit et l'autrui. Et afin que ce soit ferme et estable, avons fait mettre nostre seel en ces presentes lettres. Donné à Galatas, l'an de grace m. ccc. et trente, ou moys d'aoust.

Per vos. Thomas Ferrier.

CLVIII

Confirmation du privilège accordé par Richard Cœur-de-lion, comte de Poitiers, en 1188, à Geoffroi Berland et à ses héritiers, de louer aux marchands de draps qui viennent à la foire de Poitiers en carême (JJ. 66, n° 747, fol. 311).

Septembre 1330.

Philippus, Dei gracia, Francorum rex. Notum facimus universis, tam presentibus quam futuris, nos litteras inclite memorie carissimi domini et consanguinei nostri domini Karoli, quondam Francorum et Navarre regis, vidisse in hec verba : Karolus, Dei gracia, Francorum et Navarre rex. Notum facimus nos infrascriptas vidisse litteras in hec verba: Richardus, comes Pictavensis, filius regis Anglie, etc. Hoc factum anno ab Incarnacione millesimo c. lxxx. octavo, Gregorio papa existente, Philippo rege Francorum, Henrico rege Anglorum regnantibus, etc [1]. Nos autem dicti domini predecessoris nostri vestigiis inherentes, contenta in supracriptis litteris rata habentes et grata, ea volumus, laudamus, approbamus et tenore presentium confirmamus. Nostro et alieno in omnibus jure salvo. Quod ut ratum et stabile perpetuo perseveret, nostrum presentibus litteris fecimus apponi sigillum. Datum Turonis, anno Domini millesimo ccc. xxx. mense septembris.

---

1. Voy. plus haut, sous le n° CI, ces lettres de Richard Cœur de lion, publiées avec le vidimus de Charles le Bel, à la date d'avril 1323.

CLIX

Amortissement des rentes affectées à la dotation de la chapelle fondée par feu Bon de Signy, chevalier, en l'église Sainte-Croix de Loudun (JJ. 66, n° 479, fol. 192).

Octobre 1330.

Phelippes, par la grace de Dieu, roys de France. Savoir faisons à touz presens et avenir que, comme Bons de Singny, chevalier, jadiz fondast en son vivant, en l'église Saincte Croiz de Loudun une chapellenie, la quelle il doa de cent soulz de annuel et perpetuel rente, la quelle n'est encores amortie, nous, à la requeste de Jehan de Mailli, escuier, et de sa fame, fille et hoir du dit chevalier, octroions de grace especial et pour ce que nous soions participanz aus biensfaiz de la dicte chapellenie, que la dicte eglise de Saincte Crois et le chapellain qui tient et dessert, et ceus qui pour le temps avenir tenront et desserviront la dite chapellenie puissent paisiblement et perpetuelment tenir et tiegnent la dite rente, senz ce qu'il soient constrainz à la vendre ou mettre hors de leur main et senz paier finance, quelle que elle soit, la quelle nous leur quittons pour le salu de nostre ame. Et à perpetuelle fermeté de ceste chose, nous avons fait mettre nostre seel en ces lettres. Sauve nostre droit en autres choses et l'autrui en toutes. Donné à Mafliers, l'an de grace mil trois cenz et trente, ou moys d'octobre.

Par le roi, à la relacion Baudoin de Roches. Barriere.

CLX

Amortissement d'une maison acquise pour l'accroissement de la chapelle du château d'Angles, en voie de reconstruction (JJ. 66, n° 852, fol. 348).

Novembre 1330.

Philippus, Dei gratia, Francorum rex. Libenter vota respicimus humilium et libencius condescendimus votis ipsis, maximè cum augeantur Deus, ecclesie et divinum obsequium, vota hujusmodi dirigantur. Notum igitur facimus universis, tam presentibus quam futuris, quod, cum dudum, sicut ad audienciam nostram venit propter dispendiosam distanciam parrochialis ecclesie de Angulis, que per dimidiam leucam à castro nostro de Angulis ferè distat, capella quedam in castro eodem dicte parochiali submissa ecclesie et annexa, ob devocionem populi habitatoris dicti castri ferventis in obsequiis divinorum, pro dictis obsequiis augmentandis et vitandis nonnullis animarum et corporum periculis, que causari et provenire frequenter poterant ex distancia supradicta, in dicte parochialis ecclesie subsidium fundata fuerit et constructa, dictaque capella debilis propter ipsius vetustatem, sicut significarunt nobis rectores dictarum ecclesie et capelle, Guiraudusque Brotini et Bernardus Bonerii, operarii memorate capelle, et habitatores dicti castri, sit adeo exigua et exilis quod capax non est populi confluentis et minus suficiens, ipsique, pia consideracione et deliberacione matura, dictam reedificare capellam, subtilis ingenii studioso opere et venusto, tanquam in longitudine, latitudine et altitudine ampliare et sublimare decenter disposuerint et disponant, et jam circa id magnificè ceperint magnorum sumptuum. artificiis et laboribus operari, ad idque necessariam esse asserant domum quandam Bernardi Cinc, in qua nos unum obolum turonènsium et Guillelmus Barcacii, domicellus, obolum alium percipimus de annuo canone sive censu. Nos ad eorumdem rectorum, operariorum et habitatorum supplicacionem humilem et votivam, ad augmentum ipsius ecclesie, volentes extendere liberalitatis nostre manum, pro nostris progenitorumque nostrorum remedio et salute, dictum obolum nostrum eis de speciali gracia pia largicione donamus, concedimusque quod ipsi obolum alium et domum totam, nisi jam acquisiverint, acquirere et in ampliacione ipsius ecclesie comprehendere, construere et includere, tenereque perpetuo et habere valeant, absque coaxione vendendi vel extra manum suam ponendi, seu prestandi nobis vel successoribus nostris quamcumque financiam pro eisdem. Nostro in aliis et alieno in omnibus jure salvo. Quod ut firmum et stabile perpetuo perseveret, nostrum litteris presentibus fecimus apponi sigillum. Actum apud [Sanctum] Germanum in Laya, anno Domini m. ccc. xxx., mense novembris.

Per dominum regem, ad relacionem domini Milonis de Mesiaco. G. Julioti.

CLXI

Lettres déterminant le mode de perception de la rente annuelle précédemment constituée en faveur de Robert Frétart (JJ. 66, n° 1106, fol. 477 v°).

Novembre 1330.

Philippes, par la grace de Dieu, roys de France. Savoir faisons à touz presens et avenir que, comme nous eussions donné de nostre grace especial à nostre amé et feal chevalier et chambellain, Robert Fretart, deux cens livres parisis chascun an, tant comme il vivra, à prenre en certains lieus et à certainz termes, si comme il est plus à plain contenu en noz lettres, des quelles la teneur est tele : Philippes, etc. [1]. Et pour ce que plus liberaument et à sa volenté, sans labeur ne paine souffrir de requerre noz diz bailli et receveur, les quiex il ou ses hoirs ne pourroient pas touz jours prestement trouver ne à eux avoir actes à leur voulenté, nostre dit chevalier puisse estre paiez dores en avant des dites

---

1. C'est l'acte de donation du 12 juin 1328, publié plus haut (n° CXLIX), intercalé dans des premières lettres ampliatives, et transformant en héréditaires les 200 l. de rente annuelle accordées d'abord à Robert Frétart, sa vie durant seulement, et datées du mois d'août 1329. Ces nouvelles lettres sont semblables aux précédentes jusqu'aux mots : *aus lieux et termes dessus diz.* La phrase se termine ici, au lieu de continuer par les mots : *à tenir et à percevoir,* etc., et une autre phrase commence : *Et pour ce que plus liberaument,* etc.

deux cens livres parisis de rente, nous, en ampliant les graces dessus dites, voulons et, de certaine science et grace especial, li octroions par ces presentes lettres que dores en avant il puisse penre et recevoir les dites deux cens livres de rente aus termes dessus diz, sans requerre les bailliz ou receveurs qui pour le temps seront, par la main des fermiers de la dite prevosté de Lodun et des emolumenz du seel et de l'escripture de la ville et chastellenie d'icelui lieu, ou par la main d'iceulx qui les diz emolumenz aront et leveront, et que à ce il et ses hoirs les puissent faire contraindre, en monstrant ces presentes lettres, sans autre mandement attendre, comme pour noz propres debtes, à tenir et à percevoir de lui et de ses hoirs, ou aians cause de lui, et en faire toute leur voulenté, comme de leur propre heritage. Et est à savoir que nostre dit chevalier et chambellain, ses hoirs, ses successeurs et ceuls qui ont ou auront cause d'eulz, tendront la dite rente de nous et de noz successeurs, et de ceus qui ont ou auront cause de nous et de eulz, à deux paires de ganz blanz rendables chascun an aus termes dessus diz, en la ville de Lodun, au receveur royal de Touraine, sanz en faire nul autre devoir à nous et à noz successeurs ne autre coustume, sanz double, sanz rachat, sanz foy ne hommage, sanz ost, sanz chevauchie ne autre servitute ou redevance, et sanz autre obeissance ne recongnoissance, fors les deux paires de gans blanz dessus diz tant seulement. Et nous donnons en mandement par ses lettres à touz les fermiers de la dite prevosté et emolumenz d'icelle, qui dores en avant seront, que à nostre dit chambellain et à ses hoirs et successeurs, et à ceus qui de li ou de eux auront cause, paient chascun an aus termes dessus diz les dites deux cens livres parisis, sans nul delay ne contredit, et sans nul autre mandement attendre, et aussi aus baillis et receveurs roiaus de Touraine, qui sont et seront, que les diz fermiers contraingnent à ce, se deffailhans en estoient, vigoreusement et sans delay, et ensement à noz amez et fealz les gens de noz comptes à Paris, qui sont et seront, que aus diz baillis, receveurs et fermiers deduissent et facent rabatre chascun an la somme dessus dite, sans nul empeschement ou difficulté quelle que ce soit, quar nous avons fait le dit don de certaine et pourveue science, et voulons que il vaille et tiegne sans nul contredit, non contrestant chose que l'en puisse opposer ou dire au contraire. Et pour ce que il soit vaillable, ferme et estable ou temps avenir à touz jours, nous avons fait mettre nostre seel à ces presentes lettres. Données à Paris, l'an de grace mil ccc. et trente, ou moys de novembre.

Par le roy, à la relacion de vous et de M. des Essars. Vistrebec.

CLXII

Confirmation des promesses et engagements contractés entre Jean Larchevêque de Parthenay et Amaury de Craon, pour le mariage de Jean, fils aîné du premier, avec Béatrix, fille puînée du second (JJ. 66, n° 789, fol. 329).

Janvier 1331.

Philippes, par la grace de Dieu, rois de France. Nous faisons savoir à touz presenz et avenir que nous avons veues les lettres des convenances faites et accordées entre nos amez et feals Amalri, seigneur de Craon, d'une part, et Jehan Larcevesque, sire de Partenay, d'autre part, contenanz la fourme qui s'ensuit :

Sachent touz qui cestes lettres presentes verront et orront que nous Amalri, sire de Craon, et nous Jehan Larcevesque, sire de Partenay, avons pieça accordé et enquores accordons que mariage se fera entre Jehan, filz ainzné [1] de

---

1. Nulle part ailleurs on ne trouve mentionné ce fils aîné de Jean Larchevêque, seigneur de Parthenay. Les historiens attribuent à celui-ci un seul fils, Guillaume, qui épousa, en 1349, Jeanne de Mathefelon, et vécut jusqu'en 1401. Il est vrai que parfois ce dernier est désigné

nous Jehan, sire de Partenay, et une des filles puisnées de nous sire de Craon, la quelle que plus plera à nous, sire de Partenay, ou de l'ainsnée, si à nous sire de Craon plesoit. Et devons nous, sire de Partenay, chosir l'une des filles puisnées dedenz la saint Jehan Baptiste. Et se il avenoit que celle que nous aurions chousie moroit avant que le dit mariage fust acompli et parfet, nous devrions chousir pour nostre dit filz une des autres puisnées au dit sire de Craon, qui ne seroient ailleurs assignées, dedenz deux moys emprès la mort de la premiere choisie.

Item nous, sire de Partenay, marions le dit Jehan, nostre fils ainsné, comme nostre her, emprès nostre decès, des chasteaus, chasteleries et terres de Partenay, de Mervant, de Vovant et de toutes noz terres et chasteaus, que nous avons en Gastine, et de toutes les appartenences des diz chasteaus et terres, en la maniere que les diz chasteaus et terres nous eschaïrent de la mort nostre pere. Et voulons que, tantost emprès nostre decès, le dit Jehan, nostre filz, viegne aus foiz et aus homages, à la saisine et possession des diz chasteaus, chastelleries et terres tout entierement, sanz ce

---

sous le prénom de Jean (*Guillaume, appelé aussi Jean,* dit le P. Anselme), mais il n'est guère admissible qu'il soit question de lui dans le document publié ici ; car il était fils de Marie de Beaujeu dont l'union avec Jean Larchevêque n'eut pas lieu avant l'année 1328, et il ne pouvait encore avoir vu le jour à la date qui nous occupe. Il s'agit bien plutôt d'un frère aîné, dont la trace toutefois, je le reconnais, se perd immédiatement après cette révélation. Selon toute vraisemblance, Jean, dont il est ici question, était né du premier mariage de Jean de Partenay avec Marguerite, fille de Guy, vidame de Chartres (voy. plus haut la note du n° CLV), et il mourut avant d'avoir pu réaliser ce mariage, dont les conditions sont réglées si minutieusement, et qui dut rester à l'état de projet. Amaury III de Craon, seigneur de Sablé, marié deux fois, avait perdu Isabelle de Sainte-Maure, sa première femme, le 16 décembre 1310, suivant Ménage (*Hist. de Sablé*). Béatrix, sa fille puinée du second lit, choisie par le sire de Parthenay, comme on le verra plus loin, ne devait avoir que douze ans au plus, à l'époque de ses fiançailles. D'autre part, Amaury décéda peu de temps après avoir obtenu du roi la confirmation de ce contrat, le 26 janvier 1332, et sa mort, en admettant que Jean vécût encore à cette date, put bien avoir eu pour résultat la rupture des engagements pris avec le sire de Parthenay.

que nous en puissons riens aliener, charger ne amenuyser, einsi que par cestui fet le dit Jehan, nostre filz, nostre viage, ne puet demander ne avoir les foiz, les homages, les saisines ne les usufruiz des dictes choses; et sauve et retenu à nous touz les acquez que nous, puis la mort nostre pere, avons fait et farons ès dictes chastelleries et terres, des quiex acquès nous porrions faire nostre volenté. Et pour tant ne renunciera pas nostre dit filz à ce que, oultre les diz chasteaus, chastelleries et terres, li puet et doit eschaer de nous pour succession.

Item est accordé et encores accordons que, si le mariage fait et accompli entre les diz enfanz, il avenoit que le dit Jehan, nostre filz, emprès que il auroit accompli vint anz de son aage, de nous se vouloit partir, nous, vivant la dame de Samblancey[1], fame jadis monseigneur Hugues, nostre frere, baillerons et asserrons de nostre propre heritage au dit nostre filz mil et cinc cenz livres tournois de rente à commune value, inssi que elles ne puissent fallir, ovec chastel ou manoir souffisant pour la demeure des diz enfanz. Et si en celui temps la dite dame de Samblancey estoit morte ou moroit après, si tost comme elle sera morte, nous baillerons et asserrons à nostre dit filz deux mille livres tournois de rente en la terre que la dite dame tient, et parfès au plus près, se la dite terre ne les valoit; les quelles deux mille livres einssi assises, le dit nostre filz delessera les dites mil et cinc cenz livres de rente, si adonc li estoient assises, comme dit est.

Item est accordé et encores accordons que, si les dis chasteaus, chastelleries et terres de Partenay, de Mervent, de Vovant et de Guastine, des quiex nous heritons nostre dit filz emprès nostre decès, si comme dessus est dit, ne valoient six mille livres tournois de rente, en commune

---

1. Isabelle de Clermont, dite de Nesle, dont il a été question précédemment (voy. la note 2 de la page 93).

value, et que ils ne peussent faillir, les dites six mille livres de rente seront parfetes en et sus la terre que tient la dite dame de Saintblancey, emprès la mort d'icelle.

Item est accordé et accordons que le dit mariage acompli et parfet, se il avenoit que le dit nostre filz morist avant nous, la dite fille, sa fame, aura en douaire, nous vivant, mil livres tournois de rente, à commune value, tele que elles ne puissent faillir; et après nostre decès, elle aura de croissance pour son douaire autres mil livres tournois de rente; et se il avenoit nous trespasser de cest siecle devant nostre dit filz et après moroit nostre dit filz, la dite fille, sa fame, aura en douaire la tierce partie de toute nostre terre et des appartenances, non obstant quicunque coustume contraire, rabatu et descompté la partie que coustume de païs donne à noz filles et à noz filz puisnez, si aucuns en avoit.

Item nous voulons, commandons, promettons et accordons que, si nous trespassions de cest siecle avant que nostre dit filz fust en aage d'acomplir le dit mariage, le dit nostre filz soit baillé au dit sire de Craon pour le garder et norrir jusques à tant que le dit mariage soit acompli et parfet.

Item nous promettons et suymes tenus fere, procurer et pourchasser à tout nostre plain povoir, sans nulle fraude, que nostre dit filz se consentira au dit mariage, et le voudra et accordera. Et sitost comme il aura aage de contrere mariage, il le contraira par parole de present et la dite fille espousera. Et se aucuns vouloient empeschier le dit mariage ou aucune des choses dessus dites, nous promettons et jurons, par nostre serement corporelment de nous fet, à nostre pouer, sanz nulle fraude, oster les empeschemenz qui mis y seroient et destorber cils qui les y voudroit mettre.

Et nous, sire de Craon, avons promis et enquores promettons donner à nostre dite fille, qui sera fame au dit Jehan, filz du dit sire de Partenay, pour son mariage, sept cenz livres de tournois de rente annuel et perpetuel à heritage, à la dite nostre fille et à ses hers et successeurs; les quelles sept cenz livres de rente le dit sire de Partenay nous devoit, ce est assavoir seize vinz livres que nous solions prendre sus la terre de Montfort, et trois cenz et quatre vinz livres de rente que la dame de Paluau [1] nous devoit, des quelles le dit sire de Partenay a pris la charge; et les quelles sept cenz livres de rente le dit sire de Partenay nous doit asseoir et assigner, si comme il apparestra ci dessouz plus plainement, en et sus ses terres et tenemenz de Marnes et de Montcourtour, et parfetes au plus près, emprès le decès de la dame de Samblancey. Et les quelles sept cenz livres il est tenu à nous paier par chascun an, vivant la dite dame.

Et volons que, le dit mariage fait et accompli, nostre dite fille et le dit Jehan, son espons, en non de li, aient, prengnent et levent les dites sept cenz livres de rente, comme heritage à nostre dite fille, einssi toutevois que, si nostre dite fille moroit sanz hoir de son corps, ou ses hers, si elle en avoit, moroit sanz hoir descendant de leur corps, que les dites sept cenz livres de rente viengnent et retournent entierement à noz enfanz puisnez, freres et seurs de nostre dite fille; sauve tant que, si les diz cas avenoient, le dit sire de Partenay, se il li plesoit, pourroit avoir, dedens un an prochain emprès les diz cas avenuz, par retret des dites sept cenz livres de rente, les trois cenz et quatre vinz livres, dont il s'est chargié pour la dame de Paluau, si comme dessus est dit, en paiant et rendant à noz diz enfanz puisnez, freres et seurs de la dite nostre fille, trois mille et oict cenz livres de tournois.

Et en oultre ce, avons promis et promettons enquores

---

[1]. Letice de Parthenay, sœur de Jean Larchevêque, veuve alors de Maurice de Belleville, seigneur de Montaigu, la Garnache, Palluau, etc.

donner à nostre dite fille pour son mariage, ovecques les dites choses, sept mille livres de tournois à poier, moitié tantost comme le dit mariage sera fait et enteriné, et l'autre moitié dedans l'an ensuivant, à estre convertiz les dites sept mile livres ou proufit du dit Jehan et de la dite nostre fille.

Item nous, Jehan Larcevesque dessus dit, les dites sept cenz livres de rente avons assises et assignées et enquores asseons et assignons au dit sire de Craon et à ses hers et successeurs, et cils qui de lui auront cause, en et sus noz dites terres et tenemenz de Marnes et de Montcourtour, et parfetes au plus près, à prendre, avoir, percevoir, lever et recevoir du dit sire de Craon et de ses hers, et de ceus qui ont et auront cause de lui, tantost emprès le decès de la dite dame de Samblancey, et, vivant la dite dame, nous promettons et sumes tenuz rendre, poier ou satisfier au dit sire de Craon, ou qui cause y aura de par lui, les dites sept cenz livres, par chascun an, en chascune feste de saint Christofle, seize vinz livres, et par chascune feste de Noel trois cenz et quatre vinz livres, sauve et retenu à nous à avoir par retret les dites trois cenz quatre vinz livres de rente, ès cas ou la dite fille au sire de Craon dessus dit ou ses hoirs mourroient sanz hoir de leur cors, si comme dessus est dit.

As quelles choses dessus dites et chascune d'icelles tenir, garder, acomplir et fermement enteriner par touz articles, nous Amalri, sire de Craon, et nous Jehan Larcevesque, sire de Partenay dessus diz, en tant comme chascun de nous touche et puet et porra touchier ou temps avenir, obligons l'un à l'autre, nous, noz hoirs, noz successeurs et touz noz biens mobles et ymobles, presens et avenir, en queuques lieus que ils soient, et especialment et expressement. Et avons juré à saintes evangiles et promis et enquores jurons et promettons loialment et en bonne foy toutes les choses dessus dites et chascunes d'icelles tenir, garder, fere, procurer, acomplir et enteriner par touz articles, si comme dessus est dit, en tant comme chascun de nous touche et puet et pourra toucher, sanz venir en contre par nous ne par autre ou temps avenir.

Supplians à très excellent prince, nostre très grant et redoubté seigneur, nostre seigneur le roy de France, que, à plus grant seurté des dites choses, toutes les choses dessus dites et chascune d'icelles à estre tenues, gardées et acomplies, et fermement enterinées par touz articles de touz jours mès perpetuelment, de nous sires dessus diz et de noz hers, comme dessus est dit, il degne et veulle, de la auctorité de sa roial majesté, loer, confermer et approuver, et y ferè mettre et apposer son seel, dont l'en use en tels cas et en semblables. En tesmoing des quelles choses, nous Amalri et Jehan, sires dessus diz, avons mis et appousé noz seels à cestes presentes lettres. Données et faites le xxj. jour d'avril, qui fut le mardi emprès le dimenche que l'en chanta en saincte eglise *Quasimodo* [1], à Saumur, l'an de grace mil ccc. vint et sept.

Item avons veues autres lettres annexées aus lettres dessus dites, seellées du petit seel au dit Jehan Larcevesque, contenanz la forme qui s'ensuit :

Nous Jehan Larcevesque, sire de Partenay, faisons savoir à touz que, comme entre noble homme et puissant, monseigneur Amalri, sire de Craon, de une part, et nous, de autre, ait esté parlé, traictié et accordé mariage de Jehan Larcevesque, nostre filz, et de unes des filles puisnées du dit sire de Craon et de madame Beatrix de Roucy [2], sa compaigne et espouse, la quelle fille nous devions choisir et eslire, si comme il est plus pleinement contenu ès lettres sur ce faites, seellées du seel au dit

---

1. Le 21 avril 1327.
2. Dame de la Suze au Maine, fille de Jean IV, comte de Roucy, et de Jeanne de Dreux, seconde femme d'Amaury III de Craon.

sire de Craon et du nostre, aus queles cestes presentes lettres sont annexées ; nous, eue deliberacion et avis, avons choisi et esleue, et enquores choisissons et eslisons Beatriz de Craon [1], fille seconde des diz sire de Craon et madame Beatriz, sa compaigne, pour estre compaigne et espouse du dit Jehan, nostre filz. Et voulons et accordons que le dit mariage en la maniere qu'il est traictié et parlé, soit fait, contrait et acompli entre le dit nostre filz et la dite Beatriz le plus tost que l'aage des diz Jehan et Beatriz le pourra souffrir, et sainte eglise le voudra consentir. En tesmoing de la quelle chose nous avons seellée ceste presente lettre de nostre propre seel. Ce fut fait à la Roche-au-Moine, le jour saint Jaque et saint Phelippe, apostres [2], l'an de grace mil ccc. vint et sept.

Nous adecertes les dites convenences et toutes les autres choses contenues ès lettres dessus escriptes aianz fermes et aggreables, icelles volons, loons, approvons, ratefions et de nostre auctorité roial confermons par la teneur de ces lettres. Sauf en autres choses nostre droit et en toutes le droit d'autruy. Et que ce soit ferme et estable à touz jours, nous avons fait mettre nostre seel en ces lettres. Donné à Loncpont, l'an de grace mil ccc. et trente, ou moys de jenvier.

Par le roy, à la relacion du doyen de Saint Martin de Tours. P. Caisnot.

CLXIII

Constitution en faveur de Simon de Montbreton, chevalier, d'une rente héréditaire de cent livres tournois, assignées sur des terres de la sénéchaussée de Poitou (JJ. 66, n° 435, fol. 177 v°).

Février 1331.

Philippes, par la grace de Dieu, rois de France. Savoir

---

1. Elle fut mariée à Eon, seigneur de Lohéac et de la Roche-Bernard, et mourut le 26 septembre 1356 (*Hist. généal.*, t. VIII, p. 570).
2. Le premier mai.

faisons à touz presenz et avenir que , comme nous eussiens, de grace especial, donné et otroié à nostre amé Symon de Montbreton[1], chevalier, un chastel de deus cens livrées tournois de terre par an, à sa vie tant seulement, et eussiens mandé et commis à nostre amé et feal chevalier, Mouton de Blenville [2], seneschal d'Agenois, que au dit Symon pourveist du dit chastel et li assist et assignast les dictes deus cens livrées de terre tournois par an, nous certains et confians de la loyauté et circunspection d'iceli Symon, par l'experience de ses bonnes euvres et faiz, considerez les bons, loyaus et aggreables services qu'il nous a faiz longuement et fait encore de jour en jour, voulans li faire recompensacion condigne de ce, eue bonne deliberacion sur ce, avons, de grace especial et de certaine science, donné et donnons à li et à ses hers et successeurs, à heritage perpetuelment, cent livrées de terre tournois à value de terre, à lui estre assises et assignées en la seneschaucie de Poitou [3], leissant pour ce à nous les deus cens livres de terre tournois par an et le chastel dessus diz, que donné li aviens à sa vie, si comme dit est. En tesmoing de la quelle chose et à ce que ce soit perpetuelment ferme et estable, nous avons fait mettre nostre seel à ces presentes lettres. Donné et fait à Saint-Germain en Laye, ou moys de fevrier l'an de grace mil III$^{c.}$ et trente.

Par le roy, à la relacion mons. le duc de Bourbon faite à moi, ou dit mois, ou Louvre. Vitri.

---

1. Il possédait le fief de la Roche-Jarron en la paroisse de Saugé, près Montmorillon, et le vendit, le 23 avril 1342, à Guy de Chanac. Sa mort arriva antérieurement au mois d'avril 1347, comme on le voit dans un acte de cette date (JJ. 76, fol. 222 v°).

2. Jean II de Mauquenchy, dit Mouton, seigneur de Blainville, depuis sénéchal de Saintonge, 1336-1338.

3. L'acte d'avril 1347, cité plus haut, nous apprend que ces cent livres de rente lui furent assignées sur les fours de Montmorillon et sur certaines redevances dues au roi à Lathus, à Plaisance et aux environs.

CLXIV

Lettres portant permission à Nicolas Le Blanc, chanoine de Poitiers, d'acquérir une terre de vingt livres de rente et d'en doter des personnes ou des établissements ecclésiastiques (JJ. 66, n° 614, fol. 259 v°).

Mars 1331.

Philippes, par la grace de Dieu, roys de France. Savoir faisons à touz presens et avenir que nous, considerans les bons, loyaus et agreables services, que nostre amé et feal clers et conseilliers, maistre Nichole le Blanc, chanoine de Poytiers, a fais ou temps passé, tant à nous que à noz très chiers seigneurs et cousins Phelipe et Charle, jadiz rois de France, les quels Dieux absoille, oïe la supplicacion du dit maistre Nichole, li avons octroié et encores li octroions, de nostre auctorité royal et de grace especial, que il puisse acquerre et achater en noz fiez ou arrerefiez ou censives, ou ès fiez ou arrerefiez des eglises, si et en tant comme il nous appartient, sans haute et moyenne justice, vint livres de annuelle et perpetuelle rente à tournois, selonc l'assiete et coustume de païs, et que les dites rentes, se il les a jà acquises ou partie d'icelles, il puisse convertir, donner et appliquer à sainte eglise, ensemble ou par parties, et en fonder et donner chapellenies, et en autrement ordener en lieus sains, pour le salut de s'ame et de ses parens, sans ce que il les puisse vendre ne transporter alleurs ; et que les personnes et lieus sains, aus quels il donrra les dites rentes, les puissent tenir perpetuelment, paisiblement, sanz ce que il puissent estre contraint par nous ne par noz successeurs, roys de France, les mettre hors de leurs mains, ne pour raison de ce à en faire finance quelle que elle soit. Et que ce soit ferme chose et estable, nous avons fait mettre nostre seel à ces presentes lettres. Sauf en autres choses nostre droit et en toutes l'autruy. Donné à l'abbeye du Val-Nostre-

Dame, l'an de grace mil ccc. trente, ou mois de mars. Par le roy, à la relacion mons. Guillaume Bertran. P. Fortis.

CLXV

Philippe de Valois permet au cardinal Pierre de Mortemart de convertir en biens de mainmorte ses terres de Poitou, qui avaient été la propriété de Raoul, comte d'Eu, connétable de France (JJ. 66, n° 854, fol. 348).

Avril 1331.

Philippes, par la grace de Dieu, rois de France. Savoir faisons à touz presenz et avenir que pour la très grant amour et affection que nous avons à nostre très cher et feal ami Pierre de Mortemer, evesque jadiz d'Auceurre et à present cardinal du saint siege de Roume [1], le quel a esté touz jours et encores est continuelment moult diligent à promovoir par devers nostre très saint pere le pape toutes noz besoignes et y a moult travaillé et travaille chascun jour, de quoy nous sommes moult tenuz à lui, nous li avons octroié et octroions par ces lettres, de nostre liberalité royal et grace especial, pour nous et pour noz successeurs, rois de France, que toute la terre que il a et doit avoir en Poitou, tant par titre d'achat comme par don, la quelle tenoit nostre amé et feal chevalier Raoul, conte de Eu, connestable de France [2], jusques à trois cenz livres à

---

1. Pierre Gouin, dit de Mortemart, du lieu de sa naissance, comme il l'avoue lui-même, n'a rien de commun avec les Rochechouart, et c'est à tort que quelques historiens ont essayé de le rattacher à cette maison. Successivement évêque de Viviers, en 1320, et d'Auxerre, en 1325, il fut créé cardinal, du titre de Saint-Étienne *in Cœlio Monte*, au mois de décembre 1327, puis évêque de Sabine. Il fonda à Mortemart, sa patrie, un hôpital, un collège, une église appelée le *Moustier*, et trois couvents, le premier de Chartreux, le second d'Augustins et l'autre de Carmes. Sa mort arriva le 14 avril 1335 (F. Du Chesne, *Hist. des cardinaux franç.*, in-fol., t. I, p. 456-458).

2. La terre que le comte d'Eu vendit au cardinal d'Auxerre était située dans la châtellenie de Civray. En faisant cette opération il avait en vue surtout de se procurer des ressources, « pour cause de sa neccessité et pour nous miex servir, » suivant l'expression des

— 384 —

tournois de annuel et perpetuel rente, le dit cardinal puisse convertir et transporter en eglises et personnes de eglises, religieuses ou autres lieus pietables, ensemble ou par parties, par quelconque titre ou maniere que il li pleira, et que ceuls en qui il aura ainsi transporté la dite terre ou rente la puissent tenir et posseir paisiblement à perpetuité, en la maniere que le dit conte la tenoit, sanz ce qu'il puissent estre constraint à vendre icelle terre ou rente, ou à la mettre hors de leur main et sanz en paier à nous ne à noz successeurs, rois de France, aucune finance quelle que elle soit ou temps avenir. Et que ce soit ferme et estable à touz jours, nous avons fait mettre nostre seel en ces lettres. Sauve en autres choses nostre droit et en toutes l'autrui. Donné à la Neuveville en Hez, l'an de grace mil ccc. trente et un, ou mois d'avril.

Par le roy en son conseil, à vostre relacion. Solungy.

CLXVI

Privilège accordé à Pierre Raymond de Rabasteins, sénéchal de Poitou, d'exploiter une saline dans sa terre de Bigorre (JJ. 66, n° 800, fol. 332).

Mai 1331.

Philippes, par la grace de Dieu, rois de France. Savoir faisons à touz presenz et avenir que nous avons octroié et

---

lettres royaux du 10 janvier 1346, citées plus loin. Après la mort du prélat, le connétable, voulant rentrer en possession de ce domaine, se fit reconnaître par jugement son droit de retrait; mais il fallait payer aux exécuteurs du testament de Pierre de Mortemart quatre mille livres, somme que la pénurie financière persistante du comte d'Eu lui faisait paraître lourde, si bien qu'il n'usa pas de son droit et se contenta, pour le réserver à ses héritiers, de se faire délivrer de délais en délais des lettres de prorogation, et son fils en agit de même jusqu'au commencement de l'année 1347 et peut être plus tard encore. Ces lettres, dont la première au moins sera publiée dans ce volume, sont au nombre de cinq et portent les dates suivantes : 22 mai 1337, 28 octobre 1339, 30 janvier 1342 (n. s.), 18 février 1345 et 10 janvier 1346 (n. s.). Elles se trouvent dans le précieux registre des comptes du connétable d'Eu, qui fait partie du Trésor des Chartes, sous la cote JJ. 269, fol. 94, 95, 96 et 107.

octroions de grace especial, par ces presentes lettres, à nostre amé chevalier, Pierre Raymont de Rabastienx, seneschal de Poitou, de querre et cerchier sel en certain lieu, en sa terre de Bigorre, et que, le dit sel cerchié, aus cous et despens du dit chevalier, et trouvé, la moitié des emolumenz qui dès adonc en avant en istront dusques à la somme de deus cenz livres par an et au dessouz, couz et despens paiez, appartendra au dit chevalier et à ses hoirs ou ceus qui en cete partie aront cause de li. Et paiera le dit chevalier ou ceus qui aront cause de li partie des coustemenz du dit sel pour telle partie comme il y prendra, c'est assavoir la moitié, ou cas que les emolumenz du dit sel monteroient à la dite somme de deux cens livres ou à moins, et ou cas que les emolumenz d'icelli sel monteroient à plus de deux cenz livres par an, aprez touz cous, le dit chevalier ou ceus qui aront cause de li en ce partie, ara et prendra ou dit sel cent livres tant seulement, touz quittes venenz à sa main, et tout le residu sera à nouz et à noz successeurs, rois de France. Et que ce soit ferme et estable à perpetuité, nous avons fait mettre nostre seel en ces presentes lettres. Sauf nostre droit en autres choses et l'autrui en toutes. Donné à Bauquierville, l'an de grace mil ccc. trente et un, ou mois de may.

Par le roy, à la relacion de mons. Michel de Reccourt. H. Martin.

CLXVII

Permission accordée au sire de Bauçay de construire à Faulant une chaussée et un étang (JJ. 66, n° 853, fol. 348).

Mai 1331.

Philippes, par la grace de Dieu, roys de France. Savoir faisons à touz presenz et avenir que, comme le sire de Bauçay nous ait supplié que nous li vueilliens octrier que [en] sa terre, en un lieu appelé Faulant, par lequel et duquel l'en va à Chinon et à l'Ille-Bouchart, il puisse faire une chauciée et un estan à poissons, et nous aiens fait faire informacion et enqueste pour savoir se ce feroit aucun prejudice à nous et à autre, par la quelle raportée devers nous et diligemment veue, il a esté trové que nous n'i ariens nul prejudice et que ceus qui ont aucune chose ou dit lieu s'i assentent, mais que le dit seigneur de Bauçay leur face sur ce satisfacion, la quele il leur a promise à faire, si comme il a apparu par la dite informacion, nous, enclinans à la dite supplicacion, octroions par la teneur de ces lettres, de grace especial, au dit seigneur de Bauçay, pour li et pour ses hoirs à touz jours, que, faite la satisfacion desus dite aus personnes à qui il touche, il puisse faire et avoir ou dit lieu la dite chauciée et estan, en rendant toute-voies à nous et à noz successeurs pour ce cinc solz de rente anuel et perpetuel aus termes acoustumez. Et que ce soit chose valable à touz jours, nous avons fait metre nostre seel à ces presentes lettres. Sauf en toutes choses nostre droit et l'autrui. Donné au Val de Rooil, l'an de grace mil ccc. trente et un, ou moys de may.

Par le roy, à la relacion de mons. G. de Noe. Gervasii.

CLXVIII

Lettres de sauvegarde octroyées à Marguerite, veuve de Jean de Mirebeau (JJ. 66, n° 908, fol. 372 v°).

Décembre 1331.

Philippes, par la grace de Dieu, rois de France. Savoir faisons à touz presens et avenir que, à la supplicacion de Marguerite Charruell, veuve, jadis fame feu Jehan de Mire-biau, et ses enfans communs, nous avons prins et mis, prenons et mettons par ces presentes lettres, de certaine science la dite Marguerite et ses diz enfans, avecques touz leurs biens, leurs choses et leur famille en la protection et especial garde royal de nous et de noz successeurs, roys de France, mandans par la teneur des dites presentes, aus seneschals de Poitou et de Xainctonge et à touz autres justiciers, et à chascun de euls, si comme à li appartendra, que les diz mere et enfans souz la dite especial garde il maintiegnent en leur justes possessions, franchises, droiz, libertez, usages, jurisdicions et coustumes, et de toutes injures, violences, griés, oppressions, force d'armes et inquietacions indeues, quelles que elles soient, les defendent, et des personnes de qui il voudront requerir loyal asseurement il leur facent avoir, selonc la coustume du païs, et neentmoins defendent de par nous ou facent deffendre, sur granz poines, as persones qu'il feront nommer, que il ne mesfacent aus diz supplians ne à leur famille, ez personnes ne en biens, et ceste especial garde publient en leur assises et ailleur, là où mestier sera, à fin que, se aucun ou aucuns l'enfraignent ou presument actempter encontre, il ne se puissent excuser d'ignorance; et avecques ce mettent ou facent mettre nos penunciaus roials en signe de la dite garde especial ès biens et possessions des diz supplians, se mestier est et il en sont requis. Et ne seuffrent les diz seneschalx et autres justiciers, qui ore sont ou seront pour le temps avenir, contre les diz supplians, leur biens, ne leur famille, faire aucunes noveletés indeues, mais, se faites les treuvent, les facent remettre au premier estat deu et pour ce amender à nous et à partie. Et pour toutes les choses dessus dites et chascunes d'icelles, et les autres qui a office de especial gardien pevent appartenir, plus diligeanment exequter, deputent aus diz supplians, à leur despens, un ou pluseurs des sergens roiaus pour le temps, toutes fois qu'il les requerront, en gardiens especials, les quels gardiens ne s'entremettent de chose qui requiere cognoissance de cause. Et pour ce que ce soit ferme chose et estable à perpetuité, nous avons fait mettre nostre seel à ces presentes lettres. Ce fu fait à Paris, l'an de grace mil ccc. trente et un, ou mois de decembre.

Par le roy, à la relacion de mons. P. de Jaunay. J. Lagacii.

CLXIX

Confirmation d'un jugement du sénéchal de Poitou, portant délivrance des biens de feu Guillaume Lallemant, bourgeois de Poitiers, mort sans héritier naturel, à Guillaume de Tonnay, son fils adoptif (JJ. 66, n° 513, fol. 207 v°).

Février 1332.

Philippes, par la grace de Dieu, rois de France. Savoir faisons à touz presens et avenir que nous avons veu les lettres ci dessous transcriptes contenans la forme qui s'ensuit :

A touz ceus qui verront et orront cestes presentes lettres, Pierre Raymont de Rabastenx, chevalier le roy nostre seigneur et son seneschal en Poitou et en Limozin, salut. Sachent touz que, comme le procureur du roy en Poitou deist et proposast par devant nous que feu Guillaume Alemant [1], jadis bourgois de Poitiers, estoit mors sans hoir de sa char et sens heritier qui de raison peust venir à sa succession, et que touz les biens des quiex il estoit mors vestis et saisis appartenoient au roy, comme appliquez et à li devoient demourer comme vacans, ensembleement o les fruiz et levées qui en ont esté fais puis la mort du dit feu, et disoit le dit procureur du roy que Guillaume de Taunay, clerc, tenoit et exploitoit les diz biens et avoit eu les fruiz et les levées d'iceus jusques à l'instimacion de deux cens livres, pour quoy il requeroit contre le dit Guillaume qu'il li fust condampnez par jugement et contrainz à les delaisser au roy ensembleement o les fruiz jusques à la value dessus declarée.

Encontre les quiex choses disoit et proposoit le dit Guillaume de Taunay [2] que jà fust ce que le dit feu fust

---

1. Il avait été maire de cette ville à plusieurs reprises. Cf. la note 2 de la page 181.
2. Un Jean de Tonnay, fils ou neveu de ce personnage, fut maire de Poitiers en 1370.

mort sans her de sa char, que le dit feu avoit norry le dit clerc et l'avoit institué son heretier en son testament ou derreniere volenté ès biens qui li appartenoient ou temps qu'il morut, et qui peussent ou deussent venir à ses hers, se aucuns en eust, disans le dit clerc que faire le pooit segont raison et mesmement segont l'usage et la coustume du païs, les quiex usages sont touz notoires et approuvez en Poitou que tout homme franc et de franche condicion, de quelque assemblée qui soit, puet ordener de ses biens meubles et non muebles par voie de donacion ou institucion, ou legat, en testament ou hors testament, en quelque maniere qu'il li pleira, et vaudra et tendra ce qu'il en fera, et mesmement ou cas ou il a ordené de ses couvrances; et le dit feu Guillaume n'avoit que couvrances, pour quoy il disoit que ès choses demandées de la partie du dit procureur, il n'estoit pas tenuz ne ne devoit estre condampnez,ançois devoit estre du tout en tout absouz de la dicte demande.

En contre les quiex choses le dit procureur du roy disoit et proposoit que, souppsé que le dit feu eust fait testament de fait et en celui institué heritier de fait, il ne le pooit faire de droit, pour ce qu'il disoit que le dit feu fut engendrez et nez de assemblée dampnée, c'est assavoir de homme marié en fame mariée, et que telx personnes ainsi nez de droit ne pooient faire testament ne instituer heritier qui puisse leurs biens tenir ny avoir, ne ne doive, si comme il disoit.

Le dit Guillaume de Taunay disans et proposans le contraire et que ne saroit jà trouvé que le dit feu fust engendré de cohit ou assemblée comme dessus, ançois le nioit le dit Guillaume, meiz seroit trouvé que le dit feu fu engendré de cohit ou assemblée de homme solu et non marié en fame solue et non mariée, et ainsi l'offroit à prouver le dit Guillaume, si mestier li estoit. Et disoit encore le dit Guillaume que personne engendrée de tel engendreure, comme disoit le dit procureur, souppusé sans prejudice que le dit feu le fust, la quelle chose defaut, pooit faire testament et instituer heritier selonc droit et l'usage et la coustume de Poitou, autre fois provez et adjugiez en cas semblable en jugement contraditoire. Disans encore le dit clerc que le dit feu fust jurez de la commune de Poytiers, et que les persones de la dite commune ont par previlege real que il poent faire testament, instituer heritier et ordener de leurs biens à leur volenté, par le quel previlege disoit le dit Guillaume que le dit testament et institucion que le dit feu avoit fait, supposé sans prejudice du dit clerc, devoit tenir et valoit, combien que le dit feu autrement ne le peust faire. Disans encore le dit clerc que un manoir appellé Fressinay[1] et ses appartenances et autres biens qui furent du dit feu, les quex il avoit acquis, le dit Guillaume ne tenoit pas pour cause de institucion dessus dite, mais les tenoit tant pour cause de donacion faite entre viz du dit feu au dit clerc, en faveur de mariage faisant de li et de sa fame, que autrement et pour icestes causes les avoit le dit clerc tenuz et exploitiez au temps de la mort du dit feu et par avant, par an et par jour, paisiblement. Disans encore le dit clerc que touz les meubles et couvrances du dit feu durant le mariage de li et de sa fame, la quele sourvequit, appartenoient à la fame du dit feu, c'est assavoir touz les meubles et la moitié des couvrances à heritage et l'autre moitié des dites couvrances à viage, segon l'usage et la coustume, qui tex sont en la ville de Poitiers que les meubles communs sont et demeurent enterinement au derrier vivant, et mesmement ou cas ou il n'ont her de leur char engendré.

Item disoit encores le dit Guillaume que touz les biens du dit feu, qui li pooient appartenir ou temps qu'il morut, ne valoient ny encores ne valent pas

---

1. Fief relevant de la baronnie de Chauvigny.

quarante livres de rente en deniers, des quiex il a fondé une chapellenie de dis livres de rente [1], et sus le demourant conviendra que toutes les aumosnes, amendes et legaz soient paiez et acompliz. Item disoit encores que la plus grant partie des biens appartenans au dit feu, ou temps qu'il morut, et des quiex il estoit mors vestis et saisiz movent de pluseurs et divers justiciers du païs et non mie du roy nu à nu, au quex seigneurs appartendroit ce qui muet d'eus, à chacun ce qui muet de li, si aucune raison nul seigneur justicier y povoit avoir, segont l'usage et la coustume du païs notoires et approuvez en tel cas. Et ainsi disoit que, souppossé sans prejudice de li que le dit feu n'eust pas institué heretier et que les raisons dessus dites defallessent, le roy nostre sires y auroit peu et aussi comme nul proffit. Item disoit que autre fois le seneschal de Poytou, nostre predecesseur, avoit mis les diz biens qui furent du dit feu en la main le roy, et pour tele cause, et avoit approché le dit Guillaume pour raison des diz biens, pour les quiex nous l'aprochions, comme dessus, et que le dit clerc ot mandement de court au dit seneschal nostre predecesseur, et, oyes les raisons du dit clerc, appellé le procureur du roy qui lors estoit, et luy present, veu le dit mandement, avoit delivré au dit clerc les diz biens. Pour les quiex choses disoit le dit clerc que le roy nostre sires n'y avoit point de droit et que nous ne le dit procureur ne le devions enquieter ne molester sus ce, et que de tout en tout nous li devions mettre les diz biens au delivre avecques les diz fruiz, comme à celi qui estoit vray seigneur et proprietaire d'iceus, et les li laisser tenir et exploitier paisiblement, comme les sienes, pour les causes et raisons dessus dites et pour pluseurs autres qu'il declairoit et offroit à declarer.

---

1. Guillaume Lallemant avait fondé une chapelle dans l'église de Saint-Cybard (Thibaudeau. *Hist. du Poitou*).

Les quex choses ainsi dites et proposées du dit clerc pluseurs fois par devant nous, nous, informez à plain des lettres, testament et institucion dessus declarez et enquis o pluseurs sages par pluseurs fois, pour ce que nous cuidons en aucune chose les dites questions estre douteuses, et icelles vousissons remettre à la court, le dit Guillaume, le quel est feble et maladous, disans qu'il ne pooit aler à la court de France sans grant dommage de son corps, se traissit par devers nous, et, par le conseil de pluseurs saiges, le dit Guillaume voulans eschiver et rachater son travail, mises et despens, et non mie en cognoissant que li rois nostre sires eust aucune raison ès diz biens (meis disoit que point de droit n'y avoit li roys nostre sires, si comme dessus est dit), nous offrit composer et transiger et pacifier sus les choses dessus dites.

Et pour ce que nous avions eu conseil à aucuns de noz seigneurs de la Chambre des Comptes nostre seigneur le roy à Paris, que nous transissions et pacificions ou le dit Guillaume, si nous poions trouver o lui qu'il se vousist traire à bonne composicion et paceficacion, avons composé et pacefié et transigé o le dit Guillaume sus les choses dessus dites en la maniere qui s'ensuit : c'est assavoir que touz les biens et chascuns meubles et inmeubles qui furent jadis du dit feu sont et demorront au dit Guillaume et à ses hers et à ceus qui aront cause de li perpetuelment, paisiblement sans aucune inquietacion ou molestacion, qui mise leur y soit de la partie du roy nostre seigneur sus les choses devant dites, et yceus biens avons delivrez au dit Guillaume de Taunay, en tant comme il touche le droit le roy nostre seigneur, se point en y avoit ; et sont et demourent au dit Guillaume les diz biens, sans ce que le roy y puisse jamais ès dictes choses et biens riens demander par les causes dessus dites et si comme dessus est dit, sauve et reservé en tout et par tout la volenté du roy nostre seigneur. Et le dit Guillaume pour bien de pais et pour rachater son travail, mises et despens, et non mie en cognoissant que le roy eust aucune raison ès choses dessus dites et comme dessus est dit, rendra et paiera au roy nostre seigneur ou à son receveur en Poitou, au temps des paiemenz, à paier et rendre à trois termes, c'est assavoir à la prochaine Nativité saint Jehan Babtiste cent livres, et à l'autre Nativité saint Jehan Baptiste ensegant autres cent livres, et à l'autre Nativité saint Jehan Baptiste, qui sera l'an mil III^c xxxiiij, autres cent livres, ou cas qu'il fera sa volenté, si comme dessus, et qu'il donra lettre au dit clerc de son plasir. Et avons recehue et faite ceste composicion par le conseil de Jehan Bonnet, procureur du roy dessus dit en Poitou, mons. Guillaume Lescuier, clerc nostre seigneur le roy, Guillaume de Morillon, receveur le roy en Poitou, Jehan Guichart [1], nostre lieutenant, Itier Bernart, maire de Poitiers [2], maistre Guillaume Coindé [3], Robert de Londres [4], Pierre de Forest, Guillaume de Lavauceau, prévost de Poytiers, Eon Faure, portant le seau le roy à Poitiers establi, Guillaume de la Ferrere, chastellain de Lesignen, Estienne Hoquet, prevost le roy à Montmorillon, Raoul Roy, tabellion du roy, Garin Grassin, sergent le roy à Poitiers, Jehan de Charenci, baillif de Champaigne, et de Guillaume Sarton. En tesmoing des choses dessus dites, nous avons donné au dit Guillaume de Taunay cestes presentes lettres, seellées du seel du quel nous usons en nostre dite seneschaucie, presens le dit Jehan Bonnet et les autres dessus nommez, le mercredi avant la feste saint Matheau [5], l'an de grace mil ccc. trente et un.

---

1. C'est lui sans doute qui avait été maire en 1324 et le fut de nouveau en 1334 et 1335 (Beauchet-Filleau, *Dict. généal. du Poitou*, t. II, p. 186).
2. Son nom se trouve déjà, l'an 1302, sur la liste des maires de Poitiers (Bibl. nat. ms. cité).
3. Le nom de ce personnage, qui avait aussi été maire pendant plusieurs années, se retrouvera dans la suite de ce volume.
4. Voy. plus haut la pièce n° LXXXI.
5. La Saint-Matthieu se célèbre le 21 septembre.

Nous adecertes la dicte composicion et toutes les choses contenues ès dites lettres, ensi comme elles sont ci dessus devisées, aians fermes et aggreables, icelles volons, loons, agreons, ratifions et approvons et de nostre auctorité royal confermons. Sauf en autres choses nostre droit et en toutes choses le droit d'autrui. Et pour ce que ce soit ferme et estable à touz jours, nous avons fait mettre nostre seel en ces lettres. Faites et données à Paris, l'an de grace mil ccc. trente et un, ou mois de février.

Par les gens des comptes. R. de Molins.

CLXX

Lettres de sauvegarde octroyées à l'abbaye Sainte-Croix de Talmont
(JJ. 66, n° 610, fol. 258).

Février 1332.

Philippus, Dei gratia, Francorum rex. Notum facimus universis, tam presentibus quam futuris, quod, licet in regendis subditis nobis plebibus nostre regie circunspeccio magestatis universaliter curam gerat, ad sacrosanctas Dei ecclesias ecclesiasticasque personas nostre regie consideracionis occulos propencius dirigentes, predecessorum nostrorum vestigiis inherendo, predictis ecclesiis et personis de favorabilibus remediis providere, quibus mediantibus per nostre regalis potencie dexteram à noxiis deffendantur, violenciis quibuslibet et pressuris, ac status ecclesiasticus sub nostro regimine in transquillitate manuteneatur et pace, ut personne prefate tanto fervencius, liberius et diligencius divinis possint obsequiis intendere et vaquare, quanto magis adversus inquietaciones predictas senserint se defensas, dignum, Deo gratum, acceptabile pariter et salutiferum arbitramur. Hac igitur consideracione commoti, monasterium seu abbaciam Sancte Crucis de Thalemondo, ordinis sancti Benedicti, Luçonensis dyocesis, cum omnibus prioratibus, ecclesiis, menbris et pertinenciis suis, ac abbatem, priores, monachos, familiares, servitores ipsius monasterii, membrorum, ecclesiarum et prioratuum ejusdem inibi servientes, pro presenti tempore et futuro, cum omnibus bonis suis spiritualibus et temporalibus, juribus, jurisdicionibus et rebus aliis quibuscunque, spectantibus quomodolibet ad eosdem, in nostra salva ac speciali protectione et gardia, de speciali gracia suscipimus per presentes. Dantes Pictavensi et Xanctonensi senescallis ceterisque justiciariis nostris, prout ad ipsos pertinuerit, in mandatis, ut dictos abbatem et conventum, priores et prioratuum ipsius monasterii monachos et familiares eorundem, sub nostra salva et speciali protectione et gardia, predictis in suis justis possessionibus, franchisiis, libertatibus, coustumis, usibus, bonis, proprietatibus, dominiis, jurisdicionibus, rebus et juribus aliis quibuscunque manuteneant, protegant et defendant ab omnibus injuriis, oppressionibus, vi armorum, potencia quorumcunque et novitatibus aliis quibuscunque, quas si facte fuerint vel illate, ad statum pristinum et debitum revocent et reducant, reducive faciant et effectualiter revocari. Et si forsan inter eos et adversarios quoslibet eorundem super premissis vel aliquo premissorum debatum oriri contingat, rebus contenciosis ad manum nostram, tanquam superiorem, positis, factaque recredencia per eandem, si et ubi fuerit facienda, exhibeant super dicto debato celeris ac mature justicie complementum. Et pro premissis melius exequendis, unum vel plures de servientibus nostris, eisdem abbati et conventui ac prioribus, monachis ac familiaribus suis in speciales gardiatores deputent, requisiti, sumptibus eorundem, qui et premissa et alia faciant, impleant et cum diligencia exequantur, que ad specialis gardiatoris officium possunt et debent pertinere. Nostre tamen intencionis nequaquam existit quod gardiatores ipsi de hiis que cause cognicionem exigunt, se aliquathenus intromittant, set sit eisdem omnis cause cognicio penitus interdicta. Quod ut firmum et stabile permaneat in futurum, nostrum presentibus litteris fecimus apponi sigillum. Actum Parisius, anno Domini millesimo ccc. xxx. primo, mense febroarii.

Per vos. J. Lagacii.

CLXXI

Confirmation de l'accord conclu entre les sires de Parthenay et de Beaujeu relativement à certaines clauses du contrat de mariage du premier avec Marie de Beaujeu (JJ. 66, n° 899, fol. 371).

Juin 1332.

Philippes, par la grace de Dieu, roys de France. Savoir faisons à tous presens et avenir que par devant nous, entre les parties ci dessous escriptes a esté fait acort en la fourme et maniere contenues en une cedule seellée de leurs seaus, bailliée à nous, dont la teneur est tele :

Il est acordé entre monseigneur de Partenay [1] et monseigneur de Biaujeu qui est à present, que, comme par l'ordenance et devis fait par monseigneur de Biaujeu [2], qui Diex absoille, le dit monseigneur de Biaujeu qui est à present soit tenuz à monseigneur de Partenay, pour cause dou mariage pris en madame sa feme, à paier les trois parties dou mariage, et madame de Biaujeu qui est à present et ses enfans la quarte. Quar le dit monseigneur de Biaujeu qui est à present baille à monseigneur de Partenay, pour tant comme à lui appartient, tant pour les termes passés

---

1. Jean Larchevêque, seigneur de Parthenay (1308-1358). Marie de Beaujeu était sa seconde femme, et leur mariage avait eu lieu en 1328, suivant le P. Anselme (t. VI, p. 732).

2. Guichard, sire de Beaujeu, de Dombes, etc., surnommé le Grand, fit son testament le 18 septembre 1331, et mourut entre cette date et le mois de juin 1332, comme l'indiquent les termes de cet accord. Son fils aîné, Edouard, né le 11 avril 1316, devint maréchal de France en 1347 et fut tué à Ardres en 1351. Il avait épousé, cette année même (1332), la fille de Jean de Thil en Auxois, Marie, dont il est également question plus bas (*Hist. généal.*, t. VI, p. 724, 732, 733).

quant pour ceus avenir, le chastel de Chamelet et toutes les appartenances, et li face valoir les rentes dou dit chastel sept cenz cinquante livres tournois pour an franches et quites, et se les rentes dou dit chastel ne les valoient, que il li assie en terre au plus près que il pourra bonnement dou dit chastel de Chamelet, la somme que faudroit des dites sept cens cinquante livres tournois, et mettra li dit sires de Partenay tel receveur comme li plaira à recevoir les dites rentes.

Et sera mis li dit sires de Partenay en possession dou dit chastel et rentes encontinent, et commencera à lever les rentes à ceste saint Jehan prochain à venir ; et tendra le dit chastel et rentes tant que il soit paié de les trois parties dou mariage que messires, qui Dieux absoille, li donna quant il prist sa fille. Et doit prendre blé en la dite assiete pour tant comme il voudra au premier marchié qui sera après l'uytive de Pasques, chascune année, et vin pour tant comme il vaudra en vendenges. Et ou cas ou li sires de Biaujeu li paieroit sept cens cinquante livres tournois dedens les pasques prochaines, que celuy qui tendra le chastel pour le dit seigneur de Partenay responde des dites rentes de cele année au dit seigneur de Biaujeu. Et doit li sires de Partenay, quant il aura receu sept cens cinquante livres tournois, mettre les en terre dedens un an après, au proufit de la dame de Partenay, suer du dit seigneur de Biaujeu, et en faire foy sous le seel du roy monseigneur ou de officier qu'il ait emploié les dites sept cens cinquante livres tournois, et en celui cas où il fera foy en la maniere dessus dite, l'en ne li doit faire nul empeschement que il n'ait le dit chastel et rentes, ou les dites sept cens cinquante livres tournois tant que il soit paiés de la dite somme de son mariage.

Et est accordé que l'en li assie par tele maniere que toutes missions faites et despens, il puisse avoir chascun an les dites sept cens cinquante livres tournois toutes franches et quictes ; et ou cas que il convendroit au dit seigneur de Partenay faire missions ou despens en plaidoiant ou pour refection de maisons ou autrement pour maintenir le dit chastel ou les dites rentes lever, li dit sires de Biaujeu est tenus de li rendre et restituer, et est tenuz autressi de li garder et deffendre les choses dessus dites vers tous et contre tous, à ses propres missions et despens. Et ou cas où nul empeschement li seroit miz et li sires de Biaujeu ne li faisoit oster encontinent, li dit sires de Partenay pourra user de tous ses drois et mettre ses lettres premieres à execucion en cele maisme maniere que il feist, se ces convenences ne fussent faites. Et supplient dès jà les dites parties au roy monseigneur que à ce vuille mettre son decret et sa auctorité royal, non obstant toute ordenance et grace faite sus le fait dou dit seigneur de Biaujeu, et sont à acort les dites parties que les meilleurs lettres soient faites sur ce que l'en porra faire. Et après que les dites parties eurent baillié la dite cedule devers nous, il jurerent chascun de eus aus sains euvangiles le dit acort fermement garder et tenir, et encontre non venir par eulz ou par autres en quelconque maniere. Renuncians à toutes exepcions de droit et de fait, de fraude, de decevance, especialment au droit disant general renunciacion non valoir, à tous privileges, graces et respis octroiez et à octroier, et à toutes les allegacions et raisons qui pourroient estre dictes, alleguées ou opposées au contraire.

Et nous, à la supplicacion des dites parties, les choses dessus dites et chascune d'iceles decernons estre tenues, gardés et acomplies, et iceles voulons, loons, ratifions, approvons et de nostre auctorité royal les confermons. Et que ce soit ferme et estable ou temps avenir, nous avons fait mettre nostre seel à ces presentes lettres. Sauf nostre droit et l'autrui en toutes choses. Ce fu fait à Royaulieu emprès Compeigne, l'an de grace mil ccc. trente et deux, ou mois de juign.

Par le roy, à vostre relacion. Mathieu.

CLXXII

Révision de l'assiette et confirmation d'une rente de quatre cent cinquante livrées de terre, constituée autrefois à Jean de Cherchemont, au profit de la chapelle de Menigoute (JJ. 66, n° 972, fol. 404).

Juillet 1332.

Philippes, par la grace de Dieu, roys de France. Savoir faisons à tous presens et avenir que, comme certaine assiete eust esté faite ou temps de nostre très chier seigneur le roy Charles, que Dieu absoille, à feu maistre Johan Cerchemont, lors vivant, de quatre cens cinquante livrées de terre en nostre grant fié d'Aunys, et de douze livres de rente pour haute justice, la quele rente il avoit acquise du seigneur de Bragerac [1] à l'usage et au profit de la chapelle de Menigouste, et depuis nous eust esté raporté que la dite assiete avoit esté trop grosse, pour quoy nous mandasmes et commeismes à noz seneschal de Xainctonge et bailli du dit grant fié d'Aunys que la dite assiete revissent et revisitassent savoirmon se en ycelle avoit plus ou moins et se elle estoit faite deuement; et par vertu de nostre dit mandement et commission il aient veue et visitée ycelle, si comme il tesmoygnent par leurs lettres ci dessous encorporées, les queles nous avons veues, contenans la forme qui s'ensuit :

---

1. Le procès-verbal de cette assiette porte la date du 10 février 1328 (n. s.) et se trouve inséré dans des lettres de confirmation du mois de juin de la même année (JJ. 65¹, n° 117); mais la commission en avait été donnée en effet par Charles le Bel, le 29 décembre 1327 (Du Chesne, *Hist. des chanceliers*, p. 287). Le roi devait une rente de mille livres à Renaud de Pons, seigneur de Bergerac, qui lui avait fait abandon, à ce prix, des droits qu'il prétendait sur les comtés de la Marche et d'Angoulême. Deux cent cinquante livres cédées à Amaury de Craon avaient été assignées à celui-ci antérieurement à la date du 10 février 1328, et sur le restant, Renaud de Pons ayant vendu quatre cent cinquante livres à Jean de Cherchemont, elles lui furent assignées sur le grand fief d'Aunis, ainsi que les trois cents autres livres restant dues au seigneur de Bergerac.

A très nobles et puissans noz seigneurs de la Chambre des Comptes à Paris, de par nostre seigneur le roy, Guichart, seigneur de Montigné, chevalier du dit roy nostre seigneur et son seneschal en Xainctonge, et Johan Gauvain, escuier, bailli du grant fié d'Aunys, de part le roy nostre seigneur, honneur aveques toute reverence. Nouz très chiers seigneurs, savoir vous faisons que nous avons receuz deux mandemens du roy nostre seigneur, des quiex la teneur du premier est tele :

Philippes, par la grace de Dieu, roys de France. Au seneschal de Xainctonge et au bailli du grant fié d'Aunys, ou à leurs lieus tenans, salut. Comme certaine assiete eust esté faite ou temps de nostre très chier seigneur le roy Charles, que Dieu absoille, à maistre Johan Cerchemont, ou temps qu'il vivoit, de quatre cenz cinquante livrées de terre et de douze livres pour la haute justice en nostre grant fié d'Aunys, la quele rente il avoit acquise du seigneur de Bragerac, à l'us et au profit de sa chapelle de Menigouste, nous vous mandons et à chascun de vous que la dite assiete vous faciez revisiter, savoirmon se il y a plus ou mains et se elle a esté deuement faite, et ce que vous en trouverez nous rescripsiez, et laissiez joir le tresorier et chanoines de la dite chapelle de leur dite rente, non contrestant mandement fait de nous ou de noz genz des comptes au contraire, et aussi leur rendez et delivrez tout ce qui en aura esté pris ou saisi pour tele cause. Donné à Paris, le xie jour de septembre l'an de grace mil ccc. et trente.

Item la teneur du secont mandement est tele :

Philippes, par la grace de Dieu, roys de France. Au seneschal de Xainctonge et au bailli du grant fié d'Aunys, ou à leurs lieus tenans, salut. Autres fois a esté mandé par noz lettres à vous et à chascun de vous que vous revoissiez ou faiciez revoir l'assiete et assignacion qui fu faite, ou temps de nostre très chier cousin le roy Charles, à feu maistre Johan Cerchemont, ou temps qu'il vivoit, de quatre cenz et cincquante livrées d'annuel et perpetuel rente aveques douze livres de rente pour la haute justice en nostre grant fié d'Aunys, la quele rente le dit Cerchemont avoit acquise du seigneur de Bragerac, à l'usage et au profit du tresourier et du chapitre de l'eglise de Menigouste, pour savoir se en ycelle assiete avoit plus ou mains que avoir y devoit ou se elle [a] esté deuement faite, et que entretant laissessiez les diz tresourier et chapitre joir de la dite somme de rente, et leur rendissiez et delivressiez ce qui pris ou saisi en avoit esté, et vous n'en aiez[1] riens fait, ançoys as tu, bailli, levé les dites douze livres de rente pour la haute justice par deux ans, en vitupere de nostre dit mandement et damage d'euls, si comme il dient. Pour quoy nous vous mandons et à chascun de vous, si comme à li appartendra, que vous revoiez ou faciez revoir et regarder la dite assiete et assignacion par les lettres et papiers fais en faisant ycelle. Et se vous trovés que la dite assiete et assignacion soit plus grassement assise que elle ne doit et que elle seurmonte la somme des dites quatre cenz cinquante livrées et douze livres de rente, tout le seurplus prenez et retenez par devers nous et appliquez à noz usages et yceli seurplus signifiez à noz amez et feialz les genz de noz comptes à Paris par voz lettres. Et de la dite somme de quatre cenz cinquante livres et de douze livres de rente pour la dite haute justice les laissiez user et joir paisiblement, et leur faites rendre et restituer tout ce qui pris et levé en a esté pour le temps passé. Donné à Paris, le tiers jour de juing, l'an de grace mil ccc. trente et un.

Par vertu des quiex mandemens, ge le dit seneschal, qui estoie empeschiez et occupez des autres besoignes et negoices inevitables du roy nostre seigneur, commis à homme sage et discret maistre Johan Esnaut à revisiter et revoir en lieu de moy la dite assiete et assignacion, selonc la forme

---

1. Dans une autre copie du même acte, on lit : *avez* (JJ. 78, fol. 97).

et la teneur des mandemens dessus diz, ensembleement aveques le dit bailli, si comme il appert par la commission sur se de moy à li faite, dont la teneur s'ensuit :

Guichart, seigneur de Montigné, chevalier nostre seigneur le roy et son seneschal en Xainctonge, à maistre Johan Esnaut, salut. Nous avons receu les lettres du roy nostre sire contenans la forme qui s'ensuit : Philippes, etc. [1]. Par la vertu des queles lettres, nous, qui soumes empeschez des autres negoices et besoignes du roy nostre seigneur, vous mandons, comettons et adjoignons de part le roy avec le dit bailli ou son lieu tenant à metre les dites lettres du roy nostre seigneur à exequcion deue, selonc la forme et la teneur d'icelles ; mandons et commandons à touz nouz subgiés que en ce faisant à vous obeissient et entendent diligement. Donné sous le seel, du quel nous usons en la seneschalie de Xainctonge, à la Rochelle, le vendredi avant la saint Martin d'yver [2], l'an dessus dit.

Lequel maistre Johan Esnaut nous a certifié par ses lettres que le dit bailli et li par pluseurs fois se sont adjousté et descenduz à Romaigne en la terre et lieus, ès quiex la dite assiete et assignacion fu faite et assise, et que, veuz et regardez les diz mandemens, il ont procedé et alé avant en la maniere qui s'ensuit :

Pemierement, veue et regardée la teneur des diz mandemens, nous le dit bailli et Johan Esnaut, vismes, regardasmes et leumes les lettres qui furent faites en baillant et faisant la dite assiete, et pour ce que nous ne poveons trouver les papiers ne les registres qui furent fais en faisant la dite assiete, nous mandasmes à noble homme Johan Bruin, de Bouet en Aunys, escuier, le quel fu autres fois commissaire deputé de part le roy nostre seigneur aveques

---

1. C'est le second mandement du 3 juin 1331, déjà inséré plus haut, qui se trouve répété ici.
2. Le 8 novembre 1331.

Gilebert Polin, sergent d'armes du dit nostre seigneur le roy et son chastellain de Rochefort, à bailler et faire la dite assiete, que il nous envoiast ou tremeist les papiers et registres qui furent fais en faisant la dite assiete, le quel Johan Bruin nous manda que il ne les povoit trouver ad present. Et pour ce que nous ne poveons proceder ne aler avant, selonc la teneur des diz mandemens sanz les diz papiers, nous, eue pleniere et grant deliberacion, regardé et consideré tout ce qui en et sur ce faisoit à considerer et regarder, selonc noz povoirs, ordrenasmes par le plus seur que la dite terre seroit arpentée et mesurée, savoirmon se il y avoit plus ou mains que avoir y devoit. La quele nous avons fait arpenter et mesurer par Pierre de la Forest, clerc, et par Guillaume Galerant, arpenteurs jurez sur ce et expiers en tiex choses, par la maniere qui s'ensuit.

Premierement avons trouvé ou fié de Pas Choveau unze quarters trois cenz quatre vins dis et sept karreaus et demi.

Item ou fié de Chauderoles, trente quarters quatre cenz quatre vins et cinc karreaus.

Item ou fié de Maumusson, vint quartiers quatre cenz quatre vins et sept karreaus et demi.

Item ou fié des Aygaus de Romaigne, neuf quartiers et deux karreaus.

Item ou fié de la Crouzate, vint et quatre quartiers cenz quatre vins et quatorse karreaus.

Item ou fié de Tireloup, trente et huit quartiers quatre cenz quatre vins et treze karreaus.

Item ou fié du petit Tireloup, sept quartiers.

Item ou fié de Brossay, trente et sis quartiers sis vins et deus karreaus.

Item ou fié de Burchelace dis et huit quartiers quatre cenz quatre vins et douze karreaus.

Item ou fié qui enclot les Oulmeaus, dis neuf quartiers trente et neuf karreaus.

Item ou fié devant lès Oulmeaus, sept quartiers deux cenz quatre vins et unze karreaus.

Item ou fié de Vaugarnie, dis quartiers trois cenz vint et neuf karreaus.

Et est assavoir que vint et un pié en quarreure font un karreau et cinc cenz karreaus font un quartier. Et est estimé chacun quartier à quarante souls à la cense.

Somme de tout le coustumer à la cense : deux cenz et huit quartiers quarante et neuf karreaus, qui valent quatre cenz seze livres et quatre souls.

Item au Siexte, un quartier vint et sis karreaus et demi, qui valent trente et sis souls et dis deniers.

Somme des vignes et terres franches de la dite assiete, vint et sis quartiers deux cens unze karreaus et demi, qui ne sont baillés, mes pour excercer la jurisdicion tant seulement.

Item avons trouvé et regardé que en la dite assiete et assignacion a trente livres cinc souls et dis deniers de vinée.

Item vint souls de cens que doit Symon de Puyveau, escuier, de ses choses des Oulmeaus, chascune vigile de Touz Sains.

Item deux homages que devont Phelippon de Mons et le dit Symon de Puyveaus, escuiers, de leurs choses des Oulmeaus, qui sont estimés et baillés pour dis souls de rente.

Item douze livres de rente pour la haute justice assises et assignées ès Meugiers des Brandes, ès lieus qui s'ensuient, c'est assavoir ou kairrefour de Lardeliere, quatre livres et dis souls, item ou kairrefour de la Vielle Froumagiere, quarante et quatre souls, item à la Bruneliere, quinse souls, item sur la Tourteliere, quarante et quatre souls, item seur la Fouquetiere trente et sis souls, item sur la Morinere unze souls.

Et est la somme du tout quatre cenz soixante une livre seze souls et huit deniers. Et ainci reste que nous avons mains trouvé en la dite assiete et assignacion trois souls quatre deniers.

Pour quoy ge le dit seneschal, veue et receue la relacion et rapport du dit maistre Johan Esnaut, aus quiex ge donne et adhibe foy, et ge le dit bailli vous certifions par ces presentes lettres, seellées de noz seels, de quiex nous usons en noz offices, que nous les mandemens dessus diz du roy nostre seigneur avons mis à exequcion par la maniere dessus dite. Donné le xiij° jour de juing, l'an de grace mil ccc. trente et deux.

Nous adecertes veues les dites lettres, l'assiete dessus dite en la maniere que elle est faite, et toutes les autres choses contenues en ycelles et chascune de elles aiens fermes et agreables, ycelles volons, loons et approvons et de nostre auctorité roial, de certaine science, confermons par la teneur de ces presentes lettres, voulons pour nous et noz successeurs que les diz tresourier et chapitre qui sont et seront par le temps avenir, toutes les choses contenues en la dite assiete puissent tenir et poussoier ad perpetuité paisiblement, à l'usage et au profit de la dite chapelle, en la maniere que elles leur ont esté assises. Sauz en autres choses nostre droit et en toutes l'autrui. Et mandons et comandons aus diz seneschal et bailli et à nostre receveur de Xainctonge que de toutes les choses comprises en la dite assiete les facient et laissient joir et user paisiblement, et leur facient rendre et restituer tout ce qui depuis l'assiete, qui leur en fu premierement baillée, en a esté pris, levé ou arresté par quelcunque personne. Et que ce soit ferme chose et vaillable ou temps avenir, nous avons fait metre nostre seel en ces presentes lettres. Ce fut fait à Paris, l'an de grace mil ccc. trente et deux, ou mois de juillet.

Par la Chambre des Comptes. Vistrebec [1].

---

[1]. Les mêmes lettres se trouvent de nouveau transcrites dans le registre JJ. 78, fol. 97, avec cette mention : « *Rescripte de vostre commandement, pour ce que l'autre fu dessirrée. Pelicier. Sine financia.* »

CLXXIII

Sauvegarde octroyée à Jean Guyomar, demeurant à Noirmoutier
(JJ. 66, n° 1018, fol. 425).

Janvier 1333.

Philippus, Dei gratia, Francorum rex. Notum facimus universis, tam presentibus quam futuris, quod, cum Johannes Guyomar, commorans apud Nigrum Monasterium, propter multa dampna per Bayonenses et Anglicos sibi illata, ipse Johannes ad diversas regni nostri partes, non sine magno sui corporis periculo, prosequendo restitucionem ex indè sibi fieri, habeat se transferre, nos dictum Johannem Guyomar, dictum prosequendo negocium, et ejus uxorem ac eorum liberos unà cum familia, bonis, juribus et pertinenciis universis sub manu, protectione et salva gardia nostris speciali suscipimus [per] presentes. Mandantes senescallo Pictavensi, vel ejus locum tenenti, ceterisque justiciariis nostris, qui nunc sunt et qui pro tempore fuerint, vel eorum loca tenentibus, ut ipsum Johannem et ejus uxorem, ac eorum liberos et familiam ab injuriis, violenciis, gravaminibus, molestiis, oppressionibus, vi armorum, potencia laycorum, inquietacionibus ac novitatibus indebitis quibuscunque defendant aut faciant defendi, et in suis justis possessionibus, franchisiis, libertatibus, juribus, usibus et saisinis in quibus ipsos esse eorumque predecessores, à quibus causam habuerint seu habituri sunt, fuisse pacificè ab antiquo invenerint, maneteneant et conservent, non permittentes eisdem in personis, familia, rebus, juribus, usibus et bonis ipsorum aliquas fieri vel inferri indebitas novitates, quas, si factas esse vel fuisse, in dicte nostre salve gardie et dictorum conjugum ac liberorum eorumdem prejudicium, invenerint, ad statum pristinum reducant aut faciant reduci, et nobis ac dictis conjugibus et predictis liberis emendam propter hoc condignam, eisdemque de personis, de quibus assecuramentum habere voluerint, juxta patrie consuetudinem, legitimum prestari faciant, ac penoncellos et baculos nostros regios in signum dicte salve gardie nostre in Johannis, uxoris ac liberorum predictorum possessionibus, bonis, juribus, si requisiti fuerint, apponi, istamque salvam gardiam, ubi et prout expedierit, faciant publicari, inhibendo seu inhiberi faciendo, ex parte nostra, personis de quibus fuerint requisiti, sub certa pena nobis applicanda, ne dictis conjugibus et liberis, in personis, familia, rebus, juribus et saisinis ipsorum aliquatenus forefacere presumant. Et pro premissis diligencius exequendis unum vel plures servientes nostros ydoneos, suis sumptibus, si requisiti fuerint, eisdem deputent, qui tamen de hiis que cause cognicionem exigunt se nullatenus intromittant. Quod ut firmum et stabile permaneat in futurum, presentibus litteris nostrum fecimus apponi sigillum. Nostro in omnibus jure salvo et quolibet alieno. Datum apud Vincennas, anno Domini M. CCC. tricesimo secundo, mense januarii.

Per dominum regem, ad relacionem domini Raymundi Sacqueti. H. Martin.

CLXXIV

Vidimus et confirmation d'une charte de donation octroyée, en 1190, par Richard Cœur-de-Lion, roi d'Angleterre, à l'abbaye de Lieu-Dieu en Jard (JJ. 66, n° 1139, fol. 489 v°).

18 février 1333.

Philippes, par la grace de Dieu, roys de France. Savoir faisons à tous presens et avenir que nous avons veu unes lettres de bonne memoire Richart, jadis roys d'Engleterre, saines et entieres, non cancellées ou vicieuses en aucune partie d'icelles, seellées en cire vert et en las de soie, des quelles la teneur est tele :

Richardus, Dei gratia, rex Anglie, dux Normannie, Aquitanie, comes Andegave, archiepiscopis, episcopis, abbatibus, comitibus, baronibus, justiciariis, senescallis, prepositis et omnibus baillivis et fidelibus suis tocius terre sue, salutem. Sciatis nos, pro salute anime nostre et animabus omnium antecessorum nostrorum et successorum, concessisse et presenti carta nostra confirmasse Deo et abbacie Loci-Dei, quam fundavimus ad honorem ejus et gloriose Virginis Marie, matris ejus, in nemore Roche, in liberam et puram et perpetuam elemosinam, terram que vocabatur terra Comitisse cum omni integritate sua et cum omnibus pertinenciis suis, et quicquid ibi habebamus vel ipsa comitissa habebat sine ullo retinemento. Preterea dedimus prefate abbacie partem prefati nemoris Roche, juxta divisionem metarum ibi à nobis constitutarum. Insuper dedimus ei in parte nostra dicti nemoris usum lignorum ad construendas domos suas proprias et ad comburendum, et ad alia sibi necessaria facienda, et pasturagium propriis animalibus suis. Dedimus eciam eidem abbacie vinum quod recipere solebamus apud Rocham, et annonam quam eciam recipere solebamus apud le Peire et quasdam empciones terrarum, quas ibi fecimus ad opus prefate abbacie, terram scilicet que vocatur la Tornekailliere et terram de la Bitohiere, et terram quam emimus de Gundebou cum bosco, et terram que fuerat monachorum des Moustiers, pro qua damus in commutacionem annuatim ipsis monachis triginta solidos pictavensis monete in censu nostro d'Aumareis. Preterea concedimus dicte abbacie et canonicis in ea Deo servientibus quod, si aliquam terram, que fuerit de feodo nostro, racionabiliter acquisierint, sive empcione, sive ex dono alicujus, eandem libertatem habeant in terra illa, quam habent in aliis terris suis, quas ipsis in elemosinam contulimus. Quare volumus et firmiter precipimus quod prefata abbacia Sancte Marie Loci-Dei et canonici in ea Deo servientes omnia predicta habeant et teneant benè et in pace, liberè et quietè, integrè, plenariè et honorificè cum omnibus pertinenciis suis et cum omnibus libertatibus et liberis consuetudinibus suis. Volumus eciam et firmiter precipimus quod omnes homines eorum et tota terra, que pertinet ad prefatam abbaciam, sit quieta de exercitu et equitacione et de omni alia mala consuetudine et seculari exactione. Testibus magistro Radulpho, Segwino, capellanis nostris, fratre Milone, elemosinario nostro, Petro Bertin, tunc senescallo Pictavensi [1], Stephano de Marçai, Radulpho, filio Godefridi, camerario nostro. Datum per manum Johannis de Alençon, archidiaconi Lexoviensis, vice cancellarii nostri, apud Luçon, quinta die maii anno primo regni nostri [2].

Et nous toutes les choses ci dessus contenues et chascune d'icelles loons, ratifions et approuvons et, de nostre auctorité royal, de grace especial et de certaine science, confermons. Et pour que ce soit ferme chose et estable à tous jours, nous avons fait mettre en ces presentes lettres nostre seel. Sauf nostre droit et l'autrui. Donné à Chastiaunuef sus Loyre, le dis huitime jour de fevrier, l'an de grace mil trois cens trente et deux.

Par le roy, à la relacion de l'avoué de Therouanne. Verberie.

CLXXV

Vidimus et confirmation de plusieurs autres donations faites par Richard Cœur-de-Lion, le 4 novembre 1196, aux religieux de l'abbaye de Lieu-Dieu en Jard (JJ. 66, n° 1138, fol. 489 v°).

18 février 1333.

Philippes, par la grace de Dieu, roys de France. Savoir

---

1. On le trouve encore avec cette qualification dans un acte de l'an 1199, publié par Teulet (*Inventaire des Layettes du Trésor des chartes*, t. I, p. 209). Voy. aussi Rymer, *Acta publica*, t. I, p. 35.
2. Le 5 mai 1190.

faisons à tous presens et avenir que nous avons veu unes lettres de bonne memoire Richart, jadis roy d'Engleterre, saines et entieres, non cancellées ou vicieuses en aucune partie d'icelles, seellées en cire vert et las de soie, des queles la teneur est tele :

Ricardus, Dei gracia, rex Anglie, dux Normannie et Aquitanie, comes Andegavie, archiepiscopis, episcopis, abbatibus, comitibus, baronibus, justiciariis, senescallis, prepositis et omnibus baillivis et fidelibus suis tocius terre sue, salutem. Sciatis nos pro salute anime nostre et animarum antecessorum nostrorum et successorum, concessisse et presenti carta nostra confirmasse abbacie nostre de Loco-Dei, quam fundavimus ad honorem Dei et beate Marie, matris ejus, in nemore de Jart, in liberam, puram et perpetuam elemosinam, totum predictum nemus de Jart et quicquid juris in eo possidebamus, et totam terram que prius terra Comitisse nuncupabatur, cujus una pars est circa prefatum nemus, pars alia apud Cursonium et pars alia in villa que dicitur la Championnere cum omnibus hominibus in ea habitantibus, et cum omnibus pertinenciis et libertatibus et liberis consuetudinibus suis. Dedimus eciam prefate abbacie terram quam habebamus in territorio Roche, que similiter terra Comitisse vocabatur, cum omnibus hominibus et pertinenciis suis, et cum omni jure quod in ea possidebamus. Preterea dedimus ei partem foreste que est juxta Rocham, ubi predicta abbacia fuit primo fundata. Et insuper, in parte nostra nemoris prenominati, concessimus ei usum lignorum ad construendas domos proprias et ad comburendum et ad alia necessaria, et ad pasturagium animalibus suis. Contulimus eciam illi complantum vinearum, quod possidebamus apud Rocham, et annonam quam recipiebamus in terra Danpiere et quasdam empciones terrarum, quas ibi fecimus ad opus abbacie predicte, terram scilicet de Tornequailere et terram de la Bitosere, et terram quam emimus de Gaudebau cum bosco, et centum viginti salinas, quas emimus apud Insulas. Dedimus eciam ei triginta quinque solidos de censibus nostris, quos possidebamus in maresiis de Longavilla, ad faciendum commutacionem cum monachis monasteriorum pro quadam terra, que predicte domui adjacens erat. Dedimus eciam predicte abbacie partem illam piscature quam accipiebamus in portu Olone, et partem feodi vinearum quod in Olona possidebamus. Dedimus eciam illi totam partem nostram pratorum, quam in territorio Talemundi habebamus et maresium nostrum apud Maraant, liberum ab omni pasquerio et ab omnibus aliis consuetudinibus. Quare volumus et firmiter preci[pi]mus quod predicta abbacia et canonici in ea Deo servientes omnia predicta habeant et teneant in perpetuum liberè et quietè, plenariè et integrè, pacificè et honorificè, cum omnibus pertinenciis et libertatibus et liberis consuetudinibus suis. Concessimus eciam et volumus quod omnes homines ejusdem abbacie sint liberi ab omni expedicione angaria et seculari exactione. Preterea concessimus abbacie predicte et canonicis ibidem Deo servientibus quod, si aliquam terram vel aliud de feodo nostro racionabiliter acquisierint, sive empcione, sive dono alicujus, eandem in omnibus libertatem in terra illa, sive in alio acquisito, habeant, quam in ceteris terris eorum, quas ei contulimus. Concessimus eciam eis ne aliquis officialium nostrorum presumant homines eorum placitare sine aperta racionabilique causa. Testibus Willemo de Stagno, Gaufrido de Cella, senescallo Pictavie [1], magistro Radulpho,

---

[1]. Son nom figure dans un grand nombre d'actes entre les années 1187 et 1200 (voy. Rymer, *Acta publica*, t. I, p. 34 ; *Fœdera*, t. I, p. 48 et s., et Teulet, *Invent. des layettes du Trésor des chartes*, t. I, p. 158, 192, 205, 209, 222), tantôt sans aucune qualification, tantôt avec le titre de sénéchal de Poitou. Il exerça sans doute cet office à plusieurs reprises alternativement avec Pierre Bertin (voy. la note précédente), p..409 ; il en prend la qualité notamment dans un acte du 1er octobre 1197 (Teulet, *loc. cit.*, p. 192), puis dans une charte d'Eléonore, reine

capellano, magistro Garnerio, magistro Rosilino, Guillelmo Boscherio, Benedicto Judeo et pluribus aliis. Datum per manum Eustachii Elien, electi, tunc agentis vicem cancellarii, quarta die novembris, apud Talemundum anno octavo nostri regni [1].

Et nous toutes les choses ci dessus contenues et chascune d'icelles loons, ratefions et approuvons, et de nostre auctorité royal et de certaine science confermons. Et pour ce que ce soit ferme chose et estable à tous jours, nous avons fait mettre en ces presentes lettres nostre seel. Sauf nostre droit et l'autruy. Donné à Chastiaunuef sus Loyre, le dis huitime jour de fevrier, l'an de grace mil trois cens trente et deux [2].

Par le roy, à la relacion de l'avoué de Therouanne. Verberie.

CLXXVI

Ratification d'une charte de l'an 1310, par laquelle Jean, vicomte de Thouars, reconnaît aux religieux de Lieu-Dieu en Jard la possession légitime du droit d'épave, ainsi que de la justice haute, moyenne et basse sur leurs terres, et se réserve la faculté de tirer de la pierre dans leurs carrières (JJ. 66, n° 1084, fol. 463 v°).

18 février 1333.

Philippes, etc. A touz ceus qui ces presentes lettres verront, salut. Sachent touz que nous avons veu unes lettres de feu Jehan, visconte de Thouart, seigneur de Talemont, chevalier, seines et entieres, non cancellées, corrumpues en aucune partie d'icelles, seellées de son seel,

---

d'Angleterre, en faveur de l'abbaye de Fontevrault, de l'an 1199 (JJ. 66, fol. 370 v°), et dans une autre pièce du 1er septembre 1200, publiée par Teulet, *loc. cit.*, p. 222.

1. Richard Cœur-de-Lion étant monté sur le trône d'Angleterre le 6 juillet 1189, la huitième année de son règne s'étend du 6 juillet 1196 au 5 juillet 1197.

2. Ces lettres ont été enregistrées deux fois encore dans le registre JJ. 72, aux fol. 133 et 377.

si comme il apparoit de premiere face, contenans la forme qui s'ensieut :

A touz ceus qui cestes presentes lettres verront et orront, Jehan, visconte de Thouart et seigneur de Thalemont, salut en nostre Seigneur perdurable. Sachent touz que, comme contens fust esmeuz entre nous, Jehan, visconte de Thouars et seigneur de Thalamont, d'une part, et religieus hommes l'abbé et le convent du Lieu-Dieu en Jart, d'autre, sus ce que nous disions à nous appartenir les peceiz et les briseiz et tout nauffrage qui arrivent ou arriver povent dès le bois aus diz religieus jusques a la Goule de Jart, et touz briseiz, peceiz et nauffrages qui entrent et entreront touz jours mais le chenau de Jart ; et disions en oultre à nous appartenir les costumes et les planchaiges de touz les vessiaus entrans le chenau de Jart ; et disions en oultre que nous et noz hommes [devions] prendre de la pierre de la perriere de Jart toutes les fois que nous et noz hommes en voudrions prendre. Les diz religieus disans le contraire ; disans par devers nous à eus appartenir seulement les brisiez, peceiz et nauffrages dessus diz et toute juridicion et seigneurie haute, moinne et basse, out tout *merè mixtè imparè* en toute et par toute leur terre de Jart et en leur ville de Jart et eus appartenances, et en fié vulgaument appellé le fié de Champion, et en la Bauduere, et en leur terre de Curson et eus appartenances, et que eus et leurs predecesseurs et ceus de qui il ont cause avoient et ont tenu, usé et esploitié paisiblement toute juridicion et seigneurie en toute et par toute leur terre de Jart, et en leur ville de Jart et eus appartenances, et en leurs dessus diz o tout *merè mixtè imparè* par le titre de leur fondement, et cestes choses avoient et ont tenu, usé et esploitié, et eus et leurs predecesseurs, et ceus de qui il avoient et ont cause par tant de temps que memoire d'omme ne se puet remambrer de contraire, sans cognoistre nul souverain fors que le roy.

Et disoient encores les diz religieus que il avoit esté autre fois contens entre monseigneur Guy, visconte de Thouart et seigneur de Thalemont [1], jadiz nostre chier pere, et les diz religieus sus ce que il disoit à soy appartenir les peceiz et les briseiz et tout nauffrage des veissiaux et de toutes autres choses, quelconques elles fussent, qui entrient la dite chenau ou arrivent ou povoient arriver entre le bois aus diz religieus et la Goule de Jart, et les diz religieus disant le contraire par la maniere dessus dite, et que ce estoit leur domeyne et en leur terre de leur fondement du roy Richart, en la quelle il avoient toute juridicion et seigneurie haute, moienne et basse o tout *merè mixtè imparè*, et l'avoient tenu, usé et esploitié par la maniere dessus dite. Et disoient les diz religieus que le dit nostre chier pere enquist diligemment la verité du droit de l'une partie et de l'autre, et trouva que ce estoit le droit aus diz religieus et en leur terre, de leur fondement du roy Richart, en la quelle il avoient toute juridicion et seigneurie haute, moienne, basse o tout *merè mixtè imparè,* laquelle lui, acertané à plain, et enquise diligemment la verité du droit d'une partie et d'autre, il cognut et confessa à la parfin, après mains contens esmeuz d'une partie et d'autre, par le dit de preudes hommes.

Nous Jehan, visconte de Thouart et seigneur de Thalemont dessus diz, acertenez à plain et enquis diligemment du droit d'une partie et d'autre, tant par le fondemenz de la dite abbaye que par leurs previleges et par leurs longues possessions et esploiz, et par bonnes gens dignes de foy, et par le fait de nostre chier pere, Guy, visconte de Thouart jadiz, dont Dieux ait l'ame, si comme il nous est apparu par unes lettres seellées de son propre seel [2],

---

1. Guy II, vicomte de Thouars, fils d'Aimery VII et de Marguerite de Lusignan, mourut le 26 septembre 1308.
2. Il s'agit vraisemblablement de la charte du 8 mai 1288, confirmée par Philippe de Valois en février 1333 et publiée plus loin sous le n° CLXXVIII.

avons trouvé et cogneu que les diz religieus ont droit en toutes les choses dessus dites. Pour quoy nous Jehan, visconte de Thouart et seigneur de Thalemont dessus diz, avons voulu et consenti, et enquores volons et consentons et accordons, et octroions par nous et par noz hoirs et par noz successeurs, aus diz religieus, en ce consentens, [qu'ils] aient, usent et esploitent perpetuelment, paisiblement les briseiz, peceiz et tout nauffrage qui arrivera dès le bois aus diz religieus jusques à la Goule de Jart, et tout le nauffrage qui entrera en la chenau de Jart, et arrivera par devers la terre aus diz religieus, si comme l'aigue de la chenau de la Goule de Jart court jusques à l'Ausoyzere, sera leur, et ce qui arrivera par cas d'aventure devers nostre terre sera nostre. Et voulons encores et consentons, et accordons que les diz religieus aient, usent et esploitent perpetuelment, pàisiblement, sans ce que nous, ne noz hoirs, ne noz successeurs leur y puissons mettre empechement ne debat en temps avenir, toute juridicion et seigneurie haute, moienne et basse ou tout *merè mixtè imparè*, en touz cas, en toute et par toute leur terre de Jart et eus appartenances, et en leur fié de Champion, et en la Bauduere, et en leur terre de Curson et eus appartenances, et sans ce que il nous en cognoissent en riens souverain.

Derechief fust accordé que les planchaiges, les vendes et les coustumes de veissiaus et des nez qui entreront la dite chenau demouront à nous et à noz [hoirs], sauve les planchaiges et les vendes des veissiaus qui metterient planche et serient venduz dedans leur terre, les quiex seroient leurs, et les acensamenz des pescheries seroient nostres, sicomme nous les avons acoustumé. Et se aucuns droiz avions ès choses dessus dites, nous voulons et accordons ou les diz religieus, en ce consentens, que il leur demeurgent et les transportons en eux, pour estre ès biens fais de leur moustier. Et porrons nous et noz hommes prendre de la pierre de la perrierre de

Jart, en la maniere que nous l'avons acoustumé, et voulons que se les diz religieus avient lettres de nous et de nostre chier pere, Guy, jadiz visconte de Thouart et seigneur de Thalemont, d'aucunes des choses dessus dites et de quelconques autres choses, leur vaillent et soient en leur vertu. Et voulons et consentons et accordons aus diz religieus que toutes prises, attemptas et esploiz, que nous avons faiz ou fait faire par nous ou par autres en la dite terre de Jart et ès autres lieus dessus diz, et en leurs autres lieuz, c'est assavoir à Curson, à Moric, à la Veinemiere, en l'Ausenziere, en l'Ille et en Haires, en leur coustume deue des poissons des veissiaux du port d'Olone, à la Reconniere et en fié du Sable, et en la parroche de Longueville, et fié de Champion, et en touz leurs autres lieux, fiez, possessions et dommaines, en prenant hommes et fames, et gaiges, blez, vendenges, vin, cens, sau et deniers, en copant bois et en pendant larrons, et en banissant, et en faisant drecier justices, et en brisant prisons et en quelconques autres manieres de esploiz ou prises, ou actemptas, touchans la haute, moienne et basse justice ou le *merè mixtè imparè*, ou le domaine des diz religieus, ne puissent porter aide à nous ne acquerre saisine, ne possession, ne à nous, ne à noz hoirs, ne à noz successeurs ou temps avenir, ne porter en riens prejudice auz diz religieus. Et voulons que toutes les choses que les diz religieus ont et possident en noz fiez et arrerefiez, que il les tiegnent et esploitent paisiblement, ausi comme il fasient ou temps de nostre chier pere, Guy, jadiz visconte de Thouart et seigneur de Thalemont dessus dit. Et cestes choses tenir et garder, sanz jamais venir encontre par nous et par noz hoirs, ne par noz successeurs ne par autres, promettons en bonne foy et obligons nous et noz hoirs et noz successeurs. En tesmoing de la quelle chose, nous avons donné aus diz religieus cestes presentes lettres, seellées de nostre propre seau. Donné le mardi après *Letare Jherusalem*, l'an de grace mil ccc. et diz [1].

Et nous toutes les choses ci dessus contenues et chascune d'icelles loons, ratiffions et approvons, et, de nostre auctorité roial de grace especial et certaine science, confermons. Et pour ce que ce soit ferme chose et estable à touz jours, nous avons fait mettre en ces presentes lettres nostre seel. Sauf nostre droit et l'autrui. Donné à Chastiaunuef sus Loire, le xviij^e jour de fevrier, l'an de grace mil ccc. trente et deux.

Par le roy, à la relation de l'avoé de Ther[ouenne]. Verberie.

CLXXVII

Ratification d'une charte de décembre 1279, portant règlement, en faveur de l'abbaye de Lieu-Dieu en Jard, d'une contestation soulevée entre Guy, vicomte de Thouars, et les religieux, au sujet du droit de chasse dans les forêts de Jard et d'Orbestier (JJ. 66, n° 1082, fol. 462).

Février 1333.

Philippes, etc. Savoir faisons à touz presens et avenir que nous avons veu unes lettres, saines et entieres, non cancellées ou vicieuses en aucune partie d'iceles, seellées du seel de Guy, visconte de Thoars jadiz et sire de Thalamont à celui temps, en cire jaune et en las de soie, si comme il apparoit de premiere face, contenanz la forme qui s'ensuit :

A touz ceus qui cestes presentes lettres verront et orront, nous, Guis, visconte de Thoars, chevalier et sire de Thalamont, salut en nostre Seigneur Jhesu Crist. Sachiez que, comme contens fust entre nous, Guis dessus dit, d'une partie, et les religieus honmes l'abbé et le convent du Lieu De[u] en Jart, d'autre, sus ce que nous, Guis dessus diz, demandions et disions que, toutes les fois que nous ou nostre commandement, ou cil qui pour nous y estoient, chacions

---

1. Le 23 mars 1311 (n. s.).

en la forest d'Orbestier, levions [1] et chacions beste de quelque maniere que elle feust, la dite beste pour aucuns cas d'aventure ou par chace passast en la foret ou en la terre à l'abbé ou du convent de Jart dessus diz, que nous ou nostre commendement, ou cil qui pour nous chaçoient la dite beste, poyons et devions suirre et prendre la dite beste en la dite forest et en la terre à l'abbé et au convent de Jart dessus nommez, et en faire nostre voulenté, et disions que ainsi l'avions usé et exploitié nous et nostre antecesseurs par devant nous. Les diz religieus, l'abbé et le convent de Jart neyans et defendans tout ce que nous disions, disans et allegans encontre que ce nous ne poions ne ne devions faire par pluseurs raisons, meesmement comme li diz abbez et convent de Jart eussent toute droiture et toute haute et basse seigneurie en leur forest et en tout leur terrouer de Jart.

A la parfin, nous, regardée et enquise diligemment et feaument la verité de la demande que nous faisions sus la suite et sus la chace de la dite beste en la forest et en terrouoir de Jart dessus dit, daus deffenses que li diz abbez et convent disoient et proposoient en contre, et especialment regardées et veues les lettres du fondement de la dite abbaye, trouvasmes, tant pour nostre conscience quànt pour les raisons desquelz li diz abbez et convent nous firent certain, que nous ne nostre hoir, ne nostre successeurs, ne nostre commandement, n'avions droit ne raison en choses dessus dites, de toute la demande que nous faisions sus les choses dessus dites à l'abbé et au convent de Jart, leur quittasmes et quittons perpetuelment, pour nous et pour noz hoirs et pour noz successeurs, sans ce que nous, ne nostre hoir, ne nostre successeur, ne autre pour nostre commandement, puissions demander ne avoir à chacier ne à suire, ne à prendre beste sauvage, quelle que elle soit, en la forest, ne en

---

1. Le texte porte *Orbestier le Vion.*

terrouer à l'abbé et au convent de Jart dessus diz, se ainsi estoit que par chace ou par aucune aventure beste passast en leur forest ou en leur terrouer de Jart, le veneur qui la dite beste pour nous ou pour nostre commandement chaceroit et suiroit, doit faire son plan pooir de retraire ses chiens au plus tost qu'il pourra, ne n'entrera pas en la forest ne en terrouir au diz abbé et au convent de Jart, et fera son pooir que li dit chien ne passent ne ne suivent la dite beste en là dite forest ne ou dit terrouer de Jart, et se ainsi avenoit que il ne peust les chiens retraire à soy, et il passassent oultre, preissent la dite beste ou dit bois et ou terrouoir de Jart, elle doit demourer à l'abbé et au convent, à faire leur volenté, sans ce que nous ne nostre hoirs, ne nostre successeur, ne nostre commandement puissent ne ne doient rien avoir ne reclamer en la dite beste prise en la forest ou au terrouoir de Jart dessus diz.

Et se ainsi estoit que li diz abbez et convent ou leur commandement arrestoient les chiens ou aucuns d'eulz diz chiens ou terrouoir ou bois de Jart dessus diz, il ne les doivent mie tuer ne mainmetre, mès lessier aler. Et se ainsi estoit que les diz abbez et convent eussent souspect que le veneur ou nostre commandement, qui pour nous ou pour nostre commandement, ou pour noz hoirs ou pour noz successeurs chaceroit, que il n'eust fait son plain povoir de retraire ses chiens, que il n'entrassent ne ne sieusissent la beste en la dite terre ne en ladite forest à l'abbé et aus convens dessus diz, il s'en espurgeroit par la foy de son corps par devant l'abbé de Jart ou devant son commandement.

Et nous, Guis dessus diz, promettons en bonne foy, pour nous et pour noz hoirs, et pour noz successeurs, et sur l'obligacion de nous et de noz hoirs, à tenir et à garder perpetuelment les diz et la teneur de ceste presente lettre, sans venir encontre. En tesmoing de la quelle chose nous, Guys, viscons de Thouars dessus diz, avons donné à l'abbé et au convent du Leu De en Jart dessus nommez cestes presentes lettres, seellées de nostre seau propre. Ce fu fait et donné le vendredi après la saint Andrieu en l'an de l'Incarnation Nostre Seigneur Jhesu Crist mil cc. et lxxix., ou mois de decembre [1].

Nous adecertes toutes les choses ci dessus contenues et chascune d'icelles loons, ratifions et approvons, et, de nostre auctorité roial, de grace especial et de certaine science, confermons. Et pour ce que ce soit ferme chose et estable perpetuelment et à touz jours, nous avons fait mettre nostre seel en ces presentes lettres. Sauf nostre droit et l'autrui. Ce fu fait et donné à Chasteaunuef sus Loire, l'an de grace mil ccc. trente et deux, ou mois de fevrier.

Par le roy, à la relacion de l'avoé de Therouenne. Verberie.

CLXXVIII

Ratification d'une charte de Guy, vicomte de Thouars, donnée le 8 mai 1288, en faveur de l'abbaye de Lieu-Dieu en Jard, touchant le droit d'épave sur leurs terres (JJ. 66, n° 1081, fol. 462).

Février 1333.

Philippes, etc. Savoir faisons à touz presens et avenir que nous avons veu unes lettres, saines et entieres, non cancellées ou vicieuses en aucune partie d'icelles, seellées du seel de Guy, visconte de Touars jadiz et sire de Thalamont, en cire vert et à double queue, si comme il apparoit de premiere face, contenans ceste forme qui s'ensuit :

A touz ceus qui verront et orront cestes presentes lettres, Guy, visconte de Thouars et seigneur de Thalemont, salut en nostre Seigneur perdurable. Sachent tuit que, comme contens fust esmeus entre nous dit visconte, d'une part, et religieuses personnes, l'abbé et le convent du Lieu Dieu en

---

[1]. La saint André, qui se célèbre le 30 novembre, tombait en 1279 un jeudi. La date précise est donc le 1ᵉʳ décembre.

Jart, d'autre part, sus certains lieus qui sont entre le boys aus diz religieus et la Goule de Jart, sus les breisiez ou peceiz des nez ou d'autres choses, quiex que elles soient ou feussent, qui arrivoient ou povoient arriver par cas d'aventure ou dit lieu, que nous, diz visconte de Thoars et seigneur de Thalemont, disions que les briseis et peceis qui arrivoient ou arriver povoient ès diz lieuz nous devoient appartenir et appartenoient, et que nous et noz antecesseurs en avons esté en saisine et en possession, et les avions acoustumé à prendre et à avoir. Les diz religieus disans le contraire, que ce estoit en leur demainne et en leur terre de Jart et ès appartenances, en la quelle il avoient toute juridicion et justice haute et basse et moienne, sans en avoier ne avoir avoé, en nul temps, nul souverain fors que le roy nostre seigneur, et que eux et leur antecesseurs et ceus qui avoient cause d'eux avoient et ont accoustumé à avoir et à prendre tout les briseiz et les peceiz, quelque il fussent, ès diz lieux, et que eux et leur antecesseurs en ont esté en saisine et en possession et esploit par tant de temps que memoire d'omme ne se puet remembrer du contraire.

A la parfin, emprès meins contens de l'une partie et de l'autre, et par le diz de preudes hommes, nous diz Guys, viscons de Thoars et seigneur de Thalamont, acertené à plain et enquis diligemment du droit de l'une partie et de l'autre, tant par les fondacions de la dite abbaye que par leurs previleges et par leurs longues possessions et esploiz, et par bonnes gens dignes de foy, trouvasmes que ce estoit les drois des diz religieus et en leur terre, en laquelle il ont toute juridicion et justice, haute et basse et moienne, et en toute et par toute leur terre de Jart et des appartenences, et sens nous en cognoistre en rienz souverains, et que les briseis et les peceiz ou autres choses, quelles que elles feussent, qui arrivoient ou arriver pooient à touz jours mais ès diz lieus, c'est assavoir dès la mestre chanau anciene de la Goule de Jart, ainsi comme la chanau duret et l'aigue court juques à l'Aufizere, sont leur, et puent prendre ou mener et fere toute leur plaine volenté, sans ce que nous, ne noz hoirs, ne noz successeurs, ne ceus qui auront cause de nous leur y puissent mettre nul empeschement ou temps avenir. Et ce qui arrivera devers nostre partie est nostre, maiz tant que les choses qui arriveroient ou arriver pourroient par cas d'aventure, de l'une partie ou de l'autre, nous Guys, visconte de Thoars et seigneur de Thalemont [et] les diz religieus ne pourrions mettre nul empeschement ne detenir par cordes ou par autres choses que elles n'alassent là où cas d'aventure les menroit ou les pourroit mener de l'une partie ou de l'autre. Et promettons en bonne foy nous Guis, visconte de Thoars et seigneur de Thalamont, garder, tenir et acomplir la teneur de cestes lettres en la fourme et en la maniere qu'il est dessus dit, sans que nous, ne noz hoirs, ne noz successeurs, ne ceus qui auront cause de nous ne puissons aler encontre ou temps avenir. En tesmoing de la quelle chose, nous Guys dessus diz, visconte de Thoars et seigneur de Thalamont, avons donné aus diz religieus cestes presentes lettres, seellées de nostre propre seel. Données le samedi après le feste saint Philippe et saint Jame, ou mois de mai, l'an de grace mil cc. iiij$^{xx.}$ et huit [1].

Nous adecertes toutes les choses ci dessus contenues et chascune d'icelles loons, ratiffions et approvons, et, de nostre auctorité roial, de grace especial et de certaine science, confermons. Et pour ce que ce soit ferme chose et estable perpetuelment et à tousjours, nous avons fait mettre nostre seel en ces presentes lettres. Sauf nostre droit et l'autruy. Ce fu fait et donné à Chasteaunuef sus Loire, l'an de grace mil ccc. xxx. et deux, ou mois de fevrier.

Par le roy, à la relacion l'avoé de Ther[ouenne]. Verberie.

---

1. Le 8 mai 1288.

CLXXIX

Lettres de sauvegarde octroyées à l'abbaye de Lieu-Dieu en Jard
(JJ. 66, n° 1085, fol. 464).

Février 1333.

Philippes, etc. Savoir faisons à touz presens et avenir que nous, consideranz et rappellans en memoire la bonne et grant affection que noz amez, religieuses personnes l'abbé et le convent de Jart, de l'ordre de Premonstré, de la dyocese de Lusson, ont touz jours eu à noz devanciers, rois de France, et à nous, ou temps passé, et encore de jour en jour sanz cesser demonstrent par effet avoir à nous, voulans yceus poursuir de faveur especial et pourveoir leur de remede convenable, afin que eux et leurs choses puissent estre et demeurer paisiblement en nostre royaume, en temps present et avenir, les diz abbé et convent, leurs donnez, familiers, hommes de corps et de condicion, avec leurs maisons, granges, possessions et touz leurs autres biens, quels qu'il soient, assis dedens nostre royaume de France, en chief et en membres, prenons et recevons dès ore en droit, de certaine science et de grace especial, par cestes presentes lettres, en nostre protection et garde especial, tant de nous comme de noz successeurs, roys de France. Et donnons en mandement par cestes presentes lettres à nostre chancelier qui ores est, et à touz ceus qui pour temps avenir seront ou dit estat de office, que aus diz religieus, toutes fois que il les requerront, deputent de par nous certainnes personnes souffisans de noz gens ou de noz successeurs, pour yceus et chascun d'eux, et leurs biens garder et deffendre, souz la protection et garde dessus dite. Et leur donnons plain povoir, auctorité et mandement especial par ces lettres de garder les diz religieus, leurs donnez, familiers, hommes, leurs maisons, granges, possessions et touz leurs autres biens, quiex qu'il soient, et de eux maintenir et faire maintenir en leurs justes saisines, franchises et libertez, quiex que elles soient, des quelles il auront joy et usé paisiblement de temps ancien precedent, et de eux et chascun d'eux defendre de toutes injures, violences, oppressions, griez, molestes, novelletez indeues, quelles que elles soient, de force d'armes, de puissance de gent laye, et leur facent avoir sauf et seur conduit, toutes fois que mestier en sera, et que sur ce seront requis, et autrement entendre efficacement à la seurté et sauvement d'iceux, de toutes leurs choses et biens, et de faire oster les turbacions, empeschemenz et novelletez indeues, faites aus dessus diz religieus injustement, toutefois et sitost que mestiers en sera et que faire le pourront bonnement, et se aucun debat muet entre les diz religieus et autres en cas de novelleté, de mettre le debat en nostre main, comme souveraine et restablir les lieux avant toute euvre, si comme il appartendra, à faire recreance où elle sera à faire de raison, quant li cas y cherra et il en seront requis, les contredisans, opposans et injurians adjorner par devant noz bailliz ou noz autres juges competens, à qui la cognoissance en devra appartenir, pour aler avant seur les choses contencieuses, si comme de raison appartendra, et de certifier noz juges ou justiciers de ce que fait en auront par lettres ou autrement, souffisanment, et de faire tout ce qui à office de gardien puet et doit, en quelque maniere que ce soit, appartenir. Et n'est pas de nostre entencion que des choses qui requierent cognoissance de cause se doient entremettre en aucune maniere, fors si comme dessus est dit. Sauve aus dessus diz leurs anciennes gardes de noz predecesseurs et de nous, les quelles nous ne voulons mie estre rappellées par cestes presentes, mais les confermons et voulons que elles demeurent en leur vertu. Et que ce soit ferme et estable à touz jours mais, nous avons fait mettre nostre seel en ces presentes lettres. Sauf nostre droit en autres choses et en toutes le droit d'autrui. Ce fu fait et donné à Chasteau-nuef, l'an de grace mil ccc. xxxij., ou mois de fevrier.

Par le roy, à la relacion l'avoé de Ther[ouenne]. Verberie.

CLXXX

Confirmation d'une sentence d'absolution rendue, au nom du comte d'Eu, par le sénéchal de Melle, en faveur de deux écuyers, Moreau Audoin et Thibaut Pannier, accusés d'avoir battu et fait avorter la femme de Pierre Claveau, et d'avoir causé la mort d'un enfant qu'elle portait sur les bras (JJ. 66, n° 1264, fol. 541 v°).

Septembre 1333.

Philippes, par la grace de Dieu, roys de France. Savoir faisons à touz presens et avenir que nous avons veues les lettres et instrumens ci dedans escriz, contenans la fourme qui s'ensuit :

Memoires est que, comme Pierre de Saint Saornin, autrement appellé Claveau, eust denuncié et intimé à la court de seans encontre Moreau Audoyn et Thibaut Panier, escuiers, que il avoient batu sa fame si grefment que elle en estoit aortée d'un enfant dont elle estoit ensainte, si comme il disoit, et que un autre enfant que la dite fame tenoit entre ses bras, pour cause du dit baton estoit entré en si greve maladie qu'il en estoit mort, si comme le dit Pierre disoit, et pour ce la dite court eust fait venir avant en la court de seans les diz escuiers en ces presentes assises, pour faire et recevoir sur les diz cas ce que raison donrroit, et savoir moult *(sic)* se les diz cas estoient avenuz et se les diz escuiers en estoient en riens coupables, eust esté faite informacion et apprise par sage homme, maistre Renaut de Houdetout[1], clerc, receveur et familier de monseigneur le

---

1. Regnault de Houdetot était encore receveur du comte d'Eu en janvier 1345, c'est-à-dire à l'époque de la mort de ce personnage. Son nom revient presque à chaque page du registre des comptes du connétable (JJ. 269). Il devait être parent de Robert de Houdetot, qui servit sous le comte d'Eu de 1337 à 1340 et fut créé maître des arbalétriers de France le 15 mai 1350 (*Hist. généal.*, t. VIII, p. 16).

conte de Eu et de Guines, connestable de France, là quelle informacion et apprise il avoit fait deuement, les diz escuiers se presenterent aus jours de ses assises prest et appareillez de ester et obbeir à droit sur les diz cas, à la court de ceans ou là où il devroient, et sauves toutes leurs raisons à l'esgart de la court, il estoient en defense des cas dessus diz contre toute personne qui approchier les en voudroit. La quelle presentacion faite, la court demanda, à la requeste des diz escuiers, au dit Pierre de Saint-Saornin, present ès dites assises, se il vouloit aucune chose dire et proposer contre les diz escuiers sur les cas dessus diz ne poursuivre la dite denonciacion, ne soy en faire partie, ou enfourmer la court sur les cas dessus diz, ou en administrer aucuns tesmoins priveement ou appert, et la court le recevroit, si comme il feroit à faire par rayson. Lequel Pierres dist et respondi que non et qu'il ne s'en vouloit de riens faire partie contre euls ne denoncier, ne aucune chose maintenir contre euls sur les cas dessus diz à present, et sur ce fust jugiez. Et fu jugiez de son consentement.

Et pour plus sainnement aler avant sur ceste besoingne, fut oye en pleniere assise la relacion du dit maistre Regnaut et la relacion de Pierre Bertin, chastellain de Melle, lequel, à la denonciacion du dit Pierres de Saint Saornin, avoit fait l'informacion sur les diz cas contre les diz escuiers. Les quiex maistre Regnaut et chastellain distrent et raporterent en plainnes assises, oyant et sachant le dit Pierres de Saint-Saornin, qu'il avoient fait informacions sur les diz cas et qu'il n'avoient en riens trouvé les diz escuiers estre coupables, souppeçonneus ne diffamez sur les diz cas, ainçois les avoient trovez estre personnes de bonne fame. Et avecques ce oyt la court personnes dignes de foy, qui tesmoignerent que en celui temps, celui enfant que la fame du dit Pierre tenoit entre ses bras, si comme dessus est dit, que c'estoit une petite fille qui estoit et avoit esté longuement malade et en langueur par un an ou environ, et encores en celi temps, que elle estoit morte de sa mort naturele. Pour quoy la dite court, oyes les relacions du dit maistre Regnaut et du dit chastellain, aus quelz la court adjouste pleniere foy en ces cas et en greigneurs, et ou les tesmoignages dessus diz, faisans à la justification des diz escuiers, eu conseil et avis o pluseurs sages, la court a licencié et absolut par jugement les diz escuiers des cas dessus diz. Donné et fais, presens à ce Ytier de Puy Aymar, baillis de Torainne, monseigneur Aymery de Chandenier, mons. Ameil de Lesay[1], mons. Hugues de Vivone[2], sire de Fors, mons. Maurice de Pressay, mons. Guillaume de Torssay[3], chevalier, Jehan de Vesançay, Jehan Ayraut, procureur du dit monseigneur de Eu, Jehan Barasant, Jehan Bacher et pluseurs autres, ès assises de Melle, tenues par moy, Pierre de Forest, lieu tenant de Gillebert Malemain, escuier, seneschal de monseigneur le conte de Eu et de Guines, connestable de France, tesmoing mon seel. Et à plus grant fermeté, j'ay fait apposer à cest memorial le grant seel du dit monseigneur de Eu, du quel l'en use en la chastellerie du dit lieu de Melle, le jour du mercredi après la Pentecouste[4], l'an de grace mil ccc. trente et trois.

Item la teneur de l'instrument s'ensuit :

Apparesset à touz evidamment par la teneur de cest publice instrument que, en l'an de l'Incarnacion nostre Seigneur mil ccc. trente et trois, ou mois de may, le xxvj. jour du dit moys, c'est assavoir le mercredi apprès la Pentecouste, à heure de midi ou environ, au chastel de Melle, en un grant arpentis du dit chastel, en pleniere assise de

---

1. Ameil ou Amelin de Lezay, fils puiné de Simon IV de Lusignan, seigneur de Lezay, devint chanoine d'Amiens.
2. Troisième fils de Savary II de Vivonne et d'Eschive de Rochefort; il fut le chef de la branche des seigneurs de Fors.
3. C'est sans doute le père de Guillaume de Torsay, sénéchal de Saintonge, conseiller et chambellan de Jean, duc de Berry, comte de Poitou. (Voy. la généal. de Torsay dans le P. Anselme, t. VIII, p. 70.)
4. Le 26 mai.

haut, noble et puissant homme, monseigneur le conte de
Eu et de Guines, conestable de France, regnant très excellant prince, monsegner Phelippe, par la grace de Dieu, roys
de France, en la presence de moy, notaire et tabellion public
dessous escript, et des tesmoins ci dessous nommez, à ce
especiaument appellez et priez, fu dit en pleniere court par
Pierre de Forest, lieu tenant de Gillebert Malemain, escuier,
seneschal de Melle pour le dit monseigneur le conestable,
que, comme Pierre de Saint Saornin, autrement appellé
Claveau, illecques presens en court, eust denoncié et intimé à la dite court encontre Moreau Audoyn et Thibaut
Panier, escuiers, illecques presens, que les diz escuiers
avoient batu et feru la fame du dit Pierre Claveau si grief-
ment que elle en estoit abortée d'un enfant, dont elle estoit
ensainte, si comme disoit le dit Pierre Claveau, et que la
dite fame tenoit entre ses bras un autre enfant qui, pour
cause du dit baston, estoit entré en si grieve maladie qu'il
en estoit mort, si comme le dit Pierre Clavea disoit; et
pour ce la dite court eust fait venir avant en jugement les
diz escuiers, illecques presens, en ladite assise, pour faire
et recevoir sur les diz cas ce que raison donroit, et savoir
moult se les diz cas estoient avenus et se les diz escuiers
en estoient en riens coupables, eust esté faite informacion
et apprise, si comme la court disoit par sage homme,
maistre Regnaut de Hodetot, receveur et familier du dit
monseigneur le conte, la quelle informacion..... [1]. Ce
fu fait et dit par la maniere que dessus est declaré, l'an,
le moys, le jour et l'eure dessus dit et ou lieu dessus dit.
Presens Ytier de Pui-Aymar, baillis de Tourainne, etc.
(les mêmes noms que précédemment, plus les suivants:)
maistre Aymeri Sené, Jehan Bonin [2], Huguet Jou-

---

[1]. Ce qui suit n'est que la reproduction textuelle de la pièce précédente.

[2]. Un Jean Bonnin était garde du sceau à Poitiers en 1355.

bert, Huguet Gorgaut [1] et pluseurs autres tesmoins à ce especialment appellez et priés.

Et je, Jehan Nau, de Lisignan, en la diocese de Poitiers, clers publiques, notaires de l'autorité royal, fui presens avecques les tesmoins dessus nommez à toutes et chascunes les choses dessus dites dire et raconter, et à l'absolucion des diz escuiers sur les cas dessus diz, par la maniere que dit est dessus; et sus ces choses en ay fait et escript de ma propre main cest present publique instrument et les dites choses mis et redigé en publique fourme et signé de mon propre signet acoustumé, sur ce especialment appellez et priés.

Nous adecertes l'absolucion et jugement dessus diz, en tant comme il sont bien et justement fais et donnez, et sont passez en chose jugiée, aiens agreables, fermes et estables, yceuls loons, greons, ratiffions, approuvons et de nostre auctorité royal conferrmons. Nostre droit et l'autrui sur ce sauf et en toutes choses. Et pour ce que ce soit ferme chose et estable à touz jours, nous avons fait mettre nostre seel en ces presentes lettres. Donné à Paris, l'an de grace mil ccc. trente trois, ou mois de septembre.

Par le roy, à la relacion l'arcediacre de Rains. Aubigny.

CLXXXI

Confirmation de certaines lettres du sénéchal de Poitou en faveur du seigneur de Clisson et de la dame de Belleville (JJ. 66, n° 1178, fol. 503).

12 novembre 1333.

Philippes, par la grace de Dieu, roys de France. A touz ceus qui ces presentes lettres verront et orront, salut. Nous

---

1. Hugues Gourjault servait en 1337 comme écuyer dans la compagnie de Jean Larchevêque, sire de Parthenay (Beauchet-Filleau, *Dict. généal.*, t. II, p. 168).

avons veu unes lettres de nostre amé et feal Raymon de Rabastan, chevalier, nostre seneschal jadis de Poitou, contenans la fourme de pluseurs autres encorporées en ycelles, des quelles lettres la teneur s'ensuit [1]. Et de la partie du dit seigneur de Cliçon et de la dite dame de Belleville [2], sa fame, nous ait esté requis que les dites convenances, dons et octroiz ci dessus contenuz, confessiez et prouvez, nous voussissions loer, ratiflier et confermer, nous, à la dite supplicacion, les dites convenances, dons et octroiz, par la teneur de ces presentes lettres, loons, ratefions, approuvons et, de nostre auctorité royal, confermons. Sauf en autres choses tout nostre droit et l'autruy. Et que toutes cestes choses soient fermes et estables ou temps avenir, nous avons fait mettre nostre seel en ces lettres. Donné à Paris, le xij[e] jour de novembre, l'an de grace mil ccc. trente et trois.

Par le roy, à vostre relacion. Gervasii.

CLXXXII

Lettres de sauvegarde octroyées à l'abbé et aux religieux de Saint-Jouin-de-Marnes (JJ. 66, n° 1184, fol. 506 v°).

Novembre 1333.

Philippes, par la grace de Dieu, roys de France. Savoir

---

1. Elles ne sont pas insérées dans le registre.
2. Jeanne de Belleville, veuve de Geoffroy de Châteaubriant, épousa, en 1330 (voy. plus bas le n° CLXXXIV), Olivier III, sire de Clisson. D'après une généalogie manuscrite, elle était fille de Maurice II de Belleville, seigneur de Montaigu, de la Garnache, de Châteaumur, de Palluau et de Beauvoir-sur-Mer, et de Létice de Parthenay. Son frère Maurice III ne laissa point d'enfants d'Eschive de Rochefort, fit son testament à la Roche-sur-Yon, en 1320, et donna à ses cousins, Raoul et Guillaume Chabot, toute sa terre de Champagné et de Luçon. Il mourut avant 1345 et eut sa sœur pour principale héritière. (Bibl. nat., Cabinet des Titres, *dossier Belleville.*) Le sire de Clisson, convaincu d'intelligence avec les Anglais, eut la tête tranchée, et Jeanne de Belleville, complice de son mari, fut bannie du royaume par arrêt du 1er décembre 1343. Ses biens, qui avaient été confisqués, furent rendus, en 1362, à son fils, Olivier IV de Clisson.

faisons à tous presens et avenir que, comme nous de nostre auctorité royal et puissance, en ensuiant les faiz et les euvres de noz predecesseurs, aiens mout à cuer et vueillans pourveoir diligenment que aus religieus et aus eglises de nostre royaume, à leur famille et à leurs biens soit pourveu de seurté de sauve protection. Pour ce est il que nous les religieuses personnes, l'abbé et le convent de [Saint-]Jouin de Marnes et leur abbaie avecques touz leurs menbres, les singulieres personnes de la dite abbaie, leurs priourtez et leurs eglises, leurs homes de corps, leurs familiers et touz leurs biens, mettons et prenons souz nostre protection et sauve garde especial, ès quelles sauve garde et protection nous voulons que il demeurent perpetuelment. Mandans au seneschal de Poitou et au balli d'Anjou, et à touz nos autres justiciers, presens et avenir, ou à leurs lieus tenans, que il les diz abbé et convent, tant en chief come en menbres, lez singulieres personnes de la dite abbaye, leurs priourtez, eglises, homes du cors, leurs familiers et touz leurs biens gardent et deffendent et maintiegnent en leur justes possessions, libertez, us, droiz et saisines, ès quelles il lez trouveront estre et leurs predecesseurs avoir esté paisiblement de ancienneté, et yceulz abbé et convent, tant en chief comme en menbres, avec leurs priourtez et eglises, leur famille, homes dessus diz et leurs biens gardent et defendent et facent defendre de toutes injures, violences, oppressions, inquietacions, de force d'armes, de puissance de lais et de toutes nouveletez indeues, et ne seuffrent contre yceulz, leurs meisnies, leur choses et touz leurs biens quelconques autres choses indeues estre faites, actentées, innovées, maiz se il lez treuvent estre faites ou actemptées, si lez ramenent ou facent ramener à estat premier et deu, et à nous et aus dessus nommez, en defendant à yceulz que il ne leur mesfacent, amender souffisanment, et nostre dite sauve garde facent publier en leurs assises et intimer à touz ceulz, dont il seront requis de par lez dessus nommez, en defendant à yceulz que il ne leur mesfacent en riens ; et dez personnes de quelles il leur requeront à avoir asseurement, si leur facent faire et donner loial, selonc la coustume du païs. Et quant as choses dessus dites mettre plus diligemment à execucion, deputent aus dessus nommez, à leur cous et despens, toutes fois que il en seront requis et mestier sera, certains gardiens, un ou pluseurs, de noz sergens, souffisans pour acomplir lez choses dessus dites, qui facent ce que à gardien appartient, lez quelz toutevoies ne s'entremettent dez choses qui requerront cognoissance de cause. Sauf en autres choses nostre droit et en toutes l'autruy. Et que ce soit ferme et estable à touz jours maiz, nous avons fait mettre nostre seel en cez presentes lettres. Donné à Poissi, l'an de grace mil ccc. trente et trois, ou mois de novembre [1].

Par le roy, à vostre relacion. Savigny.

---

[1]. Le texte de ces lettres est publié dans le recueil des *Ordonnances*, t. V, p. 610, d'après la confirmation donnée par Charles V, en avril 1372 (JJ. 104, p. 28, *corr*. 38).

TABLE

DES NOMS DE PERSONNES ET DE LIEUX [1].

A

Absie-en-Gâtine (abbaye de l'). Sauvegarde, 332. *Deux-Sèvres.*
Acuchard (Raoul), 216.
Agace (Bertrand), chevalier, sénéchal de Saintonge. Commissaire du roi en Poitou, 68, 69.
Ageduno (Regnaudus de). Voyez Ahun.
Agenois, 297 note. Sénéchal, 381. Voy. Blainville (Jean II, seigneur de).
Ahun (Regnault d'), doyen de la Chapelle-Taillefert, 346, 347.
Aigonnay (la Touche d'), Tuscha de Aygones, 151. *Deux-Sèvres.*
Aigues-Mortes, 153. *Gard.*
Aimargues, Armazanicæ, 153. *Hérault.*
Ainçay (P. d'), 329.
Aires (les), Haires, 416. C^{ne} de Jard, *Vendée.*
Airon. Voy. Ayron.
Albi (Nicholas). Voy. Blanc (Nicolas le).
Alemant (Guillaume). Voy. Lallemant.
Alençon (Jean d'), archidiacre de Lisieux, vice-chancelier de Richard Cœur-de-Lion, 409.
Aleu (seigneur de l'), 217 note.
Alfonse, comte de Poitiers, 18, 111 note, 206, 349, 350. Dons à l'abbaye de la Grâce-Dieu, 139, 140 ; à l'abbaye de Saint-Maixent, 151-153. Son anniversaire à l'abbaye de Charroux, 197.
Allemagne (Hugues d'), de Lemoigne, seigneur d'Andilly, 271, 272.
Allemant (Guillaume). Voy. Lallemant.
Alleus (abbaye Notre-Dame des). Sauvegarde, 239, 240. C^{ne} des *Alleuds, Deux-Sèvres.*
Allodiis (B.-M. de). Voy. Alleus (abbaye N.-D. des).
Alluye (terre et seigneurie d'), Luye, au Perche, 106.
Alonne-les-Sables. Voy. Olonne et Sables-d'Olonne.
Alphonse. Voy. Alfonse.
Amici (Michaël). Voy. Lami (M.).
Amoureux (Doucet), 203.
Ancenis (Geoffroy II d'), seigneur d'Esnandes et de Martigné-Briand, 362 et note. Ses deux filles :
— (Catherine d'), femme de Regnault de Vivonne, 362 note.
— (Jeanne d'), femme de Guillaume de Rochefort, 362 note.

---

1. Les noms latins et les anciennes formes françaises ont été recueillis avec soin et placés à leur ordre alphabétique avec renvois aux noms français modernes, sauf pour un petit nombre qu'il a été impossible d'identifier.

Anché (Hugues d'), de Anchiaco, d'Anchet. Donne la moitié du fief de la Dousse à l'abbaye de Valence, 257-265.
— (Jean d'), prêtre. Achète le fief de la Dousse, 258, 259, 262.
— (Pierre d'). Sa veuve et ses trois enfants, 261. Ils vendent l'autre moitié de la Dousse à l'abbaye de Valence, 261-265.
Anchet (d'). Voy. Anché.
Anchiaco (H. de). Voy. Anché.
Andilhé. Andilly-les-Marais, seigneurie, 271, 272. *Char.-Inf.*
Anezay (le seigneur d'), 66, 67.
Angebert (Aimery), 201.
— (Guillaume), 201.
— (Jean), 200.
— (Pierre), 201.
Angers, 187 note. Doyen de Saint-Laud, 330. Evêque, voy. Odart (Hugues). *Maine-et-Loire.*
Angis (Jean d'), 66.
Anglais. Iucursions, 406.
Angle, Anguli. Agrandissement de la chapelle du château. Distance de l'église paroissiale, 369, 370. *Angle-sur-Langlin, Vienne.*
— (abbaye de Sainte-Croix d'). Sauvegarde, 249, 250.
Angles, Anguli. Voy. Angle.
Anglici (C.). Voy. Langlois.
Angolins. Voy. Charay (Huguet de). *Angoulins, Charente-Inférieure.*
Angot. Voy. Engot.
Angoulême, 65 note. Abbaye de Saint-Ausone. Frères-Prêcheurs, 46. Date, 206. Prévôt, voy. Doys (J. de). *Charente.*
— (comté de), 42 note, 275 note, 399 note. Gouverneur, 41 note. Comtes, 281. Voy. Lusignan (Hugues x-xiii de).
— (diocèse de), 53. Frères-Prêcheurs et Frères-Mineurs, 46.
— (sénéchal d'), 275. Sénéchaussée, 182 note, 271. Francs-fiefs, 65 note.
Anguitard (terre d'), 22. C^{ne} de *Poitiers.*
Anguli. Voy. Angle.
Anjou, 101. Bailli, 431.
Antirac (maison d'). Donnée au vicomte d'Aunay, 268-270.

Anxaumont, Exomans, 287. C^{ne} de Sèvre, *Vienne.*
Appelvoisin (Guillaume d'), de Poilevoisin, seigneur du Bois-chapeleau, 162.
Apremont (la dame d'), 276 note.
Aquaries (Guyot), 67. Voy. Zacharie.
Aque mortue. Voy. Aigues-Mortes.
Aquitaine (ducs d'), 29. Voy. Guillaume.
Archiac, 48. Baronnie, château, 56. *Charente-Inférieure.*
— (Aymar d'), 8, 56 note, 114 note.
— (Marguerite de Rochechouart, dame d'), 114 note.
— (Marie d'), dame de Bauçay, 114 note.
Arcis-sur-Aube, date, 354. *Aube.*
Ardenne, Ardene, hébergement de l'abbaye de Fontenelles, 293. C^{ne} de Charzais, *Vendée.*
Ardillère (l'), Lardelière, 404. C^{ne} de Saint-Xandre, *Char.-Inf.*
Ardres, 396. *Pas-de-Calais.*
Areblay (Pierre d'), chancelier du comte de Poitiers, 140.
Argillières (Jean d'), clerc de la chambre aux deniers de la comtesse de Poitiers, 129.
Aricaut (N.), 48.
Arlinzeau (Guillaume), 201.
Armant (Guillaume), *alias* Arnaut, sergent de Savary de Vivonne, 362 et s.
Armazanicæ. Voy. Aimargues.
Arnaldi. Voy. Arnaud.
Arnaud (Don Jean), d'Espeleta, 146 note.
— (Pierre), clerc de Saint-Hilaire, 48.
Arnaut (Guillaume). Voy. Armant.
Arras, Attrabates, 188 note, 340. Evêque, voy. Chappes (Pierre de). *Pas-de-Calais.*
Arrebloy (Pierre d'). Voy. Areblay.
Arschot (Geoffroy de Brabant, seigneur d'), 60 note.
Artois (comte et comtesse d'). Voy. Robert ii et Mahaut.
— (Charles d'), comte de Longueville, 114 note.
— (Robert d'), comte de Beaumont-le-Roger, 114 note, 275, 280, 337.

Artur II, duc de Bretagne, 72, 154 note.
Artuys (Jean), de Champdeniers, et sa femme, Agnès, 364, 365.
Asseris (M. des), 360.
Attrabates. Voy. Arras.
Aubeterre, 275 note. *Aubeterre-sur-Dronne, Charente.*
Aubigny (seigneur d'). Voy. Vivonne (Savary de).
Auboin (Hugues), 66.
Audebert (Pierre), de Lusignan, 313, 314.
Audoin (Jean), 45.
— (Moreau), écuyer. Sentence d'absolution en sa faveur, 425-429
Aufferrant (Hugues), 264.
Aufizere (l'), 422. *C^{ne} de Saint-Vincent-sur-Jard, Vendée.*
Aumareis, 408.
Aumônerie (l'), à Loudun, 330. *Vienne.*
Aunay. Chapelle, 326 note. *Vienne.*
— (vicomté d'), 151, 152. *Charente-Inférieure.*
— (Claire de Lezay, vicomtesse d'), 269 note.
— (Ponce de Mortagne, vicomte d'), de Onayo, 40 note, 154, 217. Gouverneur de Saintonge, 157. Gouverneur de Navarre; notice, 269. Lettres de don en sa faveur, 268-269.
Aunis (grand fief d'). Assiette de rentes, 49, 50, 399 et s. Nouveaux acquêts, 65 note. Bailli du grand fief d'Aunis, 399, 405. Voy. Gauvain (Jean).
Aurelianis (P. de). Voy. Orléans (Pierre d').
Ausenzière (l'), *aliàs* l'Ausoyzère, 415, 416. *L'Ansairière, c^{ne} de Jard, Vendée.*
Autun, 286. *Saône-et-Loire.*
Auvergne (bailli d'), 347. Voy. Puy-Aymar (Itier de).
Aux (Arnaud d'), évêque de Poitiers, cardinal, 173 note.
— (Fort d'), évêque de Poitiers, 173 note.
Auxerre (évêque d'), 383. Voy. Mortemart (Pierre de). *Yonne.*
Auzance, Ousance. Eau, 227. *C^{ne} de Migné, Vienne.*
Avignon, 217 note. *Vaucluse.*
Aygaus (fief des), à Romagné, 403. *C^{ne} de Saint-Xandre, Charente-Inférieure.*
Aygones (Tuscha de). Voy. Aigonnay (la Touche d').
Aymer (Guillaume et Pierre), 65 note.
Ayos (Pierre), 73.
Ayraut (Jean), 427.
Ayrem (Huguet), valet, 321.
Ayron, 22, 23, 184. *Vienne.*
Ayrons (bailliage aux), 314. Voy. Hairaus.

B

Bacher (Jean), 427.
Bagnous. Voy. Bignoux.
Bailleul (Briand de), écuyer du comte de Poitiers, 121.
Bainandier (Aimery), écuyer, 82.
— (Hugues). Assassiné, 82, 83.
Balon (André et Guillaume), 70 note.
Banchevillier (Renaud de), bailli de Touraine, puis sénéchal de Poitou, 236, 238, 245 note, 308 et note, 309. Chargé d'asseoir le douaire de la comtesse de la Marche à Lusignan, 308 et s., 319 et s.
Bancivillier. Voy. Banchevillier.
Barasant (Jean de), *aliàs* Barjasont, 427. Procureur de la comtesse de la Marche, 318, 321, 322.
Barbasan (Arnaud-Guillem de), 246 note.
Barbe (Pierre), chevalier, 218.
Barbezieux (le seigneur de), 7.
Barbier (Guillaume), de Champdeniers, 364.
— (Jean le), 227.
— (Pierre le), 74.
Barcace (Guillaume), damoiseau, 370.
Bardon (Pierre), 289.

Barjasont (Jean de). Voy. Barasant.
Barlot (N.), 294.
Barnoin (Regnault), 216.
Barraut (Guillaume), 216.
Bassée (villa de), 152 note. C^{ne} de Frontenay-Rohan-Rohan, D.-S.
Bas-Sillé (Philippe de Montejan, dame de), 326 note.
Bauçay (fief de), à Loudun, 330 et note. *Vienne.*
— (famille de), 3 note, 114 note.
— (Eustache de), dame d'Usages, 114.
— (Goujon de), fils de Guy, seigneur de Chéneché, 3 note, 154, 155, 228.
— (Guy de), m. en 1270, 3 note. Autre, 234 note.
— (Guy de), seigneur de Chéneché, dit Goman, 2, 3, 155 note, 174, 186 note, 218 note. Assiette d'une rente à Ayron, 21-24. Il est nommé commissaire du roi en Poitou et en Touraine, 147, 148. Don de dix livres de rente, 149. Rente viagère de 200 livres convertie en rente héréditaire, 172, 173. Don d'un fief et de terres dans la châtellenie de Lusignan, 174, 175. Assiette de deux cents livrées de terre, 182-186. Nouvelle assiette dans les châtellenies de Montreuil-Bonnin, de Lusignan et de Poitiers, 223-228.
— (Hardouin Ier de). Ses enfants, 114 note.
— (Hardouin II de). Son mariage, 114 note.
— (Hugues IV de), m. en 1270, 3 note.
— (Hugues V de), m. en 1308. Don de deux cents livres de rente, 113. Notice, 114.
— (Hugues VI de), 114, 115, 154 note, 188, 234 note, 331. Sa femme et sa fille, 114 note. Il obtient la création d'un marché à Champigny-sur-Veude, 155. Appelé à rejoindre l'armée, 154. Sursis, 156. Son fief, 328; à Loudun, 330 et note. Il construit une chaussée et un étang à Faulant, 385, 386.
— (Isabeau de Châteaubriand, dame de), 114 note.

Bauçay (Jeanne de), dame de Champigny-sur-Veude. Ses mariages, 114 note.
— (Jeanne de), vicomtesse de Thouars, 360 note.
— (Mahaut de Clisson, dame de), 218 note.
— (Marie d'Archiac, dame de), 114 note.
— (Saucet de), 154, 155 note.
— Voy. Motte de Bauçay.
Baudouin, chapelain du comte de Poitiers, 117, 122, 123, 128.
Baudière (la), 413, 415. *La Bedouère*, c^{ne} de la Jonchère, Vendée.
Baugency, date, 234. *Loiret.*
Baugissière (terre de la), 247 note. C^{ne} de Saint-Michel-le-Cloucq, Vendée.
Bauquierville, date, 385.
Bayonenses, 406.
Beate-Marie de supra Boscum (prior). Voy. Notre-Dame-dessus-le-Bois.
Béatrix de Bourgogne, comtesse de la Marche. Voy. Marche (comtesse de la).
— de Navarre, duchesse de Bourgogne, 282 note.
Beaucaire (sénéchal de), 189 note.
Beauçay. Voy. Bauçay.
Beaujeu (Edouard de), maréchal de France, 396.
— (Guichard, sire de). Mariage de sa fille aînée avec le sire de Parthenay, 396.
— (Marie de), seconde femme de Jean Larchevêque de Parthenay, 359 note, 396 et s.
Beaulieu (le seigneur de), 329 note.
Beaumarchais (château de), 171.
Beaumont, 290. *Vienne.*
— (Geoffroy de), seigneur du Lude, 114 note.
— (Guillaume de), seigneur de Glenay, 328 note.
— (Thibaut IV de), sire de Bressuire, 188.
Beaumont-le-Roger (forêt de), 100 note.
— (Robert d'Artois, comte de), 114 note, 275, 280, 337.
Beauparc (Henry de), 328.
Beauvoir-sur-Mer (Isabelle de Lusignan, dame de), 51.

Beauvoir-sur-Mer (Maurice II de Belleville, seigneur de),430 note.
Beçay. Voy. Bessay.
Bègue (Guillaume le), 160.
Belle (la), 179. C^{ne} de Magné, Vienne.
Bellemont (Jean), officier de l'hôtel du comte de Poitiers, 122.
Belles-Croix (les), 314. Près Lusignan, Vienne.
Belleville (Isabelle de Lusignan, dame de), 51.
— (Jeanne de), femme d'Olivier III de Clisson, 429, 430.
— (Maurice II de), seigneur de Montaigu, la Garnache, Palluau, 8, 51 note, 377 note, 430 note.
— (Maurice III de), 188, 430 note.
Bello (Thomas de), écuyer du comte de Poitiers, 118.
Bellus mons. Voy. Beaumont.
Belon (André et Guillaume), 65 note.
Belot (Pierre), chevalier, 226. Prévôt de Loudun, 237.
Benais (Pierre de), évêque de Bayeux, 32 note.
Benaon. Voy. Benon.
Bencheviller. (R. de) Voy. Banchevillier.
Beneston (Marguerite), 294.
Benon, Benaon. Château, 141. Châtelain, 140. Châtellenie, 140, 142, 170 note. Forêt, 35, 140, 141. Garde du sceau, 142. Prévôté, 77, 140. Sceau royal, 55. Charente-Inférieure.
Berau (Mathieu), 74.
Berceule (le sire de). Voy. Bressuire.
Bérenger (Jean), bailli de Limousin, 213.
Bérengier (Huguet), 314.
— (N.), 73.
Berfunée (Robert), bourgeois de Château-Landon. Enquêteur dans le comté de la Marche et en Poitou, 303, 306.
Bergerac (Hélion, seigneur de), Bregerat, 217. Voy. aussi Pons (Geoffroy et Renaud de).
— (Marguerite de), 7 note.
Berland (Geoffroy). Privilège touchant son fief des halles de Poitiers, 215, 216, 368.

Berland (Herbert I et II), 215 note.
— (Hilaire), maire de Poitiers, 215 note.
— (Michel), 216.
Bernard, clerc de Guy de Lusignan, seigneur de Couhé, 48.
— (Itier), maire de Poitiers, 393.
Bernars (les), à Gâtine, 227.
Bernezay (Aimery de), 15.
— (Guillaume de), 15. 330.
Berrie (le seigneur de), 330.
Berron (Jean de), sergent royal, 211.
Berry (Jean, duc de), comte de Poitiers, 427 note.
Berthe (feue), 201.
Bertin (Pierre), sénéchal de Poitou, 409, 411 note.
— (Pierre), châtelain de Melle, 426, 427.
Bertonère (G. de la). Voy. Bretonnière.
Bertrand (Guillaume), 353, 383.
— (Pierre), 151.
Béruges, 184, 185, 225. Moulin, 184. Vienne.
Bessay (Geoffroy de), aliàs Beçay, Bessé. Ses fiefs, 329 et note.
Bessière (fief de la), de Voceria, 151. C^{ne} de Vitré, Deux-Sèvres.
Biarcium. Voy. Biard.
Biard, Biarcium, 290. Vienne.
Bienassis (frère Jean), 82.
Bienpuey (Aymar de), clerc, 319.
Bignoux, Bagnous, 287. Vienne.
Bigorre (comté de). Saline, 385.
Bigot (Michel), donné de Fontevrault, 331.
Bilhé. Voy. Billy.
Bilhesse (N. la), 74.
Billaut (Colin), 184, 225.
Billy (Pierre et Renaud de), Bilhé, 185.
Biron (Guillaume), administrateur des domaines du vicomte de Thouars, 252, 255-257.
— (Jean), aliàs Birum, chevalier. Privilèges obtenus du vicomte de Thouars, 253, 254, 255-257.
Birum. V. Biron.
Bitohière (terre de la), aliàs Bitosère, 408, 410.
Blainville (Jean II de Mauquenchy, dit Mouton, seigneur de), Blenville, sénéchal d'Agenais, 381.
Blanc (Nicolas le), chanoine de

Poitiers, 162. Commissaire du roi dans les sénéchaussées de Saintonge et d'Angoulême, 270, 271. Amortissement de rente en sa faveur, 382.
Blanche d'Artois, reine de Navarre, 35 note.
— de Castille, reine de France, 166.
Blanche-Fouace, diocèse de Chartres, 118 note.
Blanzac (abbaye de), 46.
Blanzac (châtellenie de), 275 note. Charente.
Blavia. Voy. Blaye.
Blaye (la dame de), de Blavia, 270.
Blazon (Thibaut de), sénéchal de Poitou, 166, 167.
Blenville. Voy. Blainville.
Boais-Rougues. Voy. Bois-Rogue.
Bochet (le). Voy. Bouchet.
Bodin (Jean), 329.
Boet (Gilles), curé de Louzy-en-Thouarsais, 254, 257.
Boeti (Z.) Voy. Bouet.
Boetum. Voy. Bouet (prieuré de).
Bois (Jeanne du), de Bosco, femme de Hugues d'Anché, 258.
Boischapeleau (seigneur du). Voy. Appelvoisin (Guillaume).
Bois-Grolier (Pierre de), frère-prêcheur, 50. Exécuteur du testament de Guy de Lusignan, 51-54, 58.
Boisménart (seigneur de), 150 note. Voy. Rouault (André).
Bois-Pouvreau, Bois-Pouvrel (le). Placé dans le ressort de Saint-Maixent, 229. C^{ne} de Menigoute, Deux-Sèvres.
Bois-Rogue (le seigneur du), Boais-Rougues, 329. C^{ne} de Rossay, Vienne.
Boisse (abbaye de Saint-Amand de), 46. C^{ne} de Saint-Amand-de-Boixe, Charente.
Boissière (Jean), 73.
Bona Vallis. V. Bonnevaux.
Bonerii (B.). Voy. Bonier.
Boney (Landry de), 129.
Bonier (Bernard), 370.
Bonin (Huguet), 202.
— ou Bonnin (Jean), 428.
Bonneguise (Jean de), 74.
Bonnet (Guillaume), évêque de Bayeux, 32 note.

Bonnet (Jean), procureur du roi en Poitou, 393.
Bonnétable, 276. Sarthe.
Bonneuil (prieuré de), Bonolium, 47. Bonneuil-aux-Monges, c^{ne} de Sainte-Soline, Deux-Sèvres.
Bonneval. Voy. Bonnevaux.
Bonnevaux, Bonneval, Bona Vallis. Essars, 226. C^{ne} de Marçay, Vienne.
— (abbaye de), près Poitiers, 46.
Bonnin. Voy. Bonin.
Bonolium. Voy. Bonneuil.
Bonport (abbaye de), date, 320.
Bordeaux (maire de), 2 note.
Bornetum. Voy. Bournet.
Borreto (J. et S. de). Voy. Bourret.
Boschier (Guillaume), 412.
Bosco (le). Voy. Bois (du).
Bosco Grolerii (P. de). Voy. Bois-Grolier.
Bosier (Etienne), de Montreuil-Bonnin. Rappel de ban, 324.
Bosseau (Michel), garde du sceau de la châtellenie de Benon, 142.
Bot de la Vendée (le), 158, 159. Canal partant de l'Anglée, c^{ne} du Poiré-sur-Velluire, et se dirigeant vers Marans, Vendée.
Botet (Simon), 48. Voy. Boutet.
Boucet (Martin), 162, 331.
Bouchardière (la). Seigneurie et haute justice, 255, 256. C^{ne} de Saint-Hilaire-de-la-Forêt, Vendée.
Bouchaut. Voy. Vigier (Jean).
Boucheron (frère P.), 328.
Bouchet (Saint-Pierre du). Fondation d'une chapelle, 353. Le Bouchet, Vienne.
Bouet en Aunis, Boetum, 402. Prieuré de Saint-Laurent, 35. C^{ne} de Bouhet, Charente-Inférieure.
Bouet (Zacharie). Biens acquis de Hugues d'Allemagne, 271, 272.
Bouex, 65 note. Charente.
Boufard (Guillaume), 200.
Bouffereau (Jean), 74.
Bougoin (seigneur de), 173 note. C^{ne} de Chavagné, Deux-Sèvres. Voy. Vivonne (Hugues de).
Bouins (courtillages aux), 283. C^{ne} de Rouillé, Vienne.

Bourbon (Louis Ier duc de), comte de la Marche, 342, 381.
Bourges, 140 note. Date, 189. Prison royale, 353, 354. Bailli, 199 note, 355. Comté, 138, 139. *Cher.*
Bourgogne (comte de). Voy. Othon IV.
— (comté de). Terres de Mahaut d'Artois, 92, 139.
— (duc de). V. Hugues IV.
— (Béatrix de). Voy. Marche (comtesse de la).
— (Jeanne de), comtesse de Poitiers. Ordonnance de son hôtel, 116, 127-131.
Bourgueil, 234 note. *Indre-et-Loire.*
Bournan (Nogier de), 328.
Bournet (abbaye N.-D. de), diocèse d'Angoulême, 46.
Bournezeaux (seigneur de), 329 note. C^{ne} *d'Amberre, Vienne.*
Bourret (Bertrand de), garde du sceau royal à Benon, 55, 58.
— (Etienne de), sous-doyen de Poitiers, 112. Ecolâtre de Poitiers, 171. Commissaire et lieutenant du roi dans la Navarre, 143-146. Don de 200 l. de pension, 172.
— (Jean de), sergent d'armes. Garde du château de Beaumarchais, 171.
Bourrier (Chiron), 283.
Bousseau (Pierre), 65 note.
Bouteiller de Senlis (Jean II le), 21 note.
Boutet (Jean), 74. Voy. Botet.
— (Martin le), 162, 331.
Bouton (Guillaume), lieutenant du sénéchal de Poitou, 247.
Bouyllé. Voy. Vouillé.
Brabant (Alix de), vicomtesse de Châtellerault, 276 note.
— (Blanche de), Brayban, vicomtesse de Thouars, 253. Constitution de son douaire, 59-62.
— (Geoffroy de), seigneur d'Arschot, 60 note.
Bracheo (Guillaume), de Champdeniers, 364, 366.
Brahen. Voy. Brin.
Bralhon (N.), 74.
Brandes (les meugiers des), 404.

Les Brandes, c^{ne} de Dompierre-sur-Mer, *Charente-Inférieure.*
Brayban. Voy. Brabant.
Breçoire. Voy. Bressuire.
Bregerat. Voy. Bergerac.
Bressuire, Breçoire, 88. *Deux-Sèvres.*
— (Thibaut IV de Beaumont, sire de), Berceule, 188.
Bretagne, 275 note. Ducs. Voy. Artur II et Jean Ier.
Breton (Jean le), Britonis, de Frontenay, 58.
Bretonnière (Guillaume de la), de la Bertonère. Sentence d'absolution rendue en sa faveur, 362-367.
Breuil (le), 201. C^{ne} de Saint-Eanne, *Deux-Sèvres.*
— (la dame du), 67.
Breuil-aux-Martinaus (le), Bruel ou Bruil, 283, 285, 316. C^{ne} de Rouillé, *Vienne.*
Breuil-Maingot (le), 22. C^{ne} de *Poitiers.*
Breuil-Saint-Martin (le), 23. Peut-être le Breuil, c^{ne} *d'Ayron, Vienne.*
Brienne (Jean Ier de), comte d'Eu, 64 note.
— (Marguerite de), vicomtesse de Thouars, 61, 360 note.
— (Raoul Ier de), comte d'Eu. Voy. Eu.
Brin, Brahen, 184. C^{ne} de Jaunay, *Vienne.*
Britonis (J.). Voy. Breton (J. le).
Broce (Arnaud de la), prévôt de la Rochelle, 272.
Brolhac (Jean de), 73.
Brossay (fief de), 403. Grand fief d'Aunis.
Brotin (Guiraud), 370.
Brou (seigneur de). Voy. Robert de Flandres.
— (terre et seigneurie de), au Perche, 106.
Bruel (le). Voy. Breuil.
Bruère (Jean de la), 329.
Brugeluge (Aimery), receveur du roi en Poitou, 247, 287.
Bruges (Gautier de), évêque de Poitiers, 21 note, 71.
Brugesilles (prévôt de), 261.
Bruil (le). Voy. Breuil.
Bruin (Jean), de Bouhet, 402, 403.

— 440 —

Brulium. Voy. Breuil (le).
Brun (Hugues le), H. Bruni, garde du sceau royal de la châtellenie de Lusignan, 260, 261, 264.
Brunelière (la), 404. Grand fief d'Aunis.
Bully (Geoffroy de), sénéchal de Poitou, 166 note.
Burchelace (fief de), 403. Grand fief d'Aunis.
Bureau (Philippon), ? Burriau et Buyreau. Achète deux pièces de terre à Loudun, 236-238.
Burriau. Voy. Bureau.
Busseuil, Bussolium, date, 215.
Buyreau. Voy. Bureau.

C

Caboti (Helias). Voy. Chabot.
Cabussin (Jean), 203.
Caillon (moulin), 184, 225. *Ayron, Vienne.*
Calais, 4, 70 note. *Pas-de-Calais.*
Calvigniacum. Voy. Chauvigny.
Campigniacum. Voy. Champagné-Saint-Hilaire.
Campmoret (Robert de), 162.
Cappella Taillhefer. Voy. Chapelle-Taillefert (la).
Caprarii (Guido). Voy. Chevrier.
Carcassonne (sénéchal de), 189 note. *Aude.*
— (sénéchaussée de), 87 note.
Carroffium. Voy Charroux.
Castagnon (Huguet), 70 note.
Castelar (Chebro du), 74.
Castrum Achar. Voy. Château-Larcher.
Castrum novum. Voy. Châteauneuf.
Caux (bailli de), 159 note.
Cavafaya. Voy. Cheffois.
Ceaux (paroisse de), 47. *Vienne.*
Celle (Prieuré de Saint-Hilaire de la). Voy. Poitiers.
— (Amé de la), 40 note. Sa fille mariée à Jourdain de Loubert, 265, 266.
— (Geoffroy de la), sénéchal de Poitou, 411.
— (Guillaume de la), 40 note.
Celle (Hugues de la), H. de la Sele, chevalier. Garde du château de Lusignan, 40, 41, 246. Notice biographique, 40 note. Sa charge de commissaire réformateur en Poitou et en Saintonge, 64-66, 68-70, 76-78, 81, 84, 87, 88, 89, 90, 212. Il fait l'assiette d'une rente donnée à l'abbaye de Charroux, 72, 73. Le roi lui donne la terre de la Laurière, 40 note, 265, 266. Voy. aussi 50 note, 54, 176, 242 note.
Cellefrouin (abbaye N.-D. de la), 46. *Charente.*
Cenomannensis (comes). V. Maine (comte du).
Cerchemont. Voy. Cherchemont.
Cercigny (seigneur de), Cercigné, 7 note, 67 note. C^{ne} *de Vivonne, Vienne.*
Chabanais (Jean de), 49.
— (Laure de), 2 note, 49 note.
Chabot (Eschivo), 66.
— (Girard III), baron de Retz, 8.
— (Guillaume), seigneur de Chantemesle, 188, 430 note.
— (Hélie), H. Caboti, 47.
— (Raoul), 430 note.
— (Sebran), seigneur de la Grève, 188.
— (le fief), 294. C^{ne} *d'Angles, Vendée.*
Chadeler, moulin, 284. *Près Venours.* c^{ne} *de Rouillé, Vienne.*
Chaillé-les-Marais (habitants de). Sentence arbitrale rendue en leur faveur contre l'abbaye de Moreilles, 158-162. *Vendée.*
Chailloeau (Grégoire du), prévôt de Montreuil-Bonnin, 185.
Chaise (la). Voy. Chèze.
Chambaut (frère Pierre), 82.
Chambon (bastide de), 37, 38, 41. *Dordogne.*
Chamdener. Voy. Champdenier.
Chamelet (château de), 397. *Rhône.*
Champagne, 138.
Champagné (terre de), 430 note.

Champagné-Saint-Hilaire, Campigniacum. Confirmation du marché établi par Alfonse de Poitiers, 349, 350. Bailli de Champagné, 393. *Vienne.*
Champdeniers. Marché, prison, assises. Rixe ; dépositions de divers habitants, 363-367. Sénéchal, voy. Chauveau (Guillaume). *Deux-Sèvres.*
— (Aimery de), Chamdener ou Chandenier. Sentence d'absolution rendue par son sénéchal, 362-367. Voy. aussi 427.
Champdolent, 214. *Charente-Inférieure.*
Champigny-sur-Veude. Création d'un marché, 155. *Indre-et-Loire.*
— (dame de). Voy. Bauçay (Jeanne de).
Champion (fief de), 413, 415, 416. *Vendée.*
Championnière (la), 410.
Chanac (Guillaume de), clerc du roi, puis évêque de Paris, 213.
— (Guy de), 381 note.
Chanalhe (Florence), 74.
Chandenier. Voy. Champdenier.
Chantemesle (Guillaume Chabot, seigneur de), 188 note.
Chantilly (seigneur de). Voy. Clermont (Jean de).
Chantocé, 230 note. *Maine-et-Loire.*
Chapelle-Taillefert (le doyen de la), 346, 347. *Creuse.*
Chappes (Pierre de), évêque d'Arras, 209.
Charay (Huguet de), dit d'Angolins. Reconnu noble, 76-78.
Charency (Jean de), bailli de Champagné-Saint-Hilaire, 393.
Charlemagne, 241, 341.
Charles IV le Bel. 1° Comte de la Marche, 170. Son apanage, 231 note. Il envoie des commissaires dans son comté et dans ses terres de Poitou, 302-305. 2° Roi de France, 269 note, 333, 337, 341, 342 note, 382, 399, 400.
— comte de Valois. Voy. Valois.
Charpentier (Martin), 73.
Charron (abbaye de), 65 note. *Charente-Inférieure.*
Charros. Voy. Charroux.

Charroux, Carroffium. Cens dus par divers habitants, 73-75. L'orme Aufauvre, la fosse Biénac, 73. Rue de Palhe, 74. Garenne et panage de la Fons et de la Jarrie. Foires de la Saint-Sauveur, 75. Justice, 346-349. Garde du sceau royal, 349, voy. Gautier (Elie). Voy. aussi 242, 244. *Vienne.*
— (abbaye de). Fondation d'une bastide à Chambon, 36-38, 41. Assiette d'une rente annuelle de 60 livres, 72-76. L'aumônier, 74. Anniversaire d'Alfonse de Poitiers, 197. Changements de ressort, 241, 341, 342. Mainlevée d'une rente lui appartenant, 242, 243. Echange d'un droit de sel contre une rente annuelle, 244. Justice de l'abbaye ; accord avec les gens du roi du comté de la Marche, 346-349.
— (abbé de). Voy. Châteauneuf (Raymond de).
Charruel (Marguerite), veuve de Jean de Mirebeau. Sauvegarde, 386, 387.
Chartres (doyen de), 143, *Eure-et-Loir.*
— (Guy, vidame de). Sa fille mariée au sire de Parthenay, 359, 374 note.
Chasseur (le pré au), 201. C^{ne} de Saint-Eanne, *Deux-Sèvres.*
Chastelacher. V. Château-Larcher.
Chastiaux, en Touraine, 337.
Château (G. du), 328.
Châteaubriand (Geoffroy de), dit Brideau, seigneur du Lion-d'Angers, 217, 430 note.
— (Isabeau de), dame de Bauçay, 114 note.
— (Marguerite Larchevêque, dame de), 217.
Château-Larcher (terre et château de), Chastelacher. Placés dans le ressort de Lusignan, 112. *Vienne.*
Châteaumur (seigneur de), 8 note, 430 note.
Châteauneuf (terre et château de). Placés dans le ressort de Lusignan, 112. *Châteauneuf-sur-Charente, Charente.*

Châteauneuf (Raymond de), abbé de Charroux, 36, 41, 73, 75. Commissaire du roi en Poitou et en Touraine, 147, 148.
— (seigneur de). Voy. Lusignan (Geoffroy de).
Châteauneuf-sur-Loire, dates, 230, 232, 236, 409, 412, 417, 420, 422, 425. *Loire.*
Châtellerault (Jeanne, vicomtesse de), 112, note. *Vienne.*
— (vicomte de), 7 note. Voy. Lusignan (Geoffroy II de) et Harcourt (Jean III de).
Châtillon (Béatrix de), comtesse d'Eu, 61 note.
— (Gaucher de), connétable de France, 113.
— (Guy de), comte de Saint-Paul, 11 note.
Chauchier (Pierre), 48, 50.
Chauderoles (fief de), 403. Grand fief d'Aunis.
Chaumes (Perrenin de), 328.
Chaunay (église de), 47. *Vienne.*
Chauveau (Catherine), 200.
— (Guillaume), sénéchal de Champdeniers, 363, 364, 367.
Chauvet (Jean). Poursuivi pour homicide, 87, 88.
Chauvez (courtillages aux), 283. *Près Venours, c^{ne} de Rouillé, Vienne.*
Chauvigny (baronnie de), 390 note. *Vienne.*
— (André de), 216.
Chavagne (forêt de), Chavigniacum, 79, 203, 204, 221, 222. *C^{nes} de Leigne et de la Chapelle-Viviers, Vienne.*
Chavigniacum. Voy. Chavagne.
Chechia (Pierre de), 294.
Chefboutonne (seigneur de), 154 note. *Deux-Sèvres.*
Cheffois (prieuré de), Cavafaya. Lettres de sauvegarde, 63, 64. *Vendée.*
Chemillé (Philippe de), 216.
Chenay, 309. Aire, 311, 314. Justice, 316. *Deux-Sèvres.*
Chénèché (seigneur de), 3 note. Voy. Bauçay (Guy de). *Vienne.*
Cherchemont (Jean de), seigneur de Venours, chancelier de France, 207, 212. Notice biographique, 267 note. Don d'un enclos à Orléans, 267, 268. Amortissement en sa faveur de biens acquis à Venours pour la dotation de la collégiale de Menigoute, 281-285. Assiette de rente à Venours, 309-313, 320. Bois qu'il reçoit à Montreuil-Bonnin, 325. Il fonde la chapelle de Menigoute, 351. Et lui donne une rente annuelle de 450 l., 399 et s. Réhabilitation de sa mémoire, 333-336.
Cherveos. Voy. Cherveux.
Cherveux (fief de), Cherveos, Chervex, 151. *Deux-Sèvres.*
— (terre et château de). Placés dans le ressort de Lusignan, 112; puis dans celui de Saint-Maixent, 229.
— (Jean de), Cherveos, de Champdeniers, 364, 365.
Chervex. Voy. Cherveux.
Chèse (la). Voy. Chèze.
Chèvaleau (Jean), 162.
Chevalier (la maison), à Charroux, 74. *Vienne.*
Chevreuse (Jean de), clerc de l'écurie du comte de Poitiers, 120.
Chevrier (Guy), Guido Caprarii, 349.
Chèze (terre de la), près Archiac, la Chièse, 48, 49. Donnée par le sire de Couhé à Geoffroy Tizon, 55-59. *Charente-Inférieure.*
— (Guillaume de la), 185.
Chèze-le-Vicomte (Jean de Thouars, seigneur de la), 253.
Chiepgras (Robin), 73.
Chièse (la). Voy. Chèze.
Chinon, 385. *Indre-et-Loire.*
Chiré [-en-Montreuil], 23, 184, 185. *Vienne.*
Chotart (Giraud), prévôt de Poitiers, 216.
Choyzi (P.), 181.
Ciché. Voy. Cissé.
Cille (la). Voy. Latillé.
Cinc (Bernard), 370.
Cissé, Ciché, Cisset, 183, 184, 185, 225, 290. *Vienne.*
Cisset. Voy. Cissé.
Civray (châtellenie de), Sivrayum, 287. Terre du comte d'Eu, 383 note. *Vienne.*
Claunay (le seigneur de), Clounay, 329. *Vienne.*

Claveau (Pierre), ou de Saint-Saornin, 425 et s.
Clément III, pape, 216.
— v, pape, 173 note.
Clermont (comté de), 342 note.
— (le chantre de), 307.
— (Jean de), seigneur de Chantilly, maréchal de France, 154 note, 269 note.
— (Raoul de), seigneur de Nesle, connétable de France, 93 note. Voy. Nesle.
Clermont-Nesle (Isabelle de), veuve d'Hugues Larchevêque, sire de Montfort, dame de Semblançay, 93-97, 338, 375, 376, 377, 378.
— (Simon de), évêque de Beauvais, 95.
Cliçon. Voy. Clisson.
Clignet (Regnault), chevalier, sénéchal de Poitou, 231 note.
Clisson (Mahaut de), dame de Bauçay, puis de Vivonne, 3 note, 218 note.
— (Olivier III de). Lettres du sénéchal de Poitou en sa faveur, 429, 430.
— (Olivier IV de), 430 note.
— (Jeanne de Belleville, dame de), 429, 430.
Clounay. Voy. Claunay.
Cluzeau (Jean du), chanoine de Montmorillon, 79 note.
Cohiec. Voy. Couhé.
Coignet (Philippe), 65 note.
Coihec. Voy. Couhé.
Coillardée (courtillages de la), 283. Près Venours, c^{ne} de Rouillé, Vienne.
Coillebaut (Pierre), 290.
Coindé (Guillaume), maire de Poitiers, 393.
Colombier. Voy. Coulombiers.
Colunberium. Voy. Coulombiers.
Commequiers (Isabelle de Lusignan, dame de), Quemiquiers, 51. Vendée.
Comptes (chambre des) de Paris, 291, 296, 302, 310, 312, 336, 356, 357, 392, 400, 405.
Comtesse (terre de la). Donnée à l'abbaye de Lieu-Dieu en Jard, 408, 410.
Conac (seigneur de), 154 note.
Conches (seigneur de), 275.

Condé (P. de), 154.
Conflans, date, 116.
Confolens (terre de), 49 note. *Charente.*
Convers (Philippe le), clerc de Philippe, comte de Poitiers, 69, 171.
Corbeau (N.), 201.
Corbeil, 127 note. *Seine-et-Oise.*
Cordasde (N.), 74.
Cornereau (Geoffroy), 201.
Cornet (Jean), 254, 257.
Corona. Voy. Couronne.
Coué (Hugues de), seigneur du Bois-Rogue, 329 note.
Couhé, Cohiec, Coihec, Coyacum, 11 note, 58. Péage, 45. Prieur, chapelain de Saint-Martin, 45, 46. Eglise Saint-Martin, 46. Léproserie, aumônerie, paroisses Notre-Dame, Saint-Martin et Saint-Vincent, 47 Maison-Dieu, 53, 54. Château, 54. *Vienne.*
— (seigneurie de), 42, 43 note.
— (Jean de), 48.
— (seigneur de). Voy. Lusignan (Guy de).
Coulombiers, Colunberium. Léproserie, 47. Taille et fouage, 227. *Vienne.*
Courcy-aux-Loges, date, 13.
Couronne (abbaye de la), de Corona, diocèse d'Angoulême, 46. *Charente.*
— (ordre N.-D. de la), 47.
Courtaus (courtillages aux), 283. C^{ne} de Rouillé, Vienne.
Courtray, 70 note. *Belgique.*
— (bataille de), 113 note.
Coutentin (Pierre), 74.
Coyacum. Voy. Couhé.
Coyte-Marie (Guillaume), 181.
Craon (Amaury III de), seigneur de Sablé, 114 note, 229, 230, 231, 399 note. Commissaire du roi en Poitou et en Touraine, 147, 148. Sa châtellenie de Marcillac est placée dans le ressort de Poitiers, 230, 231. Promesse de mariage de sa fille Béatrix avec le fils aîné du sire de Parthenay, 373-380.
— (Béatrix de). Projet de mariage avec Jean Larchevêque, 373 et suiv. Elle épouse le seigneur de Lohéac, 380.

— 444 —

Craon (Béatrix de Roucy, dame de), 379.
— (Isabelle de Sainte-Maure, dame de), 374 note.
— (Maurice VII de). Ses terres du Bois-Pouvreau, Saint-Héraye, Sanxay et Cherveux sont placées dans le ressort de Saint-Maixent, 229, 230.
— (Marguerite de Mello, dame de), 229 note.
Crécy, date, 115, 204. *Somme.*
— (bataille de), 276 note.
Crouzate (fief de la), 403. Grand fief d'Aunis.
Cuersayo (de). Voy. Curzay.
Cuerzai. Voy. Curzay.
Cuillères (Jean de), 48.

Cumin (Guillaume de), 331.
Curçay, Curciacum. Maison de Guy de Bauçay. Justice, 149. *Vienne.*
— Voy. Curzay.
Curciacum. Voy. Curçay.
Cursonium. Voy. Curzon.
Curzay (château de), 175 note. *Vienne.*
— (Alonet de), de Cuersayo, 287.
— (Guillaume de), de Cuerzai. Ses possessions dans la châtellenie de Lusignan, 174, 175. Guillaume le Jeune, 321.
— (Henry de), Curçay, 330.
Curzon (terre de), Cursonium, 410, 413, 415, 416. *Vendée.*
Cyprien (saint). Date de sa fête, 34 note.

D

Dampierre (seigneur de), en Aunis, Dompere, 2 note, 66. *Dampierre-sur-Mer, Char.-Infér.*
— (terre de). Voy. Dompierre.
Daousse (la). Voy. Dousse (la).
Darday, Dardoy. Maison appartenant à l'abbaye de la Grâce-Dieu, 140, 141. *Cne de Benon, Char.-Inf.*
Datillé, 23. Voy. Latillé.
Deffend (le), 32. *Cne de Dissay, Vienne.*
Demier (Jean), 74.
Denis (Etienne), St. Dyonisii, chapelain en l'église de Poitiers. Accord conclu avec le commissaire du roi touchant un droit d'amortissement, 288-291.
Désiré (Pierre et Renou), chevaliers, 152 note.
Desmoulins. Voy. Moulins (des).
Després. Voy. Prez (des).
Dirac (Johannet de), 48.
Dognon (Geoffroy du), 275 note.

Domency (Berthelin de), écuyer du comte de Poitiers, 118.
Domfront (seigneur de), 275.
Dompere. Voy. Dampierre.
Dompierre (terre de), Dampiere, 410. *Vendée.*
Dordogne (la), rivière, 340.
Doué (Eustache de), dame de Gençay, 114 note.
Dousse (la), la Daousse. Acquise par l'abbaye de N.-D. de Valence, 257-265. *Cne de Château-Larcher, Vienne.*
Doys (Jean de), prévôt d'Angoulême, 213.
Dreux (Jeanne de), comtesse de Roucy, 379 note.
Dreux (Yolande de), comtesse de Porhoët, 45.
Dufour. Voy. Four (du).
Dupuy. Voy. Puis (du).
Dyonisii (Stephanus). Voy. Denis (Etienne).

E

Edouard II, roi d'Angleterre, 297.
— III, roi d'Angleterre, 275 note.
Eléonore, reine d'Angleterre, 411 note.

Elien (Eustache), vice-chancelier de Richard Cœur-de-Lion, 412.
Embernat (Lucasse d'), 74.
Engolisma. Voy. Angoulême.

— 445 —

Engot (Pierre), sergent du roi à Niort, 85.
Escrones (Guérin d'), écuyer du comte de Poitiers, 118, 120.
Esnandes, Henenda. Ost réclamé par Hugues,vicomte de Thouars. 360, 361. *Charente-Inférieure.*
— (Geoffroy II d'Ancenis, seigneur d'), 362 note.
Esnaut (Jean), 401, 402, 405.
Espagne (Alfonse d'), 216, 221, 234, 236.
— (Jean d'), d'Espaingne, prévôt de Lusignan, 313, 321.
— (N. d'), Hispanus, 48.
Espau (l'). Voy. Lépaud.
Espiers, date, 308, 309.
Essars (Martin des), 373.
— (seigneur des), 248 note.
Estang (Guillaume de l'), Will. de Stagno, 411.

Estella, ville de Navarre, 269 note. Baillie des Juifs, 171.
Estiennot (dom Claude), 35 note.
Etienne, abbé de Saint-Maixent, 152 note.
— le queux de la comtesse de Poitiers, 129, 130.
Eu (Jean I de Brienne, comte d'), 61 note.
— (Jeanne de Mello, comtesse d'), 274 note.
— (Raoul Ier de Brienne, comte d') et de Guines. Lieutenant du roi en Poitou et en Saintonge, 274, 275 note. Sa terre de Civray vendue au c^{al} de Mortemart, 383, 384. Sentence de son sénéchal de Melle, 425-429. Son sceau, 427.
Evreux (Louis de France, comte d'), 116.
Exomans. Voy. Anxaumont.

F

Fau (Itier du), Yterius de Fano, commissaire en Poitou, 190 et note.
Faucheyre (N. le), de Charroux, 73.
Faulant, chaussée et étang, 385, 386. *Entre Chinon et l'Isle-Bouchart, Indre-et-Loire.*
Faure (Eon), garde du sceau royal à Poitiers, 393.
— (Pierre), 227.
Faye (Roger le), changeur de Poitiers. Lettres d'absolution, 186-188.
— (seigneur de), 218 note.
Fenestre (village de la), 22. C^{ne} de *Vouneuil-sous-Biard, Vienne.*
Feotrier (Simon), 293.
Féron (Pierre le), garde de la prévôté de Paris, 99.
Ferrand (la baillie), 23, 184, 225. C^{ne} d'*Ayron, Vienne.*
Ferrand (Perrot), d'Angoulême, 325 note.
— (Thomas), clerc du roi, 324, 325.
Ferrant (Jean), 185.
Ferron (Jean le), 331.

Ferrière (Guillaume de la), châtelain de Lusignan, 393.
Ferté-Bernard (châtellenie de la), 114 note. *Sarthe.*
Fétart (Robert). Voy. Frétart.
Fief (la dame du), 66.
Fier (fief du), 201. C^{ne} de *Saint-Eanne, Deux-Sèvres.*
Filheceau (Pierre), 293.
Flandres (armée et guerres de), 9, 10, 189, 191, 192, 193, 340.
— (comte de). Voyez Robert III.
Flay (prévôté de), 70 note.
Fleury (Guillaume), G. Floridi, garde du sceau royal à Saint-Jean-d'Angély, 213.
Florence (André de), 223, 251, 274, 284.
Floridi (Guillelmus). Voy. Fleury.
Flory (Jourdain), aliàs Florie, maire de Poitiers, 181.
Flote (Guillaume), 177, 268.
Foire (Henry de la), chevalier, 330.
Foix. Convocation d'une armée, 158. *Ariège.*
Folley (Pierre de), 311.
Fons (la), à Charroux, 75. *Vienne.*
— albus. Voy. Fontblanche.

Fons Comitis. Voyez Fontaine-le-Comte.
— Sancti Martini. Voy. Fontaine-Saint-Martin.
— Sitis. Voy. Font-de-Cé.
Font (George de la), 319.
Font-de-Cé (aumônerie de la), Fons Sitis, la Font-de-Soy, 47, 314. C^{ne} de Lusignan, Vienne.
— de-Soy. Voy. Font-de-Cé.
Fontaine-aux-Bois, date, 18, 19.
— le-Comte (abbaye de), 47, 326. Vienne.
— Saint-Martin (la), date, 219, 346.
— Saint-Martin (prieuré de la), 47.
Fontainebleau, dates, 4, 81.
Fontaines (seigneur de), en Saintonge, 40 note, 87, 90. Voy. Celle (Hugues de la).
Fontblanche (prieuré de), 47. C^{ne} d'Exoudun, Deux-Sèvres.
Fontenay-le-Comte, 257, 294. Assises, 159, 160. Garde du sceau royal, 162, 295. Lieutenant du receveur de Poitou, 254. Dates, 206, 295. Vendée.
— (châtellenie de), 202, 254, 257. Commissaire du roi pour la recherche des amortissements et nouveaux acquêts, 291, 295.
Fontenelles (abbaye de), diocèse de Luçon. Composition faite avec le commissaire du roi touchant des droits d'amortissement, 294-296. C^{ne} de Saint-André d'Ornay, Vendée.
Fontevrault (abbaye de). Droits à Loudun, 15, 16. Finance payée pour certains acquêts dans le Loudunais, 327-332. — 412 note. Maine-et-Loire.
Font-Marin, 225. Fontmorin, c^{ne} de Vasles, Deux-Sèvres.
Forest (Huguet de la), 321.
— (Pierre de), 393. Lieutenant du sénéchal de Melle, 427, 428.
— (Pierre de la), arpenteur juré, 403.
Forge (Jean de la), chapelain de Guy de Lusignan, seigneur de Couhé, 47, 50; et exécuteur de son testament, 51, 54, 58.
Forges (frère Guy de), 82.
Forget (Jean), chevalier. Obtient la permission de bâtir une maison hospitalière et de fonder une chapelle dans le diocèse de Poitiers, 200-203.
Fors (seigneur de). Voy. Vivonne (Hugues de).
Foucaud (Elie), garde du sceau royal à Poitiers, 290, 323.
Fouquetière (la), 404. Grand fief d'Aunis.
Four (Martin du), 237.
Fouras (château et terre de), ou Fourras, 213. Charente-Inférieure.
Fourrée (Marion la), 328.
Foye-Monjau (la), 87, 88. Deux-Sèvres.
Fressinay (manoir de), 390. C^{ne} de Saint-Pierre-des-Eglises, Vienne.
Frétart (Guillaume), 326 note.
— (Joubert), seigneur de Turzay, 329.
— (Pierre), 331.
— (Robert), seigneur de Sautonne, chambellan du roi. Reçoit en don le manoir de la Robichonnière, 235. Fonde une chapelle, 326; — 329 note. Obtient du roi une rente héréditaire de 200 livres, 343-345. Mode de perception de ladite rente, 371, 372.
— (Robin), fils du précédent, 235 note, 326, 329.
Fripier (Richard le), de Poitiers, 30, 31.
Frontenay, 59. Ville et châtellenie données au roi par le seigneur de Couhé, 50. Châtellenie, 170 note. Seigneurie, 42. Deux-Sèvres.
Froumagière (la vieille), 404. Grand fief d'Aunis.
Frozes, 23. Vienne.
Funelière (N. la), 67.
Furet (Bernard), notaire d'Angoulême, 50, 54. Chanoine, 319.
Fuxum. Voy. Foix.

G

Gaillard (Guillaume), clerc du roi, 54.
Gaillon (Jean de), chevalier. Don et assiette d'une rente de 300 l., 99-108, 218.
Galerant (Guillaume), arpenteur juré, 403.
Galhart (N.), 74.
Galteri (Helias). Voyez Gautier (Elie).
Gamaches (Robillard de), 157.
Ganduceau (Barthélemy), 202.
Garin (Jean), de Cissé, 290.
Garnache (seigneur de la), 8 note. Voy. Belleville (Maurice II de).
Garnaudeau (Vincent), 294.
Garnier (maître), 412.
Garriaux (Etienne et Fouquet), frères, bourgeois de Tours, 235.
Gartempe (la), Guarterpa, rivière, 26.
Gascogne (guerre de), 274.
Gâtine (la), Gastine. Terres et châteaux des sires de Parthenay, 374, 375. *Deux-Sèvres.*
— (prise de), Gastine, 227. *C^{ne} de Coulombiers, Vienne.*
Gâtineau (Barthélemy), Guastinelli, de Poitiers, et Hilaire, sa femme, 289.
Gaudebau, *alias* Gundebou, 408, 410.
Gaudin (Elie), 70 note.
Gautier (Elie), garde du sceau royal à Charroux, 349.
— (Huguet), 73.
— (Laurent), 254, 257.
— de Bruges, évêque de Poitiers, 21 note, 71.
Gauvain (Jean), bailli du grand fief d'Aunis, 400, 405.
Gayon (N.), 73.
Gençay, ville et Châtellenie, 179. *Vienne.*
— (Eustache de Doué, dame de), 114 note.
Genville (Pierre de), 43 note.
Geoffroy. Voy. Joffroy.
— (maître), Gyeffroi, médecin du comte de Poitiers, 122, 123.

Géralde (Julienne). Voy. Giraud.
Géraud ou Guerreau, abbé de Fontenelles, 294.
Gerbau (Guillaume), 74.
Germont, 176, 354, 355. *Deux-Sèvres.* V. Prévôt (Pierre).
Geron (Guillaume le), *alias* le Geront ou Segeron, 313, 314, 317, 321.
Gervais, clerc de Guy de Lusignan, 48.
Gibert (P.), 67.
Gillet (N.), 48.
Girard, charretier de la comtesse de Poitiers, 131.
— (Guillaume et Mathieu), frères, 270.
Giraud (Julienne), la Giraude et Géralde, 236, 237, 238.
Giraudon (Pierre), 201.
Giraudons (les), 202.
Girouard en Nieuil, Giroart, 354. *Vendée.*
Glenay (seigneur de). Voy. Beaumont (Guillaume de).
Godefroy (Raoul), chambrier de Richard-Cœur-de-Lion, 409.
Golesmes (Jean de), chevalier, 311.
Gorgaut (Huguet), 429.
Gormont (Jean), 74.
Goulard (Guyon), 328 et note.
Gourjault (Hugues), 429 note.
Goyet (Jean de), 73.
Grâce-Dieu (abbaye de la), 65 note. Don de 56 arpents dans la forêt de Benon, 139-142. *Charente-Inférieure.*
Grandmont (religieux de), 100 note.
Gras (Hilaire), 66.
Grassin (Garin), sergent royal à Poitiers, 393.
Grégoire VIII, pape, 216.
Grenier (Aimery), prêtre, 294.
Grève (Sebran Chabot, seigneur de la), 188 note.
Gricentz (moulins aux), à Montmorillon, 26.
Grise (N. la), 201.
Groer (Pierre), 204.

Grollier (Pierre), procureur du roi en Poitou, 247.
Grosbois (abbaye de), Grossum Boscum, diocèse d'Angoulême, 46. *Charente.*
Grozeer (Lucas de), 162.
Guarterpa. Voy. Gartempe (la).
Guastine. Voy. Gâtine.
Guastinelli (B.). Voy. Gâtineau.
Guenaut (Aimery), 333, 342.
Guérin (Jean). Privilège d'acquérir des terres dans les fiefs royaux, 218.
Guerreau. Voy. Géraud.
Guessant (Jean), dit le Juge, clerc, de Poitiers, 289.
Guichard (Aimery), sous-chantre de Poitiers. Fondateur d'une chapelle en l'église cathédrale, 288, 289.
Guichart (maison de feu), à Poitiers, 30.
Guillaume, duc d'Aquitaine, 35 note.
— maître de la forêt de Montreuil-Bonnin, 185.
— (Pierre), 270.
Guillot, arbalétrier du comte de Poitiers, 122.
Guines (comte de). Voy. Eu (Raoul Ier, comte d').
Guitard (Hugues), 301.
Gundebou, *aliàs* Gaudebau, 408, 410.
Gusergues (Jean de), 70.
Guy VII, vicomte de Limoges, 154.
Guyenne (duché de), 297 note.
Guyomar (Jean), de Noirmoutier. Sauvegarde, 406.
Gyeffroi. Voy. Geoffroy.

H

Hairaus (courtillages aux), 283. Voy. Ayrons. *Près Venours, C^{ne} de Rouillé, Vienne.*
Haires. Voy. Aires (les).
Harcourt (Jean d'), vicomte de Châtellerault. Actes relatifs à son mariage avec Isabelle de Parthenay, 275-281, 336-339.
Hautecorne (seigneur de), 2 note.
Hélie, châtelain du Palais, 48.
— (Frère), prieur de Saint-Ladre, 328, 331.
Hélye (Guillaume), chanoine de Saintes, 65 note.
Henenda. Voy. Esnandes.
Henri Ier, roi de Navarre, 35 note.
— II, roi d'Angleterre, 164, 205.
— III, roi d'Angleterre, 166 note.
Héron (Adam), chambellan de Philippe de France, comte de Poitiers, 117, 124, 125, 178.
Hervée (N. la), de Poitiers, 30.
Hilaire (Jean), Hylaire, 90.
Hispanus (N.). Voy. Espagne (d').
Hodetot (R. de). Voy. Houdetot.
Hôpitau (fief de l'), l'Ospital, 328. *C^{ne} de Messay, Vienne.*
Hoquet (Etienne), prévôt de Montmorillon, 393.
Hôtel (ordonnances de l') du comte et de la comtesse de Poitiers (1315), 116-139.
Houdetot (Regnault d'), *aliàs* Hodetot, receveur du comte d'Eu en Poitou, 425, 426, 427, 428.
— (Robert d'), maître des arbalétriers, 425 note.
Hugues IV, duc de Bourgogne, 282 note.
Hylaire (Jean). Voy. Hilaire.

I

Ille (l'), Insula. Voy. Isles (les).
Insula. Voy. Isle (l') et Lille.
Insule. Voy. Isles (les).
Isle (l'), rivière, 37.
Isle-Bouchard (l'), 385. *Indre-et-Loire.*
— (Barthélemy de l'), 114 note.
Isle-Bouchard (Eustachie de l'), dame de Pressigny, 217 note.
Isles (les), Insule, 411, 416. *C^{ne} de Jard, Vendée.*
Itier (Elie), H. Yterii, moine de Charroux, 36, 37.
Ivors, Yvorcium, date, 12. *Oise.*

— 449 —

J

Jalet (Pierre), 317.
Jard. Forêt donnée à l'abbaye de Lieu-Dieu, 410. Droit de chasse des religieux, 417-420. La Goule de Jard, 413, 414, 415, 421. Chenal, 413, 415. Carrière, 413, 416. Terre de Jard, 413, 415, 421. Ville, 413. *Vendée.*
— (couvent de), 423. Voy. Lieu-Dieu en Jard (abbaye de).
Jarnac (terre et château de). Placés dans le ressort de Lusignan, 112. *Charente.*
— (seigneur de), 7 note. Voy. Lusignan (Geoffroy de).
Jarrias (la vigne aux), 201.
Jarrie (la), 65 note. *Charente-Inférieure.*
Jarrige (la). Panage, 75. *Près Charroux, Vienne.*
Jaunay, 290. *Vienne.*
— (P. de), 387.
— (seigneur de), 66 note.
Jazeneuil, Jazonolium, 355. *Vienne.*
Jean XXII, pape, 140 note.
Jean-sans-Terre, roi d'Angleterre, 164.
Jean Ier, duc de Bretagne, 45 note.
— de Bretagne, vicomte de Limoges, 72.
Jeanne de Bourgogne, comtesse de Poitiers. Ordonnance de son hôtel, 116, 127-131.
— de Navarre, reine de France, femme de Philippe le Bel, 31, 35, 64, 80, 86.
Jeune (Gillet le), 331.
Jeoffroy (Perrin), le Manceau, 34.
Josepte (la), nom de femme, 294.
Joubert (Huguet), 428, 429.
Jouffroy le sellier, de Champdeniers, et Bienvenue, sa femme, 264, 266.
Jourdain (Guillaume), 73.
Joyau (Pierre), P. Joyelli, de Frontenay, 58.
Jubins (la frarèche aux), 328. *A l'Hôpitau, Cne de Messay, Vienne.*
Juderie (la). Voy. Judrie.
Judeus (B.). Voy. Juif (le).
Judrie (la), Juderie, 23. *Cne de Vausseroux, Deux-Sèvres.*
Juge (Jean le). Voy. Guessant.
Juif (Benoît le), 412.
— (Vivant le), 237, 238.

L

Laisparta (Raymond de), 36, 37.
Lallemant (Guillaume), bourgeois et maire de Poitiers, 181. Délivrance de ses biens à Guillaume de Tonnay, son fils adoptif, 388-393.
Lamairé (seigneur de), 66 note. *Deux-Sèvres.*
Lami (Michel), Amici, chanoine de Sainte-Marie-Majeure et de Sainte-Radégonde de Poitiers, 33.
Lamisselle (maison de), à Montmorillon, 203. *Vienne.*
Landes (seigneur de), 66.
Langeais, Lengesium. Prévôté et passage de l'eau, 113, 115. *Indre-et-Loire.*
Langlois (Colin), 48.
— (Guillaume), maire de Poitiers, 181 et note.
Langres (archidiacre de), 353. *Haute-Marne.*
Laon, 267 note. *Aisne.*
Larchevêque (Guillaume VI, Guy, Hugues, Jean, etc.). Voy. Parthenay, Montfort et Soubise.
Lardelière. Voy. Ardillère (l').
Lathus, 381 note. *Vienne.*
Latillé, 23, 324. Four, 225. *Con de Vouillé, Vienne.*
Latilly (Pierre de), 143 note.
Latus. Voy. Lathus.
Laudonnière, 175. *Cne de Curzay, Vienne.*
Laurière (la) ou la Lorière, terre

TOME XI. 29

donnée par le roi à H. de la Celle, 40 note; puis à Jourdain de Loubert, 265-267. *Haute-Vienne.*

Lavauceain. Voy. Lavausseau.

Lavauceau (Guillaume de), 319. Prévôt de Poitiers, 393.

Lavausseau, Lavauceain, 22. *La Vausseau, Vienne.*

Legudiacum. Voy. Ligugé.

Lemarchand (Pierre), chanoine de Sainte-Radégonde, 267 note.

Lemoigne (Hugues de). Voy. Allemagne (H. d').

Lengesium. Voy. Langeais.

Lenglois. Voy. Langlois.

Léotard (Arnaud), chanoine d'Angoulême. Exécuteur du testament de Guy de Lusignan, 51-54.

Lépaud, Lespau, l'Espau. Essars, 226. C*ne de Lusignan, Vienne.*

Léry (seigneur de), 171. Voy. Convers (Philippe le). *Léry, Eure.*

Lesay. Voy. Lezay.

Lescot (Macé), clerc des comptes du comte de Poitiers, 121, 125.

Lescuyer (Guillaume), clerc du roi, 393.

Lésignan. Voy. Lusignan.

Lespau. Voy. Lépaud.

Lespissier (Pierre), de Poitiers, 30.

Lévis (Elisabeth de), 7 note.

Lezay (Ameil ou Amelin de), 427.

— (Claire de), vicomtesse d'Aunay, 269 note.

— (Jean Ier de), seigneur des Marais, 269 note.

— (Simon IV de Lusignan, seigneur de), 427 note.

Lezigniacum. Voy. Lusignan.

Liboreau (N.), 201.

Liborlière (manoir de la), 49. C*ne de Pamproux, Deux-Sèvres.*

Lichier (Pierre du), 74.

Lieu-Dieu en Jard (abbaye de), Locus Dei in Jarda. Lettres de sauvegarde, 196, 423, 424. Confirmation de deux donations de Richard Cœur-de-Lion, 407, 409 et suiv. Droit d'épave et haute justice sur ses terres, 412-417, 420-422. Droit de chasse dans les forêts de Jard et d'Orbestier, 417-420. C*ne de Jard, Vendée.*

Ligeris. Voy. Loire.

Ligier (M.), aumônier de la comtesse de Poitiers, 128.

Ligugé, Legudiacum, 289, 290. *Vienne.*

Lille, Insula, date, 324.

Limoges. Consuls, 166 note. Date, 220. Diocèse, 53. *Haute-Vienne.*

— (Guy VII, vicomte de), 154.

— (Jean de Bretagne, vicomte de), 72, 242.

— (Marie, vicomtesse de), 72 note.

Limousin (bailli de). Voy. Béranger (Jean). Sénéchal, 296, 297, 346, 388. Voy. Clignet (Regnault), Oroer (Jean d') et Pouvreau (Hugues).

— (sénéchaussée de), 138, 247, 266 note, 286. Unie à celle de Poitiers, 182 note. Commissaires du roi, 288, 291, 292, 296 et suiv.

Lingonensis (archidiaconus). Voy Langres.

Lion-d'Angers (seigneur du). Voy. Châteaubriand (Geoffroy de).

Lizegnen. Voy. Lusignan.

Lobert (Jourdain de). Voy. Loubert.

Lobet (Jean de), 65 note.

Locus Dei in Jarda. Voy. Lieu-Dieu en Jard.

Lodun, Lodunum. Voy. Loudun.

Loges-en-Laye (les), date, 337, 339. *Seine-et-Oise.*

Lohéac (Eon, seigneur de) et de la Roche-Bernard, 380 note.

Loire (la), Ligeris, 340.

Loissart (le fonds), dans le Loudunais, 330.

Lolier (N.), 73.

Londres, 275 note.

— (Robert de), échevin, puis maire de Poitiers, 393. Prend à cens l'hébergement du Vergnay, 178-181.

Longeville, Longueville. Marais, 411. Paroisse, 416. *Vendée.*

Longpont, date, 380.

Longueville. Voy. Longeville.

— (Charles d'Artois, comte de), 114 note.

Lorière (la). Voy. Laurière (la).

Loroux (abbaye de), Oratorium, en Anjou, 342.

Lorris-en-Gâtinais, Lorriacum, dates, 173, 174, 175, 183. *Loiret.*

Loubert (Jourdain de), *alias* Lobert, chevalier. Le roi lui donne

— 451 —

la terre de la Laurière, 265-267. Il devient sénéchal de Poitou, 266 note.
Loubert (Jourdain de), valet, fils du précédent, 266.
Loudun, Lodunum, 235, 343, 345 note, 372. L'Aumônerie, 330. Maladrerie, 237. Couvent des Frères-Mineurs, chapelle de Saint-Georges, églises Saint-Pierre du Marché, des Carmes, Saint-Pierre du Martray et cimetière, église Notre-Dame du Château, 330 note. — Chapelle fondée en l'église Sainte-Croix, 369. Château, 329 note. Garde du château, 194. Fiefs de Bauçay et des Odart, 330 et note. — Ressort, 111, 112, 170. Sceau royal, 331. — Droits de l'abbaye de Fontevrault cédés au roi, 15, 16. Vente de terres, 236-238. Chemins de Moncontour et de Nouzilly, 237; de Montreuil-Bonnin, 330. — Dates, 238, 331. *Vienne.*
— (châtellenie de), 307, 343, 353, 372. Son ressort, 18, 19, 111, 112, 170, 178.
— (prévôt de), 226, 237. Voy. Belot (Pierre). — Prévôté, 16, 153, 154, 343. Fermiers, 372, 373.
Loudunais, 233 et 235 notes. Possessions de l'abbaye de Fontevrault, 328-330.
Louis VIII, roi de France, 167.
— IX (S.), roi de France, 29, 166 note. Son gouvernement, 148.
— X le Hutin. Partage 229 note. avec ses frères, 140.
— de France, comte d'Evreux, 116.
Loupsaut (Guillaume de), 65 note.
Louzy-en-Thouarsais, 254, 257. *Deux-Sèvres.*
Lubzac (Barthélemy), 181.
Luc (Richon du), valet, 319.
Luçon, Lusson. Date, 409. Diocèse, 394, 423. Terre, 430 note. *Vendée.*
Lude (Geoffroy de Beaumont, seigneur du), 114 note.
Lumesens (Guillaume de), 270.
Lunea (Thibaut), 294.
Lusignan, Lésignan, Lizegnèn, Lezigniacum, ville, 177, 227, 228, 313, 429. Eglise, 47. Mesure des grains, 226. Panage, 285. Ressort, 229. Assises royales, 356. — Château, 314, 317. Garde du château, 40, 41. Corvée de bois due par les habitants de Saint-Sauvant, 245-248. Prison, 355, 356. — Châtelains, 313, 393. Voy. Ferrière (Guillaume de la) et Vigier (Laurent) Trompe. — Tour. hors du château, 320, 322. Date, 323. *Vienne.*
Lusignan (bataille de), en 1369, 235 note.
— (châtellenie de), 175, 177. Son ressort, 112, 113, 229. Sceau royal, 260, 261, 264, 317. Assiette de rentes, 226, 227. Domaine assigné comme douaire à la comtesse de la Marche, 309 et suiv., 313-317, 321.
— (prévôts de), 313, 321. Voy. Espagne (Jean d') et Géron (G. le).
— (sénéchal du château et châtellenie de), 177, 354, 355. Voy. Prévôt (Pierre).
— (Aymar de). Voy. Valence (A. de).
— (Eustache de), dame de Sainte-Hermine, 112 note.
— (Geoffroy de), seigneur de Jarnac et de Châteauneuf, 112 note.
— (Geoffroy II de), vicomte de Châtellerault, 7.
— (Guy ou Guyard de), prétendu comte de la Marche et d'Angoulême, frère d'Hugues XIII, 43 note, 112 note, 281.
— (Guy de), seigneur de Couhé et de Peyrat. Son testament, 42-54. Don de la terre de la Chèze à G. Tizon, 55-59.
— (Hugues X de), comte de la Marche et d'Angoulême, 7 note, 11 note, 42 note, 166 note.
— (Hugues XI de), comte de la Marche et d'Angoulême, 8 note, 42, 45 note.
— (Hugues XII de), comte de la Marche et d'Angoulême, 42, 43 note, 45, 206.
— (Hugues XIII de), comte de la Marche et d'Angoulême,

8 note, 40 note. Ses testaments, 42 note. — 51 note, 246, 281, 282 note.
Lusignan (Isabelle de), dame de Belleville et de Beauvoir-sur-Mer, 51.
— (Jeanne de), vicomtesse de Tartas, 43 note.
— (Jeanne de), dame de Bessay, 392 note.
— (Marguerite de), vicomtesse de Thouars, 414 note.
Lusignan (Marie de), comtesse de Sancerre, 43 note.
— (Simon IV de), seigneur de Lezay, 427 note.
— (Yolande de), dame de Pons, 8 note, 43 note, 51 note.
Lusson. Voy. Luçon.
Luye. Voy. Alluye.
Lyon (sénéchal de), 189 note, 194 note.
Lyons (Guyard de), commissaire en Poitou, 13, 14.

M

Maaillé. Voy. Maillé.
Macon (sénéchal de), 194 note.
Maçon (N.), la Mazçone, 74.
Maffliers, date, 369. *Seine-et-Oise.*
Magent (Jean), de Poitiers, 289.
— (Raymond), 181.
Magnac (Marguerite de), 121 note.
Magné (Moreau de), de Mengnyaco, 202.
Mahaut, comtesse d'Artois, 92, 127 note, 139 note.
Maillé, Maaillé, 184. *Vienne.*
Maillezais. Institution d'un marché, 198. *Vendée.*
— (abbaye de). Confirmation d'une sentence arbitrale rendue en sa faveur contre l'abbaye de Moreilles, 158-162. — Abbé. Voyez Pouvreau (Geoffroy).
— (évêques de), 198, 308 note. Voy. Pouvreau (Geoffroy) et Sambuti (Guillaume).
Mailly (Jean de), écuyer, 369.
Maine (le), 101.
— (Philippe de Valois, comte du). Voy. Philippe VI.
Maingot. Voy. Surgères.
Mainigouste. Voy. Menigoute.
Maisonneuve (seigneurs de), 40 note.
Maizeau (Huguet), 185.
Malemain (Gilbert), écuyer, sénéchal de Melle, 427, 428.
Malline (Jeanne). Voy. Méline.
Malomonte (J. de). Voy. Maumont.
Manigoute. Voy. Menigoute.
Mans (comte du). Voy. Philippe VI de Valois.
— (vidame du). Voy. Usages (Guillaume d').
Mansle, 65 note. *Charente.*
Marais (seigneur des). Voy. Lezay (Jean de).
Marans (chapelain de), 90. *Charente-Inférieure.*
— (seigneur de), 90, 217 note. Voy. Pressigny (Renaud de).
Marant (marais de), 411. *Sur la Sèvre Niortaise.*
Marçay (Etienne de), 409.
Marceau (Bouchart), 329.
Marcel (Pierre), de Ste-Soline, 264.
Marche (comté de la), 42 note, 77, 241, 242, 286, 399 note. Gouverneur, 40 note. Ressort, 341, 342. Commissaires du roi, 288, 291, 292, 296 et s. Envoi d'enquêteurs par Charles de France, comte de la Marche, 302-305. Accord des gens du roi avec l'abbaye de Charroux touchant la justice dudit lieu, 346-349.
— (comtes de la), 7 note, 30 note, 112 note, 231 note, 244, 246, 247, 265, 281. Voy. Lusignan (Hugues X-XIII et Guy de), Charles IV le Bel, roi de France et Bourbon (Louis Ier, duc de).
— (comtesse de la), Béatrix de Bourgogne, veuve d'Hugues XIII de Lusignan. Son douaire à Venours, 281, 282, 285, Nouvelle assiette sur le domaine de Lusignan, 308-323. Procuration, 322.

Marche (Guy de la), 8. Voy. Lusignan (Guy de), seigneur de Couhé.
— (Yolande de Dreux, comtesse de la), 45.
— (sénéchal de la), 241, 243, 296, 297, 341, 342, 346. Voy. Marines (Robert de) et Pouvreau (Hugues).— Sénéchaussée. 286.
Marciaus (Bernard de), 65 note.
Marcillac, Marcilliacum. Voy. Marsilly.
— (châtellenie de). Placée dans le ressort de Poitiers, 230, 231. *Charente.*
Marconnay (Renaud de), 66.
Mareschal (Henri le), 120.
— (Jeannot le), 120.
Marfontaines (Thomas de), 230, 232, 307, 324.
Marguerite de Bourgogne, reine de Sicile et de Naples, comtesse de Tonnerre, 106 note.
Mariau (Guillot), 329.
Marie, vicomtesse de Limoges, 72 note.
Marines (Robert de), sénéchal du comte de la Marche, 231 note.
Marmande (Guillaume, seigneur de), *aliàs* Mirmande, 7. *Marmande, c^{ne} de Vellèche, Vienne.*
Marnes, 378. *C^{on} d'Airvault, Deux-Sèvres.*
Marquart (Jean), 67.
Marsilly, Marcilliacum, 35, *Charente-Inférieure.*
Martaizé, Marteysé. Fondation d'une chapelle, 307. *C^{on} de Moncontour, Vienne.*
Marteysé. Voy. Martaizé.
Martigné-Briand (Geoffroy II d'Ancenis, seigneur de), 362 note.
Martinaus (le breuil et courtillages aux), 283, 285, 316. *C^{ne} de Rouillé, Vienne.*
Martray (le), 330. *C^{ne} de Saint-Gervais, Vienne.*
Marzy (Guichard de), commissaire et lieutenant du roi en Navarre, 143-146.
Massiac (seigneurie de), 166 note. Voy. Mozé.
Massonneau (Jannet), 73.
Mastacio (G. de). Voy. Mastas et Matha.
Mastas (Fouques de), Mautaz, 8.

Mastas (Guillaume de), de Mastacio, chevalier, 213.
Matha, Mastas, 8 note. *Charente-Inférieure.*
Mathefelon (Jeanne de). Epouse Guillaume de Parthenay, 373 note.
Mauconduit (Michel), 172, 194, 223, 252.
Mauléon (château de), 61. *Châtillon-sur-Sèvre, Deux-Sèvres.*
— (seigneur de), Maulyun, 8 note, 154 note, 255. Voy. Thouars (Hugues et Jean, vicomtes de).
Maulyun. Voy. Mauléon.
Maumont (Guillaume de), seigneur de Tonnay-Boutonne, 212-215.
— (Marie de Parthenay, dame de), 213 note.
Maumusson (fief de), 403. En Aunis. *Charente-Inférieure.*
Mauperrier. Voy. Mauprié.
Mauprié, Mauperrier, 227. *C^{ne} de Lusignan, Vienne.*
Mauquenchy. Voy. Blainville.
Mauritania (Poncius de). Voy. Aunay (Ponce de Mortagne, vicomte d').
Maury, Morri, 184, 185, 225. *C^{ne} de Latillé, Vienne.*
Mausiacum. Voy. Mauzé et Mozé.
Mautaz (le seigneur de). Voyez Mastas.
Mauzé (seigneurie de), 166 note. *Deux-Sèvres.*
Maynier (Guillaume), 73.
Mazçone (N. la), 74.
Mazelier (Denis le), 74.
Mazelier (le petit), 74.
Meaux (Jean de), 181.
Mehun-sur-Yèvre, 275 *Cher.*
Meleun. Voy. Melun.
Méline (Jeanne) ou Malline, de Montmorillon. Son droit d'usage dans les forêts de Chavagne et de Montmorillon, 78, 79, 203, 204.
Melle, Metulum. Eglise, 47. Assises, 427. Château, 427. Châtelain, 426, 427. Voy. Bertin (Pierre). Sceau de la châtellenie, 427. Sénéchal de Melle pour le comte d'Eu; sentence, 425-429. Voy. Malemain (Gilbert). *Deux-Sèvres.*

Melle (Maingot de), 174.

Mello (Dreux IV de), de Mellou, de Merloto. Ses terres de Poitou sont placées dans le ressort de Lusignan, 112, 113. — 174, 229 note, 274 note.

— (Jeanne de), comtesse d'Eu, 274 note.

— (Marguerite de), dame de Sainte-Hermine, femme de Maurice VII de Craon, 229 note.

Mellou (sire de). Voy. Mello (Dreux IV de).

Melun (Jean de), Meleun, 206. Clerc du roi, 303. Receveur du comte de la Marche, 305.

Mengnyaco (Morellus de). Voy. Magné (Moreau de).

Mengous (courtillages aux), 283. Près Venours, c^{ne} de Rouillé, Vienne.

Menigoute, Manigouste, Mainigoute. Chapelle collégiale, 267 note. Sépulture de Jean de Cherchemont, 268. Dotation, 281-285. Rente assignée à Venours, 311, 312, 313. Révision d'une assiette de 450 l. de rente sur le grand fief d'Aunis, 399-405. Sauvegarde, 351-353. Deux-Sèvr.

Menoc (Jean de), chanoine de Poitiers. Fonde une chapelle dans la cathédrale, 286, 287.

Mercier (Michelet), 203.

Merloto (Droco de). Voy. Mello (Dreux de).

Mervent (terre et châtellenie de), 374, 375. Vendée.

Meschin (Aimery et Jean), 261.

Messia (Philippe de), 240.

Mestreau (Simon), garde du sceau royal à Poitiers, 248.

Mestremoulaie (Jean), 203.

Mésy (Miles de), 371.

Métairie (Guillaume de la), 329.

Metulum. Voy. Melle.

Micheau (N.), 74.

Michel (Gilles), valet du roi, 32, 33, 186 note.

Michezai (Guillaume), 162.

Mignot, de Charroux, 73.

— (Jean), garde du sceau de Saint-Maixent, 362 note.

Milhommes (Jean), changeur de Poitiers. Lettres d'absolution, 186-188.

Millé. Voy. Milly.

Milly, Millé, 184. C^{ne} de Charay, Vienne.

Milon (frère), aumônier de Richard Cœur-de-lion, 409.

Minaut (Jean), 283.

Mirebeau. Institution d'une foire. Seigneurie, 166 note. Vienne.

— (Jean de). Sauvegarde accordée à sa veuve, 386, 387.

Mirebel (seigneur de), 154 note.

Mirmande. Voy. Marmande.

Moine (Guillaume de), 66.

— (pré du), 315. C^{ne} de Lusignan, Vienne.

Moleria (foresta de). Voy. Moulière.

Molinea (Jean), barbier de Champdeniers, 364.

Mombuil, Monbuyl. Voy. Montbeil.

Monceaus (Regnault de), 185.

Moncontour, 237. Vienne.

Moncoutant, Montcourtour, 378. Deux-Sèvres.

Moncy (Manessier de), écuyer du comte de Poitiers, 118.

Monier (Jean), 67.

Monlesun. Voy. Montlezun.

Monnaies (réforme des), 176.

Mons (Philippon de), écuyer, 404.

Mons Maurilii. Voy. Montmorillon.

Monsterel-Bonin. Voy. Montreuil-Bonnin.

Monsterolium-Bonini. Voy. Montreuil-Bonnin.

Montaigu (seigneur de), 8 note. Voy. Belleville (Maurice II de).

Montardon (Jean de), 74.

Montazay (prieuré de), Montazoys, 47. C^{ne} de Savigné, Vienne.

Montbeil (bois de), Monbuyl, Mombuil, 3, 183. C^{ne} de Benassay, Vienne.

Montbreton (Simon de), chevalier. Don d'une rente sur des terres de Poitou, 380, 381.

Montcourtour. Voy. Moncoutant.

Montcouyoul (Ameil de), de Monte Cuculli, chanoine de Saint-Junien, 301.

Monte Cuculli (A. de). Voy. Montcouyoul.

Montejan (Philippe de), femme de Robin Frétart, 326 note.

Montfaucon (Marie de), 328 note.

Montfort (Hugues Larchevêque, sire de). Donations qu'il fait à sa femme, 93-97. — 338 note, 375.
— (Isabelle de), dame de Gaillon, 99, 100.
— (Jeanne de), dame de Parthenay, 7 note, 93 n. 99, 100.
— (terre de), 377.
— le-Rotrou, 276. *Sarthe.*
Montgaillard (château de), en Bigorre, 246 note.
Montgison (Jean de), receveur en Touraine, 331.
Montierneuf. Voy. Poitiers.
Montignac (seigneur de), 11 note.
Montigné (Guichard de), sénéchal de Saintonge, 400, 402, 405.
Montigny (Yvonnet de), écuyer du comte de Poitiers, 119.
Montlezun (Arnaud-Guilhem III de), comte de Pardiac, 8.
Montmirail (terre et seigneurie de), au Perche, 106.
Montmorillon, Mons Maurilii. Topographie : boucherie, rue du Ban, maisons, 203. Foires de la Confrérie, 82. Maison-Dieu, 25-28. Remise de 50 setiers de blé qu'elle devait au roi chaque année, 219. Sauvegarde, 220, 221. Composition conclue avec les enquêteurs du comte de la Marche touchant des acquêts de terres relevant de son comté, 302, 305, 306. Frères de la Maison-Dieu accusés de meurtre; composition financière, 81-84. Moulins du roi, 26-28, 219, 232, 233. Fours, 381 note. Recette et receveurs, 19, 20. Dates, 221, 223, 306. *Vienne.*
— (bois des dames de), 79, 203, 204.
— (châtellenie de), 170 note.
— (forêt de), 222.
— (prévôt royal de), 233, 393. Voy. Hoquet (Etienne).
Montrelais (Hervoet de), clerc d'Hugues de la Celle, 78.
Montreuil-Bonnin, Monsterel, Mosterolium-Bonini. Monnaie, 25. Garde du château, 157. — 224, 225, 226, 227, 228, 324, 325, 330. *Vienne.*
— (châtellenie de), 186. Revenus, 172, 173. Redevances, 223, 224. Assiette de rentes, 224-226.

Montreuil-Bonnin (forêt de), 3, 185.
— (prévôté de), 225. Prévôts, 185. Voy. Chailloeau (G. du) et Soronet.
Montruillon (Guillaume de). Prend à bail du roi un appentis sis à Niort, 85, 86.
Moreau (Etienne), S. Morelli. Ses gages assignés sur la prévôté de Loudun, 153, 154.
Moreaux (abbaye de), de Morello, 47. C^{ne} *de Champagné-Saint-Hilaire, Vienne.*
Moreilles (abbaye de), Morele. Confirmation d'une sentence arbitrale rendue contre elle en faveur de l'abbaye de Maillezais, 158-162. C^{ne} *de Champagné-les-Marais, Vendée.*
Morele (abbaye de). Voy. Moreilles.
Morelli (Stephanus). Voy. Moreau (Etienne).
Morello (abbatia de). Voy. Moreaux.
Moreteigne (Ponce de). Voy. Mortagne.
Moricq, Moric. Seigneurie et haute justice, 255, 256. — 416. C^{ne} *d'Angles, Vendée.*
Morillon (Guillaume de), receveur du roi en Poitou, 393.
Morinière (la), 404. Grand fief d'Aunis.
Morissoneau (Guillaume), garde du sceau royal à Fontenay, 254, 257.
Morri. Voy. Maury.
Mortagne (Marguerite de), dame de Chantilly, 154 note.
— (Ponce de), de Moreteigne, de Mauritania. Voy. Aunay (le vicomte d').
Mortemart. Hôpital, église et collège, 383 note. *Haute-Vienne.* Voy. Rochechouart.
— (Pierre Gouin, dit de), Mortemer, cardinal. Amortissement de terres en Poitou, 383, 384.
Mortemer. Voy. Mortemart.
Mosnier (Perrin), 73.
Mosseure (Philippon de), 329.
Mosterolium. Voyez Montreuil-Bonnin.
Mota Sancte Alaye, ou Sancti Aredii. Voy. Mothe-Saint-Héraye (la).
Mote (Amanieu de la), seigneur de

— 456 —

Roquetaillade. Ses biens confisqués, 269.
Moteerelli (S.). Voy. Motereau.
Motereau (Simon), clerc, de Poitiers, 289.
Motes (Guillaume), 162.
Mothe-Saint-Héraye (la). Mota Sancte Alaye, ou Sancti Aredii. Placée dans le ressort de Lusignon, 112; puis dans celui de Saint-Maixent, 229.—200, 201, 202. *Deux-Sèvres.*
Motin (P.), 66.
Motte-de-Bauçay (la dame de la), 330. Voy. Bauçay.
Moulière (forêt de), de Moleria, 31, 32, 187 note, 195, 196. *Vienne.*
Moulins (Guillaume des), 70 note.
Moustiers (abbaye de), 408. *Moutiers-les-Maufaiz, Vendée.*
Mozé (seigneurie de), en Anjou, 166 note.
Munier (Pierre), 117 note.

N

Napes (Pierre de), 118.
Naples (reine de). Voy. Marguerite de Bourgogne.
Nau (Jean), garde du sceau royal à Fontenay, 162.
— (Jean), de Lusignan, notaire royal, 429.
Naudinet (N.), 48.
Navarre (royaume de). Administration, commissaires du roi de France, 143-146. Gouvernement du vicomte d'Aunay, 269 note; de Pierre Raymond de Rabasteins, 246 note, 308 note.
Neilly (Pierre de), de Neylliaco, 19, 20.
Nenenda. Voy. Esnandes.
Nérac (dime de), 152.
Nesle (Isabelle de Clermont, dite de), dame de Semblançay. Voy. Semblançay.
Neuville-en-Hez (la), Nova Villa, 307, 384.
Nevers (Yolande de Bourgogne, comtesse de), 106 note.
Neylliaco (P. de). Voy. Neilly.
Nigrum Monasterium. Voy. Noirmoutier.
Niort. Bail à cens d'un appentis situé sur le marché au poisson, 85, 86. Confirmation des privilèges de la ville, 204-206. Construction d'un port, 308 note. — Ressort, 18, 19, 111 note, 112, 208, 229. Prévôt royal, 85, 167, 231 note. — Voy. aussi 18, 248. Dates, 18, 165, 167. *Deux-Sèvres.*
Niort (châtellenie de), 170, 230, 231.
Noe (G. de), 386.
Nogres (terrage de), près Lusignan, 314. *Vienne.*
Noirmoutier, Nigrum Monasterium, 406. *Vendée.*
Notre-Dame-dessus-le-Bois (prieur de), Beatā-Maria de supra Boscum, 46.
— la-Royale (abbaye de), près Pontoise, 10, 109.
Noumeil (le pré de), sous la Fenestre, 22. *Cne de Vouneuil-sous-Biard, Vienne.*
Nouzière (la). Voy. Nozière (la).
Nouzilly, Nozillé, 237, 328. *Cne de Chalais, Vienne.*
Noyers (Isabeau de), dame de Tiffauges, 188 note.
Noyon (évêque de). Voy. Rochechouart (Foucaud de).
Nozière (la), la Nouzière, 294. *Cne de la Jonchère, Vendée.*
Nozillé. Voy. Nouzilly.
Nozilly (fief de). Voy. Nouzilly.

O

Odart (Aimery). Son inimitié contre Guy et Hugues de Bauçay, 234 note.
Odart (Guillaume), seigneur de Verrières, 233 note, 329, 330.
— (Guy). Dotation d'une chà-

— 457 —

pelle, amortissement, 233, 234.
Odart (Hugues), évêque d'Angers. Fonde une chapelle, 233, 234.
Odarts (fief des), à *Loudun, Vienne*, 330 note.
Odonet (Aimery), maire de Poitiers, 181 et note.
Ollivier, huissier de l'hôtel du comte de Poitiers, 122, 125.
Olonne. Château, port, garennes, 60, 61. Châtellenie, 62. Droit de pêche dans le port, 411, 416. Fief des Vignes d'Olonne, 411. *Vendée.*
Onayo (vicecomes de). Voy. Aunay (vicomte d').
Oratorium. Voy. Loroux.
Orbestier (abbaye Saint-Jean d'). Rente due à l'abbé, 90. C^{ne} de *Château-d'Olonne, Vendée.*
— (forêt d'), Orbeter, Orbetière, 60, 61. Droit d'usage, 255 Droit de chasse des religieux de Lieu-Dieu en Jard, 417-420.

Orbeter, Orbetière. Voy. Orbestier.
Ordonnances de l'hôtel du comte et de la comtesse de Poitiers (1315), 116-139.
Orléans. Cimetière des Juifs, 268. *Loiret.*
— (Pierre d'), sergent royal, 211.
Orme (Dreux IV de Mello, seigneur de l'), 229 note.
Ormeaux (les), Oulmeaus, 403, 404. C^{ne} de *Montroy, Charente-Inférieure.*
Oroer (Jean d'), sénéchal de Poitou et de Limousin, 182.
Ospital (fief de l'). Voy. Hôpitau (l').
Ostie (évêque d'), 301. *Italie.*
Othon IV, comte de Bourgogne, 92 note, 127 note.
Oulmeaus (les). Voy. Ormeaux (les).
Oumeau (seigneur de l'), 217 note.
Ousance. Voy. Auzance.

P

Paenes (Jean), 202.
Paiene (Aynour). Voy. Payen.
Pairac (le). Voy. Poirat (le).
Pairé. Voy. Payré.
Palefreor (Perrot), 48.
Palhe (rue de), à Charroux, 74. *Vienne.*
Palluau (Létice de Parthenay, dame de), 8 note, 377, 430 note.
— (seigneur de). Voy. Belleville (Maurice II de).
Pampelune, 269 note. *Espagne.*
Pannier (Thibaut), écuyer. Sentence d'absolution en sa faveur, 425-429.
Paprolio (frère Constantin de), *aliàs* de Pranpolio, religieux de l'abbaye de Valence, 259, 264.
Pardiac (comte de), 8 note.
Paris, 156, 176, 187, 188, 189, 267 note, 281, 282, 310, 344, 345, 357. Le Louvre, 333. Trésor royal, 6; 10, 12, 13, 14, 15, 20, 113, 115, 310, 312, 320, 359. Maison derrière Saint-Etienne-des-Grès, 95. — Dates, 2, 14, 15, 16, 17, 19,

25, 39, 41, 55, 59, 63, 64, 68, 71, 72, 76, 78, 79, 84, 86, 92, 93, 105, 143, 146, 149, 150, 151, 153, 155, 157, 158, 163, 165, 168, 169, 170, 172, 177, 178, 182, 186, 190, 194, 197, 198, 199, 203, 206, 207, 209, 212, 215, 216, 229, 238, 240, 242, 243, 245, 247, 249, 255, 257, 267, 270, 273, 274, 276, 277, 280, 285, 288, 290, 291, 296, 301, 302, 305, 306, 313, 323, 327, 332, 333, 341, 347, 356, 357, 359, 360, 373, 387, 394, 396, 400, 401, 405, 429, 430.
Paris (évêque de), 143 note, 213. Voy. Bourret (Etienne de) et Chanac (Guillaume de).
— (prévôté de), 99, 108.
Pariset (J.), 173.
Parlement de Paris, 327 note, 361, 362.
Parthenay. Cordeliers, 359 note. Châtellenie, 374, 375. *Deux-Sèvres.*
— (Guillaume VI Larchevêque, sire de), 7, 8 note, 93 note, 99, 173.
— (Guillaume VII Larchevêque

de). Epouse Jeanne de Mathefelon, 373 note.
Parthenay (Hugues Larchevêque de), frère de Guillaume VI, 7.
— (Jean Larchevêque, sire de). Ratifie les donations faites par son frère à Isabelle de Clermont-Nesle, 93-97. Donne 300 l. de rente à Jean de Gaillon, 99-108. Obtient le privilège d'anoblir, 150. Main-lévée de ses biens, 217. Accords touchant le mariage de sa fille Isabelle avec Jean d'Harcourt, 275-281, 336-339. Ses trois mariages, 359 note. Il échange une rente avec le roi, 359, 360. Promesse de mariage de son fils aîné, Jean, avec Béatrix de Craon, 373-380. Accord avec le sire de Beaujeu touchant certains articles de son contrat de mariage avec Marie de Beaujeu, 396-398.— Voy. aussi 154, 173 note, 188, 213 note.
— (Isabelle Larchevêque de), femme de Jean IV d'Harcourt. Voy. Harcourt.
— (Jeanne Maingot de Surgères, dame de), 359 note.
— (Létice de), veuve de Maurice II de Belleville, dame de Palluau, 8 note, 377, 430 note.
— (Marguerite de), dame de Châteaubriand, 217 note.
— (Marguerite de), femme de Jean de Thouars, seigneur de la Chèze-le-Vicomte, 253 note.
— (Marguerite le Vidame, dame de), 359, 374 note.
— (Marie Larchevêque de), dame de Maumont, 213 note.
— (Marie de Beaujeu, dame de), 359 note, 374 note, 396 et s.
Pas-Choveau (fief de), 403. Grand fief d'Aunis.
Pasqueron (Guillaume), de Poitiers, 86.
Pasté (Jean), doyen de Chartres, 269 note.
Paumet (Jean), 23.
Payen (Eléonore), Aynour Paiene, 293.
Payrac. Voy. Peyrat.
— (le). Voy. Poirat (le).
Payré (le), le Peiré, 408. *Vendée.*
Peile (Philippe du), de Latillé. Lettres d'anoblissement, 323, 324.
Peiré (le). Voy. Payré (le).
Peletier (Blanchart), 73.
Peliz (Audebert de), 313, 317.
Pembrocke (comte de), 11 note.
Perche (le), 101.
Périer (André du), 74.
Périgord (sénéchal de), 143 note, 189 note.
Périgueux (diocèse de), 37, 38.
Perriaus, huissier de l'hôtel de la comtesse de Poitiers, 131.
Perrot, clerc de l'écurie de la comtesse de Poitiers, 130.
— (Guillaume), 74.
Pertservise (N.), 48.
Petot (N.), 67.
Peyrat, Payrac, Peyrac, 47, 48. Seigneur, 8 note. Voy. Lusignan (Guy de). Seigneurie, 42, 43 note. Fiefs et arrière-fiefs, 46. *Peyrat-le-Château, Haute-Vienne.*
Philippe II Auguste, roi de France, 164, 167.
— IV le Bel, roi de France, 49, 50, 52, 281 note.
— V le Long.
I. Comte de Poitiers. Don de ce comté, 79-81. Assignation de vingt mille livres de rente annuelle, 92. Erection de Poitiers en comté-pairie, 115, 116. Ordonnance de l'hôtel du comte, 116-139. Il réunit son domaine à la couronne, 182 note. Terre à lui cédée par Guillaume de Maumont, 212-215. — Voy. aussi 114, 139, 142, 170, 171 note.
II. Roi de France, 223, 231 note, 268 note, 269 note, 333, 382.
— VI de Valois. D'abord comte du Maine. 220, 232, 267 note, 275 note.
Pictavis. Voy. Poitiers.
Pierre-Couverte (la), 330. C^{ne} d'Ayron, *Vienne.*
Pin (abbaye du), le Pyn. Son droit d'usage dans le bois de Montbeil, 183, 184. C^{ne} de *Béruges, Vienne.*
Pinceclo (N.), 235.
Pineaux (seigneur des), 329 note.
Pinet (Jean), procureur du roi en la sénéchaussée de Poitou, 183.
Pinon (N.), 48.
Pinson (Pétronille de), 201.
— (Thomasse de), 200.

— 459 —

Piolart (Etienne), procureur du comte de Poitiers en Poitou et en Saintonge, 139-142.
Piquigny (G. de), 328.
Piquois (Simon). Lettres d'amortissement, 64-67.
Plaigne (Guillaume de la), garde du château de Montreuil-Bonnin, 157;
— (frère Nicolas de la), 82.
Plaisance, Plesencia, 381 note. Prieuré Notre-Dame; Charles le Bel lui accorde une rente de blé, 232, 233. *Vienne.*
— (Pierre de), 289.
Pleneau (G.), 328.
Plesencia. Voy. Plaisance.
Plessis (H. Villain de), 261.
Ploiebaut (Jean), garde de la prévôté de Paris, 99.
Poant (P. de), 330.
Podio-Ademari (Y. de). Voy. Puy-Aymar (Itier de).
Podium Boeti. Voy. Puy-Bouet (le).
Poilevoisin (Guillaume de). Voy. Appelvoisin.
— (hébergement de), 287. C^{ne} de *Saint-Pierre d'Excideuil, Vienne.*
Poirat (le), le Payrac, Pairac ou Peirat, 221, 222. C^{ne} *de Pindray, Vienne.*
Pois (Colart de), écuyer du comte de Poitiers, 120.
Poissy, dates, 87, 157, 233, 250, 252, 432. *Seine-et-Oise.*
Poitiers.— Cathédrale. Sauvegarde accordée au chapitre, 210-212. Ses mouvances, 290. Chapelles fondées dans la cathédrale par Jean de Menoc, 286, 287; et par Aimery Guichard, 288, 289. — Chapitre de Saint-Hilaire le Grand, 350. Ecolâtre, 287. — Sainte-Radegonde, 33. Chanoines; rentes dues à Vouillé, 184;
— 267 note. — Sainte-Marie-Majeure, 33. — Paroisses Saint-Michel et Saint-Paul, 289. — Chapelle fondée en l'église Saint-Cybard, 391 note. — Abbaye de Sainte-Croix, 23. — Le Montier-Neuf; son prieuré de Bouet, 34. — Abbaye de la Trinité; don de bois dans la forêt de Moulière, 31, 32, 195, 196; — 290. — Saint-Hilaire de la Celle; privilège accordé aux chanoines, 29. Service de la chapelle du château, 199. Sauvegarde, 209, 210. — Couvent des Augustins, 215 note.— Frères-Mineurs, acquéreurs d'un verger à Poitiers, 86, 87. — Frères-Prêcheurs, 58. Leur église; legs de Guy de Lusignan, 45, 46. Amortissement pour un terrain acquis à Poitiers, 86, 87.
Commune, 390. Maire et liste d'habitants, 393. Foire de carême, 215, 216, 368. Changeurs, voy. Faye (Roger le) et Milhommes (Jean). Redevances, 184. Emoluments de la chair morte, 228. Mesure de la pipe de vin, 225. Bail fait par le maire et la commune à Robert de Londres, échevin, de l'hébergement du Vergnay, 178-181. — Biens de Guillaume Lallemant, 388 et s. — Sceau royal et gardes du sceau, 187 note, 248, 290, 319, 323, 393, 428 note. Voy. Faure (Eon) et Foucaud (Elie). — Receveur royal, 290. Voy. Poitou (receveurs du).— Sergent royal, 393. Voy. Grassin (Garin). — Tabellion, voy. Roy (Raoul).
Topographie, 30, 34. L'Aiguillerie, 289. Le Palais, 29. Hébergement dit la Vicanne, 186 note. La Sale le Roi, 30, 31, 34, 319. La Doue le Roi, 30, 31, 34. Echevinage et chambre du conseil, 181. Chambre du sénéchal, 319.
— Voy. aussi 20, 23, 24, 29, 30, 227, 228, 281, 317, 341, 342. Dates, 20, 24, 29, 30, 31, 32, 33, 34, 79 note. 186, 200, 204 note, 287, 293, 350.
Poitiers (bataille de), 100 note, 269 note.
— (chanoine de). Voy. Blanc (Nicolas le).
— (châtellenie de). Assiette de rentes, 227, 228.
— (comté de), 18, 111 note, 140, 170, 171, 178, 231 note. Donné en apanage à Philippe de France, 79-81. Erection en pairie, 115, 116. Réunion au domaine, 182 note. — Comtes de Poitiers. Voy. Richard Cœur-de-lion, Alfonse de Poitiers, Philippe v le Long et Berry (Jean,

duc de). — Comtesse. Voy. Bourgogne (Jeanne de).
Poitiers (diocèse de). Frères-Prêcheurs et Frères-Mineurs, 46.— 53, 200, 202, 219, 220, 232, 239, 241, 242, 244, 249, 251, 258, 261, 305, 353, 429.
— (doyen de). Voy. Cherchemont (Jean de).
— (écolâtre ou maitre-école de). Voy. Bourret (Etienne de).
— (états-généraux de), en 1321, 175 note.
— (évêques de). 21 note, 71, 268 note, 287. Voy. Bruges (Gautier de) et Aux (Arnaud et Fort d').
— (maires de). Voy. Berland (Hilaire), Bernard (Itier), Florie (Jourdain), Lallemant (Guillaume), Langlois (Guillaume), Londres (Robert de) et Odonet (Aimery).
— (prévôt de), 393. Voy. Chotart (Giraud) et Lavauceau (Guillaume de).
Poitou (receveurs royaux de), 8, 200, 219, 290, 294, 295, 393. — Voy. Brugeluge (Aimery) et Morillon (Guillaume de).
— (sénéchaussée). Ressort, de 113, 178, 208, 230, 231, 241, 341, 342. Union de la sénéchaussée de Limoges à celle de Poitou, 182 note. Conseil du roi de la sénéchaussée, 358. Sceau, 358. Voy. Poitiers.— Coutume de Poitou, 60 ; en ce qui touche les successions, 389, 390.
Levée de troupes, 1, 2. Réquisitions de vin et de bétail pour l'armée de Flandres, 4, 5. Saisie des revenus des clercs absents, 6. Convocations de barons, 7, 8, 9, 154, 173, 174, 188, 189. Levées des aides, 9, 10, 13, 14. Fausses monnaies, 24. Commission extraordinaire d'Hugues de la Celle, 65, 66, 68-70, 76, 77, 81, 87, 88, 89, 90. Envoi d'autres commissaires royaux, 147, 148. Maîtrise des forêts, 140. Députés convoqués à Paris pour donner leur avis sur le fait des monnaies; départ ajourné, 175, 176. Etat des villes, châteaux, villages, etc., demandé au sénéchal par Philippe le Long, 189, 190. Convocation de députés pour délibérer sur la levée et l'envoi d'un corps de milice aux frontières de Flandres, 190-194. Mission de Raimbaud de Rechignevoisin, enquêteur-réformateur, 286, 288, 289, 291, 292, 296-301, 354, 355. Usuriers, 299. Nombre excessif et abus des notaires et des sergents, 299, 300. Demande de subside pour la guerre contre l'Angleterre, 297. Commission de lieutenant du roi en Poitou pour le comte d'Eu, 274. — Terres appartenant à Charles de France, comte de la Marche; envoi de commissaires, 303-305. — Terres assignées à Simon de Montbreton, 380, 381. — Fiefs appartenant au comte d'Eu, 383, 384. — Voy. aussi 101, 138, 170, 218, 247, 248, 266 note, 324, 332.
Poitou (sénéchaux de). Juridiction, 111 note. Sentence d'absolution, 354-358. Autre jugement, 388 et s. Mentions du sénéchal, 2, 4, 5, 6, 9, 10, 13, 14, 20, 24, 25, 30, 31, 32, 33, 81, 85, 112, 151, 158, 168, 169, 170 note, 174 note, 175, 177, 189, 191, 196, 197, 198, 200, 207, 219, 223, 224, 226, 227, 228, 230, 231, 233, 240, 241, 245, 250, 252, 266 note, 273, 275, 282, 286, 297, 308, 309, 312, 319, 322, 332, 340, 341, 342, 352, 356, 357, 358, 387, 388, 391, 395, 406, 409, 411, 430, 431. — Voy. les noms des sénéchaux :
Banchevillier (Renaud de).
Bertin (Pierre).
Blazon (Thibaut de).
Bully (Geoffroy de).
Celle (Geoffroy de la).
Clignet (Regnault).
Loubert (Jourdain de).
Oroer (Jean d').
Rabasteins (Pierre-Raymond de).
Saint-Denis (Jean de).
Villeblouain (Pierre de).
Polin (Gilbert), châtelain de Rochefort, 403.
Pons (Elie Rudel, dit Renaud, sire de), 8 note.

Pons (Geoffroy de), seigneur de Bergerac, 7, 242. Fiefs mouvant de Charroux, 72.
— (Renaud IV de), seigneur de Bergerac, 7. Vend 450 l. de rente à Jean de Cherchemont, 399 et s.
— (Yolande de Lusignan, dame de), 8 note, 43 note, 51 note.
Pont (moulin du), 314. Sur la Vonne. C^{ne} de Jazeneuil, Vienne.
— (Jean du), garde du château de Loudun, 194.
— (Philippot du), sergent d'armes, 194.
— (Yon du), 217.
Pontoise, Pontisara, date, 9, 10, 109. Seine-et-Oise.
Popardi (H.). Voy. Poupard
Porhoët (Yolande de Dreux, comtesse de), et de la Marche, 45.
Portier (Jean), 74.
Pot (Guillaume), écuyer du comte de Poitiers, 121.
Poterie (Nicolas de la), 236, 238.
Potin (Jean), 65 note.
Pouge (frère André de la), 82.
Poupard (Henri), 47.
Pourvereau (Guillaume). Voy. Pouvreau.
Pouverelli (Guillelmus et Hugo). Voy. Pouvreau.
Pouvreau (Geoffroy), abbé, puis évêque de Maillezais, 161.
— (Guillaume), G. Pouverelli, Pourvereau, chevalier, 321. Sénéchal de Saintonge, 270, 271.
— (Hugues), H. Pouverelli, sénéchal de Limousin et de la Marche, 346.
Pouzauges (Hugues de Thouars, seigneur de), 188 note. Voy. Thouars (Hugues de).
Poyndret (N.), 48.
Prahec (terre et château de), Prey. Placés dans le ressort de Lusignan, 112. Deux-Sèvres.

Pranpolio (C. de). Voy. Paprolio (C. de).
Pranzac, Pransiacum. Léproserie, 47. Charente.
Prat (Etienne), 301.
Précigné (frère Pierre de), 82.
Précigny. Voy. Pressigny.
Prémontré (ordre de), 423.
Prepositi (Petrus). Voy. Prévôt (Pierre).
Pressay (Maurice de), 427.
Pressigny (Eustachie de l'Isle-Bouchard, dame de), 217 note.
Pressigny (Renaud de), seigneur de Marans, 90. Sa famille, 217 et note.
Preuille (la), la Pruille, 225. C^{ne} de Montreuil-Bonnin, Vienne.
Prévôt (Philippe), 293.
— (Pierre), de Germont, P. Prepositi, ancien sénéchal de Lusignan. Biens acquis dans cette châtellenie, 176, 177. Il est banni du royaume; sentence d'absolution, 354-358. Sa femme, 357.
Prey. Voy. Prahec.
Prez (Jean des), 70 note.
Pruille (la). Voy. Preuille (la).
Pruniers, 221, 222. C^{ne} de Pindray, Vienne.
Puis (Itier du), clerc du roi, 78.
Puteo (G. de). Voy. Puy (G. du).
Puy (Guillaume du), G. de Puteo, 15. Voy. Puis.
Puyagu (seigneur de), 121 note.
Puy-Aymar (Itier de), sénéchal de la Marche et de Limousin. Commissaire du roi en ces provinces et en Poitou, 296. Bailli d'Auvergne, 347. Bailli de Touraine, 427, 428.
Puy-Bouet (le), 35. Près Marsilly, Charente-Inférieure.
Puyveau (Simon de), écuyer, 404.
Pyn (le). Voy. Pin.

Q

Quemiquiers. Voy. Commequiers.
Quercy (sénéchal de), 143 note.

Quinçay, 184. Vienne.

R

Rabastaing. Voy. Rabasteins.
Rabasteins (Pierre Raymond de), aliàs Rabastaing, sénéchal de Poitou, 245, 246, 266 note, 308 note, 430. Sentence rendue en faveur de Pierre Prévôt, de Germont, 354-358. Privilège d'exploiter une saline en Bigorre, 384, 385. Jugement en faveur de Guillaume de Tonnay, 388 et s.
Raconnière (la), Reconnière, 416. C^{ne} de Longeville, Vendée.
Radulphi (P.). Voy. Raoul.
Raffeton (Jean), 66.
Raineval (Béatrix de), 155 note.
Raiole (frère Baudoin), 82.
Raoul, chapelain de Richard Cœur-de-Lion, 409, 411.
— (Pierre), P. Radulphi, bourgeois de Saint-Junien, 301.
Raudière (la), Roaudière. 185. Prés, 225. C^{ne} de Béruges, Vienne.
Raymond (Geoffroy), procureur de la comtesse de la Marche, 322.
Raymont (Guillaume), 66.
Ré (ile de), 60, 255. Charente-Inférieure.
— (seigneur de), vicomte de Thouars, 255.
Reaté (la). Voy. Royauté (la).
Réau (abbaye Notre-Dame de la), B.-M. de Regali. Sauvegarde, 251, 252. C^{ne} de Saint-Martin-Lars, Vienne.
Rechignevoisin (Elie de), doyen de Thouars. Commissaire délégué en la châtellenie de Fontenay, 291-295.
— (Raimbaud de), conseiller et clerc du roi, archidiacre d'Avallon en l'église d'Autun. Commissaire du roi en Poitou, 286, 288, 289, 291, 292, 346-349. Ses provisions, 296-301.
Reconnière (la). Voy. Raconnière (la).
Recourt (Michel de), 385.
Recuchon (Robert), bailli de Touraine, 327, 328.

Regali (B.-M. de). Voy. Réau (abbaye de la).
Regnart (l'essart), 141. Charente-Inférieure.
Reims, date, 116. Marne.
— (l'archidiacre de), 429.
— (Thomas de), commissaire réformateur en Touraine, 327, 328.
Remy (Pierre), trésorier du roi, 206, 306.
Renau (Guyot), 283.
Renaudineaus (courtillages aux), 283. Près Venours, c^{ne} de Rouillé, Vienne.
Renaut (Jean), 185.
Reneame (Guillaume), 290.
Renoart (la maison), à Charroux, 74. Vienne.
Retondeur (Guillaume le), 74.
— (Jean), 330.
Retz (baron de), 8 note. Voy. Chabot (Girard III).
Ribauds (roi des) de l'hôtel du comte de Poitiers. 122.
Richard Cœur-de-Lion, comte de Poitiers, roi d'Angleterre, 164, 205, 215, 368, 407, 408, 410, 412 note, 414.
— (Jourdain), 247.
— le Fripier, de Poitiers, 30, 31.
Riche (N. le), de Charroux, 73.
— (P.), 66, 67.
Richebonne. Maison de l'abbé de Saint-Michel-en-l'Herm, 90. C^{ne} de Charron, Charente-Inférieure.
Rigné (P. de), 328.
Ringère, 184. C^{ne} de Quinçay, Vienne.
Ripparia. Voy. Rivière (la).
Rivière (la), Ripparia, 200, 201. Les Rivières, C^{ne} de Saint-Eanne, Deux-Sèvres.
Rivière-Saint-Philebert (la). Voy. Saint-Philbert.
Roaudière (la). Voy. Raudière (la).
Roauté (la). Voy. Royauté (la).
Robert II, comte d'Artois, 92 note, 143 note.
— III, comte de Flandres, 106 note.

Robert de Flandres, sire de Brou, 106.
Robichonnière (manoir de la), 235. C^{ne} de Saint-Gervais, Vienne.
Robillard (Pierre), 201.
Robillart, chambellan du comte de Poitiers, 117.
Robin (Guillaume), 74.
Roche (la), 408, 410. Forêt, 408. Vendée.
— (frère Guillaume de la), 82.
—. (Pierre de la), de Rupe, écuyer. Droit d'usage dans la forêt de Chavagne, 224-223.
Roche-au-Moine (la), date, 380.
Roche-Bernard (seigneur de la), 380 note.
Rochechouart (maison de), 383 note.
— (Aimery IX, vicomte de), 2 note, 49 note.
— (Foucaud de), évêque de Noyon, 186.
— (Guillaume de), chef de la branche de Mortemart, 7 note. Seigneur de Tonnay-Charente, 67.
— (Guy de), seigneur de Tonnay-Charente, 7.
— (Marguerite de), 8 note, 114 note.
— (Simon de). Commissaire du roi en Poitou, 1, 2, 8, 9, 10. Don de cent livres de rente, 10. Il les vend. 12. — 49 note.
Roche-Fordière (la), à Saint-Maixent, 202. Deux-Sèvres.
Rochefort, Ruppesfortis, 65 note. Château, 214. Châtelain, 403. Voy Polin (Gilbert). Charente-Inférieure.
— (Eschive de), 178 note, 427 note, 430 note.
— (Guillaume de), seigneur d'Ancenis, 362 note.
— (Guy de)., G. de Rupe forti. Son fief, 151, 153. — 169, 188.
— (Marguerite de)., dame de Chantemesle, 188 note.
Rochefoucauld (Aimery III de la), 7 note.
Roche-Jarron (fief de la), 381 note. C^{ne} de Saugé, Vienne.
Rochelle (la), Ruppella. Aumôniers de Saint-Nicolas et de

Saint-Barthélemy, 65 note. — 70 note, 85 note, 166 note, 272, 361. Dates, 67, 89, 402. Charente-Inférieure.
Rochelle (prévôt de la), 272. Voy. Broce (Arnaud de la).
Rochemeaux (Mathieu de), M. de Ruppe Mellis, 180.
Roche-sur-Yon (la), 430 note. Sceau royal, 295. Date, 295. Vendée.
Roches (Beaudoin des), 369.
Roches-Baritaut (seigneur des), 217 note. Voy. Châteaubriand (Geoffroy de).
Roches-de-Quinçay (les), 184. C^{ne} de Quinçay, Vienne.
Rodez (sénéchal de), 189 note.
Roen. Voy. Rouen.
Roet (Jean de), de Jaunay, 290.
Roiger (Guillaume), valet, 367.
Rois de France. Séjours à Poitiers, 29.
Rolandin (N.), 73.
Rom (église de), Romium, 47. Deux-Sèvres.
Romagné, 402, 403. C^{ne} de Saint-Xandre, Charente-Inférieure.
Romium. Voy. Rom.
Roquenegade (Bertrand de), commissaire du roi en Poitou, 87, 88.
Roquetaillade (seigneur de). Voy. Mote (Amanieu de la).
Rosilinus. Voy. Rosselin.
Rosselin (maître), Rosilinus, 412.
Rouault (André), 162. Anoblissement, 150.
— (Clément), 150 note.
Roucy (Béatrix de), dame de Craon, 379.
— (Jean IV, comte de), 379 note.
— (Jeanne de Dreux, comtesse de), 379 note.
Rouecai. Voy. Roussay.
Rouen, date 161. Bailli, 159 note. Seine-Inférieure.
— (Jean de), Roen, chapelain du comte de Poitiers, 117.
Rougegueule. 120.
Roussay, Roueçay, 22. C^{ne} de Vendeuvre, Vienne.
Rousseau (Jean), 330.
Rousselet (Raoul), évêque de Saint-Malo, 146.

Rousselière (seigneur de la), 150 note.
Roy (Raoul), tabellion royal à Poitiers, 393.
Royaulieu (abbaye de), près Compiègne, dates, 210, 398.
Royauté (la), la Reaté, la Roauté, 185, 225. C^ne de Saint-Georges, Vienne.
Roye, 127 note. Somme.
Roye (Albert de), 210, 223.
— (Dreux de), 354.
Rudel (Elie), sire de Pons, 8 note.
Rupe (Petrus de). Voy. Roche (Pierre de la).
Rupeforti (Guido de). Voy. Rochefort.
Rupes Mellis. Voy. Rochemeaux.
Ruppella. Voy. Rochelle (la).
Ruppes fortis. Voy. Rochefort.

S

Sablé, 230 note. Sarthe.
— (seigneur de), 147. Voy. Craon (Amaury III de).
Sables-d'Olonne (château des), 60, 61. Fief du Sable, 416. Vendée.
Saillantbien (Vincent), receveur du roi au bailliage de Touraine, 237.
Saint-Amand-de-Boisse (abbaye de), 46. Charente.
Saint-Araye. Voy. Saint-Héraye.
Saint-Ausone (abbaye de). Voy. Angoulême.
Saint-Blançay. Voy. Semblançay.
Saint-Cassien (fief de), 329. Vienne.
Saint-Christophe, 337, 338. Indre-et-Loire.
Saint-Christophe-en-Hallate, dates, 265, 311.
Saint-Cire (Guibert de), 294.
Saint-Denis (Jean de), sénéchal de Poitou, 30.
Saint-Eanne, Sanctus - Enanus, 201, Deux-Sèvres.
Saint-Eparque (abbaye de), à Angoulême, 46. Charente.
Saint-Gelais (fief de), 151. Deux-Sèvres.
Saint-Germain-en-Laye, dates, 147, 164, 171, 176, 194, 273 note, 336, 353, 371, 381. Seine-et-Oise.
Saint-Germain-sur-Vienne, 241, 342. Charente.
Saint-Héraye, Saint-Araye, 200. Placé dans le ressort de Saint-Maixent, 229. Voy. Mothe-Saint-Héraye (la).
Saint-Hilaire (fiefs et arrière-fiefs de), 46, 48. Champagné-Saint-Hilaire, Vienne.
Saint-Hilaire de la Celle (prieuré de). Voy. Poitiers.
Saintier (Michel le). Voy. Sentier.
Saint-Jean (religieux de), près la Rochelle, 65 note. Charente-Inférieure.
Saint-Jean d'Angély, 65 note. Receveurs des finances, 71. Garde du sceau royal, 213. Paroisse, prévôt royal, foires, 214. Charente-Inférieure.
— (abbaye de). Accord avec Hugues, vicomte de Thouars touchant l'est d'Esnandes, 360-362.
Saint-Jouin-de-Marnes (abbaye de). Sauvegarde, 430-432. Deux-Sèvres.
Saint-Junien (chapitre de). Droits d'amortissement, 296, 301. Haute-Vienne.
Saint-Ladre (prieur de), 328, 331.
Saint-Laurent, Saint-Lorenz, 74. C^ne de Charroux, Vienne.
Saint-Laurent (terre de), 213. Charente-Inférieure.
Saint-Liguaire, (abbaye de), Sanctus-Leodegarius. Placée dans le ressort de la sénéchaussée de Poitiers, 208, 209. Deux-Sèvres.
Saint-Lorenz. Voy. Saint-Laurent.
Saint-Louis (bastide de), 38. Dordogne.
Saint-Maixent. Eglise, 47. Le château, 151. Les quatre chemins, 151. Domaines de l'abbaye, 151-153. Prévôt du bourg institué par les abbés, 165-167. Justice de l'abbaye, 168, 169. La Roche-Fordière, 202. Ressort, 229. Sceau, 362 note. — Mention de

la ville, 201. Dates, 165, 167, 205. *Deux-Sèvres.*
Saint-Maixent (abbaye de). Unie à la couronne, 17, 163. Changements de ressort, 18, 19,111,112, 170.Confirmation de sauvegarde, 108. Don de trente livres de rente accordé par Alfonse de Poitiers, 151-153. Privilège touchant le nombre des sergents à fournir pour l'armée du roi, 157, 158. Confirmation des droits et privilèges que possédait l'abbaye du temps des rois d'Angleterre, 163-165. Droit d'instituer un prévôt dans le bourg de Saint-Maixent, 165-168. Confirmation du droit de justice, 168, 169. Contribution de l'abbaye pour se racheter de l'obligation de fournir des sergents à l'armée royale, 340. — Abbé, voy. Etienne.
Saint-Malo (évêque de). Voy. Rousselet (Raoul).
Saint-Marçolle. Voyez Sammarçolle.
Saint-Maurice, près la Rochelle, 91. *Charente-Inférieure.*
Saint-Micheau-en-Leyrs. Voy. Saint-Michel-en-l'Herm.
Saint-Michel (Guillaume de), 328.
Saint-Michel-en-l'Herm (abbaye de), Saint-Micheau en Leyrs. Amortissement pour certains acquêts, 89-91. Sauvegarde, 146, 147; confirmation, 273. *Vendée.*
Saint-Paul (Guy de Châtillon, comte de), 11 note.
Saint-Philbert, Philebert, Philibert, 22, 23, 225; et la rivière Saint-Philbert, 184, 225. Cne de *Vasles, Deux-Sèvres.*
Saint-Pierre-du-Bouchet. Voy. Bouchet.
Saint-Quentin en Vermandois, 233 note. *Aisne.*
Saint-Rémy-la-Varenne, date, 349. *Maine-et-Loire.*
Saint-Rogatien en Aunis, 65 note, 359. *Charente-Inférieure.*
Saint-Saornin (Pierre de), ou Claveau, 425 et s.
Saint-Sauvain. Voy. Saint-Sauvant.
Saint-Sauvant, Sanctus-Silvanus,

Saint-Sauvain, 314. Accord entre les habitants et le sénéchal de Poitou, 245-248. *Vienne.*
Saint-Séver (prévôt de), 2 note.
Saint-Waisse (Aimery de), 68, 70, 71.
Sainte-Croix (abbaye de). Voy. Poitiers.
Sainte-Hermine (Eustache de Lusignan, dame de), 112 note.
— (Marguerite de Mello, dame de), 229 note.
Sainte-Maure (Isabelle de), dame de Craon, 374 note.
Sainte-Pezenne (seigneur de), 329 note. *Deux-Sèvres.*
Sainte-Soline, 264. *Deux-Sèvres.*
Sainte-Trinité (abbaye de la). Voy. Poitiers.
Saintes, 65 note. *Charente-Inférieure.*
— (diocèse de), 53. Frères-Prêcheurs et Frères-Mineurs, 46.
Saintonge (sénéchaussée de), 55, 182 note, 271, 272. Commissaires réformateurs, 65, 66, 68-70, 76, 77. Maître des forêts, 140. Lieutenance du roi donnée au comte d'Eu, 274. Sceau, 402. Receveur du roi, 405. — Mentions du sénéchal, 9, 11, 68, 152 note, 157, 158, 170, 189 note, 194 note, 207, 208, 240, 266 note, 270, 271, 273, 275, 332, 352, 387, 395, 399, 400, 405, 427 note. Voy. Agace (Bertrand), Montigné (Guichard de), Pouvreau (Guillaume) et Torsay (Guillaume de).
Saix (Jean de), Seys, 181.
Salles en Aunis, 70 note. *Charente-Inférieure.*
— (Guillaume de), 73.
Sambuti (Guillaume), évêque de Maillezais, 198 note.
Sammarçolle (la dame de), Saint-Marçolle, 331. *Vienne.*
Sancerre (Etienne II, comte de), 43 note.
— (Marie de Lusignan, comtesse de), 43 note.
Sanctus-Aredius. Voy. Saint-Héraye et Mothe-Saint-Héraye (la).
Sanctus-Enanus. Voy. Saint-Eanne.
Sanctus-Leodegarius. Voy. Saint-Liguaire.

TOME XI.

Sanctus-Silvanus. Voy. Saint-Sauvant.
Sanczay. Voy. Sanxay.
Sansaium. Voy. Sanxay.
Santier (Michel). Voy. Sentier.
Sánxay, Sansaium, Sanczay. Eglise, 47. Châtellenie, placée dans le ressort de Lusignan, 112; puis dans celui de Saint-Maixent, 229. *Vienne.*
Saquet (Raymond), 407.
Saragosse, 269 note. *Espagne.*
Sarrazin (Jean), chambellan de Philippe le Hardi, 85 note.
— (Pierre). Sa maison à Niort, 85.
Sarton (Guillaume), 393.
Saugé, 381 note. *Vienne.*
Saumur, 187 note, 233 note. Date, 379. *Maine-et-Loire.*
Saunier (Jean), 33, 34, 181.
Saute-Gouet (terre de), 106.
Sautonne (seigneur de). Voy. Frétart (Robert).
Sauveterre, Salvaterra 158.
Savary (Emery), 283.
— (Hugues), 329.
— (Michel), 330.
— (Thomas), 329.
Savigny (Geoffroy de), 12.
— (frère Guillaume de), 82.
Scamera (Aimery de), 216.
Segeron (Guillaume le). Voy. Geron (G. le).
Seguin, chapelain de Richard Cœur-de-Lion, 409.
Seignoret (Jean), 66 note.
Sele (Hugues de la). Voy. Celle (H. de la).
Semblançay (château et châtellenie de), Saint-Blançay, 93-95, 337, 338. *Indre-et-Loire.*
— (dame de), titre porté par Isabelle de Clermont-Nesle, veuve de Hugues Larchevêque, sire de Montfort, 93 note, 338, 375, 376, 377, 378.
Sené (Aimery), 428.
Sentier (Michel), Santier et le Saintier, 236, 237, 238.
Sergent (Guillaume), lieutenant du sénéchal de Poitou, 313, 319.
Seschaut (Arnaud), 301.
Seys (Jean de). Voy. Saix (J. de).
Sicile (reine de). Voy. Marguerite de Bourgogne.
Siexte (le), 404. Grand fief d'Aunis, *Charente-Inférieure.*
Signy (Bon de), Singny. Fonde une chapelle à Sainte-Croix de Loudun, 369.
Simon (le petit), de Charroux, 73.
Singny. Voy. Signy.
Sivrayum. Voy. Civray.
Soisy (J. de), 209.
Sonneville, 11. *Charente.*
Soocourt (le seigneur de), 308.
Soronet, prévôt de Montreuil-Bonnin, 216.
Soubise (Guy Larchevêque, seigneur de), 217 note.
Souday (Triboulard de), 100 note.
Sourzac, Sozzacum, 37, 38. *Dordogne.*
Stagno (Willelmus de). Voy. Estang (G. de l').
Sterpentin (Jean), 66.
Sully (Perrenelle de), 7 note.
Surgères (prieuré de Saint-Gilles de), 65 note. *Charente-Inférieure.*
— (Jeanne Maingot de), dame de Parthenay, 359 note.
Suze (Béatrix de Roucy, dame de la), 379 note.
Sylot, 35. *Charente-Inférieure.*

T

Tadé (Jean), chevalier. Fonde une chapelle à Martaizé, 307.
Talemont. Voy. Talmont.
Talemundum. Voy. Talmont.
Talmont, Talemundum, Thalemond. Château, 61. Châtellenie, 62. Droit d'estage dû au vicomte de Thouars, 255, 256. Prés, 411. Dates, 275 note, 412. Abbaye de Sainte-Croix; sauvegarde, 394-396. *Vendée.*
Talmont (seigneur de), 8 note, 60 note, 154 note, 253, 255. Voy. Thouars (Jean, vicomte de).
Talmont-sur-Mer, date, 257. *Charente-Inférieure.*

Tartas (Jeanne de Lusignan, vicomtesse de), 43 note.
Taunay. Voy. Tonnay.
Temple (Elie du), chanoine de l'abbaye de Fontenelles, 294.
— (Jean du), 175, 223, 230, 232.
Ternant (Jean de), 365.
Thalemond. Voy. Talmont.
Thérouanne (l'avoué de), 409, 412, 417, 420, 422, 425.
Thibaut, huissier de l'hôtel du comte de Poitiers, 122, 125.
Thiboutot (R. de), 115.
Thil (Jean de) et sa fille, Marie, 396 note.
Thoars. Voy. Thouars.
Thoax, 329.
Thocau (maison de), 328.
Thomas (Hugues), écolâtre de Saint-Hilaire de Poitiers, 286, 287.
Thors (seigneur de), Tors. Voy. Vivonne (Savary de).
Thouars (Saint-Laon de), Touars, Thoars, 360 note. *Deux-Sèvres.*
— (doyen de). Voy. Rechignevoisin (Elie de).
— (Aimery VII, vicomte de), 414 note.
— (Blanche de), religieuse à Notre-Dame-la-Royale, 109, 110.
— (Blanche de Brabant, vicomtesse de), 59-62, 253.
— (Guy II, vicomte de), 8, 60 note, 109, 360 note. Accords avec l'abbaye de Lieu-Dieu en Jard, 414, 416, 417-420, 420-422.
— (Hugues, vicomte de), seigneur de Pouzauges et de Mauléon, 8, 188 note, 200, 202, 360-362.
— (Jean, vicomte de), seigneur de Talmont, 8, 154, 178, 188. Constitue le douaire de sa femme, 59-62. Sert une rente à sa sœur, Blanche, 109-111. Donne quittance à Guillaume Biron, administrateur de ses domaines, 252-254. La maintient dans ses privilèges, 255-257. Accord avec l'abbaye de Lieu-Dieu en Jard, 412-417.
— (Jean de), seigneur de la Chèze-le-Vicomte, 253.

Thouars (Louis, vicomte de), 253.
— (Jeanne de Bauçay, vicomtesse de), 360 note.
— (Marguerite de), 7 note.
— (Marguerite de Brienne, vicomtesse de), 61, 360 note.
— (Miles de), sire de Tiffauges, 188.
— (vicomté de). Réintégrée dans le ressort de la sénéchaussée de Poitiers, 177, 178. Envoi d'un enquêteur subdélégué, 294, 292, 295.
Thuchis (herbergamentum de). Voy. Touches (les).
Tiffauges (Gervais de), Tyfauges, 181.
— (Isabeau de Noyers, dame de), 188 note.
— (Miles de Thouars, sire de), 188.
Tireloup (fief de), 403. Grand fief d'Aunis, *Charente-Inférieure.*
Tizon (Geoffroy), Tison, Tyzon, chevalier, 49. Légataire de Guy de Lusignan, 50 ; et exécuteur de son testament, 51-54. Il reçoit en don la terre de la Chèze, 48, 55-59.
Tombe-Bernart (la), Voy. l'article suivant.
Tomberrard (la), Tombe-Bernart. Aumônerie, 227. *C^{ne} de Coulombiers - lès - Lusignan, Vienne.*
Tondor (André le), de Bressuire, 88.
Tondu (Jean), 90.
Tonnay (Guillaume de), Taunay, clerc, de Poitiers. Fils adoptif et héritier de Guillaume Lallemant, 388-393.
Tonnay-Boutonne (seigneur de), 66 note, 213. *Charente-Inférieure.*
Tonnay-Charente, 65 note. *Charente-Inférieure.*
— (Jeanne, dame de), 2 note.
— (seigneur de), 7 note, 67. Voy. Rochechouart (Guy de).
Torçay. Voy. Torsay.
Torilhe (N. la), 74.
Tornans (fief de), à Marans, 90. *Charente-Inférieure.*
Tornekaillière (terre de la), *aliàs* Tornequailère, 408, 410.

Tors (seigneur de). Voy. Vivonne (Savary de).
Torsay (Guillaume de), chevalier, et son fils, sénéchal de Saintonge, 427.
— (Jean de), Torçay, chevalier, 225.
Touars et Touarz. Voy. Thouars.
Touche (fief, bois et fontaine de la), Touchia, 201. C^{ne} de Saint-Eanne, Deux-Sèvres.
Touche-d'Aigonnay (la), Tuscha de Aygones, 151. C^{ne} d'Aigonnay, Deux-Sèvres.
Touches (les), Tuchæ et Thuchæ, 287. C^{ne} de Rouillé, Vienne.
Touchia. Voy. Touche (fief de la).
Toulouse, date, 5, 6. Sénéchal. 143 note, 175 note, 189 note.
Touraine. Coutume, 60. Envoi de commissaires royaux, 147, 148, 327, 328. Bailliage, 101, 112, 162, 170, 194, 235, 237, 238, 344. — Baillis, 64, 155, 159, 160, 161, 162, 196, 198, 208, 240, 308 note, 327, 328, 332, 343, 344, 345 note, 372, 373, 427, 428. Voy. Banchevilliers (Renaud de), Puy-Aymar (Itier de), Recuchon (Robert), Vaucelles (Jean de) et Vaudriguehem (Jean de). — Receveurs royaux, 331, 343, 344, 372, 373.
Tournay (Guillaume de), 67.
Tournebu (Billard de), 100 note.
Tours, 235. Dates, 350, 368. Recette, 344. Abbaye de Saint-Julien, 149 note. Le doyen de Saint-Martin, 380. Indre-et-Loire.
Tourtelière (la), 404. Grand fief d'Aunis.
Travers (Geoffroy), 293. Sa femme, 294.
Trestaude (Marie (la), 331.
Trinité (abbaye de la). V. Poitiers.
Tronquière (Giraud), aliàs Tronquère, receveur du roi en Poitou et en Saintonge, 84, 89.
Troyes. Trésorier de Saint-Etienne, 129 note.
Tuchis (herbergamentum de). Voy. Touches (les).
Turenne (vicomtesse de), 7 note.
Turzay (seigneur de), 329 note. C^{ne} de Claunay, Vienne.
Tuscha de Aygones. Voy. Touche d'Aigonnay (la).
Tulle. Juifs, 172.
Tusson (prieuré de), 65 note. Charente.
Tyfauges. Voy. Tiffauges.
Tyzon (G.). Voy. Tizon.

U

Usages (Eustache de Bauçay, dame d'), 114.
Usages (Guillaume d'), vidame du Mans, 113-115.

V

Vaillant (Jean), 181.
Val de Rooil. Voy. Vaudreuil.
Val-Notre-Dame (abbaye du), date, 382.
Valée (Pierre de), 254, 257.
Valence, femme de Thibaut de Blazon, 166 note.
Valence (abbaye de), 11 note, 45. Sauvegarde, 206, 207. Don du fief de la Dousse, 257-265. C^{ne} de Couhé, Vienne.
Valence (Aymar de Lusignan, dit de). 7, 11.
Vales, Valles. Voy. Vasles.
Vallesa (Péronnelle de), 267 note.
Valois (Charles, comte de), 187, 267 note, 297 note, 333.
Vannes (siège de), 275 note.
Variau (Jean), 65 note.
Vasles, Vales, Valles, 22, 23, 225. Deux-Sèvres.

Vaucelles (Jean de), bailli de Touraine, 159.
Vauchiron (moulin de), Vaucheron, 314. *Sur la Vonne, cne de Lusignan. Vienne.*
Vaudreuil, Val de Rooil, date, 386. *Eure.*
Vaudriguehem (Jean de), bailli de Touraine, 160, 161, 162, 182.
Vaugarnie (fief de), 404. Grand fief d'Aunis.
Vaugirart, dans la châtellenie de Lusignan, 227.
Vaujoieus, en Touraine, 337.
Vaumaçon (pré de), dans le domaine de Lusignan, 315.
Vauserour. Voy. Vausseroux.
Vausseau (la). Voy. Lavausseau.
Vausseroux, Vauserour, 23. *Deux-Sèvres.*
Vaux (paroisse de), 47. *Vaux-en-Couhé, Vienne.*
Vayer (fief le), de Marans, 90. *Charente-Inférieure.*
Veceria (feodum de). Voy. Bessière (la).
Veinemière (la). 416. *La Vinière, cne de Jard. Vendée.*
Velort (Guyon de), écuyer du roi. Fonde une chapelle à Saint-Pierre-du-Bouchet, 325, 326, 353.
Vendée (le Bót de la). Voy. Bot de la Vendée.
Vendier (Elie), 66.
Vendôme (Jean de), 217.
Venez (la dame de). Voy. Veniers.
Veniers, Vennés, 185. *Vienne.*
— (la dame de), Venez, 329, 330.
Vennés. Voy. Veniers.
Venours. Douaire de Béatrix, comtesse de la Marche, 281, 282. 285. Terre donnée à Jean de Cherchemont, 281-285, 309, 310, 311. Corvées, hébergement, garenne, 316. Vignes, 317. Justice, 317, 318. *Cne de Rouillé, Vienne.*
— (seigneur de), 267 note. Voy. Cherchemont (Jean de).
Vergnay (le). Baillé à cens à Robert de Londres, 178-181. *Cne de Magné, Vienne.*
Vérines, 225. *Cne de Beaumont, Vienne.*
Vernon, date, 197.

Verouillière (la), 293.
Verrières (seigneur de), 233 note, 329, 330. *Cne de Bournan, Vienne.*
Verruyes (Guillaume de), 162.
Versailles (Jean de), écuyer du comte de Poitiers, 121.
Vezançais (Jean de), Vesançay, 427.
Vibraye (dame de), 276 note.
Vicomte (Guillaume le), le Visconte, écuyer du comte de Poitiers, 148.
— (Guyart le), maître des forêts de Poitou et de Saintonge, 139-142.
— (Jean le), écuyer du comte de Poitiers, 119.
Vidame (Guy le). Voy. Chartres (vidame de).
— (Marguerite le), dame de Parthenay, 374 note.
Vidaut (Jean), 227.
Viez (Testart du), écuyer du comte de Poitiers, 121.
Vigier (Geoffroy), seigneur de Dampierre en Aunis, 2 note, 66.
— (Jean), commissaire du roi en Poitou, 1, 2. Don de rente, 11.
— (Jean), dit Bouchaut, de Chiré, 185.
— (Laurent), châtelain de Lusignan, 313.
— (Raoul), 2 note.
Vignau (Hugues de), de Vignello, valet, 259, 261, 262.
Viguier (Pierre), d'Aubeterre, 275 note.
— (Regnault), 282.
Vilain (Jean), de Niort, 247.
Villain (Hugues), de Plessis, 264.
Villebeon (Jeanne de), 21 note.
Villeblouain (Pierre de), *aliàs* Villebloy, sénéchal de Poitou, 21, 25, 33, 79 note, 81 et s., 85.
Villebloy. Voy. Villeblouain.
Villedieu (la), 201. *Cnes de Saint-Eanne et de la Mothe-Saint-Héraye, Deux-Sèvres.*
Villeneuve (abbaye de), diocèse de Nantes, 47. *Loire-Inférieure.*
Villepreux (seigneur de), 119 note.
Villers-Cotterets, date, 344. *Aisne.*
Villiers-aux-Loges, dates, 36, 89.
Vilognon (Jean de), 74.
Vinaut (Regnault), 283.

Vincennes, dates, 108, 111, 112, 113, 268, 281, 326, 407. *Seine.*
Visay, Visoi, Vizay, 183, 184, 225. Bois, 183. Prés, 225. *C*ne *de Béruges, Vienne.*
Visconte (le). Voy. Vicomte.
Visoi. Voy. Visay.
Vissac (Hugues de), commissaire du roi dans la Navarre, 269 note.
Vite (la), dans la châtellenie de Fontenay, 202.
Vivant le Juif, 237, 238.
Viviers (évêque de), 383 note.
Vivonne, Vivonia, 84, 290. *Vienne.*
— (Hugues de), seigneur de Fors, 173 note, 427.
— (Hugues de), seigneur de Bougoin, 173 et note.
— (Regnault de), et sa femme, 362 note.
— (Savary I et II de), 173 note, 427 note.
— (Savary III de), seigneur de Thors, 3 note, 218, 362.

Vivonne (Mahaut de Clisson, dame de), 218 note.
Vizay. Voy. Visay.
Voe (fief de), en l'ile de Ré, 255. *Charente-Inférieure.*
Voillé. Voy. Vouillé.
Vote. Voy. Voute.
Vouillé, Voillé, Voyllé, Bouyllé, 184. Douaire de la comtesse de la Marche, 321. *Vienne.*
Vouneuil-sous-Biard, Vouneil, 227. *Vienne.*
Vousaille. Voy. Vouzailles.
Voute. (Pierre de la), la Vote, 330.
Vouvant, Vovant. Halles, 359. Terre et châtellenie, 374, 375. *Vendée.*
Vouzailles, Vousaille, 185. *Vienne.*
Vovant. Voy. Vouvant.
Voyllé. Voy. Vouillé.
Vy (Guyot de), officier de l'hôtel de la comtesse de Poitiers, 129.

Y

Yolande de Bourgogne, comtesse de Nevers, 106 note.
Ysembert (Savary), 216.

Yterii (Helias). Voy. Itier.
Yversay, Yverçay, 184. *Vienne.*
Yvorcium. Voy. Ivors.

Z

Zacharie (Guyot), Aquaries, 67.

TABLE DES MATIÈRES

CONTENUES DANS CE VOLUME

	Pages
Liste des membres de la Société des Archives historiques du Poitou.	v
Règlement de la Société.	viii
RECUEIL DES DOCUMENTS CONCERNANT LE POITOU CONTENUS DANS LES REGISTRES DE LA CHANCELLERIE DE FRANCE.	
Avant-propos.	xiii
Table chronologique des actes antérieurs au XIVe siècle.	xxvii
Texte des documents.	1
Table des noms de personnes et de lieux.	433
Corrections.	472

CORRECTIONS

Page 3, note 1, ligne 28, au lieu de n° LVII, lisez n° LVIII.

Page 15, note 1, ligne 8, supprimez le renvoi au n° CXXXVII.

Page 40, note 1, ligne 23, au lieu du n° CXXIII, lisez CXXIV.

Page 41, même note, ligne 20, au lieu de n° CXVII, lisez CXVIII.

Page 50, note. En ce qui touche la donation de Frontenay au roi, corrigez ainsi: l'acte original existe encore et se trouve dans les layettes du Trésor des Chartes, J. 374, n° 9.

Page 65, note 1, ligne 19. Au lieu de *Mansle*, lisez *Mauzé*. L'acte signalé, intéressant une localité poitevine, sera publié dans un second volume.

Page 114, note 1, lignes 24 et 25, au lieu de: *au 12 novembre 1318*, lisez: *au mois de mai 1331*. (*Voy. le n°* CLXVII).

Page 176, note 1, ligne 1, au lieu de n° CLIX, lisez CLIV.

Page 235, note 1, ligne 6, supprimez le renvoi au n° CXCIII.

Page 246, note de la page précédente, ligne 1, au lieu de n° CXXXVII, lisez n° CXXXVIII.

Page 266, note 1, ligne 3. Supprimez le renvoi au n° CLXXXV.

Page 290, ligne 4, au lieu de *Biarnum*, lisez *Biarcium*.

Page 296, note 1, ligne 3, au lieu de n° CLI, lisez n° CL, et ligne 4, au lieu de n° CLXXXI, lisez n° CLXXX.

Page 384, note, ligne 10, supprimez: *dont la première au moins sera publiée dans ce volume.*

Page 430, note 2, ligne 2, supprimez le renvoi au n° CLXXXIV.

POITIERS. — IMPRIMERIE OUDIN.

www.ingramcontent.com/pod-product-compliance
Lightning Source LLC
Chambersburg PA
CBHW060222230426
43664CB00011B/1515